Leben in Paris
im Hundertjährigen Krieg
Ein Tagebuch

Insel Verlag

Titel der französischen Originalausgabe:
Journal d'un bourgeois de Paris
Aus dem Französischen übersetzt von Henriette Beese
Nachwort von Ralph-Rainer Wuthenow

Erste Auflage 1992
© Insel Verlag Frankfurt am Main und Leipzig 1992
Alle Rechte vorbehalten
Druck: Offizin Andersen Nexö Leipzig GmbH,
Graphischer Großbetrieb
Printed in Germany

[1405]*

… Und ungefähr zehn oder zwölf Tage später wurden die Schlösser und Schlüssel der Tore von Paris ausgewechselt, und die Herren von Berry und von Bourbon wurden zu Hauptleuten der Stadt Paris ernannt, und es kam eine solche Menge an Soldaten nach Paris herein, daß in den Dörfern der Umgebung so gut wie keine mehr zurückblieben; allewege nahmen die Leute des besagten Herzogs von Burgund nichts, ohne zu bezahlen, und sie zahlten jeden Abend ihre Wirte aus und zahlten in der Stadt Paris mit barer Münze. Und es wurden während dieser Zeit die Tore von Paris geschlossen, mit Ausnahme von vieren, nämlich der Tore von Saint-Denis, Saint-Antoine, Saint-Jacques und Saint-Honoré. Und am folgenden 10. Tag des September wurden das Tor vom Temple, das Tor von Saint-Martin und das von Montmartre mit Gips vermauert.*

2. Und am folgenden Freitag, dem 12. Tag des besagten Monats, kam der Bischof von Lüttich* in Paris an, und der Prévôt* von Paris und andere ließen ihn am Tor von Saint-Denis einen Eid ablegen, daß er nicht gegen den König sei und nichts gegen die Stadt unternehme, weder er noch die Seinen, sondern sie vielmehr mit all seiner Macht schützen werde, und so versprach er es bei seinem eigenen Glauben und bei seinem Herrn,* und danach zog er in Paris ein und wurde im Hôtel de la Trémoille beherbergt. Und den Tag nach seiner Ankunft wurde ausgerufen, daß man Lampen auf die Straßen und Wasser vor die Türen tue, und so geschah es. Und am 19. Tag des besagten Monats September wurde ausgerufen und befohlen, daß man die Löcher verstopfe, die Licht in den Kellern geben. Und am folgenden 24. Tag wurde allen Schlossern und Hufschmieden von Paris und den Kupferschmie-

den befohlen, daß sie Ketten machen,* wie sie früher gewesen waren, und besagte Metallhandwerker fingen am nächsten Tag an und arbeiteten auch an den Feiertagen und Sonntagen und Tag und Nacht.* Und am 26. Tag des besagten Monats September wurde in Paris ausgerufen, wer es vermöchte, eine Bewaffnung zu haben, solle sich eine kaufen, um die gute Stadt Paris zu schützen.

3. Und am 10. Tag des darauffolgenden Oktobers, am Samstag, brach ein solcher Aufruhr in der Stadt Paris aus, wie man ihn kaum gesehen hatte, ohne daß man gewußt hätte, warum; aber man sagte, der Herzog von Orléans stehe mit seiner ganzen Macht vor dem Tor Saint-Antoine, woran überhaupt nichts war; und die Leute des Herzogs von Burgund* bewaffneten sich, als ob die ganze Welt gegen sie wäre und sie zerstören wollte, und niemand wird je wissen, warum das geschah.

[1408]

4. ... was ihnen schlecht bekam, denn es starben dort mehr als 26 000 dabei, und es war den 23. Tag des September 1408, und solange der Krieg dauerte, durch Feuer, durch Hunger, durch Kälte, durchs Schwert mehr als 14 000; also an die vierzigtausend.*

5. Am 16. Tag des folgenden Novembers, einem Samstag, führten vorgenannte Herren, nämlich Navarra, Ludwig*, etc., den König nach Tours, worüber das Volk sehr verstört war; und sie sagten, wenn der Herzog von Burgund dagewesen wäre, hätten sie es nicht getan, so aber taten sie es; und dort blieb er, dort und in Chartres, siebzehn Wochen lang, und mehrfach waren der Prévôt der

6

Kaufleute und der Bürger von Paris da, die dorthin bestellt worden, und legten sich nie auf etwas fest, weder für sich noch für das Volk.

[1409]

6. Am 9. Tag des folgenden März kehrte der Herzog mit allen seinen Edelleuten zurück, und am 17. Tag besagten Monats, einem Sonntag, führten sie den König nach Paris, der dort mit höchsten Ehren empfangen wurde, wie man es nur vor zweihundert Jahren gesehen hatte, denn alle Wappenherolde wie die von der Wache, die vom Handel, die berittenen, die mit den Spießruten, die von der Zwölf* trugen verschiedene Trachten und insbesondere Schweifkappen, und alle Bürger kamen dem König entgegen. Vor sich hatte er zwölf Trompeten und eine große Menge Fiedler, und überall, wo er vorbeikam, rief man ›Weihnachten!‹,* und man bewarf ihn mit Veilchen und Blumen, und am Abend aßen die Leute auf den Straßen vor großer Freude und zündeten überall in Paris Feuer an und schlugen die Becken in ganz Paris. Und am nächsten Tag kamen die Königin und der Dauphin,* so daß die Freude so groß war wie am Vortag oder noch größer, denn die Königin kam mit dem höchsten Glanz, den man je gesehen hatte, seit sie zum erstenmal in Paris eingezogen war.

7. Am 26. Tag des folgenden Juni wurde der Heilige Vater gewählt, nämlich Pierre de Candie,* und am Montag, dem 8. Tag des folgenden Juli, wurde er in Paris eingekleidet. Man machte ein sehr feines Fest daraus, wie als der König aus Tours kam, wie vorher gesagt wurde, und von allen Kirchen von Paris läutete man sehr laut, und das die ganze Nacht.

8. Im Jahre 1409, am Tag der Augustmitte, war ein solches Gewitter, daß ein Bildwerk Unserer Lieben Frau, das auf der Kirche Saint-Ladre stand, aus hartem Stein und ganz neu, vom Blitz getroffen und in der Mitte zerbrochen und recht weit weg von dort getragen wurde; und am Eingang von La Villette – Saint-Ladre,* am Ende von Paris, wurden zwei Männer vom Blitz getroffen, von denen der eine ganz getötet wurde, und seine Schuhe und seine Hosen, sein Kittel waren ganz zerrissen, und doch war sein Leib nicht verletzt; und der andere Mann wurde ganz und gar verrückt.

9. Item am Montag, dem 7. Tag des folgenden Oktober, nämlich 1409, wurde einer namens Jean de Montaigu,* Oberhofmeister des Königs von Frankreich, festgenommen, in der Nähe von Saint-Victor, und wurde ins Petit Châtelet* gesteckt, daraus entstand zur Stunde, als man ihn festnahm, ein solcher Aufruhr in Paris, als ob dies ganze Paris voll von Sarazenen wäre, und doch wußte niemand, warum sie sich aufregten. Und es nahm ihn einer namens Pierre des Essarts fest, der zu dieser Zeit Prévôt von Paris war; und es wurde befohlen, die Laternen anzuzünden, wie einst, und Wasser an die Türen zu stellen, und jede Nacht die beste Wache zu Fuß und zu Pferd, die man wohl je in Paris gesehen hatte, und es machten sie die Handwerke eins nach dem anderen.

10. Und am 17. Tag des besagten Oktober, einem Donnerstag, wurde der vorgenannte Oberhofmeister in einen Karren gesetzt, bekleidet mit seiner Tracht, mit einem weiß und blauen Überrock und gleicher Schweifkappe, mit einem weißen und einem roten Hosenbein, mit goldenen Sporen, die Hände vor sich gefesselt, ein Holzkreuz in den Händen, aufrecht im Karren sitzend, zwei Trompeten vor ihm, und in diesem Zustand zu den Hallen geführt.* Dort schlug man ihm den Kopf ab, und danach wurde die Leiche zum Galgen von Paris* ge-

bracht und ganz oben aufgehängt, im Hemd, mit seinen Hosen und goldenen Sporen, und das Gerücht davon drang zu manchen Herren Frankreichs, wie Berry, Bourbon, Alençon und einigen anderen.

[1410]

11. Dann geschah es im nächsten Jahr, 1410, etwa Ende August, daß jeder mit dem Recht dazu soviel Bewaffnete in die Umgebung von Paris schickte, daß auf etwa zwanzig Meilen im Umkreis alles verwüstet wurde, denn der Herzog von Burgund und seine Brüder* führten ihre Heeresmacht von Flandern und Burgund zurück, aber sie nahmen nur Lebensmittel, die Leute des Herzogs von Burgund und seiner Vasallen, aber sie nahmen zu reichlich davon. Und die Leute des Berry und seiner Vasallen plünderten, raubten, töteten in der Kirche und außerhalb der Kirche, besonders die des Grafen von Armagnac und die Bretonen, woraus so große Teuerung folgte, daß bald einen Monat später der Sester guten Mehls 54 Francs kostete, wovor die armen Stadtbewohner wie verzweifelt flohen, und sie gerieten in mehrere Scharmützel, und viele wurden getötet.

12. Und das alles geschah nur aus Gier auf Paris, indessen die Leute von Paris sehr den Herzog von Burgund und den Prévôt von Paris namens Pierre des Essarts liebten, weil er die Stadt Paris so gut hütete. Denn jede Nacht und jeden Tag ging er überall durch die Stadt Paris, ganz bewaffnet, er und haufenweise Bewaffnete, und ließ die Leute von Paris jede Nacht die beste Wache gehen, die sie konnten, und die, die nicht gehen konnten, ließ er vor ihren Häusern Wache halten, und bis zum Tagesanbruch

in allen Straßen große Feuer machen, und es gab Viertelsmeister, Befehlshaber über fünfzig und Befehlshaber über zehn,* die das anordneten. Aber die Leute von Berry bedrängten die von Paris an den Toren von Saint-Jacques, Saint-Marceau, Saint-Michel so dicht, daß die Weinlese und die Aussaat und anderes zu tun blieb, bis auf vier Meilen von Paris hinter besagten Toren, bis man schließlich an Sankt Clemens die Trauben erntete, und durch die Gnade Gottes fand man sehr wenig verdorbene vor, denn es war sehr schönes Wetter, aber sie konnten nicht in den Bütten gären. Und doch kam kein Brot nach Paris, wenn es nicht mit Gewalt von Bewaffneten zu Wasser oder zu Land geholt wurde. Und es gab einen Ritter, der in der Chapelle-Saint-Denis wohnte, namens Herr Morelet de Béthencourt,* der das Brot in Saint-Brice und anderswo holen ging, er und seine Leute, solange dieser Zustand dauerte, und der dauerte bis Allerheiligen.

13. Und kurz vorher hatte der Priester von den Mathurinern,* ein sehr guter Mann, vor dem König gepredigt, und er zeigte die Grausamkeit, die sie mangels guten Rates taten, und sagte, es müsse Verräter in diesem Königreich geben, worauf ein Prälat namens Kardinal von Bar,* der in besagtem Gottesdienst war, ihm widersprach und ihn ›üblen Hund‹ nannte, wofür er an der Universität und im allgemeinen sehr gehaßt wurde, aber er machte sich wenig daraus, denn er hatte viel Umgang mit den anderen, von denen jeder ein Band trug,* war er doch Gesandter des Herzogs von Berry und unterstützte diese Bande und alle jene durch sie. Und sie hielten in dieser Bande mit dem Bande derart zusammen, daß es ihnen gelang, den besagten Prévôt absetzen zu lassen, solche Gier hatten sie auf das Gemeingut von Paris, welches er so wohl bewachte, denn einige und die meisten in der Bande hielten es für sicher, daß man Paris plündern müsse. Und alles Übel, das von nun an geschah, das sagte jedermann,

das geschah durch den Grafen von Armagnac, so erfüllt war er von bösen Willen, und für manch einen gab es gerade noch soviel Mitleid, diese Leute wie Hunde totzuschlagen; und wenn dann irgendeiner getötet wurde, sagte man: »Das ist ein Armagnac«, denn besagter Graf wurde für ein sehr grausamer und räuberischer und erbarmungsloser Mann gehalten. Und gewiß hätte die besagte Bande noch viel größeres Übel getan, wenn nicht die Kälte und die Hungersnot dazu veranlaßt hätten, sie als unabgeschlossene Sache zu behandeln, als etwas, was man dem Schiedsrichter überläßt. Und das geschah ungefähr am 6. Tag des November 1410, und fort ging ein jeder auf seine Güter, bis man sie wieder anforderte; und wer verloren hat, hat doch verloren; aber das Königreich Frankreich trieb den Verlust und Schaden nicht ein, den sie ihm zwanzig aufeinanderfolgende Jahre lang zugefügt hatten.

14. Und zu jener Zeit war der Fluß Seine so klein, denn noch nie hatte man ihn an Sankt Johann im Sommer kleiner gesehen, als er an Sankt Thomas vor Weihnachten war; und nichtsdestoweniger, dank der Gnade Gottes, hatte man zu dieser Zeit, etwa fünf Wochen nach dem Abzug der Bewaffneten, sehr gutes Korn für achtzehn oder zwanzig Pariser Sous den Sester.

[1411]

15. *Nota*, daß am Dienstag, dem letzten Tag des Juni 1411, an Sankt Paul, ungefähr um acht Uhr nach dem Mittagessen, es so stark hagelte, stürmte, donnerte, blitzte, wie es kein Mensch, der dabei war, je zuvor gesehen hatte.

Im Jahr 1411 fingen die vom Bande wieder an, ihr

übles Leben zu führen, denn im August, gegen Ende des Monats, kamen sie aus der Richtung Saint-Denis vor Paris und forderten den Herzog von Burgund heraus, und jeder sammelte seine Truppen bei Montdidier. Aber als die von der Bande erfuhren, was für eine ansehnliche Armee Burgund besaß, wagten sie nicht mehr anzugreifen, doch erwarteten sie ihn fünf Wochen lang. Als der Herzog dies sah, sagte er, daß sie nur Krieg gegen den König und die gute Stadt Paris führten, und schickte seine Truppen zurück und ins weite Land.

16. Und die falschen* Armagnac-Banden fingen mit dem Schlimmsten an, was sie tun konnten, und rückten ganz nah auf Paris vor, mitten in der Weinlese, nämlich gegen Mitternacht zwischen Samstag und Sonntag, dem 3. Tag des Oktober 1411, und waren in Pantin, Saint-Ouen, La Chapelle-Saint-Denis, Montmartre, Clignancourt und allen Dörfern auf besagter Seite von Paris, und belagerten Saint-Denis. Und sie taten viel Übles, als wären sie Sarazenen, denn sie hängten die Leute auf, manche an den Daumen, andere an den Füßen,* und andere töteten und plünderten und vergewaltigten die Frauen und legten Feuer, und wer immer das tat, man sagte: ›Das tun die Armagnacs‹, und es blieb niemand in den besagten Dörfern übrig als sie selbst. Inzwischen kam Pierre des Essarts nach Paris und wurde wieder Prévôt wie zuvor, und er ging so weit, daß man überall in Paris ausrief, daß man die Armagnacs aufgebe, und wer sie töten könne, solle sie ja töten und ihre Güter nehmen. Doch gab es viele Leute, die ihnen mehrfach Schaden taten, insbesondere Gesellen vom Dorf, die man Briganten nannte und die sich zusammenrotteten und recht viel Übles taten, unter der Vorspiegelung, die Armagnacs zu töten.

17. Zu dieser Zeit trugen die von Paris Kappen von hellblauem Tuch mit dem Andreaskreuz* oder dem Lilienwappen in der Mitte; und in weniger als vierzehn Ta-

gen trugen Hunderttausende in Paris, Männer wie Kinder, das Zeichen besagten Kreuzes vorn und hinten, denn niemand verließ Paris, der es nicht hatte.

18. Item,* am 13. Tag des Oktober nahmen die Armagnacs die Brücke von Saint-Cloud mittels eines falschen Verräters, der dort Hauptmann war, mit Namen Colinet de Puisieux, der sie ihnen verkaufte und auslieferte, und es wurden viele Leute getötet, die darinnen waren, und alle Güter verloren, deren es große Mengen gab, denn alle Dörfer der Umgebung hatten ihre Güter hier untergebracht, die alle durch den falschen Verräter verlorengingen.

19. Item, am 23. Tag des Oktober nahmen sie Saint-Denis wie Saint-Cloud durch den Verrat von einigen ein, die darinnen waren, so daß man sagte, der Herr von Châlons sei einverstanden gewesen, welcher zum Herzog von Burgund gehörte.

20. Als die Banden beide beherrschten, Saint-Cloud und Saint-Denis, wurden sie so stolz und frech, daß sie bis an die Tore von Paris kamen, denn ihre Herren waren in Montmartre beherbergt, und bis nach Paris hineinschauten und sahen, wer hinein- und hinausging, was die von Paris sehr beunruhigte. Zu jener Zeit gab es in Paris einen Junker namens Enguerrand de Bournonville und einen namens Aimé de Viry, die ihnen Tag und Nacht viele Scharmützel lieferten, denn die Armagnacs fürchteten diese beiden Männer mehr als den Grafen von Saint-Pol und seine ganze Streitmacht, der damals Hauptmann von Paris war, und den Borretsch in seinem Banner trug.

21. Item, am 16. Tag des Oktober standen die Armagnacs in der Nähe der Windmühle oberhalb von Saint-Ladre. Dann kamen die von Paris heraus, ohne Führung und gingen auf sie los, ganz ohne Waffen außer Pfeilen und Piken aus Flandern, und die anderen waren gut bewaffnet und kamen ihnen auf der Straße entgegen und

nahmen ihnen, was sie hatten, bis zu den Unterhosen, und es wären noch weit mehr getötet worden, wenn nicht der Weg schmal und die einbrechende Nacht gewesen wären, aber trotzdem wurden viele von Paris schwer verletzt, so kam ....

22. Damals wunderten die von Paris sich sehr, denn man wußte gar keine Nachricht vom Herzog von Burgund und glaubte, er wäre tot, und er war nach England gegangen, um mit den Englischen zu verhandeln, und kam so bald nach Paris zurück, wie er konnte, und traf dort am 23. Tag des Oktober im besagten Jahr ein und brachte in seiner Begleitung wohl sieben- bis achttausend Englische zusammen mit seinen Leuten mit. Und am 25. Tag besagten Monats zogen die Englischen zu einem Scharmützel an die Windmühle und töteten viele Armagnacs und ihre Pferde mit Pfeilen.*

23. Item, am folgenden 8. Tag des November besagten Jahres stellte jeder Befehlshaber über zehn, je nach Möglichkeit, seine Gesellen auf, mit dem Lederkittel der Bogenschützen bekleidet und bewaffnet, und am selben Tag war die Heerschau, und es waren wohl sechzehn- oder siebzehnhundert, allesamt kräftige Männer. Und an diesem Tag, ungefähr um zehn Uhr nachts, brach von Paris der Herzog von Burgund auf, mit ihm die vorgenannten Gesellen und die Englischen, und er ging die ganze Nacht nach Saint-Cloud und brach vom Tor Saint-Jacques auf, und als er vor der Brücke von Saint-Cloud stand, brach der Tag an. Dann ließ er die besagte Brücke und die Stadt angreifen, die ganz voll von starken Kräften bewaffneter Armagnacs war, die sich heftig verteidigten, aber das nützte ihnen wenig, denn sie wurden bald gänzlich geschlagen und alle aufgespießt, und es gab wohl sechshundert Tote. Und der falsche Verräter, der besagte Brücke verkauft hatte, wurde in der Kirche von Saint-Cloud ergriffen, ganz oben im Turm, ins Gewand eines Priesters

gekleidet. Er wurde nach Paris ins Gefängnis abgeführt, und der Herzog von Burgund ließ Feuer an die Zugbrücke legen, so daß wohl dreihundert ertranken, aus Angst und Eile, in den Brückenturm zurückzukommen. Und man sagte, das sei einer der schönsten Angriffe gewesen, die man seit langem gesehen habe, denn ein Teil der besten Kräfte der Armagnacs waren im Turm, so daß man ihrer nicht so leicht habhaft werden konnte, und auch alle Armagnacs von Saint-Denis kamen von der anderen Seite des Wassers hinzu, doch konnten die einen und die anderen nichts tun, als ihre Pfeile zu verschwenden. Dann zog der Herzog von Burgund seine Leute zurück und ging wieder nach Paris, um die von Saint-Denis anzugreifen. Und am nächsten Tag gingen der Prévôt und Enguerrand und die von Paris nach Saint-Denis, aber da trafen sie niemanden: sie waren alle in der vergangenen Nacht über eine Holzbrücke geflohen, die sie in besagter Stadt Saint-Denis errichtet hatten.

24. Und dieser Tag, als unsere Leute in Saint-Denis waren, war der Vorabend des Sankt Martin im Winter, und es fand an diesem Tag eine allgemeine Prozession nach Notre-Dame von Paris statt, und dort, vor allem Volk, wurde die ganze Gesellschaft der Armagnacs verdammt und exkommuniziert, und auch alle ihre Verbündeten und Unterstützer, und es wurden alle hohen Herren der verfluchten Bande mit Namen genannt, nämlich: der Herzog von Berry, der Herzog von Bourbon, der Graf von Alençon, der falsche Graf von Armagnac, der Konnetabel,* der Erzbischof von Sens,* Bruder des vorgenannten Montaigu, Robert de Tuillières, Leutnant des Prévôt von Paris, der Augustiner Jacques le Grand, der den übelsten Rat unter ihnen gab; und sie wurden exkommuniziert nach dem Wort des Heiligen Vaters, so daß sie von keinem Priester oder Prälaten Absolution erhalten konnten, es sei denn vom Heiligen Vater und auf dem

Sterbebett. Und zwei- oder dreimal vorher wurde in Paris eine solche Prozession und Exkommunikation der falschen Bande gemacht.

25. Item, am Donnerstag, dem 12. Tag des November besagten Jahres, wurde der falsche Verräter Colinet de Puiseux als siebter zu den Hallen von Paris geführt, er im Karren auf einem höheren Brett als die anderen, ein Holzkreuz in der Hand, bekleidet, wie er festgenommen wurde, als Priester. Und solchermaßen wurde er aufs Schafott gestellt und ganz nackt ausgezogen, und ihm schlug man den Kopf ab, als sechstem, und der siebte wurde gehängt, denn er gehörte nicht zu der falschen Bande. Und besagtem Colinet, dem falschen Verräter, schnitt man die vier Gliedmaßen ab, und an jedem der Haupttore von Paris wurde eins seiner Glieder aufgehängt, und sein Leib in einem Sack am Galgen, und ihre Köpfe bei den Hallen auf sechs Lanzen, als falsche Verräter, die sie waren; denn man sagte ganz bestimmt, daß besagter Colinet durch seinen falschen und treulosen Verrat für mehr als zweitausend Löwen* in Frankreich Schaden angerichtet hatte, abgesehen von einigen guten Leuten, die mit ihm waren, und die er teils töten ließ, teils erpressen, teils an solchen Ort verschleppen, daß man seitdem keine Nachricht mehr von ihnen hatte, so daß man also mancherlei Gerechtigkeit tat.

26. Indessen gingen die Herren von Guyenne und von Burgund vor Etampes, das die Bande hatte, und waren für mehrere Tage dort, um zu belagern und zu stürmen, und dann ergaben sich jene dem Willen des Königs. Und es wurde ihr Hauptmann namens Bourdon festgenommen, den man nach Flandern ins Gefängnis brachte und seitdem in Frieden läßt. Dann wurde noch ein anderer Ritter der Bande festgenommen, namens Herr Mansart du Bois, einer der schönsten Ritter, die man hat sehen können, welchem man in den Hallen von Paris den Kopf abschlug;

und von der Kraft seiner Schultern, sobald man ihm den Kopf abgeschlagen hatte, wackelte der Hackklotz so sehr, daß er nicht mehr hielt und man ihn umlegte, wodurch der Henker in große Furcht geriet, denn er starb sechs Tage später daran, und hieß Meister Geffroy. Danach wurde sein Meisterknecht Capeluche Henker.

[1412]

27. Und in besagtem Jahr wurde der Graf von Saint-Pol, namens Herr Waleran von Luxemburg, Konnetabel von Frankreich und ging in die Grafschaft Alençon; und dort war Herr Antoine de Craon, welcher dem Grafen von Alençon das Tagewerk schuldete, welcher nicht zu kommen wagte, wenn besagter Konnetabel wiederkäme. Und bei seiner Rückkehr glaubte der Herr von Gaucourt, ihn zu ruinieren und zu zerstören, der wohl tausend Bewaffnete in seiner Gefolgschaft hatte, aber durch die Gnade Gottes wurden besagter Gaucourt und seine Leute schmählich geschlagen, und es wurden wohl sechshundert von ihnen getötet und wohl hundert ertränkt und gute fünfzig der Größten festgenommen, aber Gaucourt entfloh auf einem guten Pferd. Zu jener Zeit fanden mehrere Scharmützel statt, die man nicht erwähnt, denn nichts machte man richtig wegen der Verräter, von denen der König ganz umgeben war.

28. Im Jahre 1412, am 6. Tag des Mai, begab sich der König ins Feld, mit seinem ältesten Sohn, dem Herzog von Guyenne, und mit dem Herzog von Burgund und einigen anderen, und sie gingen geradewegs nach Auxerre, da blieben sie einige Tage. Von dort brachen sie wieder auf und gingen, die Stadt Bourges im Berry zu belagern, wo

der Herzog von Berry war, schon fast achtzig Jahre alt, Onkel besagten Königs von Frankreich, Meister und Verwalter jeden Verrats der besagten Bande, so grausam gegen das niedrige Volk wie nur je ein sarazenischer Fürst, und das gegen die Seinen und die anderen, darum wurde er belagert.

29. Und sobald die von Paris erfuhren, daß der König im Land seiner Feinde war, richteten sie auf gemeinsamen Ratschlag die frömmsten Prozessionen aus, die seit Menschengedenken gesehen wurden. Am vorletzten Tag des Mai besagten Jahres nämlich, einem Montag, machten die vom Palais de Paris, die Bettelorden und andere eine Prozession, alle barfuß, führten mehrere sehr würdige Heiligtümer mit sich, darunter das wahre heilige Kreuz vom Palais, die vom Parlement,* von welchem Stand sie auch sein mochten; alle in Zweierreihen, etwa 30 000 Personen hinterher, alle barfuß.

30. Am Dienstag, dem letzten Tag des Mai besagten Jahres machten Teile der Sprengel von Paris eine Prozession, die Gemeindemitglieder um ihre Sprengel herum: alle Priester im Chorrock oder Chorhemd, jeder mit einer Kerze in der Hand und Reliquien; alle barfuß; die Reliquienschreine von Saint-Blanchard und von Saint-Magloire, mit wohl zweihundert Kindern voran, alle barfuß, eine Kerze oder ein Licht in der Hand; alle Gemeindemitglieder mit ausreichendem Vermögen eine Fackel in der Hand, alle barfuß, Frauen und Männer.

31. Am folgenden Mittwoch, dem ersten Tag des Juni besagten Jahres, wurde die Prozession in der Art und Weise vom Dienstag gemacht.

32. Der darauffolgende Donnerstag war Fronleichnam; die Prozession wurde gemäß dem Brauch gemacht.

33. Am folgenden Freitag, dem 3. Tag des Juni besagten Jahres, wurde die schönste Prozession gemacht, die man wohl je gesehen hat; denn alle Sprengel und Orden,

welchen Standes sie auch waren, gingen barfuß und trugen, wie zuvor gesagt wurde, Heiligtümer oder Kerzen, im Gewand der Frömmigkeit, mehr als 40 000 Laien dabei, alle barfuß und fastend, abgesehen von geheimer Enthaltsamkeit, weit mehr als viertausend leuchtende Fackeln. Hier trugen sie die heiligen Reliquien von Saint-Jean-de-Grève; dort nahmen sie den kostbaren Leib Unseres Herrn mit, den die falschen Juden gesiedet haben, mit vielem Weinen, mit vielen Tränen, mit viel Frömmigkeit, und er wurde vier Bischöfen übergeben, welche ihn von besagtem Kloster nach Sainte-Geneviève brachten, unter großer Beteiligung von Laienvolk, denn man sagt, daß es mehr als 52 000 waren; dort sangen sie sehr fromm die hohe Messe, und dann brachten sie die heiligen Reliquien dorthin, wo sie sie geholt hatten, fastend.

34. Am folgenden Samstag, dem 4. Tag besagten Monats des genannten Jahres, war die ganze Universität, welchen Standes auch immer, unter der Last der Entbehrung, bei der Prozession, und die kleinen Schulkinder, alle barfuß, jedes mit einer brennenden Kerze in der Hand, sowohl die größeren als auch die kleineren, und versammelten sich in solcher Demut bei den Mathurinern, gingen von dort nach Sainte-Catherine-du-Val-des-Écoliers, beinahe zahllose heilige Reliquien tragend; dort sangen sie die hohe Messe, dann kehrten sie zurück, fastend.

35. Am folgenden Sonntag, dem 5. Tag besagten Monats genannten Jahres, kamen die von Saint-Denis nach Paris, alle barfuß, und brachten sieben heilige Leichen* mit, die heilige Oriflamme, welche nach Flandern gebracht worden war, den heiligen Nagel, die heilige Krone,* die zwei Äbte trugen, sowie dreizehn Prozessionsfahnen; und es kam ihnen die Gemeinde Saint-Eustache entgegen, wegen der Leiche des heiligen Eustache, die in einem der besagten Reliquienschreine war, und

sie gingen alle geradewegs zum Palais von Paris; dort feierten sie die hohe Messe in großer Frömmigkeit, dann gingen sie fort.

36. In der folgenden Woche gab es jeden Tag viele fromme Prozessionen, und ebenso kamen die Dörfer aus der Umgebung von Paris sehr fromm, alle barfuß, und beteten zu Gott, daß durch seine heilige Gnade Friede geschlossen werde zwischen dem König und den Herren von Frankreich, denn durch den Krieg war ganz Frankreich sehr arm an Freunden und an Hab und Gut, denn man fand auf dem flachen Lande nichts mehr, was es hätte erhalten können.

37. Item, am folgenden Montag, dem 6. Tag des besagten Monats Juni genannten Jahres, gingen die von Saint-Martin-des-Champs, mit ihnen mehrere Gemeinden von Paris und vom Dorf, alle barfuß, wie vorher Lichter und Reliquien mit sich führend, nach Saint-Germain-des-Prés. Dort feierten sie die hohe Messe in großer Frömmigkeit, und die anderen Gemeinden gingen nach Martyrs und sangen dort die hohe Messe, und die von Sainte-Catherine-du-Val-des-Éscoliers kamen, in Saint-Martin-des-Champs die hohe Messe zu singen.

38. Item, am Dienstag und Mittwoch, dem 7. und 8. Tag des besagten Monats in genanntem Jahr, machte man Prozessionen, die Gemeindemitglieder um ihre Sprengel herum.

39. Item, am Donnerstag, dem 9. Tag besagten Monats in genanntem Jahr, waren es mehrere Sprengel, begleitet von vielen Klerikern und Laien, alle barfuß, mit viel Reliquien und Licht, und gingen so nach Boulogne-la-Petite, verrichteten dort ihren Gottesdienst und feierten die hohe Messe, sodann gingen sie zurück.

40. Item, am folgenden Freitag, dem 10. Tag besagten Monats in genanntem Jahr, wurde eine allgemeine Prozession gemacht, eine der glorreichsten, die man je gese-

hen hat: denn alle Kirchen, Kollegien und Gemeinden waren da, barfuß, und zahlloses Volk, denn den Tag zuvor war angeordnet worden, daß aus jedem Haushalt eine Person da sein sollte. Und zu dieser frommen Prozession kamen mehrere Dorfsprengel aus der Umgebung nach Paris, in großer Frömmigkeit und von weither, ungefähr von mehr als vier große Meilen, etwa von hinter Villeneuve-Saint-Georges, von Montgeron und anderen benachbarten Städten, und kamen zu allen Reliquien, zu denen sie gelangen konnten, alle barfuß, sehr alte Männer, schwangere Frauen und kleine Kinder, ein jedes mit einer Kerze oder einem Licht in der Hand.

41. Am Samstag und Sonntag, dem 11. und 12. Tag des besagten Monats im benannten Jahr, machte man allgemeine Prozessionen um die Sprengel herum.

42. Am Montag, dem 13. Tag des besagten Monats im genannten Jahr, kamen die von Saint-Maur-des-Fossés, mit achtzehn Fahnen, unzählbaren Reliquien, zwanzig Kreuzen, alle barfuß, und sangen in Notre-Dame von Paris die hohe Messe.

43. Am folgenden Dienstag, dem 14. Tag besagten Monats im genannten Jahr, gingen die von Paris nach Saint-Antoine-des-Champs, dort feierten sie die hohe Messe.

44. Am folgenden Mittwoch, dem 15. Tag besagten Monats im genannten Jahr, wurde eine Prozession um die Sprengel herum gemacht.

45. Am folgenden Donnerstag, dem 16. Tag besagten Monats im genannten Jahr, machten die Gemeinden von Paris Prozessionen nach Martyrs und nach Montmartre; dort sangen sie die hohe Messe.

46. Am folgenden Freitag gingen sie nach Saint-Denis-en-France, nämlich nach Saint-Paul und Saint-Eustache, alle Leute barfuß; dort feierten sie die hohe Messe.

47. Und während man diese Prozessionen machte, gab es keinen Tag, an dem es nicht stark geregnet hätte, mit Ausnahme der ersten drei Tage. Und wahrhaftig kamen die von Meaulx nach Saint-Denis, und von Pontoise und von Gonnesse, und sie kamen von dort in Prozession nach Paris.

48. Am folgenden Samstag machten die von Châtelet, alle Erwachsenen und Kinder, eine Prozession.

49. Am folgenden Sonntag Prozession in den Sprengeln.

50. Am folgenden Montag gingen Saint-Nicolas, Saint-Sauveur, Saint-Laurent* nach Notre-Dame-de-Boulogne-la-Petite, in der vorgenannten Weise, am 9. Tag des Monats.

51. All die ganze Zeit, die der König außerhalb von Paris war, machten die von Paris und von den Dörfern der Umgebung Prozessionen, wie vorher beschrieben, und gingen jeden Tag nach der Anordnung in Prozessionen die Pilgerwege zu Unserer Lieben Frau in der Umgebung von Paris, so nach Blanc-Mesnil, nach Mesche und an die berühmtesten Plätze der Frömmigkeit.

52. Und wahrhaftig kam am Samstag, dem 11. Tag des Monats Juni, der König von Frankreich mit seinen Truppen vor der Stadt Bourges im Berry an, und als sie davorstanden, griffen sie diese sehr grimmig an, und die Armagnacs verteidigten sich sehr heftig, aber viele wurden verletzt; als sie um Waffenstillstand baten, so wurden ihnen zwei Stunden und nicht mehr gegeben. Kurz vor dem Ende des Waffenstillstands kamen die falschen Verräter in großer Zahl heraus, im Glauben, unsere Leute, die keineswegs darauf gefaßt waren, zu verraten und zu überraschen; aber die Vorhut empfing sie sehr grimmig und hieb so grausam auf sie ein, daß sie sich bis zu den Toren zurückzogen, und dort wurden die Verräter unter der Führung des Herrn von Gaucourt so

dicht eingeholt, daß mehr als 120 Männer von Namen auf dem Platz blieben, ganz tot, und in großer Zahl festgenommen die, welche zugaben, daß sie glaubten, den König gewaltsam fortzuführen und den Herzog von Burgund zu töten, aber Gott hatte ihnen das für dieses Mal verwehrt; dann vergingen einige Tage ohne jeden Angriff.

53. Inzwischen hatten die von der Burg Sancerre sich ergeben, welche viel Sorgen im Heer gemacht hatten, denn zu Beginn der Belagerung war das Brot für die einen und für die anderen so teuer, daß ein Mann bei einer Mahlzeit von Brot nicht unter drei Sous satt wurde, aber bald danach kamen durch die Gnade Gottes genug Lebensmittel; und es gab im Heer mehr als 50 000 Berittene, ohne die zu Fuß, die in großen Haufen da waren.

54. Item, gegen Ende Juli, als das arme Volk in den guten Städten und auf dem flachen Lande alles verloren hatte, die einen durch Abgaben, die anderen durch Plünderungen, daß sie soweit gingen, über den jungen Herzog von Guyenne, der ältester Sohn des Königs war und die Tochter des Herzogs von Burgund geheiratet hatte, zu verhandeln, soviel wie er ihnen zugestand, wegen der falschen Verräter, die den König umgaben, so daß er sie alle in gutem Frieden mit dem König sein ließ, und so hielt er es, wie man sehen konnte; denn jeder war sehr vom Krieg beschwert, wegen der großen Hitze, die herrschte; denn man sagte, daß seit Gedenken irgendeines lebenden Menschen niemand so große Hitze erlebt hatte, wie sie herrschte, und wirklich hat es von Sankt Johann dem Täufer bis zum zweiten Tag des September nicht geregnet. So waren die Armagnacs derart erschöpft, als ob sie im ganzen Königreich Frankreich ganz geschlagen wären, als jener falsch beratene Vertrag solchermaßen in Kraft trat, und es wurde angeordnet, daß sie alle in die Stadt Auxerre kämen.

55. Zu dieser Zeit waren mehrere Gemeinden, wie die von Paris, die von Rouen und von mehreren anderen guten Städten . . . .
. . . .*
vor ihnen und gewannen* bald die Stadt und töteten viele Leute auf dem flachen Land, denn alle machten einen Aufstand im ganzen Lande Beauce, denn sie hatten soviel Leid und Abgaben durch die Bewaffneten, daß sie nicht mehr wußten, welchen sie gehorchen sollten. Doch hielten sie sich an die Armagnacs, die dort am stärksten gewesen waren, zur Zeit, als der üble Krieg anfing. Und als besagte Gemeinden nach Dreux kamen, fanden sie diese so rebellisch, daß sie sie alle töteten, und die bewaffneten Armagnacs, die ihnen hätten helfen sollen, flohen in die Festung der besagten Stadt und ließen die armen Leute sterben. Und dann wurden sie von unseren Leuten aus dem Volk so grimmig belagert, daß sie sich nicht mehr halten konnten, als ein Ritter, der die Führung besagter Städte hatte, als falscher Verräter den Angriff aufgab und viel Geld von den Armagnacs nahm und überhaupt zu der Bande gehörte. Und doch sagte man, das sei einer der Guten in Frankreich, aber man wußte nicht, ob man ihm trauen sollte, denn er setzte sie in eine solche Lage, daß sie um Mitternacht nach Hause zurückkehren mußten und nach Paris kommen, denn sonst wären sie alle von den falschen Verrätern und anderen Edelleuten getötet worden, die sie so sehr haßten, daß sie sie nicht ertragen konnten, weil sie sich so gut hielten; denn wenn man auf sie vertraut hätte, hätten sie das ganze Königreich Frankreich in weniger als einem Jahr von falschen Verrätern gereinigt, aber anders ging es nicht, denn auf keinen klugen Mann wurde zu jener Zeit gehört. Und so wurde der Frieden ganz nach ihrem Belieben geschlossen, wie man wohl sehen kann, denn der König war immer noch krank, und sein ältester Sohn handelte mehr nach seinem Willen

als nach der Vernunft und glaubte den Jungen und den Narren; so machten es die besagten Bandenmitglieder ganz nach ihrem Belieben mit ihm. Und man machte aus Freude über diesen Frieden Feuer vor Paris. Am ersten Samstag des August 1412 und am ersten Dienstag des September wurde in ganz Paris mit Trompeten ausgerufen...

56. Aber es geschah anders, denn er wurde auf den Weg nach Notre-Dame-des-Champs gebracht*........ Und am vorletzten Tag besagten Monats im genannten Jahr kam der König nach Bois de Vincennes und der Herzog von Burgund nach Paris, und es gingen die Bürger nach der Anordnung voran.

57. Item, am Dienstag, dem 27. Tag des September, dem Tag des heiligen Kosmas und heiligen Damian, wurde in der Nacht Jean de Montaigu am Galgen von Paris aufgehängt, einst Oberhofmeister des Königs, dem man für seine letzten Verfehlungen den Kopf abgeschlagen hatte, und wurde nach Marcoussis zu den Cölestinern gebracht, welches Kloster er zu seiner Lebzeit gegründet hatte.

58. Item, am Sonntag, dem 23. Tag des folgenden Oktober, zog der König in Paris ein, und zu seiner Ankunft wurde die größte Feier und Lustbarkeit des Volkes veranstaltet, die man seit zwölf Jahren gesehen hatte, denn Kinder und Erwachsene schlugen Becken; und mit dem König kamen der Herzog von Burgund und der Graf von Vertus, sein Neffe, und mehrere andere, und sie waren mit dem König in Paris und sehr geliebt vom König und vom Volk, das hocherfreut über den Frieden war, weil es glaubte, sie würden ihn getreulich einhalten, aber sie hatten es nur auf die Vernichtung des Königs und insbesondere der guten Stadt Paris und ihrer guten Bewohner abgesehen.

59. Und taten soviel in ihrer bösen Bosheit, um ihre unglückselige Absicht zu verfolgen, daß mehrere, die den König und das Gemeinwohl liebten und geliebt hatten, ganz ihre bösen und falschen Absichten teilten, wie der Bruder der Königin von Frankreich, der Prévôt von Paris Pierre des Essarts und mehrere andere, und insbesondere besagter Prévôt, der sich rühmen konnte, daß seit mehr als hundert Jahren kein Prévôt von Paris so große Gunst beim König und beim Volk genoß wie besagter. Aber er benahm sich so schlecht, daß er fliehen mußte, er und einige andere der Größten, wie der Bruder der Königin, Herzog von Bayern, der Herzog Édouard von Bar, Jacques de la Rivière und mehrere andere Ritter und Junker; und das war Ende Februar im Jahre 1413, und als die Sache einige Tage vorbei war, schien es, als ob man sie vergessen hatte.

60. Und inzwischen unternahm es die Universität, die den König und das Volk sehr liebte, mit großer Eile und Umsicht, alle aufzuschreiben, die an dem verfluchten und falschen Verrat teilhatten, und es waren die meisten Großen dabei, Adlige und Gemeine. Und als die Universität mit großer Sorgfalt insbesondere alle die aufgeschrieben hatte, die schaden könnten, kamen inzwischen die Vorgenannten wieder, die geflohen waren, und gaben sich als gute Vasallen aus und beförderten eine Heirat zwischen der Frau des Grafen de Mortain, der tot war, und dem Bruder der Königin, dem Herzog von Bayern; und ihre unglückselige Absicht war, die Hochzeit an einem entfernten Ort zu feiern und den König mitzunehmen, um Herren von Paris zu sein und dort nach ihrem Willen zu schalten und zu walten, der sehr schlecht war. Und die Universität, die all dies wußte, ließ es den Her-

zog von Burgund wissen und den Prévôt der Kaufleute, der André d'Épernon hieß und aus Quincampoix stammte, und die Schöffen. So ließen sie sogleich die gute Stadt und die genannten Beamten sich bewaffnen, und jene flohen in die Festung Saint-Antoine* und verschanzten sich dort. Und der Bruder der Königin spielte den guten Vasallen und diente dem König, als ob er von nichts wüßte, und rührte sich nicht von der Seite des Königs.

61. Bald darauf war die Stadt bewaffnet, und die Bürger belagerten besagte Festung und schworen, daß sie nicht abziehen würden, bis sie diese nicht mit Gewalt genommen hätten; und als die, welche in der Festung waren, so viele und so erregte Leute sahen, ergaben sie sich gegen Abend den Herzögen von Guyenne und Burgund, die darauf eingingen, sonst hätten die Leute von Paris sie alle zerstückelt, denn sie waren wohl 24 000. Nun wurden jene gut und fest gefesselt und in den Louvre gebracht, und es war der 5. Tag des Mai 1413, ein Freitag. Und besagter Prévôt blieb noch vier oder sechs Tage danach im Innern von Saint-Antoine und wurde ungefähr um Mitternacht abgeholt und in den Louvre gebracht und dort gefangengesetzt.

62. Und in der Woche vor Himmelfahrt wurde die Stadt abermals bewaffnet, und die Bürger zogen zum Hôtel Saint-Pol, wo sich der Bruder der Königin befand, dort nahmen sie ihn fest, ob er wollte oder nicht, und zerbrachen die Tür des Zimmers, in dem er war, und nahmen mit ihm dreizehn oder vierzehn fest, auch Damen und Fräulein, die mit seiner Bosheit bekannt waren, und wurden alle miteinander in den Louvre gebracht. Und doch glaubte besagter Bruder der Königin, am nächsten Tag seine Frau zu heiraten, aber sein Geschick wandte sich gegen seinen Willen.

63. Am Mittwoch, dem Vorabend von Himmelfahrt, dem letzten Tag des Mai in genanntem Jahr 1413, wurde

besagter Prévôt vom Louvre ins Gefängnis des Palais geführt.

64. Und an besagtem Tag wurde die Brücke von Planche-de-Mibray ›Brücke von Notre-Dame‹ getauft, und der König Karl von Frankreich taufte sie und schlug mit der Ramme auf den ersten Pfahl, und danach sein ältester Sohn, der Herzog von Guyenne, und dann die Herzöge von Berry und von Burgund, und der Herr de la Trémoille, und es war zehn Uhr vormittags.

65. Und in besagtem Monat Mai trug die Stadt weiße Schweifkappen, und wurden wohl 3000 bis 4000 hergestellt, und der König trug eine und Guyenne und Berry und Burgund, und vor Ende des Monats gab es so viele in Paris, daß ihr kaum noch andere Kappen sehen konntet, und selbst Männer der Kirche trugen sie und ehrbare Händlerinnen, die Gemüse verkauften.

66. Item, am 10. Tag des Juni 1413, Sankt Landry, dem Vorabend vor Pfingsten, wurden der Ritter Jacques de la Rivière und der Junker Simonnet du Mesnil der Jüngere aus dem Palais des Königs geholt und zu den Hallen von Paris geschleift, nämlich besagter Jacques de la Rivière, denn er war tot und hatte sich mit einer vollen Weinflasche getötet, mit der er sich so heftig auf den Kopf geschlagen hatte, daß er sich den Schädel und das Hirn zerschlug. Und besagter Simonnet wurde bis zur Heaumerie* geschleift und dort in den Karren gesetzt, auf einem Brett sitzend, ein Kreuz in der Hand, während der Tote bis zu den Hallen geschleift wurde, und dort wurden ihnen die Köpfe abgeschlagen. Und man sagte von dem Tod dieser beiden, daß dies die schönste Festnahme für das Königreich seit zwanzig Jahren sei, und sie waren in der Festung Saint-Antoine festgenommen worden, wie zuvor gesagt.

67. Item, am folgenden Donnerstag wurde ein anderer, namens Junker Colin de Brie, an besagtem Ort geholt, wie zuvor gesagt, und aus dem Palais geholt, geschleift,

wie von Simon gesagt, und in den Hallen wurde ihm der Kopf abgeschlagen, ein Mitglied von besagter Bande, sehr voller Tyrannei, eine sehr häßliche und grausame Person, und er gab mehrfachen Verrat zu, hatte er doch gedacht, etwas für den Prévôt von Paris zu tun; denn er glaubte, die von der Charenton-Brücke zu verraten, und dort wurde er festgenommen, mit allen Geldmitteln, die er dem besagten Prévôt zukommen lassen wollte, der in jener Nacht über besagte Brücke kommen wollte.

68. Item, am ersten Tag des Juli 1413 wurde besagter Prévôt aus dem Palais geholt, bis etwa zur Heaumerie geschleift und dann auf ein Brett im Karren gesetzt, ein Holzkreuz in der Hand haltend, bekleidet mit einem zerfetzten schwarzen, mit Marder verbrämten Überrock, weißen Strümpfen und schwarzen Schuhen an den Füßen, und von jenem Punkt zu den Hallen von Paris geführt, und dort schlug man ihm den Kopf ab, und er wurde drei Fuß höher gehängt als die anderen. Und doch ist es wahr, daß er von dem Augenblick, als er auf die Schleife gelegt wurde, bis zu seinem Tod immerzu gelacht hat, wie er es in seinem großen Glanz getan hatte, so daß die meisten Leute ihn für wirklich verrückt hielten; denn alle, die ihn sahen, weinten so fromm, daß ihr nie von mehr Tränen um den Tod eines Mannes habt reden hören, und er allein lachte und glaubte, das Volk werde ihn vor dem Tod bewahren. Aber er hatte vor, wenn er weiter gelebt hätte, die Stadt zu verraten, sie ihren Feinden auszuliefern und selbst viele große und grausame Morde zu tun und die guten Bewohner der guten Stadt Paris zu plündern und zu berauben, die ihn so getreulich liebten; denn alles, was er anordnete, führten sie nach bestem Vermögen aus, so daß es schien, er sei zu stolz auf sich geworden, denn er hatte genug Ämter für sechs oder acht Söhne von Grafen oder Bannerherrn. Erstens war er Prévôt von Paris, er war Oberster Mundschenk, Meister

der Gewässer und Forsten, Oberster Hauptmann von Paris, von Cherbourg, von Montargis, Oberster Falkner, und hatte noch mehrere andere Ämter, daraus er so großen Stolz schöpfte und die Vernunft fahren ließ, und alsbald ließ Fortuna ihn ein so schmähliches Ende nehmen. Und wisset: Als er sah, daß er sterben mußte, kniete er vor dem Henker nieder und küßte ein kleines Silbermedaillon, das der Henker am Hals trug, und vergab ihm seinen Tod sehr sanftmütig und bat alle Herren, daß seine Tat nicht ausgerufen werde, wenn er geköpft wäre, und man billigte ihm das zu.

69. So wurde Pierre des Essarts geköpft, und seine Leiche zum Galgen gebracht und am höchsten aufgehängt. Und vor ungefähr zwei Jahren hatte der Herzog von Brabant, der Bruder des Herzogs von Burgund, der seine ausschweifende Regierungsweise deutlich sah, ihm im Hôtel des Königs gesagt: »Prévôt von Paris, Jean de Montaigu hat zweiundzwanzig Jahre gebraucht, um geköpft zu werden, ihr aber werdet kaum drei dazu brauchen«; und er brauchte sie auch nicht, denn er brauchte nur zweieinhalb, dem Spruch entsprechend, und so sagte man scherzhaft in Paris, der besagte Herzog sei ein wahr sprechender Prophet.

70. Item, gegen Ende besagten Monats begannen die von der verrückten Bande wieder, in die Nähe von Paris zu kommen, wie es früher gewesen war, und nahmen denen aus den Dörfern in der Umgebung von Paris alles, was sie hatten, und brachten es nach Paris. Und dort wurde ein Vertrag gemacht, um Frieden zu schließen, und er sollte in Pontoise geschlossen werden; und dorthin ging der Herzog von Berry am 20. Tag besagten Monats, Sankt Margarete, und der Herzog von Burgund, am Vorabend von Sankt Magdalene. Und dort blieben sie ungefähr zehn Tage, um über den Frieden zu verhandeln, den sie auch geschlossen hätten, wären da nicht einige Forde-

rungen gewesen, die besagte Bandenmitglieder stellten, und die unvernünftig waren, denn sie forderten einige derer von Paris, um ganz nach ihrem Willen mit ihnen zu verfahren, und andere Dinge, die eine sehr grausame Rache bedeuteten, was ihnen keineswegs zugestanden wurde. Aber um einen Frieden zu erreichen, gingen solche, die von seiten des Königs hingegangen waren, darauf ein, daß die besagten Bandenmitglieder ihre Gesandten unter freiem Geleit in der Gesellschaft von Berry und Burgund und derer von Paris schickten, um mit dem König von Angesicht zu Angesicht zu sprechen, und sie zogen an Sankt Peter ein, dem ersten Tag des folgenden Monats August, der ein Dienstag war, und sprachen mit dem König von Angesicht zu Angesicht ganz nach ihrem Belieben, welcher ihnen ein Gastmahl gab. Was die Forderungen und die Antworten betrifft, so schweige ich darüber, denn das wäre eine zu lange Geschichte, aber ich weiß wohl, daß sie immer noch die Befugnis forderten, die gute Stadt Paris und ihre Einwohner zu vernichten.

71. Item, am 3. Tag des besagten Monats August war die Universität von Paris in Saint-Pol*, um vom König Gewähr zu erhalten, ihm am nächsten Tag einige Dinge vorzuschlagen, die sehr nützlich für den Frieden des Königreichs waren; was ihnen zugestanden wurde. Und am nächsten Tag, dem Freitag, dem 4. Tag des August, als ob der Teufel sie beraten hatte, schlugen sie ganz das Gegenteil von dem vor, was sie früher mehrfach empfohlen hatten, denn ihre erste Forderung war, alle Gefangenen freizulassen, die des Verrates, für den Pierre des Essarts und dem Herrn Jacques de la Rivière und Mesnil dem Jüngeren die Köpfe abgeschlagen worden waren, Meister und Verwalter waren – und waren das der Herzog von Bayern, Bruder der Königin von Frankreich, Herr Édouard, Herzog von Bar, der Herr von Boissay und zwei seiner Söhne, Antoine des Essarts, Bruder des besagten Pierre

des Essarts, und einige andere, die im Louvre, im Palais und im Petit Châtelet gefangengehalten wurden – und dann, daß alle, die sich ihren Forderungen für den Frieden widersetzten, an Leib und Gütern für rechtlos erklärt wurden. Danach stellten sie noch reichlich weitere Forderungen, aber schlugen keineswegs die Sicherheit für jene vor, welche die Macht über Paris gehabt und die Gefangensetzung besagter Gefangener um ihrer Verfehlungen willen gebilligt hatten. Und doch wußte jeder wohl, daß alle Bandenmitglieder jene auf den Tod haßten. Diese Verhaßten waren Meister Jean de Troyes, vereidigter Wundarzt der Stadt, Burgvogt des Palais, zwei seiner Söhne, einer namens Jean de Gois und seine zwei Söhne, Fleischer, Denisot Caboche, Denisot de Saint-Yon,* beide Fleischer, und besagter Caboche Hauptmann der Brücke von Charenton, der besagte Saint-Yon Hauptmann von Saint-Cloud. Diese waren anwesend, als der Vorschlag angenommen wurde, der ihnen sehr hart schien, und sie gingen alsbald fort und ins Rathaus und versammelten dort die Leute und zeigten ihnen, wie der Frieden, der geschlossen wurde, keineswegs ehrenvoll weder für den König war, noch für den Herzog von Burgund, noch zum Wohl der guten Stadt und ihrer Einwohner, aber ehrenvoll für besagte Bandenmitglieder, die so oft ihr Wort gebrochen hatten. Aber schon da wollte das niedere Volk, das schon auf der Place de Grève versammelt war, alle nach ihrem Vermögen bewaffnet, und das sehr den Frieden begehrte, nicht mehr auf ihre Worte hören, sondern sie fingen alle an, mit einer Stimme zu schreien: ›Frieden! Frieden! und wer ihn nicht will, gehe auf die linke Seite, und wer ihn will, gehe auf die rechte Seite.‹ So gingen alle auf die rechte Seite, denn niemand wagte, solchem Volk zu widersprechen.

72. Inzwischen machten sich der Herzog von Guyenne und der Herzog von Berry auf den Weg zur Place

de Grève; aber als sie vor dem Hôtel d'Anjou waren, wagte man nicht, sie auf die Place de Grève zu lassen, aus Angst, daß das Volk sich rege, und sie gingen fort zum Louvre und befreiten den Herzog von Bar und den Herzog von Bayern, und mit Trompeten und so großen Ehren wurden sie fortgeführt, als hätten sie die schönste Tat begangen, die man in dieser Sarazenenwelt oder sonstwo begehen kann. Und als sie die besagten Gefangenen abholen gingen, also den Herzog von Bayern, den Herzog von Bar und andere, die im Louvre waren, begegneten sie dem Herzog von Burgund, der nach Saint-Pol ging und von alledem nichts wußte. Er war sehr erstaunt, als man ihm die Sache erzählte; jedenfalls verbarg er dieses Gefühl und ging mit ihnen zum Louvre, den zuvor beschriebenen Aufwand betrachtend. Nachdem das getan war, kehrten sie zum Palais zurück, und überall, wo sie vorbeikamen, schrie man: ›Weihnachten!‹ Im besagten Palais waren der Herr de Boissay, zwei seiner Kinder und Antoine des Essarts, die alle einfach befreit wurden, ob man wollte oder nicht, zu Recht oder zu Unrecht. Und der Herzog von Guyenne, der ganz nach Belieben handelte, erklärte alsobald Leib und Gut derer für rechtlos, und erkannte sie gut, welche diese Verhaftungen veranlaßt hatten. Noch war der zuvor erwähnte Meister Jean de Troyes Burgvogt und blieb dort; aber nachdem er für rechtlos erklärt worden war, ging man binnen weniger als einer Stunde von Saint-Nicolas nach Saint-Laurent, das Haus des besagten Troyes wurde gänzlich geplündert und aller Güter beraubt, seine Diener festgenommen und in verschiedene Gefängnisse gebracht. Der gute Mann rettete sich, so gut er konnte, und alle anderen von dieser Partei, nämlich die Le Gois, die Kinder des besagten Troyes, die Kinder Saint-Yon und Caboche und einige andere, die nach ihrem Vermögen die gute Stadt gehütet hatten; aber in dieser Stunde war Fortuna ihnen so ungünstig, daß sie, hätte man sie gefunden, von Edlen und von Gemeinen alle zerstückelt worden wären, und doch wußte man nicht warum, außer daß man sagte, sie wären zu gierig gewesen. Da sieht man, wie wenig Sicherheit überall herrscht, denn noch den Tag zuvor hätten sie, wenn sie wollten, die ganze Stadt Paris auf einem Platz versammeln können. Und so geschah es ihnen durch fürstlichen Zorn und durch das Murren des Volkes, und es wurden alle ihre Güter in die Hände des Königs gegeben; und so geschah es.

73. Danach gingen der Herzog von Guyenne und die anderen nach Saint-Pol und wechselten an eben diesem Freitag den Prévôt von Paris aus, der für den König in die Picardie gegangen war, und Le Borgne de la Heuse hieß, und gaben das Amt einem der Diener des verstorbenen Herzogs von Orléans, der Bretone war und Tanguy du Châtel hieß. Sie wechselten auch zwei der Schöffen aus und bestellten zwei neue, nämlich Perrin Auger, Wechsler, und Guillaume Cirasse, Zimmermann, die im Ruf standen, vom Bande zu sein; sie beließen André d'Épernon als Prévôt der Kaufleute, wegen seines sehr guten Rufes.

74. Item, sie machte die beiden vorgenannten Herzöge, von Bayern und von Bar, zu Hauptleuten, den einen von Saint-Antoine, den anderen vom Louvre; und andere wurden Hauptleute von Saint-Cloud und von der Charenton-Brücke, allesamt Personen, die das gemeine Volk haßten.

75. Item, am folgenden Samstag ließ man die obengenannten Würdenträger in der Umgebung von Paris suchen, aber man fand keinen von ihnen; und an diesem Tag wurde ausgerufen, daß man in der Nacht Laternen anzünde.*

76. Item, am folgenden Sonntag, dem 6. Tag des August 1413, wurde an allen Kreuzungen von Paris der Frie-

den ausgerufen, und daß sich niemand in die Angelegenheiten der Herren einmischen und niemand bewaffnet sein sollte, es sei denn auf Anweisung der Viertelmeister, der Befehlshaber über fünfzig oder der Befehlshaber über zehn.

77. Item, am folgenden Mittwoch wurde Herr Henri de Marle Kanzler von Frankreich, und Meister Eustache de l'Aître abgesetzt, der es seit etwa zwei Monaten gewesen und von den obengenannten Fleischern dazu gemacht worden war, und sie hatten den Herrn Arnaud de Corbie abgesetzt, der das Amt mehr als dreißig Jahre lang innegehabt hatte.

78. Und es wurde Hauptmann von Paris der Herzog von Berry am folgenden Freitag. Und an diesem Tag kam der Prévôt zurück, nämlich Le Borgne de la Heuse, und er wurde wieder in sein Amt eingesetzt, und der andere, ob er nun wollte oder nicht, entlassen. So wirkte Fortuna ganz willkürlich in diesem Königreich, und es gab keinen Edlen oder anderen, der wußte, was am besten wäre; die Großen haßten einander, die Mittleren wurden von Abgaben gedrückt, und die ganz Armen fanden keinen Verdienst.

79. Item, am 16. Tag des August besagten Jahres wurden die Tore von Saint-Martin und Temple zugemauert, und es war so heiß, daß in der Umgebung von Paris die Weintrauben zu dieser Zeit schon fast reif zur Ernte waren.

80. Item, am 23. Tag besagten Monats August wurden der vorgenannte Prévôt und Jacques de la Rivière vom Galgen genommen und nachts in geweihter Erde begraben, und es gab nur zwei Fackeln, weil man es vor dem Volk verheimlichte; und sie wurden bei den Mathurinern begraben.

81. Item, etwa in der dritten Woche des August fing man unter den Herrschenden mit neuen Kitteln an, wor-

auf viele silberne Blätter angebracht waren und eine silberne Inschrift: ›der gerade Weg‹, und sie waren aus violettem Tuch, und vor Ende August gab es fast zahllose davon in Paris, und insbesondere die von der Bande, die zurückgekommen waren, trugen sie zu Hunderten und Tausenden. Und dann fingen sie zu regieren an und brachten alle jene, die an der Regierung des Königs und der guten Stadt Paris teilgehabt und sich ganz dafür eingesetzt hatten, in eine solche Lage, daß die einen nach Flandern flohen, andere ins Kaiserreich oder übers Meer, wohin war ihnen gleich, aber sie schätzten sich glücklich, wenn es ihnen gelang, als Landstreicher zu entfliehen, als Pagen oder in lächerlicher Kleidung oder auf andere Weise, wie auch immer, und es war keiner so kühn, daß er gegen sie zu sprechen gewagt hätte.

82. Item, in besagter Woche verließ der Herzog von Burgund Paris und verheiratete eine seiner Töchter, wie man sagte, aber das war nicht so.

83. Item, am Freitag, dem 15. Tag des September 1413, wurde der Leib des falschen Verräters Colinet de Puiseux, der zuvor die Brücke von Saint-Cloud verkauft hatte, vom Galgen genommen und seine vier Gliedmaße von den Toren; und er wäre wohl eher wert gewesen, verbrannt oder den Hunden vorgeworfen, als in geweihter Erde begraben zu werden, aber so machten es die falschen Bandenmitglieder nach ihrem Belieben.

84. Item, am folgenden Sankt Matthäus wurde das Tor von Saint-Martin wieder geöffnet, das auf Anordnung der Bandträger vermauert worden war, und ihretwegen wurde es wieder aufgemacht, und solcherart regierten sie alles, und niemand wagte, davon zu sprechen. Und ungefähr zehn oder zwölf Tage später wurde der Prévôt der Kaufleute, nämlich André d'Épernon, abgesetzt und durch Pierre Gencien ersetzt, der sehr gegen das arme Volk gewesen war und sich nicht um es gekümmert hatte

durch sein Tun mit den Bandenmitgliedern; die aber setzten ihn in sein Amt ein, zu Recht oder Unrecht.

85. Item, am 25. Tag des September 1413 entließen sie Le Borgne de la Heuse als Prévôt von Paris und machten einen von ihrem Bande namens André Marchand zum Prévôt von Paris. Zum Schluß blieb kein Offizier des Königs übrig, den der Herzog von Burgund eingesetzt hatte, welcher nicht verjagt oder abgesetzt worden wäre, ohne ihnen irgend etwas zu vergelten; und sie ließen am Samstag in den Hallen den Frieden ausrufen, und das ganze flache Land war voll von ihren Bewaffneten. Und erreichten es durch *placebo*,* daß sie alle die Bürger von Paris in ihrer Bande hatten, die vorher so getan hatten, als ob sie sehr den Herzog von Burgund liebten, solange er in Paris war, sich jetzt aber derart von ihm abwandten, daß sie Leib und Gut gegeben hätten, um ihn und die Seinen zu vernichten; und niemand, wie groß er auch sein mochte, wagte noch von ihm zu sprechen, denn wenn man es wußte, wurde derjenige sofort festgenommen und in das eine oder andere Gefängnis geworfen oder zu einer hohen Abgabe gezwungen oder verbannt. Und selbst die kleinen Kinder, die einst ein Lied sangen, das man über ihn gemacht hatte, und darin es hieß:

›Herzog von Burgund,

Möge Gott dich zur Freude führen‹

wurden in den Straßenschmutz geworfen und von besagten Bandenmitgliedern schlimm verprügelt; und niemand wagte, sie anzuschauen noch auf der Straße mit ihnen zu sprechen, so sehr fürchtete man ihre Grausamkeit, und bei jedem Wort: ›Falscher Verräter, Burgunderhund, ich leugne Gott, wenn ihr nicht geplündert werdet.‹

86. Und zu dieser Zeit war der König immer noch krank und eingeschlossen, und sie hielten seinen ältesten Sohn, der Herzog von Guyenne war und die Tochter des Herzogs von Burgund geheiratet hatte, derart im Louvre

fest, daß niemand mit ihm sprechen konnte, weder tags noch nachts, außer ihnen; davon hatte das arme Volk von Paris viel Kummer im Herzen, daß es keinen Führer hatte, der für es sprach, aber es konnte nichts machen. Und so herrschten die Bandenmitglieder den ganzen Oktober, November und Dezember 1413 und den Januar 1414.

[1414]

87. Item, Anfang Februar besagten Jahres kam der Herzog von Burgund nach Saint-Denis, und es war der 9. Tag besagten Monats, und am folgenden Tag wollte er in Paris einziehen, um mit dem König zu sprechen, aber man verschloß ihm die Tore, und sie wurden vermauert, wie früher geschehen; und überdies bewachten große Haufen von Bewaffneten sie Tag und Nacht, und keines diesseits der Brücken war offen als das von Saint-Antoine, und jenseits das von Saint-Jacques. Und es bewachte das Tor von Saint-Denis der Herr de Gaule, und das von Saint-Martin Louis Bourdon, der Étampes so viele Schwierigkeiten gemacht hatte, und der Herzog von Berry bewachte den Temple, Orléans Saint-Martin-des-Champs, Armagnac, der ihr wirklicher Anführer war, das Hôtel d'Artois, Alençon das Hôtel de Bohême; kurz, alle waren diesseits der Brücken, und doch wollten sie kein einziges Tor öffnen, solche Angst hatten sie.

88. Und am folgenden Samstag mußten die Leute, die Waren nach Paris brachten, wie das Brot aus Saint-Brice und andere Güter und Lebensmittel, manchmal bis zu einer Stunde läuten, daß man das Tor öffnete, aber es wagte niemand, ihnen zu öffnen, solch große Angst hatte

man vor dem Herzog von Burgund; und so mußten diese guten Leute ihre Sachen wieder zusammenpacken und brachten sie zum Heer des Herzogs von Burgund, der ausrufen ließ, man dürfe nichts nehmen, ohne zu bezahlen, unter Androhung des Strangs, und dort verkauften sie ihre Sachen.

89. Und so blieb Paris vierzehn Tage lang verschlossen, so daß niemand die Felder zu bestellen wagte oder vermochte, und doch gab es keine Bewaffneten näher als Saint-Denis, wo der Herzog von Burgund mit seinen Leuten war, der keinem Geschöpf nie ein Leid antat. Und man sagte, daß er von niemandem etwas wollte als vom König Ludwig, dem Herzog von Anjou, weil besagter Ludwig einen Sohn hatte, der mit einer der Töchter des besagten Herzogs von Burgund verheiratet war; und ohne daß man einen Grund gewußt hätte, ließ besagter Ludwig seinen Sohn die Tochter des besagten Herzogs von Burgund wegschicken und sandte sie wie eine recht arme oder einfache Dame zu ihrem Vater, dem besagten Herzog. Und überdies hatte er es erreicht, daß der Herzog der Bretagne ihm eine seiner Töchter gab, die noch nicht drei Jahre alt war, zur Heirat mit besagtem Sohn des Königs Ludwig, der mit der vorgenannten Tochter verheiratet war, der Tochter des Herzogs von Burgund.

90. Und in besagter Woche ließ man ausrufen, daß unter Androhung des Strangs niemand von den Gemeinen sich bewaffnen dürfe und daß man dem Herzog von Bayern und dem Grafen von Armagnac gehorche, zwei von den Männern auf der Welt, die das gute Volk von Paris am meisten haßten. Und so wurde alles regiert, wie ihr gehört habt.

91. Item, am folgenden Samstag, dem 17. Tag des Februar besagten Jahres, wurde an den Kreuzungen von Paris mit Trompeten ausgerufen, besagter Burgund sei als falscher Verräter und Mörder verbannt, er und die Seinen,

und an Leib und Gütern vogelfrei, ohne Mitleid und Gnade.

92. Item, zu jener Zeit sangen die kleinen Kinder des Abends, wenn sie um Wein oder Senf gingen, alle gemeinsam:

›Euer Loch hat Husten, Frau Base,
Euer Loch hat Husten, hat Husten.‹

93. Denn es geschah nach dem Gefallen Gottes, daß eine schlechte und verdorbene Luft auf die Welt fiel, welche mehr als hunderttausend Personen in Paris in einen solchen Zustand versetzte, daß sie Essen, Trinken und Schlafen verloren und zwei- oder dreimal am Tag starkes Fieber hatten, und besonders jedesmal, wenn sie aßen; und es schienen ihnen alle beliebigen Sachen bitter und sehr schlecht und stinkend; immerfort zitterten sie, wo sie auch waren. Und damit verlor man, was noch schlimmer war, alle Macht über seinen Leib, so daß man sich selbst nirgends berühren mochte, so sehr waren die von dem Übel Betroffenen beschwert; und es dauerte wohl unablässig drei Wochen oder mehr und begann wahrlich zu Anfang des Monats März besagten Jahres, und man nannte es Räude. Und diejenigen, die es nicht hatten oder geheilt waren, sagten ganz erstaunt: ›Hast du es? Bei meiner Seele! Aber du hast doch gesungen:

›Euer Loch hat Husten, Frau Base.‹

Denn mit besagtem Übel hatte man so starken Husten und Schnupfen und Heiserkeit, daß man in ganz Paris keine hohe Messe mehr singen konnte. Aber über alle Übel hinaus war der Husten für alle so schlimm, Tag und Nacht, daß einige Männer von der Heftigkeit des Hustens für den Rest ihres Lebens zerstörte Hoden hatten; und einige Frauen, die schwanger waren und deren Stunde noch nicht gekommen war, warfen ihre Kinder ohne jeden Beistand, durch heftiges Husten, so daß Mutter und Kind unter großen Qualen starben. Und wenn es zur Gesundung kam, warfen sie haufenweise geronnenes Blut durch Mund und Nase und unten aus, was sie sehr erstaunte, aber trotzdem starb niemand daran; aber nur mit Mühe gesundeten die Leute, denn wenn die Lust aufs Essen wiederkehrte, brauchte es noch mehr als sechs Wochen, bis man wirklich geheilt war; und kein Arzt wußte zu sagen, welches Übel das war.

94. Item, am letzten Tag des März besagten Jahres, am Vorabend des Palmsonntag, führten die besagten Bandenmitglieder den König und seinen ältesten Sohn ins Feld gegen den Herzog von Burgund und zur Belagerung von Compiègne. Und ließen sie auch die Karwoche und Ostern in dieser Sache verbringen.

95. Diejenigen, welche inzwischen die Stadt schützen sollten, wie der König Ludwig, der Prévôt und ihre Bandenmitglieder, machten und befahlen inzwischen eine hohe Steuer und ließen in ganz Paris ausrufen, daß jedermann das Band tragen solle, und bald taten das mehrere ganz offen, und das war im Monat April nach Ostern.

96. Und in besagtem Monat wurde die Brücke von Choisy-au-Bac ganz und gar verbrannt; und wenn auch niemand sagen konnte, wer das getan hatte, so verloren doch viele gute Leute dort ihre ganze Habe.

97. Item, im Monat April 1414, in der letzten Woche, wurde Compiègne eingenommen, so daß diejenigen, die darinnen waren, sich nie mehr für irgendeinen Herrn der Welt gegen den König bewaffnen würden, unter der Strafandrohung, gnadenlos Leib und Güter zu verlieren und für immer als Verräter zu gelten.

98. Item, von dort gingen sie nach Soissons und belagerten die Stadt und machten mehrere Angriffe, was ihnen wenig Erfolg einbrachte; denn darinnen war Enguerrand de Bournonville, ein großer Kriegsheld. So wachte er Tag und Nacht gar sorgfältig, daß sie all die Zeit nichts erreichen konnten, denn besagter Enguerrand ließ die

Truppen weder Tag noch Nacht ruhen und nahm oft gute Gefangene und führte sie ab. Und es geschah bei einem Angriff, den er machte, daß der Bastard von Bourbon sich erbittert ins Getümmel warf, und Enguerrand verletzte ihn tödlich. Da ließen die Truppen vom Angriff ab, und Enguerrand kehrte in die Stadt zurück, er und die Seinen.

99. Item, am 20. Tag des Mai in besagtem Jahr brachte Fortuna, die Enguerrand so sehr geliebt hatte, ihm großen Ärger mit den Leuten der besagten Stadt, denn es erhob sich ein großes Murren über ihn, und sie stellten es an, als er zur Heerschau seiner Leute ging, die Stadt denen von der Armee zu überlassen und ihr Leben zu retten, wenn sie konnten. Doch hatte Enguerrand ihre Absicht erfahren, und so stritten sich der eine und der andere mit Worten, und die anderen mit Taten. Da verließ ein Mann klammheimlich die Stadt und sagte in der Armee: »Wenn ihr die Stadt stürmen wollt, könnt ihr sie jetzt gerade haben, denn die von der Stadt streiten sich mit den Enguerrand-Leuten, und ihr werdet niemanden finden, der sie verteidigt, denn alle sind zu dem Handgemenge gelaufen.« Alsobald wurde die Stadt sehr erbittert angegriffen und rasch eingenommen und für rechtlos erklärt, Güter wie Leiber. Da wurde Enguerrand festgenommen, der sich tapfer verteidigte, und mehrere andere Edelleute in seiner Gesellschaft; aber es nutzte ihnen nichts, denn sie wurden alle festgenommen und gefesselt und auf Pferdekarren nach Paris gebracht und starben dort nach dem Urteil der Bandenmitglieder, die alles nach ihrem Belieben taten.

100. Und wurde die Stadt am 21. Tag des Mai 1414 eingenommen, an einem Montagnachmittag, und dem Enguerrand und mehreren anderen wurde am 26. Tag besagten Monats in besagter Stadt der Kopf abgeschlagen, und einige wurden erhängt, und die Nonnen und andere keusche Frauen und gute Jungfrauen vergewaltigt, und

von allen Männern Lösegeld erpreßt und von kleinen Kindern, und die Kirchen und Reliquien geplündert, auch die Bücher und Gewänder; und kaum zehn Tage nach der Einnahme der Stadt war sie so kahl geplündert, daß nichts mehr da war, was man hätte forttragen können. Und man sagte, daß man von keinen schlimmeren Taten der Sarazenen gehört hatte als von den Taten der Armee in besagter Stadt, aufgrund des schlechten Rates derer, die damals den guten König umgaben, wovon niemand zu sprechen wagte.

101. Item, nachdem sie in besagter Stadt das Schlimmste getan hatten, was sie konnten, führten sie den guten König nach Laon und zogen ohne Kampf oder Widerstand ein, denn die nahmen sich ein Beispiel an denen von Soissons.

102. Item, wahrlich ließen die von der Bande, die nunmehr das Königreich in Paris und anderswo beherrschten, Feuer wie an Sankt Johann üblich machen, sobald sie die Nachricht von der Zerstörung der Stadt erfuhren, als ob es Sarazenen oder Ungläubige gewesen wären, die man vernichtet hatte, aber es gab niemanden, der sich traute, von den Bandträgern zu sprechen oder Mitleid zu zeigen, und von denen hättet ihr in der Johannisnacht und am Fest des Papstes mehr als viertausend Frauen, alle von Stand, aber keine Ehrendamen, alle mit Bändern der Bande, sehen können, und zahllose Männer; und sie hingen so beharrlich an diesem falschen Band, daß ihnen niemand des Lebens würdig schien, der es nicht trug. Und wenn jemand zufällig davon sprach und man es erfuhr, wurde er mit einer hohen Geldstrafe oder mit Verbannung oder mit einer langen Gefängnisstrafe bestraft, gnadenlos.

103. Item, von Laon ging der König nach Péronne, und dort kamen die von Gent, von Brügge und von Franken und von anderen guten Städten von Flandern, um zu

vermitteln, und es kam auch die Dame von Holland,* und richtete nichts aus.

104. Item, von dort ging der König vor die Stadt Arras und machte dort eine sehr lange Belagerung.

105. Item, in besagtem Jahr 1414 gründeten besagte Bandenmitglieder eine Bruderschaft des Heiligen Lorenz zu den Weißen Mänteln, und der Tag der Einsetzung war Sankt Stephan, der 3. Tag des August, und sie sagten, das sei die Bruderschaft der wahren und guten Katholiken* vor Gott und ihrem wahren Herrn, und am Freitag war Sankt Lorenz. Und am folgenden Sonntag feierten sie ihr Fest in Saint-Laurent, und es waren mehr als vierhundert Bandträger, und weder Mann noch Frau wagte in die Kirche oder zu ihrem Fest zu gehen, wenn man kein Band hatte, und manchen Personen von Rang, die dorthin gegangen waren, um ihre Freunde am Fest des Sankt Lorenz zu treffen, das am Sonntag stattfand, waren ihre Güter stark gefährdet, weil sie kein Band hatten.

106. Item, zu dieser Zeit war überall in Frankreich Krieg, und doch gab es in Paris einen wohlversorgten Lebensmittelmarkt für Brot und Wein, denn man bekam eine Pinte guten Wein, gesund und sauber, für einen Pariser Heller, weißen und roten, an hundert Stellen in Paris, und entsprechend Brot, und in dem ganzen Jahr kam kein Wein vor, der zäh oder umgeschlagen oder übelriechend geworden wäre.

107. Item, die von der Armee tranken viel davon, denn sie waren lange vor Arras, ohne irgend etwas zu tun.

108. Item, als sie sahen, daß alles teurer wurde, ihre Waren und alles, und überall ihre Pferde Hungers starben, ließen sie am 11. Tag des September ungefähr um drei Uhr nach Mitternacht an einem Dienstag den Frieden ausrufen,* und als sie die Zelte verließen, wurde folgendes ausgerufen: daß niemand, unter Androhung des Strangs, sein Zelt anzünden solle. Aber die Gascogner,

welche die Bande unterstützten, taten das Gegenteil, denn sie legten überall Feuer, wo sie nur konnten, aus Verachtung, weil man solcherart fortging, und das Feuer wurde so groß, daß es von hinten das Zelt des Königs angriff, und der König wäre verbrannt, wenn man ihn nicht glücklich hinausgebracht hätte. Und es sagen solche, die es wußten, daß mehr als fünfhundert Männer im Feuer blieben und verbrannten, die krank in den Zelten lagen.

109. Item, am folgenden Donnerstag gab es in Paris das schönste Glockengeläut, das man je gesehen oder gehört hatte, denn vom Morgen bis zum Abend dieses Tages läutete man in allen Kirchen von Paris, und es herrschte eine große Freude aus Liebe zum Frieden.

110. Item, an diesem Donnerstag, dem 13. Tag des September, nahm ein junger Mann das Band weg, das man der Statue von Saint-Eustache* gegeben hatte, und zerfetzte es aus Verachtung gegen diejenigen, die es angebracht hatten. Und sobald man ihn festgenommen hatte, zu Recht oder Unrecht, wurde ihm auf der Alais-Brücke vor Saint-Eustache die Hand abgehackt,* und er wurde für immerdar verbannt; und es gab niemanden, der dagegen zu sprechen gewagt hätte, so sehr wurde alles schlecht und von schlechten Leuten regiert.

111. Und wisset auch, daß alle diejenigen, die vor Arras gewesen waren, oder doch die allermeisten, als sie wiederkamen, so abgemagert, so blaß und so leidend waren,* als seien sie sechs oder acht Monate bei Wasser und Brot im Gefängnis gewesen, und sie brachten nichts als Befleckung* mit, und es starben mehr als 11000 daran, als sie sich ausruhten.

112. Item, am 11. Tag des folgenden Oktober wurde in Saint-Ouen ein Turnier zwischen einem Bretonen und einem Portugiesen ausgerichtet, und der eine gehörte zum Herzog von Berry und der andere zum Herzog von Burgund; und sie wurden mit scharfen Waffen auf den

Kampfplatz geschickt, aber sie machten nichts Erwähnenswertes, denn man rief alsbald ›Ho!‹,* als sie die Waffen zogen. Und das ließ der Herzog von Berry rufen für den Bretonen, der von der Bande war und um den er sehr große Angst hatte, denn der Portugiese hielt sich so sehr gewandt in seinem Harnisch, daß ihm jedermann den Sieg zusprach, aber nie wird man sagen können, wer wirklich gesiegt hätte.

113. Item, am folgenden Samstag, dem 13. Tag des besagten Monats Oktober in genanntem Jahr, kam der König nach Paris, in schöner Begleitung derer von Paris, und es regnete den ganzen Tag so sehr stark, daß sie nicht so hübsch waren, wie er es zu seiner Begleitung gewünscht hätte. Und plötzlich, etwa um acht Uhr abends, begannen die guten Leute von Paris ohne Anordnung, Feuer anzuzünden und so laut Becken zu schlagen, wie man es seit hundert Jahren nicht gesehen hatte, und sie stellten die Tische auf die Straße, für alle Gäste gedeckt, in allen Straßen von Paris, die gar nicht berühmt waren.

114. Item, am 23. Tag des Oktober setzten sie den Prévôt ab, nämlich André Marchand, und es machten die besagten Bandenmitglieder einen Ritter vom Hof des Herzogs von Orléans zum Prévôt, der Baron war, namens Herr Tanguy du Châtel, und er war es nur zwei Tage und Nächte, weil er sich nicht gut mit ihnen verstand. Am 3. darauffolgenden Tag wurde Herr André Marchand wieder zum Prévôt gemacht, sehr grausam und unbarmherzig, wie zuvor gesagt wurde.

115. Item, zu besagter Zeit, zwischen Sankt Remigius* und Weihnachten, ließen besagte Bandträger, die alles regierten, alle Frauen derer verbannen, die ohne Gnade verbannt waren,* was sehr betrüblich anzusehen war, denn es waren alles Frauen von Ehre und Stand, und die meisten von ihnen hatten sich nie ohne ehrbare Begleitung von Paris entfernt; und sie wurden von sehr

grausamen Sergeants begleitet, nach ihren Herren geraten, die sich dicht an sie hielten. Und noch mehr beschwerte es das Herz, daß man sie alle ins Land des Herzogs von Orléans führte, in der entgegengesetzten Richtung zum Land, wo ihre Freunde und Gatten waren; und noch etwas anderes war ihnen zuwider, denn alle Frauen sind verunglimpft, die nach Orléans geführt werden,* und dort schickte man sie zumeist hin; aber anders konnte es zu dieser Zeit nicht sein, denn alles wurde von jungen Herren angeordnet, abgesehen vom Herzog von Berry und vom Grafen von Armagnac.

116. Item, am folgenden Weihnachtsfest, nämlich 1414, machte der König den Grafen von Alençon zum Herzog von Alençon,* und Herzogtum wurde, was nur Grafschaft und bis zu diesem Tage nie Herzogtum gewesen war; und so geschah es.

[1415]

117. Item, zu Beginn des folgenden Februars hielten der König und die hohen Herren in der Großen Straße von Saint-Antoine, zwischen Saint-Antoine und Sainte-Catherine-du-Val-des-Écoliers, ein Lanzenstechen ab, und es wurden Barrieren aufgestellt. Zu diesem Lanzenstechen kam der Herzog von Brabant,* um Friedensverhandlungen zu führen, und gewann beim Lanzenstechen den Preis.

118. Und zu dieser Zeit waren die Englischen in Paris, um die Heirat einer der Töchter des Königs von Frankreich auszuhandeln.*

119. Item, am 19. Tag wurde der Prévôt von Paris, André Marchand, von seinem Amt enthoben, der schon

vorher wegen seiner Verfehlungen abgesetzt worden war, sich aber immer mit Geld herauswand, nur diesmal wurde er in besagtem Amt zum zweiten oder dritten Mal durch Tanguy du Châtel ersetzt.

120. Aber zu dieser Zeit waren auch Ritter aus Spanien und Portugal da, darunter drei Portugiesen, berühmt für ihre Reitkunst, die aufgrund irgendeiner Verrücktheit ein Turnier gegen drei Ritter von Frankreich fochten, nämlich François de Grignols, La Roque und Maurignon; es wurde, mit scharfen Waffen, für den 21. Tag des Februar anberaumt, dem Vorabend des Papst-Festes, in Saint-Ouen, und es wurde vor Sonnenaufgang angekündigt, daß sie ins Turnier zogen, aber, bei der guten Wahrheit Gottes, sie kämpften nur auf einer Strecke, so lang wie man vom Tor von Saint-Martin bis zu dem von Saint-Antoine braucht, zu Pferd, und bald waren die drei Portugiesen von den drei Franzosen gänzlich besiegt, unter denen La Roque der beste war.

121. Item, am folgenden Samstag, am Vorabend von Sankt Matthäus, wurde in Paris der Frieden mit Trompeten ausgerufen, und jedermann sagte, daß dies der Herzog von Brabant getan habe; und man machte an diesem Samstag überall in Paris mehr Feuer als die vorgenannten anderen Male, und so waren es die Vier Jahreszeiten* der Feuerbrände.

122. Item, ungefähr sieben oder acht Tage im März wurde die Seine in Paris so grausam, daß ein Ster gutes Holz neun oder zehn Pariser Sous wert war, und hundert Buscheln, wenn man gute wollte, achtundzwanzig oder zweiunddreißig Pariser Sous; der Sack Kohle zwölf Pariser Sous; Reisig, Heu, Backsteine, Gips dementsprechend. Und wisset auch, daß es von Allerheiligen bis Ostern keinen Tag gab, an dem es nicht Tag und Nacht geregnet hätte, und danach dauerte das Hochwasser bis Mitte April, so daß man nicht ins Marais zwischen Saint-

Antoine und Temple gehen konnte, weder in der Stadt noch draußen.

123. Item, am 17. Tag des April war der hohe Herr von Guyenne im Rathaus und bestellte drei neue Schöffen, nämlich Pierre de Grande-Rue, André d'Épernon und Jean de Louviers, und setzte Pierre Oger, Jehan Marcel und Guillaume Cirasse ab.

124. Item, am darauffolgenden Sankt Markus wurde überall in Paris mit Trompeten der Frieden ausgerufen, unter Strafe an Leib und Gütern, wenn jemand dawider redete.

125. Item, im darauffolgenden Monat August, Anfang des Monats, kam der König von England mit seiner ganzen Macht in der Normandie an, ankerte in der Nähe von Harfleur und belagerte Harfleur und die guten Städte in der Umgebung.

126. Item, Herr von Guyenne, der älteste Sohn des Königs, brach am ersten Tag des September von Paris auf, an einem Sonntagabend, unter Trompetenklang, und er hatte nur junge Leute mit sich und brach auf, um gegen die Englischen zu ziehen; und der König von Frankreich, sein Vater, brach am darauffolgenden 9. Tag auf, um seinem Sohn zu folgen; und er ging nach Saint-Denis, um zu ruhen. Und sofort danach wurde in Paris die höchste Abgabe erhoben, die man seit Menschengedenken erlebt hatte, so daß keine Güter zum Nutzen des Königreichs Frankreich blieben, derart wurde alles von besagten Bandenmitgliedern beherrscht, denn Harfleur wurde in besagtem Monat September von den Englischen eingenommen, am 14. Tag, und das ganze Land geplündert und ausgeraubt, und es taten die Bewaffneten von Frankreich den armen Leuten soviel Übles an wie die Englischen, und sie taten gar nichts Gutes.

127. Und es war wohl sieben oder acht Wochen, seit die Englischen angekommen waren, so schönes Wetter,

wie man es nur je im August und zur Weinlese seit Menschengedenken gesehen hatte; und es war ein so gutes Jahr für alle Güter, aber dennoch machte sich kein einziger der Herren von Frankreich auf, um die Englischen zu bekämpfen, die da waren.

128. Item, die früher benannten Bandenmitglieder setzten von ihrer Seite am 10. Tag des Oktober, im Jahr 1415, einen neuen Prévôt der Kaufleute und vier Schöffen ein, nämlich Philippe de Breban als Prévôt der Kaufleute, Sohn eines Betrügers; als Schöffen den Gewürzhändler Jean du Pré, den Kürschner Étienne de Bonpuits, den Wechsler Renaud Pisdoue und den Tuchhändler Guillaume d'Auxerre. Und doch waren der König und der hohe Herr von Guyenne an diesem Tag in der Normandie, der eine in Rouen, der andere in Vernon; und wußten auch die von Paris nichts von allem, als es geschah, und waren der frühere Prévôt der Kaufleute und die früheren Schöffen sehr erstaunt, als man sie ohne Anweisung des Königs oder des Herzogs von Guyenne absetzte, und ohne das Siegel der Bürger von Paris.

129. Item, am darauffolgenden 20. Tag besagten Monats hörten die Herren von Frankreich sagen, daß die Englischen in die Picardie zogen, doch trat ihnen der Herr von Charolais* so rasch und so nah entgegen, daß sie nicht gehen konnten, wie sie wollten. Nun gingen sie allen Fürsten Frankreichs nach, wohl sechs oder sieben, und sie trafen sie an einem Ort namens Azincourt, in der Nähe von Rousseauville; und am besagten Ort, am Tag Sankt Crispin und Crispinian, lieferten sie ihnen eine Schlacht; und es waren die Französischen um die Hälfte mehr als die Englischen, und doch wurden die Französischen ganz besiegt und getötet, und die Größten Frankreichs gefangengenommen.

130. Item, zuallererst der Herzog von Brabant und der Graf von Nevers, beides Brüder des Herzogs von

Burgund, der Herzog von Alençon, der Herzog von Bar, der Konnetabel von Frankreich Charles d'Albret, der Graf von Marle, der Graf von Roucy, der Graf von Salm, der Graf von Vaudémont, der Graf von Dammartin, der Marquis du Pont fielen in dieser Schlacht und mindestens dreitausend Gespornte; aber unter denen, die gefangengenommen und nach England gebracht wurden, waren der Herzog von Orléans,* der Herzog von Bourbon, der Graf von Eu, der Graf von Richemont, der Graf von Vendôme, der Marschall Boucicaut, der Sohn des Königs von Armenien, der Herr de Torcy, der Herr de Heilly, der Herr de Mouy, Herr de Savoysi und mehrere weitere Ritter und Junker, deren Namen man nicht weiß. Seit Gott geboren wurde, hatte man keine solche Gefangennahme in Frankreich gesehen, durch Sarazenen oder andere, und mit ihnen starben mehrere Schultheisse, welche die Leute aus den Gemeinden ihrer Amtsbezirke angeführt hatten, und die alle erschlagen wurden wie der Schultheiß von Vermandois und seine Leute, der Schultheiß von Macon und seine Leute, der von Sens und seine Leute, der von Senlis und seine Leute, der von Caen und seine Leute, der Schultheiß von Meaux und seine Leute; und man sagte allgemein, solche, die sich hatten gefangennehmen lassen, seien nicht gut und treu gegen solche gewesen, die in der Schlacht fielen.

131. Ungefähr drei Wochen später kam der Herzog von Burgund recht nahe an Paris heran, sehr betrübt über den Tod seiner Brüder und seiner Männer, um mit dem König oder mit dem Herzog von Guyenne zu sprechen, aber man richtete ihm aus, er solle sich nicht erkühnen, nach Paris zu kommen. Und wie früher ließ man alsobald die Tore vermauern, und es richteten sich mehrere Hauptleute im Temple, in Saint-Martin und an den vorgenannten Plätzen ein, weil keine Herren da waren; und es wurden alle Gassen um diese Plätze herum von besag-

ten Hauptleuten oder ihren Leuten eingenommen und die armen Leute aus ihren Häusern vertrieben, und behielten mit viel Bitten und viel Mühe Obdach in ihrem Haus, und jene Schurkerei schlief in ihren Betten, wie sie es elf oder zwölf Meilen vor Paris machten; und wer immer es wagte, darüber zu sprechen oder sich zu wehren, wurde in verschiedene Gefängnisse geworfen, so in den Temple,* in Saint-Martin, in Saint-Magloire, in den Tiron und in verschiedene andere Gefängnisse.

132. Item, gegen Ende November, im Jahr 1415, lag der Herzog von Guyenne, der älteste Sohn des Königs von Frankreich, stärker an Willenskraft als an Vernunft, krank darnieder und verschied am 18. Tag des Dezember besagten Jahres, dem Mittwoch der Vier Jahreszeiten.* Und seine Totenwache wurde am folgenden Samstag in Notre-Dame von Paris gehalten, und er wurde vom Louvre von vier Männern auf den Schultern getragen, und es gab nur sechs Berittene, nämlich vornean; hinterher die vier Bettelorden und die anderen Kollegien von Paris, danach auf einem großen Pferd er und sein Page, auf einem anderen der wachhabende Ritter, danach in weitem Abstand der Prévôt von Paris; der Leiche folgten der Herzog von Berry, der Graf von Eu und ein anderer. Und so wurde er nach Notre-Dame von Paris getragen und am nächsten Tag dort begraben.

133. Item, zu dieser Zeit war das Brot sehr teuer, denn das Brot, das man vorher für acht Weißpfennige haben konnte, kostete fünf Pariser Sous, und guter Wein zwei Pariser Heller die Pinte. Zu dieser Zeit wurden die Tore vermauert, wie früher, wegen des Herzogs von Burgund, der dicht vor Paris stand, und großer Haufen Bewaffneter; weshalb Käse und Eier so teuer wurden, daß man nur drei Eier für einen Weißpfennig bekam und einen gewöhnlichen Käse um drei oder vier Pariser Sous.

134. Und Paris wurde von fremden Leuten* gehütet,

und ihre Hauptleute waren einer namens Raymonnet de la Guerre, Barbazan und andere, alle schlecht und unbarmherzig. Und um noch besser nach ihrem Willen zu verfahren, schickten sie nach dem Grafen von Armagnac, der, wie früher gesagt, exkommuniziert war, mit Namen Bernard, und ihn machten sie an einem Montag Ende Dezember zum Konnetabel von Frankreich. Und der Prévôt wurde im folgenden Monat zum Admiral von Frankreich und Gouverneur von La Rochelle gemacht; und es wurde als Admiral ein schlechter Mensch namens Clignet de Bréban entlassen, der in Frankreich viel Übles getan hatte, solange er Admiral war.

135. Item, der Herzog von Burgund war noch immer im Brie, und er wollte nicht mit dem König sprechen, noch der König mit ihm, wegen der Macht, die sie beide besaßen; denn die Verräter Frankreichs* sagten dem König, wenn er fragte, und er fragte oft danach, daß man mehrfach nach ihm geschickt habe, er aber nicht zu kommen geruhte; und andererseits richteten sie dem Herzog von Burgund, der in Lagny war, aus, daß der König ihm seinen Boden verbiete, unter der Strafandrohung, als falscher Verräter betrachtet zu werden.

[1416]

136. Item, am 12. Tag des Monats Februar wurde der Graf von Armagnac zum einzigen* des ganzen Königreichs Frankreich gemacht, wem das auch mißfallen mochte, denn der König war immer noch krank. Zu dieser Zeit ging der Herzog von Burgund fort in sein Land.

137. Item, am folgenden ersten Tag des März 1416, an Sankt Albin, zog der Kaiser und König von Ungarn* in

Paris ein, an einem Sonntag, und kam durch das Tor Saint-Jacques und wurde im Louvre beherbergt; und am folgenden 2. Dienstag wurden die Fräulein von Paris und die ehrbarsten Bürgerinnen eingeladen, und er gab ihnen ein Essen im Hôtel der Bourbon, am 10. Tag nach seiner Ankunft, und einer jeden ein Schmuckstück.

138. Item, er war etwa drei Wochen in Paris und zog dann weiter nach England, um die Gefangenen französischen Geblüts freizubekommen, die dort seit ihrer Gefangennahme bei Azincourt waren.

139. Item, zu Beginn der folgenden Karwoche, die am 13. Tag des April 1416 anfing, nahmen sich einige Bürger von Paris vor, diejenigen festzunehmen, die Paris so unterdrückten,* und es sollte das am Ostertag geschehen, welches der 19. Tag des April war, aber sie taten dies mit Grund nicht, denn es wurde denen von der Bande bekannt, welche jene gefangennahmen und ins Gefängnis warfen.

140. Und am 24. Tag besagten Monats April 1416 wurde in éinem schmutzigen Karren der Dechant von Tours, Domherr von Paris, Bruder des vorigen Bischofs, namens Nicolas d'Orgemont,* geführt, der Sohn des verstorbenen Pierre d'Orgemont. Und so wurde er, in einem weiten violetten Mantel* und ebensolcher Kappe, zu den Hallen von Paris geführt, und in einem Karren vor ihm waren zwei Männer von Rang auf zwei Brettern, jeder mit einem Holzkreuz in der Hand; und war der eine Schöffe von Paris gewesen, und der andere war ein Mann von Rang und Magister Artium, namens Renaud Maillet, und der Schöffe hieß Robert de Belloy. Und diesen beiden schlug man die Köpfe ab, in Gegenwart des besagten d'Orgemont, welcher nur einen Fuß besaß und nach der Urteilsvollstreckung, ohne besagten Karren zu verlassen, wieder ins Gefängnis der Festung Saint-Antoine zurückgebracht wurde, und ungefähr vier Tage später wurde er

im Vorhof von Notre-Dame vermahnt und zu lebenslänglicher Haft bei Wasser und Brot verurteilt.

141. Item, am ersten Samstag des folgenden Monats Mai wurden wegen dieser Sache drei sehr ehrenhafte Männer von sehr gutem Ruf geköpft, nämlich der Herr des Hauses zum Bären am Baudet-Tor, ein Färber namens Durand de Brie, ein Messinghändler und Nadler namens Jean Perquin. Der Färber war Befehlshaber über sechzig Armbrustschützen von Paris.

142. Item, am 7. Tag des Mai wurde überall in Paris ausgerufen, daß niemand sich erkühnen solle, ohne die Genehmigung des Prévôt von Paris bei einer Bestattung oder einer Hochzeit oder sonstwie eine Versammlung abzuhalten. Zu dieser Zeit gab es, wenn man heiratete, auf Kosten des Bräutigams einige Kommissare und Häscher, um darauf zu achten, daß niemand nichts murmelte.

143. Item, am 8. Tag des Mai wurden alle Eisenketten, die in Paris waren, abgenommen* und zum Tor von Saint-Antoine gebracht. Zu dieser Zeit war das Brot immer noch so teuer, daß die bescheidenen Haushalte nicht genug zum Sattwerden kaufen konnten, denn die Teuerung hielt sehr lange Zeit an, und kostete wohl das Dutzend, das man vorher für achtzehn Heller bekam, vier Pariser Sous.

144. Item, am folgenden Samstag, dem 9. Tag besagten Monats, wurden den Fleischern in ihren Häusern die Waffen abgenommen, in Saint-Germain, Saint-Marcel und Sainte-Geneviève wie in Paris.

145. Item, am folgenden Montag wurde überall in Paris ausgerufen, unter der Drohung, als wirklicher Verräter zu gelten, daß alle Männer, ob Priester, Kleriker oder Laien, alle ihre Waffen, welche auch immer, Schwerter, Hellebarden, Äxte oder sonstige Waffen, zur Festung Saint-Antoine bringen oder schicken sollten.

146. Item, am Freitag, dem 15. Tag besagten Monats,

ließen die Besagten mit dem Abriß der großen Fleischerei von Paris beginnen, und am folgenden Sonntag verkauften die Fleischer von besagter Fleischerei ihr Fleisch auf der Notre-Dame-Brücke, sehr erstaunt, daß man ihnen alle ihre Freistätten wegnahm, die sie in der Fleischerei besessen hatten; und es schien an diesem Sonntag, als ob die besagten Fleischer vierzehn Tage oder drei Wochen Zeit gehabt hätten, ihre Fleischbänke aufzubauen, so gut wurde das von Freitag bis Sonntag gerichtet.

147. Item, am folgenden Freitag begann man, die Tore zu vermauern, wie früher.

148. Item, am darauffolgenden Tag vor Sankt Lorenz ließen die besagten Bandenmitglieder überall in Paris ausrufen, niemand solle sich erkühnen, auf dem Fensterbrett Kisten oder Töpfe zu haben, noch Körbe oder Kiepen im Garten, noch Essigflaschen an den Fenstern, die zur Straße gehen, unter Androhung von Strafen an Leib und Gütern, und daß niemand im Fluß bade,* unter der Strafandrohung, am Halse gehängt zu werden.

149. Item, am folgenden Sankt Lorenz ließen die besagten Bandenmitglieder, zu Recht oder Unrecht, für das Blindenhospital singen, und es gab Kommissare und Häscher, die solche Priester vor ihnen singen ließen, die sie wollten, gegen den Willen derer von besagtem Ort, welche wollten, das man ihnen das Recht auf bestimmte Gefangene gebe, die in Graville waren, und welche in der Freistätte gefangengenommen wurden, durch Schimpf des Prévôt von Paris; und wurden am 25. Tag des Mai, dem Vorabend von Christi Himmelfahrt, festgenommen, und es geschah, daß vor dem folgenden Sankt Lorenz in besagter Kirche weder Messe noch Vesper gesungen wurde.

150. Item, in der ersten Woche des folgenden September wurde den Fleischern verboten, ihr Fleisch auf der Notre-Dame-Brücke zu verkaufen, und in dieser besag-

ten Woche fingen sie an, ihr Fleisch in der Halle von Beauvais, am Petit-Pont und am Tor von Baudet zu verkaufen, und etwa vierzehn Tage später fingen sie an, vor Saint-Leufroy am Stinkloch* zu verkaufen.

151. Item, in dieser Woche wurde ausgerufen, daß kein Sergeant zu Pferde außerhalb der Stadt Paris bleiben dürfe, unter Androhung, sein Amt zu verlieren.

152. Item, wurde in dieser besagten Woche ausgerufen, daß alle besagten Fleischbänke an den Meistbietenden verkauft würden, zugunsten des Königs, und daß die besagten Fleischer keine Abgabenerleichterung mehr hätten.

153. Item, im folgenden Monat Oktober begann man mit dem Bau der Fleischerei am Saint-Jean-Friedhof, und am ersten Sonntag des Februar im Jahr 1417 wurde er vollendet, und es kamen die von hinter Saint-Gervais, um zu verkaufen.

[1417]

154. Item, am 20. Tag des Februar in genanntem Jahr wurde ausgerufen, daß man in Paris keine anderen Münzen als die des Königs* mehr annehme, was den Leuten von Paris großen Schaden tat, denn sie hatten die Münzen des Herzogs der Bretagne und des Herzogs von Burgund wie die des Königs genommen, weshalb mehrere Kaufleute, reiche und arme, und andere Leute, die welche besaßen, viel verloren, denn wegen des Verbots hatte niemand mehr Bedarf daran, es sei denn für Scheidemünzen; aber etwa einen Monat später nahm man besagte Münzen wieder an, aber sie wurden erneut verboten.

155. Item, am 3. Tag des April in genanntem Jahr ver-

schied der hohe Herr von Guyenne, ältester Sohn des Königs, in Compiègne, der ungefähr fünfzehn Monate lang Dauphin gewesen war.*

156. Item, besagter König Ludwig* verschied im Jahr 1417, ungefähr drei Tage vor Ende des Monats.

157. Item, zu jener Zeit bekam man gesunden und sauberen Wein um einen Heller die Pinte, aber hohe Abgaben jedes Jahr; und niemand wagte, vom Herzog von Burgund zu sprechen, denn das bedeutete die Gefahr, das Leben oder Hab und Gut zu verlieren oder verbannt zu werden.

158. Item, am 23. Tag des darauffolgenden Monats, am Vorabend von Pfingsten, wurde ausgerufen, niemand dürfe anderes Geld als nur das aus der königlichen Münze annehmen, und man dürfe nur in Sous und Livres handeln; und wurde auch ausgerufen, man müsse Goldschäfchen* zu sechzehn Pariser Sous nehmen, die nicht mehr als elf Sous wert waren.

159. Und am folgenden Montag, dem ersten Tag des Pfingstfestes, begannen die Leute von Paris, nämlich welchen Standes sie auch waren, Priester oder Kleriker oder andere, die Straßen zu reinigen oder sie auf ihre Kosten reinigen zu lassen;* und diese Abgabe war so hart, daß jeder, welchen Standes auch immer, alle fünf Tage Geld zahlen mußte, und wenn man für hundert Arbeiter zahlte, wurden nur vierzig geschickt, und die Regenten behielten den Rest.

160. Item, in besagter Woche wurde die Brücke am Tor von Saint-Antoine gebaut, und in diesem Jahr wurden die Häuser zwischen den Zwingern und dem Schindanger bei den Tuilerien gebaut.

161. Item, zu jener Zeit wurde vom Prévôt von Paris ein Ritter namens Louis de Bosredon festgenommen, der bei der Festung von Étampes soviel Schwierigkeiten gemacht hatte, wie vorher gesagt wurde, und er wurde für

seine Verfehlungen ertränkt. Und der Königin wurde alles genommen, sie blieb nicht mehr Mitglied des Rates, und ihr Unterhalt wurde verringert.* Und die Dinge blieben, wie sie waren, nur daß die besagten Regenten immer wieder gefangennahmen und verbannten, wen sie wollten; und so mußten sie hingehen, wohin die Regenten wollten, und in weniger als drei Wochen verbannten sie achthundert, ohne diejenigen, die im Gefängnis blieben.

162. Item, zu dieser Zeit, Ende August, machte der Herzog von Burgund sich auf, um nach Paris zu kommen, und er kam und eroberte Städte, Burgen und Festungen und ließ überall ausrufen, im Namen des Königs und des Dauphin und in seinem eigenen, daß man ihm keinerlei Abgaben zu zahlen brauchte; und deswegen haßten ihn die Regenten von Paris so sehr, daß sie Prozessionen anordneten und predigen ließen, sie wüßten wohl als wahr, daß er König von Frankreich sein wollte und daß durch ihn und seinen Rat die Englischen in der Normandie seien. Und in allen Straßen hatten sie Spione, welche Einwohner von Paris waren, die ihre eigenen Nachbarn verhaften und gefangensetzen ließen; und niemand wagte, nachdem sie verhaftet waren, irgendwie von ihnen zu sprechen, denn sonst waren sein Hab und Gut und sein Leben in Gefahr.

163. Item, Anfang September 1417 näherte sich der Herzog von Burgund Paris und gewann L'Isle-Adam, Pont-Sainte-Maxence, Senlis, Beaumont. Da wurde das Tor von Saint-Denis geschlossen, und die Brückenbogen wurden abgerissen, um eine Zugbrücke zu machen, und es blieb zwei Monate geschlossen, gerade zur Zeit der Weinernte.

164. Item, ungefähr am 8. oder 9. Tag im September wurde der vorgenannte Breban als Prévôt der Kaufleute abgesetzt, und wurde Étienne de Bonpuits Prévôt, wel-

cher es nur fünf Tage war, und wurde ein Kistenmacher namens Guillaume Cirasse Prévôt, am 12. Tag des September besagten Jahres.

165. Zu dieser Zeit kamen die Burgunder vor Saint-Cloud, und da wurde die Brücke zerstört, und die Burgunder bestürmten den Turm mit Maschinen und richteten großen Schaden an, aber sie nahmen ihn für dieses Mal nicht ein, also ließen sie ihn; doch sie hielten derart die Umgebung von Paris, daß von nirgendher frischer Seefisch nach Paris kam.

166. Item, das Pfund gesalzene Butter kostete zwei Pariser Sous, und verkaufte man zwei oder drei Eier für mehr als vier Pariser Heller; ein kleiner Salzhering sechs Pariser Heller; frischer Hering kam, ungefähr zu den Oktaven von Sankt Denis, drei oder vier Körbe, und verkaufte man das Stück um drei oder vier Weißpfennige; und der Wein, den man im August für zwei Heller bekam, kostete im darauffolgenden September drei oder vier Pariser Heller.

167. Item, zu dieser Zeit herrschte solche Angst in Paris, daß niemand wagte, zur Weinlese außerhalb von Paris zu gehen, vor dem Tor von Saint-Jacques und überall, in Châtillon, Bagneux, Fontenay, Vanves, Issy, Clamart, Montrouge; denn die Burgunder haßten sehr die Bürger von Paris und kamen um Fourage bis zu den Vorstädten von Paris, und wen immer sie fanden, den nahmen sie fest und brachten ihn zu ihrem Heer. Und bei ihnen waren viele Leute von Paris, welche verbannt worden waren, die sie alle durch Befragen oder sonstwie erkannten; und wenn sie von einigem Rang waren, wurden sie grausam behandelt und ein so hohes Lösegeld gefordert wie irgend möglich, und wenn sie durch irgendein Wagnis entwichen und nach Paris kamen und man es wußte, wurde ihnen vorgeworfen, sie hätten sich freiwillig verhaften lassen, und wurden ins Gefängnis geworfen.

168. Item, zu dieser Zeit wurde einer namens Simonnet du Bois zum Hauptmann des Temple-Tors gemacht, der Schreiber für den Aufseher königlicher Schätze Jacquot l'Empereur war, und für das Tor von Saint-Martin einer namens Jehannin Neveu, Kupferschmied, Sohn eines Kupferschmiedes namens Colin.

169. Item, in diesem Monat wurde eine hohe Salzabgabe gemacht;* denn es gab nur wenige Leute von so geringem Rang, daß man ihnen nur zwei oder drei Sester schickte, den Höhergestellten ein Mud oder ein halbes Mud; und man mußte sofort bezahlen und auch den Träger, sonst mußte man Sergeanten beherbergen oder wurde ins Gefängnis des Palais geworfen, und der Sester kostete vier Taler zu je achtzehn Pariser Sous.

170. Item, der größte Teil der Hauptleute, die in Paris waren, wurden mit Lebensmitteln bezahlt, die man in Paris in Sicherheit gebracht hatte, und sie hatten die Erlaubnis, zu nehmen, was sie in der Umgebung von Paris plündern konnten, etwa im Umkreis von zwei oder drei Meilen, und das ließen sie sich nicht nehmen. Zu dieser Zeit machten die Fleischer von Saint-Germain-des-Prés ihre Fleischerei in einer Straße, die zwischen den Franziskanern und dem Tor von Saint-Germain liegt, in einem Raum wie eine Art Keller, zu dem man eine Treppe mit zehn Stufen hinabging.

171. Item, zu dieser Zeit kostete das Faß Heringe sechsundzwanzig Pariser Livres. Item, niemand wagte, in die Umgebung von Paris zu gehen, an welchen Ort auch immer, sonst wurde er beraubt, und wenn er sich rächte oder verteidigte, wurde er getötet, sogar von Bewaffneten aus Paris selbst, die, wann immer sie wollten, Paris verließen, um zu plündern; und wenn sie zurückkehrten, waren sie mit Gütern so beladen wie ein Igel mit Äpfeln; und niemand wagte, davon zu sprechen, denn so gefiel es den Regenten von Paris.*

172. Item, zu jener Zeit zogen die Burgunder vor Corbeil, besorgten in der ganzen Umgebung Fourage und
machten mehrere Angriffe, nahmen es aber für diesmal
nicht ein, sondern zogen sich nach Chartres zurück; aber
in der Sankt-Clemens-Nacht kamen sie so plötzlich wie
ein Wunder vor Paris* an, und die Bewaffneten gingen oft
hinaus, um ihnen Scharmützel zu liefern, aber jedesmal
verloren sie haufenweise Soldaten von Paris; und solche,
die entwichen, kehrten über die Dörfer in der Umgebung
von Paris zurück und plünderten, raubten, erpreßten,
und so führten sie alles Vieh mit, das sie finden konnten,
wie Ochsen, Kühe, Hengste, Esel, Eselinnen, Stuten,
Schweine, Lämmer, Schafe, Ziegen, Zicklein und alles andere, wofür sie Geld bekommen konnten; und in den Kirchen nahmen sie Bücher und alles, was sie schnappen
konnten; und in den Frauenklöstern in der Umgebung
von Paris nahmen sie Meßbücher, Breviere und alles, was
sie plündern konnten; und wer immer sich beim Gericht
oder beim Konnetabel oder bei den Hauptleuten beklagte, hätte besser daran getan zu schweigen. Und es ist
wahr, es gab einige Leute, die aus der Normandie nach
Paris kamen, durch Lösegeld oder sonstwie den Englischen entwichen, dann von den Burgundern festgenommen, und dann nach ungefähr einer halben Meile wiederum von den Französischen festgenommen und so
grausam wie Sarazenen behandelt; die aber, nämlich
einige gute Kaufleute, Ehrenmänner, die unter den besagten Dreien Gefangene gewesen waren, denen sie durch
Geld entronnen waren, schworen und bestätigten in
ihren Reden, daß ihnen die Englischen angenehmer als
die Burgunder, und die Burgunder hundertmal lieber als
die von Paris gewesen waren, was die Ernährung und das
Lösegeld betraf, die Körperstrafen und das Gefängnis,
daß dies sie sehr verwunderte und jeden guten Christen
wundern mußte.

173. Item, kurz nach Allerheiligen verteuerte sich das Holz derart, daß hundert gute Buscheln zwei Francs kosteten, und vierundzwanzig Sous ein mittleres Scheit, und das von Bondy zwanzig Pariser Sous.

174. Item, die Weiden zum Korbflechten kosteten zehn Sous das Bündel, und diese Teuerung dauerte den ganzen Winter.

175. Item, zu dieser Zeit wurde das Fleisch* so teuer, daß ein kleines Hammelviertel sieben oder acht Pariser Sous kostete, und ein kleines Stück guten Rindfleisches zwei Pariser Sous, das man im Oktober um sechs Pariser Heller bekam, ein Schafsgeschlinge zwei oder drei Weißpfennige, ein Schafskopf sechs Pariser Heller, das Pfund gesalzene Butter acht Weißpfennige.

176. Item, ein recht kleines Schwein kostete vierzig Sous oder vier Francs.

[1418]

177. Item, im Monat Januar besagten Jahres stand der Prévôt von Paris vor Montlhéry, und die drinnen waren, ergaben sich mit einer ausgehandelten Geldsumme.*

178. Item, von dort aus zog er nach Chevreuse* und eroberte die Stadt und ließ alles plündern, soviel ein Mann nur forttragen konnte, mit einer Fuhre oder sonstwie, wie sie es bei Soissons machten, und viele Leute in der Gegend wurden erbarmungslos getötet.

179. Item, in der letzten Januarwoche besagten Jahres zog der König vor Senlis, um es mit Gewalt oder anders einzunehmen, und die Stadt wurde für rechtlos erklärt, bevor man sie bestürmte.

180. Item, als all die guten Städte der Normandie, wie

Rouen, Montivillier, Dieppe und einige andere sahen wie Caen, Harfleur, Falaise und manche guten Städte des Landes von den Englischen genommen worden waren, ohne Hilfe vom König von Frankreich, obwohl sie ihm Nachrichten sandten, ergaben sie sich dem Herzog von Burgund.

181. Item, an Sankt Martin im Winter 1417 wurde ein Kardinal namens Martin zum Papst gemacht*, mit Zustimmung und Einverständnis aller christlichen Könige, und man machte in der ganzen Christenheit deswegen ein Fest, außer in Paris, wo man nicht davon zu sprechen wagte; denn am 4. Samstag der Fastenzeit besagten Jahres erwähnte der Rektor* im Rat, es scheine ihm gut, eine Feier des Heiligen Vaters zu machen, die soviel kostete, und doch hatte man sie vor zweieinhalb Jahren gemacht, und dafür warf man ihn ins Gefängnis, und zehn oder zwölf Magister mit ihm.

182. Item, belagerte der König immer noch Senlis, und wisset, daß es nur wenig Leute in Senlis gab, aber sie machten immer wieder Ausfälle, Tag und Nacht, und oft schadeten sie dem Heer des Königs derart, daß der Konnetabel* die Zerstörung besagter Stadt in Feuer und Blut schwor, und er ließ am 12. Tag des April mit Trompeten ausrufen, daß alle Bewaffneten, die in Paris waren, welchen Standes auch immer, vor Senlis kommen sollten, unter der Androhung, Harnisch und Pferd zu verlieren. Und so viele zogen aus, und so viele waren von überall her im nahen Felde, daß Paris in der Karwoche ganz ohne Holz war, und selbst wer auf der Place de Grève zwanzig Pariser Sous für eine Buschel gegeben hätte, konnte sich keine besorgen. Und am darauffolgenden Ostern kostete ein Viertelhundert Eier acht Weißpfennige, ein sehr kleiner Weißkäse sechs oder sieben Weißpfennige, das Pfund alte Salzbutter sieben oder acht Weißpfennige, ein kleines Stück Rind oder Hammel fünf oder sechs Weißpfennige,

und alles durch die schlechte Verwaltung des Prévôt von Paris und der Kaufleute.

183. Item, in diesem Jahr schneite es am ersten Oster-tag den ganzen Tag so heftig, wie man es kaum zu Weih-nachten sieht, und auf der Place de Grève hätte man kein Holz bekommen, auch wenn man einen Franc für ein Viertelhundert Scheite gegeben hätte.

184. Item, am 14. Tag des April 1418 wurde das Fest des Papstes Martin in den Kirchen von Paris und Umge-bung gefeiert, sehr einfach.*

185. Item, am 24. Tag des April besagten Jahres kam der König und sein Heer von der Belagerung von Senlis zurück, wo er seit Januar gewesen war und es nicht ein-nehmen konnte, und so kostete ihn das an Kanonen und sonstigen Geschützen nebst sonstigen Ausgaben mehr als 200 000 Francs; und trotzdem waren seine Leute oft von denen aus der Stadt getötet oder erpreßt worden, und seine Zelte angezündet und seine Geschütze weggenom-men. Und als letzte brachen der König und der Konneta-bel auf, mit sehr wenig Ehre, worüber die Bewaffneten, die mit dem Konnetabel waren, so in Wut gerieten, weil sie Senlis nicht nach ihrer Absicht hatten plündern kön-nen, daß sie von allen Seiten her dicht in der Nähe von Pa-ris hielten, so daß niemand wagte, von Paris aus weiter als höchstens bis Saint-Laurent zu gehen, um nicht beraubt oder getötet zu werden.

186. Und wahr ist es, daß am Maientag* die Leute vom Hôtel des Königs, wie es Brauch ist, in den Wald von Boulogne gingen, um für das Hôtel des Königs die Maien zu schneiden,* da kamen die Bewaffneten von Montmar-tre bei Ville-l'Évêque am Eingang von Paris mit Gewalt über sie, verletzten sie mit vielen Wunden, und dann raubten sie ihnen alles, was sie hatten, und waren unter besagten Dienern des Königs diejenigen noch glücklich daran, die sich in Hemd und Hose zu Fuß retten konn-

ten. Zu dieser Zeit gingen ehrbare Frauen in ordentlicher Begleitung aus, um ihre Besitztümer vor Paris zu besuchen, eine halbe Meile entfernt, und sie wurden vergewaltigt und ihre Begleitung niedergeschlagen, verletzt und ausgeraubt.

187. Item, es ist auch wahr, daß einige der besagten Bewaffneten so voll großer Grausamkeit und Tyrannei waren, daß sie Männer und Kinder am Feuer brieten, wenn sie kein Lösegeld bezahlen konnten, und wenn man sich beim Konnetabel oder beim Prévôt beschwerte, war ihre Antwort: »Man hätte nicht hingehen sollen, und wenn es die Burgunder gewesen wären, hättet ihr nicht darüber gesprochen.«

188. Und so verteuerte sich in Paris alles, denn zwei Eier kosteten vier Pariser Heller, ein kleiner Weißkäse sieben oder acht Weißpfennige, ein kleiner saurer Hering aus Flandern drei oder vier Pariser Heller, und nichts kam mehr von außerhalb nach Paris, wegen vorgenannter Bewaffneten.

189. So wurde Paris schlecht regiert, und so sehr haßten solche, die regierten, jene, die nicht von ihrer Bande waren, daß sie planten, sie in allen Straßen festzunehmen und zu töten, und die Frauen würden sie ertränken; und hatten mit Gewalt den Kaufleuten und anderen Leuten alle Leinwand von Paris ohne Bezahlung wegnehmen lassen, wobei sie sagten, das wäre, um Zelte für den König zu machen, aber es sollten Säcke daraus gemacht werden, um besagte Frauen zu ertränken. Und überdies planten sie, bevor die Burgunder nach Paris kämen oder Frieden geschlossen würde, Paris dem König von England auszuliefern, und alle solche, die nicht sterben mußten, sollten ein schwarzes Abzeichen mit einem roten Kreuz haben, und sie ließen mehr als 16 000 davon machen, die später in ihren Häusern gefunden wurden. Aber Gott, der die verborgenen Dinge weiß, blickte voll Erbarmen auf sein

Volk und weckte Fortuna, die wie betäubt aufsprang, ihren Gürtel schnallte[1] und einige von Paris ermutigte, die Burgunder wissen zu lassen, daß sie kühnlich am nächsten Samstag kommen möchten, welches der 29. Tag des Mai war, um Mitternacht, und sie würden sie durch das Tor von Saint-Germain nach Paris einlassen, und daß es keinen Fehler geben dürfe, und daß man sie auf Leben und Sterben nicht allein lassen würde, und daß sie keineswegs an Fortuna zweifeln sollten, denn sie wußten wohl, daß der größte Teil des Volkes auf ihrer Seite war.

190. In dieser Woche brachen die Burgunder von Pontoise auf und kamen am angegebenen Tag und zur Stunde in Garnelle an, und dort zählten sie ihre Leute, und es fanden sich nur etwa sechshundert oder siebenhundert Pferde, als Fortuna ihnen sagte, dies werde ihr Tag sein. So faßten sie Mut und Beherztheit und gingen zum Tor von Saint-Germain, ein bis zwei Stunden vor Tagesanbruch, und ihre Befehlshaber* waren der Herr von L'Isle-Adam und der Schöne Herr von Bar, und zogen nach Paris ein, am 29. Tag des Mai, mit dem Ruf: ›Unsre Liebe Frau! Frieden! Frieden! Es lebe der König und der Dauphin und der Frieden!‹ Und Fortuna, die besagte Bandenmitglieder so gut gefüttert hatte, sah alsobald, daß sie ihr Gut nicht zu nutzen gewußt hatten, und ging nun mit besagten Burgundern, mit allen Waffen und Gemeinden von Paris, und ließ jenen die Türen einbrechen und ihre Schätze nehmen und plündern, und drehte ihr Rad so rasch, sich an ihrer Undankbarkeit zu rächen, weil sie sich nicht um den Frieden gesorgt hatten; und sehr glücklich war, wer sich im Keller oder Gelaß oder sonstwo verbergen konnte.

191. Und als der Prévôt von Paris, namens Tanguy du Châtel, Fortuna so gegen sich sah, und daß die Burgun-

---

1 Im Sinne von: Ärmel hochkrempeln

der sich bemühten, die anderen in verschiedenen Gefängnissen festzusetzen und das gemeine Volk zu plündern, ging er nach Saint-Pol und nahm den Dauphin,* den ältesten Sohn des Königs, und entfloh geraden Wegs nach Melun, was die Stadt Paris heftig erregte. Und einige andere der Größten vom Bande, wie Magister Robert le Maçon, Kanzler des Dauphin, Bischof von Clermont, der Großpräses der Provence, einer der schlechtesten Christen von der Welt, und einige andere von ihrer Bande verschanzten sich in der Torfestung von Saint-Antoine, und wurden dadurch gerettet, und durch den Dauphin, den sie hatten, und griffen viele an, die dort vorbeikamen, mit Pfeilen, davon sie viele besaßen.

192. Am Sonntagabend, am Montag, am folgenden Dienstag mußte man aus großer Angst vor ihnen überall Wache halten und Feuer machen. Und während dieser Zeit verstärkten sie sich mit Bewaffneten von ihrer Bande, und am folgenden Mittwoch, etwa um acht Uhr morgens, kamen sie aus der Festung heraus und öffneten das Tor in die Stadt, ob man wollte oder nicht, und mit ihnen kam ein Haufen Bewaffneter. Sie zogen in die Große Straße von Saint-Antoine, mit dem Ruf: ›Auf den Tod! Die Stadt gewonnen! Es lebe der König und der Dauphin und der König von England! Schlagt alles tot! Schlagt alles tot!‹*

193. Item, wahr ist es, daß man am Sonntag, dem 29. Tag des Mai, beim Einzug der Burgunder, vor der None* des Tages, in Paris viele Leute aller Stände, wie Mönche, Bettelmönche, Frauen, Männer, fand, die das Andreaskreuz* oder dergleichen trugen, mehr als zweihunderttausend, ohne die Kinder. Nun war Paris sehr aufgerührt, und das Volk bewaffnete sich viel eher als die Soldaten, und bevor die Soldaten kamen, waren sie, als die besagten Bandenmitglieder mit ihrer Macht näherrückten, in der Umgebung vom Tiron. Nun kam der neue

Prévôt von Paris mit einem bewaffneten Haufen hinzu und bedrängte jene unter Mithilfe des gemeinen Volkes heftig, erschlug sie zu Haufen, bis aus dem Tor von Saint-Antoine hinaus, und alsobald zog das Volk, sehr gegen besagte Bandenmitglieder erhitzt, zu allen Wohnhäusern von Paris und forderte die Leute von besagtem Bande, und wenn sie einen fanden, von welchem Stande auch immer, Gefangener oder nicht, wurde er von Bewaffneten auf die Straße geführt und sofort erbarmungslos getötet, mit großen Äxten oder anderen Waffen; und es gab keinen Mann an jenem Tag, der nicht irgendeine Waffe getragen hätte, womit sie besagte Bandenmitglieder, wenn sie ihnen begegneten, schlugen, bis sie tot waren; und wenn Frauen und Kinder und Leute ohne Macht ihnen begegneten, die ihnen nichts Schlimmeres tun konnten, verfluchten sie diese und sagten: ›Verräterische Hunde, es geht euch noch besser, als euch ansteht, wolle Gott, daß alle in solchem Stande wären.‹ Und so hättet ihr in Paris keine bekannte Straße gefunden, wo es nicht mindestens einen Totschlag gab, und in manchen ging man nicht mehr als hundert Schritte, bevor man auf einen Toten stieß, und ihnen war nichts als die Hosen geblieben, und sie lagen wie die Schweine in Haufen mitten im Schlamm, daß es sehr zum Erbarmen war, denn in dieser Woche gab es wenige Tage, an denen es nicht stark geregnet hätte. Und es starben an diesem Tag in Paris durch das Schwert und andere Waffen auf den Straßen, ohne diejenigen, die in Häusern getötet wurden, 522 Männer, und es regnete diese Nacht so stark, daß sie überhaupt nicht stanken, sondern ihre Wunden vom Regen gewaschen wurden, so daß am Morgen weder geronnenes Blut noch Schmutz auf ihren Wunden war.

194. Item, in diesen besagten Tagen nahm man die Armagnacs überall in und vor Paris gefangen. Unter ihnen waren einige von großem Ruf und sehr geringem Mut,

wie Bernard d'Armagnac,* Konnetabel von Frankreich, ein so grausamer Mann wie einst Nero; Henri de Marle, Kanzler von Frankreich; Jean Gaudé, Befehlshaber der Geschütze, der Schlimmste von allen – wenn die armen Arbeiter ihn um den Lohn für ihren Dienst baten, sagte er ihnen: »Habt ihr nicht jeder einen kleinen Weißpfennig für einen Strick für jeden, um euch aufzuhängen? Blutiges Pack, das ist euer Lohn!« und etwas anderes bekamen sie nicht, und auf diese Weise häufte er einen Schatz an, größer als der des Königs –; Robert de Tuillières; Magister Oudart Baillet; der Abt von Saint-Denis-en-France, ein sehr falscher Scheinheiliger; Raymonnet de la Guerre, Hauptmann der schlimmsten Schurken, die man am Ort finden konnte, denn sie taten übler als die Sarazenen; Meister Pierre de l'Esclat; Meister Pierre le Gayant, eine schismatische Person, ein Ketzer gegen den Glauben, und hatte auf der Place de Grève gepredigt, und war des Scheiterhaufens würdig.

195. Item, danach zog er an den Hof von Rom, und als er wiederkam, war er nicht mehr Haushofmeister des Châtelet wie zuvor, und die Pfandbriefe, mit denen er zu tun hatte, welche man vorher für acht Pariser Sous bekam, kosteten jetzt dreiundzwanzig Pariser Sous an Pfand, und so mußte er sie aus eigener Tasche bezahlen.

196. Item, der Bischof von Clermont, welcher der Allerschlimmste gegen den Frieden war, und einige andere. Und es gab so viele im Palais, im Châtelet, dem Kleinen und dem Großen, in Saint-Martin, in Saint-Antoine, im Tiron, im Temple, daß man nicht mehr wußte, wohin mit ihnen.*

197. Item, inzwischen waren die Armagnacs immer noch in Saint-Antoine, weshalb man jede Nacht sehr große Feuer machte, und es gab keine Nacht, in der man nicht Alarm geblasen hätte, und das tat man mit Trompe-

ten um Mitternacht, und trotzdem gefiel das alles dem Volk, weil man es aus gutem Herzen tat.

198. Item, das Volk beriet sich, im Sprengel Saint-Eustache die Bruderschaft des heiligen Andreas* zu gründen, und sie taten das an einem Donnerstag, dem 9. Tag des Juni, und jeder, der hinging, hatte einen Hut mit leuchtend roten Rosen.* Und es kamen so viele Leute von Paris hin, daß die Meister der Bruderschaft sagten und bestätigten, sie hätten mehr als sechzig Dutzend Hüte machen lassen, aber vor zwölf Uhr mittags gingen ihnen die Hüte aus, doch gab es kaum einen Mann, Priester oder Laien, der keinen Hut mit leuchtend roten Rosen auf dem Kopf gehabt hätte, und es roch so gut in der Kirche, als hätte man sie mit Rosenwasser geputzt.

199. Item, in dieser Woche baten die von Rouen um Hilfe von denen von Paris, und man schickte dreihundert Lanzen und dreihundert Bogenschützen, um gegen die Englischen zu halten.

200. Item, am folgenden Sonntag, dem 12. Tag des Juni, etwa um elf Uhr nachts, wurde Alarm gerufen, wie es so oft geschah, am Tor von Saint-Germain; andere riefen am Tor von Bordelle. Da lief das Volk zur Place Maubert und seiner Umgebung, dann kamen die von jenseits der Brücke hinzu, von den Hallen und von der Place de Grève, und aus ganz Paris, und liefen zu besagten Toren, aber nirgends fanden sie irgend Grund, Alarm zu rufen. Da erhob sich die Göttin der Zwietracht, die im Turm des Schlechten Rates wohnte, und weckte rasende Wut und Gier und Empörung und Rache, und sie griffen zu den Waffen und vertrieben Vernunft, Gerechtigkeit, Gedenken Gottes und Mäßigung, sehr schändlicherweise. Und als Wut und Gier das gemeine Volk auf ihrer Seite sahen, erhitzten sie es mehr und mehr und kamen zum Palais des Königs. Da warf ihnen Wut, die rasende, ihren lodernden Samen ins Hirn; da wurden sie maßlos entflammt, zer-

brachen Tore und Gitter und stürmten die Kerker des besagten Palais um Mitternacht, zu sehr erstaunlicher Stunde für jemand, der überrascht wird; und Gier, die ihr Hauptmann war und die Fahne vorantrug, die mit sich führte den Verrat und die Rache, sie riefen laut: ›Schlagt sie tot, schlagt sie tot, die falschen Verräter von Armagnac! Gott werde ich leugnen, wenn einer von ihnen auf seinen Füßen entflieht diese Nacht.‹ Entfesselung, die rasende, und Mord nun und Totschlag erschlugen und schlachteten, töteten, mordeten alles, was sie fanden im Kerker, ohne Erbarmen, zu Recht oder Unrecht, mit Grund oder ohne; und hatte die Gier den Gürtel geschnallt, mit ihr die Tochter Räuberei und der Sohn namens Diebstahl, die nahmen ihnen, sobald sie tot oder vorher, alles an ihnen, und wollte Gier es nicht leiden, daß man ihnen die Hosen ließ, waren sie mindest vier Heller wert, und war dies eine sehr große Grausamkeit und christliche Unmenschlichkeit, von andern zu schweigen. Hatten Mord und Totschlag gewirkt, stets kehrten wieder die Gier, die Wut, die Rache, die in die menschlichen Leichen noch einmal die Waffen stießen von jeder Art, und allerorten und so, daß vor der Prima* des Morgens sie Schläge trugen von Stock oder Schwert, daß niemand zu kennen vermochte, welches Gesicht es sei, wenn es nicht der Kanzler oder der Konnetabel war, die wurden erkannt am Bett, darin sie getötet.* Danach ging ebenbesagtes Volk, von jeder leitenden Göttin ermutigt, will sagen der Wut, der Gier und der Rache, in alle Kerker der Stadt von Paris, nach Saint-Éloi, zum Petit Châtelet, zum Grand Châtelet, zum Fort l'Évêque, nach Saint-Magloire, nach Saint-Martin-des-Champs, zum Temple, und überall taten sie so, wie gesagt vom Palais. Und es war kein Mensch, welcher in dieser Nacht, an diesem Tag, zu sprechen von Vernunft und Gerechtigkeit gewagt hätte, zu fragen, wo sie denn eingeschlossen, hatte doch Wut sie in so tiefe Gruben geworfen, daß sie nicht zu finden waren die ganze Nacht noch den folgenden Tag. Wenn auch der Prévôt von Paris davon dem Volk sprach, und der Herr von L'Isle-Adam zu Vernunft, Gerechtigkeit und Erbarmen ermahnte; doch Wut und Raserei sprachen durch Volkes Mund: »Verzeih's Gott, hoher Herr, Eure Vernunft, Euer Erbarmen und Gerechtigkeit! Verflucht sei bei Gott, wer je Erbarmen hat mit diesen falschen Verrätern, den englischen Armagnacs, diesen Hunden! Ist doch durch sie das ganze Königreich Frankreich zerstört und verwüstet, und hätten's verkauft an die Englischen.«

201. Item ist's wahr, daß vor jedem besagten Kerker, noch vor sechs Uhr des Morgens, sie alle[1] lagen gehäuft wie Hunde und Hammel, und ohne Erbarmen wurde gesagt: »So haben sie Säcke gemacht, uns zu ertränken und Frauen und Kinder, und haben Standarten gemacht für den König von England für seine Ritter, sie aufzupflanzen auf den Toren von Paris, wenn sie's ausgeliefert hätten an England. Item, haben sie Wappen gemacht mit dem roten Kreuz, mehr wohl als dreißigtausend, und sie wollten damit zeichnen die Türen derer, welche zu töten und nicht. So sprecht uns nicht mehr davon, beim Teufel, sonst lassen wir nichts mehr zu tun für Euch, beim Heiligen Blut!« Als der Prévôt ersah, wie sehr sie erhitzt, von der Falschen, der Wut geleitet, da wagte er nicht mehr von Erbarmen zu sprechen, von Vernunft und Gerechtigkeit, und er sagte zu ihnen: »O Freunde, tut, was euch gefallen mag.« So gingen sie hin zu den vorgenannten Kerkern, und wenn sie die Kerker zu stark befestigt fanden, um einzudringen, so legten sie Feuer, und die darinnen waren, wußten sich nicht zu helfen, erstickten da drinnen und verbrannten in großen Qualen. Und sie ließen keinen Pariser Kerker aus, nur den Louvre, denn dort war der

---

[1] Die Leichen der Armagnacs

König, sonst töteten sie jeden Gefangenen mit Schwert oder Feuer. Und sie töteten so viele Leute von Paris, Männer wie Frauen, von jener Stunde der Mitternacht bis zwölf Uhr am nächsten Tag, daß man tausendfünfhundertachtzehn zählte; darunter waren der Konnetabel, der Kanzler, ein Hauptmann namens Raymonnet de la Guerre, Meister Pierre de l'Esclat, Meister Pierre Le Gayant, Meister Guillaume Paris, der Bischof von Coutances, Sohn des Kanzlers von Frankreich, alle im Hinterhof, in Richtung La Couture, und jene blieben zwei ganze Tage unten an der Treppe zum Palais auf dem Marmor liegen, und dann wurden jene sieben bei Saint-Martin auf jenem Hof hinter La Couture begraben, und alle anderen bei der Trinité; unter welchen Toten man vier Bischöfe des falschen und verdammenswerten Rates getötet fand, und zwei Vorsitzende des Parlement.

202. Item, in dieser Woche wurde Guillaume Cirasse als Prévôt der Kaufleute abgesetzt, und an seine Stelle trat Herr Noël Marchand.

203. Item, zu jener Zeit erwartete man jeden Tag den hohen Herrn von Burgund, und niemand war, der genau zu sagen wußte, wo er sich befand, weshalb das Volk noch bösartiger wurde, und der Prévôt von Paris wagte nicht, Recht zu sprechen.

204. Item, in dieser Woche wurde Prokurator des Königs einer namens Vincent Lormoy.

205. Item, am 20. Tag des Juni richtete man einen namens Pierre Boudart, der berittener Sergeant war, wohnhaft in der Großen Straße von Saint-Denis, einer der Übelsten unter all denen vom Bande, und deswegen sehr übel gegen den Herzog von Burgund, und er war ein guter Sprecher und ein Mensch von großer Redegewandtheit, und gestand am Ende, daß er, wenn er wollte, im engsten Rat der Bandenmitglieder gewesen, und hatte vom Prévôt und den anderen die Aufgabe erhalten, etwa

acht oder neun Tage, bevor die Burgunder in Paris ankamen, das gesamte Hallenviertel zu töten, nämlich Männer, Frauen und Kinder, welche er wollte, und ihre Güter für sich zu konfiszieren und für solche, die ihm bei besagtem Totschlag helfen würden. In der Woche, als besagte Burgunder in Paris einzogen, sollte das geschehen, und er wußte, daß einer namens Simonnet Taranne in einem anderen Viertel ebenso tun sollte, und andere aus ihrem verruchten Rat sollten überall in Paris solches tun. Aber Gott, der die verborgenen Dinge weiß, der die Pläne des Holofernes durch Weibeshand störte, ließ sie in die Grube fallen, die sie gegraben, wie zuvor gesagt.

206. Item, am folgenden Samstag wurde enthauptet Guillaume d'Auxerre, Tuchhändler, Abgeordneter von Saint-Éloi, über sechsundsechzig Jahre alt, der sehr schöne Töchter in Paris hatte, alle Frauen von Ehre und Rang, die er sehr demütigte,* denn er wußte so viel vom Verrat an König und Königreich, welchen er und die von der besagten Bande begangen hatten, im Bündnis mit den Englischen, daß man es schwer glauben konnte; und er verklagte andere, von denen ein Sergeant namens Monmélian, welcher auf seine eigene Verantwortung den Herrn de l'Ours vom Baudet-Tor hatte köpfen lassen, geköpft wurde, und jener Herr de l'Ours wurde ungefähr sechs Wochen, nachdem die Burgunder in Paris eingezogen waren, er und einige andere vom Galgen abgenommen und in heiliger Erde begraben, und eine ehrenhafte Totenmesse gelesen.

207. Item, im Monat Juni wurde das Tor von Saint-Antoine vermauert, und es gab in Paris nur noch zwei offene Tore, nämlich das Tor von Saint-Denis und das von Saint-Germain.

208. Item, in diesem Jahr gab es nichts Neues von Lendit,* erst gegen Ende verkaufte man ein paar Schuhe

aus Brabant an drei Ständen in der Großen Straße von Saint-Denis, neben den Filles-Dieu.

209. Item, am Vorabend von Sankt Johann wurden die Eisenketten wieder an den Straßenenden von Paris angebracht, und man glaubte, sie alle zu finden; aber es fehlten dreihundert, welche die Bandenmitglieder, als sie noch lebten, zu ihrem Gewinn entwendet hatten, man wußte nicht wohin, und man fertigte sie in großer Eile neu.

210. Item, am Sonntag, dem 4. Tag des Juli, fand eine der schönsten Prozessionen statt, die man je gesehen hatte. Alle Kirchen von Paris versammelten sich bei Notre-Dame von Paris und gingen von dort mit vielen Lichtern und Reliquien nach Saint-Merry, nach Saint-Jean-en-Grève und nahmen dort den Leib des Herrn, den die falschen Juden gekocht hatten, und trugen ihn, mit großer Ehrfurcht und unter vielen Lobgesängen, nach Saint-Martin-des-Champs; und die Leute von der Universität gingen in Zweierreihen, nämlich neben jedem Magister ging ein Bürger unter ihm, und alle anderen ebenso.

211. Item, am folgenden Freitag kamen die Armagnacs von Meaux bis vor Paris und legten in La Villette, in La Chapelle und anderswo Feuer an Scheunen, die voll von neuem Korn waren. Als man in Paris Alarm rief, entflohen sie, und im Abzug schnitten sie die Armagnacs ab, die am kleinen Galgen von Paris hingen; und im Abzug nahmen sie auch viel Beute an Vieh und arme Arbeitsleute als Gefangene aus ihren Betten; und das gemeine Volk von Paris bewaffnete sich, aber man öffnete ihm nicht sofort das Tor, weil es ohne Befehlshaber war. Kurz darauf kam der Prévôt von Paris, der mit einem großen Haufen auszog, und jene folgten ihm sehr erbittert. Und wahrhaftig mochten die Armagnacs wohl mehr als drei Meilen weit sein, als der Prévôt auszog und das

Volk, das darob sehr unzufrieden war, aber jedenfalls folgten sie ihren Feinden so weit, daß sie fast alle Gefangenen befreiten, und kamen bis nach Lagny-sur-Marne, und dort wurde ihnen gesagt, daß die große Truppe wohl schon drei lange Meilen weiter war; da kehrten sie um, so gut es ging, sehr müde, denn sehr heiß war es, und man fand nichts außer in den guten Städten, denn wegen des Krieges brachte man alles dorthin. Als sie in Paris angekommen waren, wurden sie sehr zornig und wollten die Armagnac-Häftlinge im Châtelet töten, hätte der Hauptmann von Paris* sie nicht mit liebreichen Worten besänftigt. Und alsbald danach errichtete man Sperren vor dem Châtelet, aber dennoch mußte man die bedeutenden Gefangenen unter starker Bedeckung von Bewaffneten zum Tor von Saint-Antoine führen, sonst wären sie vom Volk getötet worden.

212. Item, wahr ist es, daß zu dieser Zeit Soissons sich den Burgundern ergab, und diese nahmen die wichtigen Bürger der Stadt fest, die Armagnacs waren, welche sie richteten und zum Tode verurteilten, weil sie vorgehabt hatten, binnen vier Tagen bei Tag oder Nacht alle zu töten, die von der Partei des Herzogs von Burgund waren, und Frauen und Kinder in Säcken zu ertränken, die sie ordentlich von Frauen hatten machen lassen, welche der falschen Verräterbande sehr zu Willen waren.

213. Item, wahr ist es, daß sie haufenweise Geld aus Blei hatten machen lassen, und sie mußten davon den Befehlshabern über Zehn der Stadt Paris geben, wenn diese welche in ihrer Zehnermannschaft hatten, die von der Bande waren, und niemand als solche durfte sie besitzen; und sie sollten überall in Paris in die Häuser besagter Bandenmitglieder gehen, begleitet von Bewaffneten, und überall sagen: »Habt ihr wohl solches Geld?« Wenn sie sagten: »Schaut her!« gingen sie weiter, ohne etwas zu sagen; wenn sie sagten: »So etwas haben wir nicht!« sollten

sie alle erschlagen, und Frauen und Kinder ertränken. Und so sah die Münze aus*: ein bißchen größer als ein Weißpfennig von vier Pariser Hellern, auf der Rückseite ein Wappen mit zwei Pardeln übereinander, und auf der Vorderseite ein Stern auf dem Wappen; an einem der fünf Ecken ein Kreuz, an jedem Ende der Vorderseite eine Krone.

214. Item, am Donnerstag, dem 14. Tag des Juli, kam die Königin nach Paris, und es brachte sie der Herzog von Burgund, und er führte sie im Louvre dem König zu, nachdem sie lange von den Armagnacs außerhalb von Frankreich* verbannt gewesen war, aber der Herzog von Burgund hatte sie unterstützt und in ihrem Exil immer als seine Dame geehrt und brachte sie nun seinem Herrn, dem König von Frankreich, wieder, mit großem Prunk, an besagtem Tage. Und zu ihrer Ankunft wurde das vermauerte Tor von Saint-Antoine geöffnet, und alle Bürger von Paris kleideten sich in Blau; und sie wurden mit solcher Ehrerbietung und Freude empfangen wie nur je eine Dame oder ein Herr in Frankreich, denn wo immer sie vorbeikamen, rief man laut ›Weihnachten!‹, und es gab nur wenig Leute, die nicht vor Freude und Rührung geweint hätten.

215. Item, in der folgenden Woche gab es in Saint-Denis-en-France einen Hauptmann namens Jean Bertran,* so erfahren mit den Waffen wie weise im Rat für seinen Herrn, so man keinen im ganzen Königreich Frankreich kannte, aber er war nicht von bedeutender Herkunft. Doch stieg sein Ruf von Tag zu Tag, wegen seiner Urteilskraft und seiner Heldentaten; da waren die Pikarden so neidisch auf ihn, daß sie ihn am Montag nach der Ankunft der Königin ausspähten, zwischen Paris und Saint-Denis, in der Gegend von La Chapelle, und dort griffen sie ihn verräterisch an und verletzten ihn mit Lanzen und Schwertern; er verteidigte sich sehr lange, aber das nutzte

ihm nichts, denn er war nur einer von fünfen; schließlich durchbohrten sie ihn ganz und mordeten ihn, worüber der Herzog von Burgund so trauerte, als er es erfuhr, daß er stark aus den Augen Tränen vergoß, aber etwas anderes wagte er nicht zu tun, aus Furcht, das gemeine Volk zu erregen, das so aufgebracht war, als es davon erfuhr, daß es nur mit Mühe zu besänftigen war.

216. Item, zu dieser Zeit richteten die Armagnacs in der Umgebung von Paris sehr oft großes Unheil an, und nahmen in dieser Woche sogar Moret im Gâtinais und töteten unbarmherzig einen großen Teil der Leute.

217. Item, am 20. Tag besagten Monats Juli nahmen die Englischen Pont-de-l'Arche durch zwei ehrlose und kleinmütige Hauptleute, der eine namens Guillaume, der andere Robinet de Bracquemont, und sie ergaben sich auf Grund ihrer Schlechtigkeit, bevor die Verhandlungen gescheitert wären, denn sie wußten wohl, daß große Hilfstruppen aus Paris kommen würden, einen Tag später.

218. Item, zu jener Zeit gab es in Paris einen von der berittenen Wache, namens Herr Gautier Raillart, der stets mit drei oder vier Spielleuten vor sich die Wache machte, welche laut ihre Instrumente spielten, was das Volk sehr wundernahm, denn man sagte, er schiene den Übeltätern zu sagen: »Entflieht, denn ich komme.«

219. Item, die armen Leute hielten immer noch Wache und machten Feuer, und sie wachten die ganze Nacht. Und das Holz war so teuer, daß ein Scheit von Bondy dreizehn oder vierzehn Pariser Sous kostete, das kleinste von der Place de Grève sechsundzwanzig Pariser Sous, das Kleinholz zehn Pariser Sous, der Sack Kohle dreizehn oder vierzehn Pariser Sous, und nie bekam man mehr als zwei oder drei Eier für einen Weißpfennig, das Pfund Butter kostete im billigsten Fall sechs Weißpfennige, sehr minderer Wein sechs Pariser Heller die Pinte.

220. Item, am Sonntag, dem 21. August, gab es in Paris einen schrecklichen und fürchterlichen und wundersamen Aufstand; denn mit dem Grund, daß in Paris alles so teuer war und man nichts bekam, wegen der Armagnacs, die in der Umgebung von Paris waren, erhob sich das Volk an jenem Tag und tötete und erschlug diejenigen, von denen man wußte, daß sie von besagter Bande waren, und sie zogen zum Châtelet und griffen es geradewegs an; und die darinnen waren und die den bösen Willen des Volkes wohl kannten, besonders gegen die Armagnacs, sie verteidigten sich sehr heftig und warfen Dachziegel und Steine und was sie fanden, um ihr Leben zu verlängern. Aber das nutzte ihnen nichts, denn das Châtelet wurde von allen Seiten gestürmt und mit Gewalt erbrochen und eingenommen, und alle, die darinnen waren, wurden erschlagen, und die meisten ließ man aufs Pflaster springen, wo eine große Menge Volkes war, das sie unbarmherzig mit mehr als hundert tödlichen Wunden erschlug; denn zu großes Leid hatte das Volk von ihnen erlitten, denn nichts kam nach Paris, worauf sie nicht das doppelte Lösegeld seines Wertes erhoben, und jede Nacht Wache und Feuer und Laternen in den Straßen, an den Türen, sich bewaffnen und nichts verdienen, und alles unvernünftig teuer wegen der falschen Bandenmitglieder, die viele gute Städte in der Umgebung von Paris hielten, wie Sens, Moret, Melun, Meaux-en-Brie, Crécy, Compiègne, Montlhéry und einige andere Festungen und Burgen, wo sie alles Übel taten, das man sich nur denken kann. Denn von ihnen wurden mehr Leute gefoltert als einst von den Feinden der Christenheit, wie Domitian und Maximian und anderen, die in Rom mehrere heilige Männer und Frauen foltern ließen; aber deren Tyrannei läßt sich gar nicht mit der besagter Bandenmitglieder vergleichen, weiß Gott; weshalb besagtes Volk so erzürnt gegen sie war, wie vorher gesagt wurde.

221. Item, als sie in besagtem Châtelet alle erschlagen hatten, die sie finden konnten, gingen sie von dort zum Petit Châtelet, wo sie auf heftigen Widerstand stießen; aber das nutzte nichts, denn alle wurden getötet wie die vom Grand Châtelet, und von dort brachen sie zur Festung Saint-Antoine auf. Dort kam der Herzog von Burgund zu ihnen, der sie mit liebreichen Worten besänftigen wollte; aber sie gingen davon, geradewegs auf die Festung zu, und bestürmten sie mit Gewalt und erbrachen die Tore und alles mit Steinen, die sie dagegen warfen; und wer auch immer so kühn war, sich oben zu zeigen, den griffen sie mit Pfeilen und sehr wundersam hart geschleuderten Steinen an. Großes Mitleid hatte da der Herzog von Burgund, der in großer Eile herbeikam, begleitet von mehreren hohen Herren und Bewaffneten, um sie zu veranlassen, den Angriff aufzugeben, wegen der Gesellschaft, die er mitbrachte; aber trotz all ihrer Macht konnten weder er noch seine Begleiter sie besänftigen, wenn er ihnen nicht die Gefangenen zeigen würde, die drinnen waren, und wenn die nicht ins Châtelet von Paris geführt würden, denn man sagte, wenn sie in besagter Festung wären, würden sie immer wieder durch Geld freikommen und aufs freie Feld hinausgelangen, und würden nachher noch schlimmeres Übel anrichten als zuvor, und deswegen wollte man sie haben. Als der Herzog von Burgund diese Entschlossenheit sah, und wußte wohl, daß sie die Wahrheit sprachen, da lieferte er sie ihnen aus, unter der Bedingung, daß sie ihnen kein Leid antäten, und so kam man von der einen und von der anderen Seite überein, und sie wurden von den Leuten des Herzogs von Burgund herausgeführt, und es waren, einer nach dem anderen, ungefähr zwanzig. Als sie zum Châtelet kamen, waren sie[1] sehr erstaunt, denn da trafen sie

---

[1] Die Leute des Herzogs von Burgund

auf so große Massen Volk, daß sie trotz all ihrer Macht sie nicht davor retten konnten, alle mit mehr als hundert Wunden gepeinigt zu werden; und da wurden fünf Ritter getötet, alles große Herren, wie Enguerrand de Marcognet und sein Sohn, der erste Kammerherr unseres Herrn König, Herr Hector de Chartres und einige andere, Charlot Poupart, Finanzbeamter des Königs, der alte Taranne und einer seiner Söhne, worüber der Herzog von Burgund sehr betrübt war, aber etwas anderes wagte er nicht zu tun.

222. Item, nach diesem Totschlag gingen sie geradewegs zum Hôtel de Bourbon weiter, wo sie einige Gefangene umbrachten; dort fanden sie in einem Zimmer ein Faß voller Fußangeln und eine Fahne, groß wie eine Standarte, worauf ein Drachen abgebildet war, der Feuer und Blut aus dem Maul spie. So waren sie in noch heftigerer Wut als zuvor und trugen sie durch ganz Paris, alle mit blankem Schwert, und riefen ohne jeden Grund: »Schaut das Banner, das der König von England den falschen Armagnacs geschickt hat, als Zeichen des Todes, den er uns sterben lassen wollte.« Und als sie, solches schreiend, sie überall gezeigt hatten, brachten sie sie zum Herzog von Burgund, und als er sie gesehen hatte, ohne etwas zu sagen, wurde sie zu Boden geworfen, und sie traten darauf, und jeder, der konnte, nahm ein Stück davon, und taten die Fetzen auf die Spitzen ihrer Schwerter und Äxte.

223. Item, die ganze Nacht schliefen sie nicht und hörten nicht auf, überall zu fragen und zu forschen, ob man keine Armagnacs kenne; und einige fanden sie, die getötet und umgebracht und ganz nackt aufs Pflaster geworfen wurden.

224. Item, am folgenden Montag, dem 22. Tag des August, wurden einige Frauen verklagt, welche getötet und aufs Pflaster geworfen wurden, ohne Kleider außer ihren Hemden, und dazu war der Henker eher bereit als alle an-

deren; unter welchen Frauen er eine schwangere Frau tötete, die in dieser Sache ganz unschuldig war, so daß es einige Tage später geschah, daß er deswegen festgenommen* und ins Châtelet gebracht wurde, er und zwei Mittäter, und drei Tage später wurden ihnen die Köpfe abgeschlagen. Und der Henker erklärte dem neuen Henker* die Art, wie er den Kopf abschlagen sollte, und wurde von den Fesseln befreit und richtete den Block für seinen Hals und entfernte das Holz von der Axt und vom Messer, ganz als ob er besagten Dienst für jemand anders tun wollte, worüber jedermann sehr erstaunt war; danach bat er Gott um Gnade und wurde von seinem Gesellen geköpft.

225. Item, zu jener Zeit, gegen Ende August, war es Tag und Nacht so heiß, daß weder Mann noch Weib in der Nacht schlafen konnte, und damit zusammen gab es ein großes Sterben an Pest* und Seuche, vor allem unter jungen Leuten und Kindern.

226. Item, in diesem Jahr blieben Weizen und Hafer auf den Feldern, nämlich in der Umgebung von Paris, weil niemand hinauszugehen wagte, wegen der Armagnacs, die alle von Paris töteten, die sie ergreifen konnten. Deswegen machten die Gemeinen von Paris sich auf und zogen vor Montlhéry und waren dort etwa zehn oder zwölf Tage, und sie taten soviel sie konnten und hätten die Burg und die Verräter darinnen überwältigt, wenn da nicht einige Edelleute mit ihnen gewesen wären, die sie leiten und führen sollten; aber als sie sahen, daß die Gemeinen so gute Arbeit leisteten, verhandelten sie mit den Armagnacs, die wohl sahen, daß sie sich nicht mehr lange gegen die Gemeinen halten konnten, die sie Tag und Nacht so erbittert bestürmten, und nahmen viel Geld von den Armagnacs, damit sie die Belagerung aufgaben, und so taten sie, als sie das Geld hatten. Doch erklärten sie den guten Leuten, daß wirklich große Hilfstruppen zu denen

in der Burg kämen, und wer sich retten konnte, rettete sich, so daß keine mehr da waren, und zogen ab. Als das die Gemeinen sahen, zogen sie so rasch wie möglich ab, und als sie vor Paris kamen, verschloß man ihnen die Tore, und sie blieben in Saint-Germain, in Saint-Marcel, in Notre-Dame-des-Champs, zwei oder drei Tage und Nächte; und die Armagnacs liefen, gleich nach der Aufhebung der Belagerung, bis in die besagten Dörfer, wo unsere Leute waren, um sie zu überraschen, aber trotz ihrer Macht konnten sie sie nicht überwältigen. Und doch hatten sie keine Hauptleute als die von Paris, denn die Edelleute, die sie im Stich gelassen hatten, glaubten, daß jene sie alle töten würden, aber die Armagnacs wagten nicht, sie anzugreifen; und wahrlich, wenn man die Gemeinen hätte machen lassen, wäre in weniger als zwei Monaten kein Armagnac mehr in Frankreich geblieben, den sie nicht umgebracht hätten; und deswegen haßten die Edelleute sie, die nur den Krieg wollten, sie aber wollten ihn zu Ende bringen. Als man sah, daß sie einen so starken Willen hatten, den Krieg zu beenden, ließ man sie nach Paris einziehen, und sie gingen ihrer Arbeit nach; und die Armagnacs taten so übel, wie sie konnten, denn sie töteten Frauen und Kinder und legten Feuer in der Umgebung von Paris, und doch war niemand da, der etwas dagegen getan hätte.

227. Und andererseits standen die Englischen vor Rouen, das sie von allen Seiten belagerten und allerseits denen von Rouen Kummer machten, und doch war niemand da, der ihnen Hilfstruppen geschickt hätte; so mußten sie die Abtei Sainte-Catherine-du-Mont von Rouen verlieren, worüber viele sehr betrübt waren, aber sie mußten es leiden; und all das geschah durch die falschen Verräter Frankreichs, die nichts als den Krieg wollten; denn sie wußten wohl, wieviel Lösegeld sie zahlen mußten, wenn sie gefangengenommen wurden.

228. So ging es immer schlechter mit dem Königreich Frankreich, und man hätte es besser Wüster Boden* als Boden von Frankreich genannt. Und all das war zum großen Teil wegen des Herzogs von Burgund, der in allem seinem Tun der langsamste Mensch war, den man finden kann, denn wenn er in einer Stadt war, ging er nicht fort, wenn nicht überall Frieden herrschte und das Volk ihn nicht durch Klagen verscheuchte, deren es in Paris immer mehr gab, weil alles teurer wurde. Denn im September stand der Winter an, und man mußte sich eindecken, und hundert gute Scheite kosteten immer noch zwei Francs, der Sack Kohle sechzehn Pariser Sous; das Bündel Kleinholz zehn oder zwölf Sous; das Pfund gesalzene Butter en gros sieben oder acht Weißpfennige; Eier zwei Pariser Heller das Stück; ein kleiner Käse drei Pariser Sous; recht kleine Birnen oder Äpfel einen Heller das Stück; zwei kleine Zwiebeln zwei Pariser Heller; recht dürftiger Wein zwei oder drei Weißpfennige, und so alle Sachen.

229. Item, in diesem Monat September wurde von seiten des Königs nach dem Herzog der Bretagne* geschickt, und er kam nach Corbeil und von dort nach Saint-Maur-des-Fossés. Und dort kam die Königin hin, der Herzog von Burgund und einige andere Herren; dort schlossen sie irgendwie Frieden, ob es der Königin nun gefiel oder nicht. Den Armagnacs wurde alles vergeben, die Übel, die sie getan hatten, und doch war alles gegen sie bewiesen, daß sie bei der Ankunft des Königs von England im Einverständnis waren* und daß sie viel Geld besagten Königs bekommen hatten; item, daß sie die beiden ältesten Söhne des Königs von Frankreich vergiftet hatten, und man wußte wohl, daß dies geschehen und angestiftet war, und die Vergiftung des Herzogs von Holland,* und daß sie die Königin von Frankreich aus ihrem Königreich entfernt hatten. Und so mußte man all

dies für nichts erachten, sonst hätten sie das ganze Königreich zerstört und den Dauphin, welchen sie bei sich hatten, den Englischen ausgeliefert. So wurde dieser Frieden geschlossen, ob man nun zornig oder erfreut darüber war, und er wurde in Paris mit vier Trompeten und sechs Spielleuten ausgerufen, am Montag, dem 19. Tag des September im Jahre 1418.

230. Item, zu Beginn besagten Monats wurde der Schöne von Bar als Prévôt von Paris abgesetzt und ein Junker namens Jacques Lamban eingesetzt.

231. Item, in besagtem Monat September war das Sterben in Paris und Umgebung so grausam, wie man es seit dreihundert Jahren nicht gesehen hatte, sagten die alten Leute; denn niemand überlebte, der von der Seuche ergriffen wurde, vor allem junge Leute und Kinder. Und so viele starben Ende des Monats daran, und so rasch, daß man auf den Friedhöfen von Paris große Gruben ausheben mußte, in die man jeweils dreißig oder vierzig warf, und sie wurden wie Speckseiten gestapelt und mit ein wenig Erde bestreut; und immer noch gab es Tag und Nacht keine Straße, in der man nicht dem Sakrament begegnet wäre, das zu den Kranken getragen wurde, und alle mußten schließlich das Bild Gottes Unseres Herrn so gut kennen, wie man es nur je in der Christenheit erlebt hat. Aber unter den Klerikern sagte man, noch nie habe man ein so wüstes und bitteres Sterben gesehen oder davon sprechen gehört, noch von einer Krankheit, der weniger Menschen entronnen wären, die sie hatten; denn in weniger als fünf Wochen verschieden in der Stadt Paris mehr als 50000 Personen. Und so viele Männer der Kirche verschieden, daß man drei oder vier oder acht Familienoberhäupter bei einer und derselben Mitternachtsmesse bestattete, und man mußte mit den Priestern verhandeln, für wieviel sie sie singen würden, und recht oft mußte man sechzehn oder achtzehn

Pariser Sous bezahlen, und für eine stille Messe vier Pariser Sous.

232. Item, zu dieser Zeit, etwa zwölf Tage im Oktober, hatte das Sterben überhaupt noch nicht aufgehört, und die Armagnacs hörten trotz Frieden und allem nicht auf, überall wie zuvor so viel Übles zu tun, wie sie konnten, und kamen oft nahe an Paris, um Beute und Männer und Frauen zu nehmen und führten sie in ihre Garnisonen, aber niemand wagte, ein Wort darüber zu sagen, und wahrhaftig schien es, daß der Herzog von Burgund solches duldete, und er beschwichtigte das Volk mit sanftmütigen Worten.

233. Item, den ganzen Monat Oktober und November war der Tod ebenso grausam wie vorher gesagt, und als man dies Wüten sah, so daß man nicht mehr wußte, wo man sie begraben sollte, machte man große Gruben, auf dem Cimetière des Innocents fünf, auf dem der Trinité* vier und auf den anderen je nach ihrer Größe, und in jede tat man ungefähr sechshundert Personen. Und wahrlich, als die Schuhmacher von Paris am Festtag ihrer Bruderschaft, nämlich Sankt Crispin und Crispinian, die Toten ihres Handwerks zählten, zählten sie und fanden, daß wohl 1800 gestorben waren, Meister wie Gesellen, in diesen beiden Monaten in besagter Stadt. Und die vom Hôtel-Dieu,* welche die Gruben auf den Friedhöfen machten, behaupteten, daß zwischen Mariä Geburt und Mariä Empfängnis in der Stadt Paris mehr als hunderttausend Personen* begraben wurden, und unter vierhundert oder fünfhundert starben nur zwölf Alte, sonst waren es alles Kinder und junge Leute.

234. Item, die Armagnacs hielten immer noch die vorher genannten Städte und Festungen, und sie hielten Paris in so großem Mangel, daß ein Kind von vierzehn Jahren wohl für acht Heller Brot auf einmal aß, und kostete das Dutzend sechs Pariser Sous, das man für sieben oder

acht Weißpfennige bekommen hatte, ein recht kleiner Käse zehn oder zwölf Weißpfennige, das Viertelhundert Eier fünf oder sechs Pariser Sous; das Fleisch von einem guten Hammel, das Rind achtunddreißig Francs; auch ein kleines, ganz feuchtes Holzscheit, etwa von Marne, vierzig Pariser Sous oder das Hundert drei Francs; das Bündel Kleinholz zwölf Sous, schlechte Buscheln, mit nichts als Laub darin, das Hundert sechsunddreißig Pariser Sous, ein Viertelhundert herbe Birnen vier Pariser Sous, Äpfel zwei Sous oder sechs Weißpfennige, das Pfund gesalzene Butter acht Weißpfennige, ein kleiner Käse aus dem Trockenbottich sechzehn Pariser Heller, ein Paar Schuhe, die man Anfang 1418 um acht Weißpfennige bekommen hatte, kosteten sechzehn oder achtzehn Weißpfennige, und alle anderen Dinge, welche auch immer, waren überall in Paris ebenso teuer.

235. Item, in diesem Monat November wurde der Schöne von Bar, nämlich Herr Guy de Bar, genannt der Schöne, wieder als Prévôt von Paris eingesetzt wie zuvor.

236. Item, in besagtem Monat November erhielten obengenannte Fleischer die Erlaubnis, die große Fleischerei von Paris wieder aufzubauen, vor dem Châtelet, und man begann am Mittwoch, dem 11. Tag des November, mit den Fundamenten.

237. Und etwa zwölf Tage danach ließ der König mit Trompeten ausrufen, daß er jedem verzeihe, sei er ein Armagnac oder ein anderer, was immer er für eine Übeltat begangen habe, mit Ausnahme von dreien: dem Präses der Provence, Meister Robert le Maçon und Raymond Raguier; diese drei hatten soviel Verrat gegen den König begangen, daß er ihnen nicht verzeihen mochte, denn durch die drei geschahen alle vorgenannten Übel in Paris.

238. Item, in der folgenden Woche brachen der König und der Herr von Burgund auf, um gegen die Englischen zu ziehen, und nahmen in Pontoise Quartier und blieben

dort drei Wochen nach Weihnachten, ohne irgend etwas zu tun, es sei denn, die Umgebung leer zu essen. Und die Englischen standen vor Rouen, und der Dauphin oder seine Leute verwüsteten die Tourraine; und die anderen waren in der Umgebung von Paris, um zu plündern und zu morden, aber weder der Herzog von Burgund noch die Seinen setzten sich irgendwie in Bewegung, um gegen die Englischen oder die Armagnacs vorzugehen. Und deswegen wurde alles und jedes in Paris immer teurer, denn wegen der Besagten konnte nichts hereinkommen. Zu dieser Zeit kostete ein kleines Schwein sechs oder sieben Francs, und alles Fleisch verteuerte sich derart, daß arme Leute gar keines mehr aßen; aber in diesem Jahr gab es soviel Kohl, daß Paris den ganzen Winter davon beherrscht war, denn dicke Bohnen und Erbsen waren unsinnig teuer.

239. Item, zu dieser Zeit war ein gutes Pfund Kerzen acht Weißpfennige wert, oder mindestens sieben.

240. Item, zu dieser Zeit bezahlte jeder, der Wein en gros verkaufte, auf jedes Faß zu fünf Eimern acht Pariser Sous Abgaben; und wer ihn kaufte, ebensoviel, und auf ein Ohmfaß vier Pariser Sous, und wenn man den Wein im Einzelhandel verkaufte, auf vier Heller weitere acht Pariser Sous, auf sechs Heller zwölf Pariser Sous. Und wurde dies leidige Verfahren ungefähr an Allerheiligen 1418 begonnen.

[1419]

241. Item, am 20. Tag des Januar in besagtem Jahr 1419 zogen die Englischen in Rouen ein und eroberten es mit ihrer Heeresmacht, und weil die drinnen nichts mehr zu

leben hatten, aber sie hielten sich lange gegen die Englischen, etwa sechs oder sieben Monate.

242. Item, danach zogen sie gegen Paris, um den Rest von Frankreich zu erobern, und niemand trat ihnen entgegen als die aus den guten Städten, die ihnen wenigstens ein Bein stellten, aber bald mußten sie sich ergeben, denn keine Edelleute oder wenige mischten sich ein, aus großem Haß gegen die Burgunder und die Armagnacs; und deswegen verteuerten sich in Paris alle Dinge derart, von denen man leben kann, daß selbst die Reichsten erstaunt waren. Und es kostete in besagtem Jahr 1419 ein Sester Korn vier oder fünf Francs; die Brötchen acht Pariser Sous das Dutzend; ein kleines Stück Fleisch sechs Weißpfennige; ein Hammelgeschlinge zwölf Heller; ein kleiner Käse vier Pariser Sous; drei Eier drei Weißpfennige; das Pfund gesalzene Butter vier Pariser Sous; ein Viertelhundert kleine Äpfel sechzehn Heller; jede einzelne Birne vier Heller; das Hundert saure Heringe drei Taler; das Hundert Heringe aus der Tonne vier Francs; zwei kleine Zwiebeln einen Heller; zwei Knoblauchknollen vier Heller; vier weiße Rüben zwei Heller; ein Scheffel gute Erbsen zehn oder zwölf Pariser Sous, und dicke Bohnen ebensoviel; das Holz so teuer wie zuvor gesagt; das Hundert Nüsse sechzehn Heller; die Pinte Olivenöl sechs Pariser Sous; das Pfund Schweineschmalz zwölf Weißpfennige; der Schoppen achtzehn Heller; das Pfund Preßkäse drei Pariser Sous. Kurz, alles, wovon ein menschliches Wesen leben kann, war so teuer, daß ein Heller für alle Sachen vier Heller kostete, außer Metallen wie Eisen und Bronze; Eisen bekam man für sechs Heller das Pfund, Bronze für zehn Heller das Pfund oder für acht Heller; das Pfund Messing vier Pariser Heller; aber Silber war zu dieser Zeit zehn Francs die Mark wert; eins der besagten Goldschäfchen zu sechzehn Sous war zwanzig Pariser Sous wert.

243. Item, in der ersten Februarwoche besagten Jahres wurde Mantes von den Englischen genommen und mehrere Festungen der Umgebung; und niemand war da, der etwas dagegen unternommen hätte, denn die Herren von Frankreich waren so erzürnt gegeneinander, und der Dauphin von Frankreich war gegen seinen Vater wegen des Herzogs von Burgund, der mit dem König war, und alle Herren vom Geblüt Frankreichs waren seit der Schlacht von Azincourt am Sankt-Crispins-Tag Gefangene des Königs von England und seines besagten Bruders.

244. Item, in diesem Monat Februar besagten Jahres, dem Jahr 1419, wurde der Schöne von Bar als Prévôt von Paris abgesetzt, und einer namens Gilles de Clamecy wurde Prévôt von Paris, gebürtig aus der Stadt Paris; was man zu dieser Zeit seit Menschengedenken nicht gesehen hatte, daß jemand aus Paris Prévôt wurde.

245. Item, im folgenden Monat März war die Mark Silber vierzehn Francs wert; der Sester guten Weizens einhundert Pariser Sous; die Pinte guten Nußöls sieben oder acht Sous.

246. Item, im folgenden Monat März, etwa am 14. Tag, wurde das Korn so teuer, daß der Sester acht Francs kostete; und etwa acht Tage vor Ende besagten Monats wurde an den Straßenkreuzungen von Paris ausgerufen, niemand solle sich erkühnen, Roggenkorn teurer als drei Francs den Sester zu verkaufen, das beste Mengkorn nicht über vierzig Pariser Sous, und daß kein Müller Mehl statt Geld nehmen solle, nämlich acht Weißpfennige für den Sester, und daß jeder Bäcker gutes Weißbrot, Bürgerbrot und Festtagsbrot machen und das Gewicht sagen oder ausrufen solle. Als die Händler, die um Korn gingen, und die Bäcker die Verlautbarung vernahmen, hörten diese zu backen auf, und jene, hinauszugehen; und so gingen sie nirgends hin, nur eine Meile vor Paris, um ihr Le-

ben nicht zu gefährden, denn die Englischen kamen unablässig jede Woche ein- oder zweimal bis zur Brücke von Saint-Cloud, und die Armagnacs unablässig bis zu den Toren von Paris, und niemand wagte, hinauszugehen.

247. Item, in der letzten Märzwoche, im Jahr 1419, in der 4. Fastenwoche, konnte man in den Hallen oder auf der Place Maubert kein Brot mehr finden, selbst wenn man zwanzig Sous für das Dutzend bezahlt hätte. Wahrlich, kein Bäcker buk mehr, und es gab wohl kaum noch mehr als einen oder höchstens zwei, und da waren immer fünfzig oder sechzig Personen an der Tür, die warteten, daß es gebacken wäre, und nahmen es, sowie es aus dem Ofen kam. Und dieser Zustand herrschte in Paris, und wahrlich aßen die Leute die ganze Fastenzeit so schwarzes und schlecht schmeckendes Brot, wie man es nur machen kann. Ende der Fastenzeit kamen gelegentlich Jakobsmuscheln nach Paris, aber man verkaufte den Sack, den man früher um acht Pariser Heller bekommen hatte, für sechsundzwanzig Pariser Sous, und so hatte man für fünf oder sechs Weißpfennige nur recht wenige; und es kamen ein paar aufgequollene und rauhe Feigen, und doch verkaufte man sie um zwei Sous das Pfund; und immer noch einen guten Hering aus dem Faß für acht Pariser Heller; einen sauren für sechs Heller; ein kleiner Tintenfisch drei oder vier Weißpfennige; und die Zwiebeln wurden so teuer, daß ein kleiner Bund von zwanzig oder vierundzwanzig Zwiebeln vier Pariser Sous kostete.

248. Item, kurz vor Beginn des März wurde die Stadt Soissons geplündert, und viel Totschlag geschah an Männern, Frauen und Kindern durch die Armagnacs.

249. Item, in besagtem Jahr im März geschah viel Totschlag in der Burg Sens, welchen der Herr von Guittré dort anrichtete, weil die von der Burg die Burgunder ohne sein Wissen hineinlassen wollten, denn er war ihr Schultheiß.

250. Item, zu dieser Zeit war Ostern am 16. Tag des April 1419. Da wurde das Fleisch so teuer, daß ein Ochse, den man oft um acht Francs oder höchstens um zehn verkauft hatte, fünfzig Francs kostete; ein Kälbchen vier oder fünf Francs; ein Hammel sechzig Sous oder vier Francs. Alles Fleisch, das man essen konnte, sei es Geflügel oder anderes, war ebenso teuer, denn ein Mann konnte bei einer Mahlzeit leicht für sechs Weißpfennige gutes Rindfleisch oder Hammel oder Speck essen; und bekam man nur zwei Eier für zwei Weißpfennige; ein Weichkäse sechs oder acht Weißpfennige; das Pfund gesalzene Butter vierzehn Weißpfennige; die frische achtzehn Weißpfennige; ein Hammelgeschlinge zwei Sous oder acht Weißpfennige; ein Hammelfuß drei Heller; der Hammelkopf drei oder vier Weißpfennige. Und immer noch zogen die Armagnacs umher, wie zuvor gesagt, töteten, plünderten, legten überall Feuer, gegen Frauen, Männer und Korn, und taten schlimmer als die Sarazenen, und niemand trat ihnen entgegen; denn der Herzog von Burgund war immer noch mit dem König in Provins, und sie rührten sich nicht fort und blieben dort bis zum 28. Tag des Mai 1419, da sie nach Pontoise gingen, nämlich der König, die Königin, der Herzog von Burgund, und sie kamen auf der Seite von Saint-Laurent an Paris vorbei, ohne Paris zu betreten, worüber man in Paris sehr erstaunt war; von Pontoise gingen sie nach Meulan und verhandelten dann drei Monate lang mit den Armagnacs, und verhandelten dort auch mit den Englischen, um irgendeine Heirat* auszumachen; und es war eine harte Sache für den König von Frankreich, daß er, der doch der souveräne König der Christen sein sollte, seinem ehemaligen Todfeind gehorchen mußte, um gegen seinen Sohn und die vom Bande zu sein, die trotz der Verhandlungen immer noch plünderten und raubten wie zuvor.

251. Item, zu dieser Zeit herrschte sehr große Teue-

rung aller Lebensmittel, wie zuvor gesagt, und kosteten vier recht kleine Knoblauchknollen wohl vier Pariser Heller.

252. Item, am 8. und 9. Tag des folgenden Juni, etwa sechs Tage nach besagten Verhandlungen, kamen so viele Güter nach Paris, Speck und Preßkäse, daß sie in den Hallen mannshoch gestapelt wurden, und wurde um zwei Weißpfennige oder drei Francs abgegeben, was in der vergangenen Woche sechs gekostet hatte; und es kam soviel Knoblauch nach Paris, daß die Menge, die in der vorigen Woche zwölf oder sechzehn Sous gekostet hatte, um fünf oder sechs Weißpfennige zu haben war; und große Massen Brot kamen aus Corbeil, aus Melun und vom flachen Land in der Umgebung, wo sie die Waren der guten Städte hatten, und es kam sogar welches von Amiens und noch weiter her, aber damit wurde es nicht billiger, war es doch weißer.

253. Item, am Vorabend von Trinitatis kam so viel Fisch nach Paris, daß man vier oder fünf gute Schollen um einen Groschen bekam, und den sonstigen Fang entsprechend; und Trinitatis war am Tag Sankt Barnabas, dem 9. Tag des Juni im Jahr 1419.

254. Item, in der nächsten Woche wurde ausgerufen, daß man die besagten Goldschafe zu sechzehn Sous für vierundzwanzig Pariser Sous nehmen sollte, weshalb die Händler von weiter her noch weniger als zuvor zum Handeln nach Paris kamen, und wenn einer kam, dann hielt er sich nicht an die Kurse; denn es liefen in Paris burgundische Weißpfennige zu acht Pariser Hellern um, die man schlüpfrig nannte, weil sie kaum drei Heller wert waren und überdies rot wie Metallmarken. So konntet ihr überall in Paris Streit sehen, wo es Waren gab, sei's Brot oder Wein oder sonstwas.

255. Item, zu dieser Zeit brachte der Herzog von Burgund es fertig, daß zwischen dem Dauphin und dem

König von Frankreich, seinem Vater, und allen Englischen Frieden geschlossen wurde,* in der Art eines Vertrags, und besagter Frieden wurde zwischen Melun und Corbeil geschlossen, an einem Fleck namens Le Ponceau, eine Meile von Melun, in der Nähe von Pouilly; und dort schworen alle Vasallen von der einen Seite und von der anderen, besagten Frieden einzuhalten und nie gegen das zu tun, was man darüber beschlossen hatte; und es war Dienstag, der 11. Tag des Juli, und man machte deswegen ein großes Fest in Paris; und besagter Friede wurde am 19. Tag besagten Monats von allen Herren besiegelt, die damals in Frankreich waren. Und alle Tage und besonders bei Nacht wurde in Paris ein sehr großes Fest wegen besagten Friedens gefeiert, mit Spielleuten und ohne.

256. Item, am vorletzten Tag besagten Monats war das Fest Sankt Eustachus, das sehr fröhlich gefeiert wurde, und am nächsten Tag, Sankt Hermann, wandte es sich in so große Trübsal, wie nie zuvor ein Fest; denn um zehn Uhr, als sie sich aufmachten, zum Spiel ins Marais zu gehen, wie es Brauch war, kam ein großer Schrecken nach Paris, denn durch das Tor von Saint-Denis kamen einige zwanzig oder dreißig Personen, so erschrocken wie Leute, die gerade eben dem Tode entronnen sind; und so schien es wohl zu sein, denn die einen waren verletzt, den anderen setzte das Herz aus vor Angst und Hitze und Hunger, und schienen mehr tot als lebendig zu sein. Sie wurden am Tor aufgehalten, und man fragte sie nach dem Anlaß, woher ihnen so großes Leid komme, und sie begannen zu weinen und sagten: »Wir sind von Pontoise, das am heutigen Tage, des Morgens, von den Englischen genommen wurde, ganz gewiß, und dann haben sie alles getötet und verwundet, was ihnen über den Weg kam, und sehr glücklich schätzte sich jeder, der ihrer Hand entweichen konnte, denn Schlimmeres haben nie Sarazenen den Christen getan, als sie tun.« Und so sagten sie, und

solche, die das Tor von Saint-Ladre bewachten, sahen große Gruppen Männer, Frauen und Kinder kommen, die einen verletzt, die anderen ausgeraubt; einer trug zwei Kinder im Arm oder auf dem Rücken; und die einen Frauen waren ohne Haube, die anderen in einem armen Leibchen oder im Hemd; arme Priester, die nur mit einem Hemd oder Chorhemd bekleidet und ganz barhaupt; und sie kamen unter sehr großen Tränen und Klagen und sagten: »Gott, bewahre uns durch deine Gnade vor der Verzweiflung, denn heute morgen waren wir behaglich in unseren Häusern, und um Mittag sind wir vertriebene Menschen, die um unser Brot betteln.« Und dabei wurden die einen ohnmächtig, die anderen setzten sich auf den Boden, so matt und leidend, daß sie nicht mehr weiter konnten; denn einige hatten viel Blut verloren, und andere waren sehr geschwächt, weil sie ihre Kinder getragen hatten, denn der Tag war sehr heiß und schwül. Und hättet ihr zwischen Paris und dem Lendit* wohl dreihundert oder vierhundert so sitzen sehen können, die von ihrem großen Leiden erzählten und von ihren großen Verlusten an Hab und Gut und an Freunden, denn es gab nur wenige, die nicht einen Freund oder eine Freundin oder ein Kind in Pontoise gelassen hätten. So wurde ihr Schmerz noch heftiger, als sie sich an ihre Freunde erinnerten, die unter jenen grausamen englischen Tyrannen geblieben waren, daß ihr armes Herz sie nicht mehr halten konnte, denn sehr schwach waren sie, weil sie noch nichts getrunken und gegessen hatten, und einige schwangere Frauen gebaren auf der Flucht und starben bald darauf; und gibt es kein so hartes Herz, das ihre große Unbill sah, welches nicht geweint und geklagt hätte. Und die ganze folgende Woche hörten sie nicht auf, so zu kommen, aus Pontoise und aus den Dörfern der Umgebung, und waren in Paris wie eine große aufgeschreckte Herde. Denn alle Lebensmittel waren sehr teuer, besonders Brot und Wein, denn man konnte keinen Wein, der überdies nichts taugte, um weniger als sieben Heller die Pinte bekommen; ein weißes Brötchen acht Pariser Heller; alle anderen Dinge, von denen der Mensch leben kann, entsprechend.

257. Item, das Volk von Paris war sehr erstaunt über den Herzog von Burgund, denn als Pontoise genommen wurde, wie zuvor gesagt, waren sie in Saint-Denis, in guter Begleitung von Bewaffneten, und kamen denen von Pontoise gar nicht zu Hilfe, sondern packten am nächsten Tag ihre Sachen und zogen zur Brücke von Charenton, von dort nach Lagny und kamen ganz dicht an Paris vorbei, ohne einzuziehen, worüber das ganze Volk von Paris sehr erstaunt und unzufrieden war; denn es schien recht eigentlich, als ob alle vor den Englischen flohen und sehr die von Paris und vom Königreich haßten; denn zu dieser Zeit gab es keinen Ritter von kriegerischem Ruhm in Paris und überhaupt keinen Hauptmann, niemanden außer dem Prévôt von Paris und dem Prévôt der Kaufleute, die nicht daran gewöhnt waren, Krieg zu führen. Und daher wußten die Englischen wohl, daß in Paris niemand als die Gemeinen war, denn sie hatten immer noch Freunde in Paris und anderswo, und kamen am folgenden Vorabend von Sankt Lorenz vor Paris und nahe an Paris heran, ohne daß ihnen jemand entgegentrat; aber Paris zu belagern wagten sie nicht, wegen der Gemeinen, die sich sofort auf die Mauern begaben, um die Stadt zu verteidigen, und besagte Gemeine wären gern ins Feld gezogen, aber die Regenten wollten niemanden hinauslassen. Als das die Englischen sahen, zogen sie ab, plündernd, tötend, raubend, erpressend, und am nächsten Tag, Sankt Lorenz, kamen sie wieder bis vor Paris und kehrten nach Pontoise zurück.

258. Item, an diesem Sankt Lorenz donnerte und blitzte es so schrecklich und so lange, wie man es seit

Menschengedenken nicht gesehen hatte, und regnete entsprechend, denn dies Gewitter dauerte vier Stunden ohne Unterbrechung. Und so fürchteten die Leute den Krieg Unseres Herrn* wie den des Feindes.

259. Item, ungefähr zwölf Tage später begannen die Fleischer abermals, die große Fleischerei wieder aufzubauen. Zu dieser Zeit gab es keine Neuigkeiten als die Übel, welche die Englischen in Frankreich taten, denn einen Tag um den anderen eroberten sie Städte und Burgen und nahmen dem ganzen Königreich Frankreich Hab und Gut und Leute weg, und alles schickten sie nach England . . . . *

260. . . . auf welche Weise, und die großen Herren von Frankreich von den Englischen genommen, aus lauter Hoffart, und taten Frevel, hundert Mal am Tag, entweihten die Kirchen, aßen Fleisch am Freitag, vergewaltigten Mädchen und Frauen und Nonnen, brieten Männer und Kinder am Feuer; kurz, ich glaube, daß die Tyrannen von Rom, wie Nero, Diokletian, Decius und die anderen, nicht solche Tyrannei machten, wie sie machen und gemacht haben. All diese Taten von ewiger Verderbnis, von denen jedermann wußte, wurden für nichts angesehen, vor der menschlichen Gerechtigkeit, von der göttlichen schweige ich, als die Göttin der Zwietracht und ihr Vater Satan, denen sie angehören, sie den leidvollen falschen Verrat tun ließen, wovon das ganze Königreich verderbt ist, wenn Gott nicht Erbarmen hat oder seine Gnade wirken läßt, so daß sie in einem Stande wären, ihn[1] zu erkennen, und niemandem mehr zu schaden, wie sie in der Vergangenheit getan, denn durch ihre besagten Kränkungen starben am Hunger die Leute auf dem Land und in der Stadt, und an der Kälte. Denn sobald sie nach ihrem verruchten Willen an dem guten Her-

---

[1] ihren Fehler

zog getan hatten, zogen die aus den Garnisonen hierhin und dorthin, plündernd, raubend, erpressend, Feuer legend, so daß sich alles derart verteuerte, daß der Weizen, der nur vierzig Pariser Sous gekostet hatte, bald danach sechs oder sieben Francs kostete; ein Sester Erbsen oder dicke Bohnen zehn oder zwölf Francs; Käse, Eier, Butter, Knoblauch, Zwiebeln, Holz, Fleisch, kurz alles, wovon Menschen und Tiere und Kinder leben können, verteuerte sich derart, daß hundert sehr kleine Scheite drei Francs kosteten. Und wegen dieser Teuerung wurde angeordnet, den Wald von Vincennes abzuholzen, und kostete das Bündel Kleinholz sechzehn oder achtzehn Pariser Sous; und man bekam nur zweiunddreißig im Bündel; eine Last Kohle drei Francs, die man früher, ebenso gute, für fünf oder sechs Sous bekam.

261. Item, die kleinen Kinder tranken keine Milch, denn die Pinte kostete zehn Heller oder zwölf. Gewiß aßen zu dieser Zeit die armen Leute weder Fleisch noch Fett, denn ein kleines Kind hätte zu einer Mahlzeit wohl um drei Weißpfennige Fleisch gegessen. Die Pinte gutes Schweineschmalz vier oder fünf Pariser Sous; ein Hammelfuß vier Heller; ein Rindsfuß sieben Weißpfennige, und Kutteln entsprechend; gesalzene Butter vier Sous; ein Ei acht Heller; ein kleiner Käse sieben Pariser Sous; ein Paar Männerschuhe acht Pariser Sous; ein Paar Weiberschuhe acht Weißpfennige; kurz, alle anderen Sachen waren auch verteuert, durch den Tod des guten Herzogs, und man verdiente keinen Heller. Und doch war das Weißgeld nichts wert, denn ein Weißpfennig zu sechzehn Hellern war nur noch drei Pariser Heller in Silber wert, und ein Goldtaler von früher war 38 Pariser Sous wert; für eine Silbermark vierzehn Francs. Und auf diese Weise kamen für das schwache Geld keine Waren nach Paris, und so standen die Englischen alle Tage bis vor den Toren von Paris, wenn sie wollten, und die Armagnacs auf der

anderen Seite, die ebenso schlimm waren; und ein jeder hielt zwei- oder dreimal die Woche Wache, einmal in der Stadt, das andere Mal auf den Befestigungen. Und doch brach schon der Winter an, und immer regnete es und war sehr kalt. Und die Weinlese war in diesem Jahr äußerst schmutzig und verregnet, die Trauben verdorben, die schwächsten Weine, die man seit Menschengedenken gesehen hatte, und doch kostete er in diesem Jahr viermal mehr, als man es seit Menschengedenken gemacht hatte, und alles wegen der Übel, die überall geschahen; denn für jemand, der Weinberge fünf oder sechs Meilen vor Paris hatte, kostete ihn das Faß zu fünf Eimern gewiß allein fünf oder sechs Francs an Beförderung mit bewaffneter Begleitung, und eine Meile vor Paris sechzehn oder zwanzig Pariser Sous, ohne die Lese, das Pressen, das Keltern und weitere Ausgaben. Und als alles gelesen und eingebracht war, hatten sie keine Kraft noch Tugend noch Farbe, und es gab keine oder wenige, die nach etwas rochen, es sei denn verdorben; denn die meisten waren nicht auf die rechte Weise zur Lese gekommen, wegen der Angst, die man vor den Vorgenannten hatte, und wegen der Furcht, die man dauernd vor ihrem Verrat hatte. Die Nacht auf das Fest Allerheiligen läutete man in Paris nicht für die Verstorbenen, wie es Brauch ist, es sei denn Alarm; und trotz all dieser Armut, diesem Elend und Leid, hat man nie für Papst oder Kaiser, noch König noch Herzog, glaube ich, soviel Gottesdienst nach ihrem Hinscheiden gemacht, noch soviel Feierlichkeit in einer Stadt, wie für den guten Herzog von Burgund, dem Gott vergebe.

262. Item, in Notre-Dame wurde Sankt Michael so fromm gefeiert, wie nur möglich, und gab es in der Kirche dreitausend Pfund Wachs, alles in Kerzen und Fackeln; und dort gab es eine schöne Predigt, die der Rektor namens Magister Jean l'Archer hielt. Und danach

machten es alle Gemeinden von Paris und alle Bruderschaften von Paris nacheinander, und überall brachte man große Kerzen und große Fackeln dar, und die Kirchen waren mit schwarzem Stoff ausgeschlagen. Und man sang das *Subvenite* der Toten, und Vespern zu neun Psalmen, und in allen Kirchen wurden nachher die Wappen des verstorbenen guten Herzogs und des Herrn de Navailles angebracht, der mit ihm gestorben war, und möge Gott ihre Seelen aufnehmen und die all der anderen Verstorbenen, und möge er uns und dem ganzen Stand gnädig sein, daß wir ihn erkennen, wie wir sollen, und gebe er uns, was er seinen Aposteln gesagt hat: »Friede sei mit euch!«, denn durch diesen verruchten Krieg wurde so viel Übles getan, daß ich denke, es gab in den sechzig Jahren vorher nicht so viel Übel im Königreich Frankreich, wie in diesen letzten zwölf Jahren. Ach! Zunächst ist die ganze Normandie verloren worden, und die meisten, die arbeiteten und an ihrem Ort waren, sie, ihre Frauen, ihre Haushalte, und ohne Gefahr waren, Händler, Waren, Männer der Kirche, Mönche, Nonnen, Leute aller Stände, sind aus ihren Orten vertrieben, Fremde, als wären sie wilde Tiere, und müssen die einen stehlen, die zuvor zu geben pflegten, die andern dienen, die zuvor bedient wurden, die anderen Schurken und Mörder aus Verzweiflung, gute Jungfrauen und gute keusche Frauen kamen zu Schande durch Gewalt oder anderes und sind notwendigerweise schlecht geworden; so viele Mönche, so viele Priester, so viele Nonnen und andere feine Frauen, die durch Gewalt alles verlassen mußten, und Leib und Seele der Verzweiflung hingegeben haben, nur Gott weiß, wie viele. Ach! So viele Kinder sind bei der Geburt gestorben, weil niemand half; so viele ohne Beichte gestorben, durch Tyrannei oder auf andere Weise; so viele Tote ohne Gräber in Wäldern und an anderen heimlichen Orten; so viele erforderliche Hochzeiten, die nicht stattfanden; so viele

Kirchen angezündet und verbrannt, und Kapellen, Hospize und Hospitäler, wo nur noch der leere Platz ist, da sie einst standen und man den Dienst des Herrn und die Werke der Barmherzigkeit zu tun pflegte; und so vieles verschleppt, was kein Wohl mehr tun wird, Kirchenschätze und Reliquien und anderes, was kein Wohl mehr tun wird, es sei denn durch Zufall. Kurz, ich denke, daß kein Mensch, wenn er bei Vernunft ist, all die großen, elenden, gewaltigen und verruchten Sünden gutheißen kann, die erfolgten und geschahen aus der unglückseligen und verruchten Ankunft von Bernard, dem Grafen von Armagnac, Konnetabel von Frankreich; denn seit die Namen Burgund und Armagnac in Frankreich einzogen, wurden alle Übel, die man nur denken und sagen kann, im Königreich Frankreich begangen, so daß die Klage unschuldig vergossenen Blutes zu Gott nach Rache schreit. Und ich denke in meiner tiefsten Überzeugung, daß besagter Graf von Armagnac der Böse in Menschengestalt war, denn ich habe keinen gesehen, der zu ihm gehört* oder ihn rühmt* oder sein Band trägt,* und der nach dem Gesetz und dem christlichen Glauben handeln würde; solchermaßen benehmen sie sich gegen jene, über die sie die Macht haben, wie Menschen, die den Schöpfer geleugnet haben, was überall im Königreich Frankreich sichtbar wird. Denn ich wage wohl zu sagen, daß der König von England sich nicht erkühnt hätte, kriegerisch den Fuß auf Frankreichs Boden zu setzen, ohne den Zwist jenes unseligen Namens, und es wäre die Normandie noch französisch, und nicht so viel edles Blut Frankreichs vergossen, und nicht die Herren besagten Königreichs so in die Fremde geführt, und nicht die Schlacht verloren, und nicht so viele gute Leute gestorben, wie es an jenem erbärmlichen Tag von Azincourt geschah, wo der König so viele von seinen guten und getreuen Freunden verlor, wäre nicht die Hoffart jenes unglückseligen Namen Armagnac gewesen. Ach! um dieser unserer Werke willen haben sie nichts übrig als die Sünde, und wenn sie nicht während des armen Lebens ihrer Leiber bereuen, werden sie in sehr grausamer, elender und ewiglicher Verdammnis sein; denn gewiß kann man vor Gott nicht lügen, denn er weiß alles, voll Erbarmen, doch rühme sich kein Mensch wegen seines langen Lebens oder wegen aberwitziger Hoffnung oder nichtigen Ruhms, denn in Wahrheit wird er einen jeden nach seinem Verdienst richten. Ach! ich denke nicht, daß seit der Zeit des Königs Chlodwig,* welcher der erste christliche König war, Frankreich je so trostlos und zerrissen war wie heute, denn der Dauphin sinnt Tag und Nacht auf nichts anderes, als das ganze Land seines Vaters mit Feuer und Blut zu verwüsten, er und die Seinen; und die Englischen andererseits tun so viel Übel wie die Sarazenen. Aber doch ist es weit besser, von den Englischen gefangengenommen zu werden als vom Dauphin oder seinen Leuten, die Armagnacs heißen; und der arme König und die Königin rühren sich, seit der Einnahme von Pontoise, mit ihrem ärmlichen Gefolge von Troyes nur noch wie Flüchtlinge fort, und von ihrem eigenen Kind von ihrem Platz verjagt; was für jeden guten Menschen ein erbarmungswürdiger Gedanke ist.

263. Item, der König feierte das Fest Allerheiligen im Jahr 1419 in Troyes, und die von Paris konnten keine wahre Nachricht über seine Rückkehr erhalten, obwohl immer wieder Gerüchte umliefen.

264. Item, der König feierte sein Weihnachten in Troyes, weil er nicht wagte, Troyes zu verlassen, in Ermanglung an Heeresmacht und Begleitung, und aus Angst vor den Englischen und den Armagnacs; denn beide versuchten, ihn gefangenzunehmen, und insbesondere die Armagnacs, die ihren Frieden haben wollten. Der dritte Grund war, daß in Paris alles so teuer war, daß selbst der Vernünftigste nicht wußte, wie er leben sollte;

insbesondere Brot und Holz waren so teuer wie zuletzt vor zweihundert Jahren, und das Fleisch, denn zu Weihnachten kostete ein Hammelviertel, wenn es gut war, vierundzwanzig Pariser Sous; das Fleisch eines Hammels sechs Francs; eine Gans sechzehn Pariser Sous, und das andere entsprechend. Zu dieser Zeit hatten die Hausfrauen keine Nachrichten von Eiern oder von Brie-Käse, noch von Erbsen oder dicken Bohnen, denn die Armagnacs zerstörten alles und nahmen Frauen und Kinder als Geiseln gegen Lösegeld, und die Englischen von der anderen Seite.

[1420]

265. Und es vergingen Dezember, Januar, Februar, ohne daß König oder Königin nach Paris kamen, so waren sie immer noch in Troyes, und immer noch zogen die Armagnacs um Paris umher, plünderten, raubten, legten Feuer, töteten, vergewaltigten Frauen, Mädchen und Nonnen. Und im Umkreis von zwei Meilen vor Paris blieb kein Mensch mehr in den Dörfern, nur in den guten Städten, und wenn sie in die guten Städte flohen und etwas mitbrachten, sei's Lebensmittel oder etwas anderes, wurde ihnen alles von Bewaffneten weggenommen, von den einen oder den anderen, sei's Burgunder oder Armagnac, ein jeder spielte seine Rolle; und so kamen sie meist, sei's Frauen oder Männer, aller Güter beraubt, wenn sie in den guten Städten ankamen, und die guten Städte mußten alle Dörfer beliefern, weshalb das Brot derart teuer wurde. Denn zu dieser Zeit bekam man mittelmäßiges Korn um zehn Francs den Sester, wobei jeder Franc sechzehn Pariser Sous wert war, und kostete es

auch acht oder zehn Pariser Sous, den Sester zu mahlen, nicht gerechnet der üble Gewinn, den der Müller nahm.

266. Item, daher wurde angeordnet, daß man das Korn wiege, wenn man es zum Müller brachte, und das Mehl dem Gewicht nach zurückgebe, und daß man für den Sester nach Gewicht acht Heller bekam, und der Müller fürs Mahlen vier Pariser Sous.

267. Item, zu dieser Zeit buk man überhaupt kein Weißbrot, und wenn man welches buk, dann nicht unter acht Pariser Heller das Stück, weshalb arme Leute sich keins besorgen konnten, und die meisten armen Leute aßen nur noch schwarzes Nußbrot.

268. Item, in dieser Fastenzeit herrschte solche Teuerung, daß es keine Gewürze gab, noch Feigen, noch Rosinen, noch Mandeln, denn von alledem kostete das Pfund fünf Pariser Sous; das Olivenöl vier Pariser Sous.

269. Item, zu dieser Zeit waren Farben so teuer, daß eine Elle Stoff tintengrün zu färben vierzehn Pariser Sous kostete, und andere Farben entsprechend.

270. Item, zu dieser Zeit im März, im Jahre 1420, endete der Waffenstillstand mit den Englischen, und man forderte einen neuen Waffenstillstand, während man auf den Herzog von Burgund* wartete, aber der englische König* wollte keinen Waffenstillstand, wenn man ihm nicht die Festung Beaumont gäbe, und Corbeil und Pont-Sainte-Maxence und einige andere, aber man gestand ihm nichts zu. So begann der Krieg wieder wie zuvor, und alle, die einen wie die anderen, hatten es nur auf die Stadt Paris abgesehen, nur auf den Reichtum, den sie sich aneignen wollten, und strebten nichts anderes an, als alles zu plündern.

271. Item, in dieser Fastenzeit, am Karfreitag, welcher auf den 5. Tag des April fiel, kamen die Armagnacs wie die entfesselten Teufel und zogen um Paris umher, tötend, raubend und plündernd. Und an eben diesem Tag legten

sie Feuer an die Festung von Champigny-sur-Marne und verbrannten Frauen und Kinder, Männer, Ochsen, Kühe, Lämmer und anderes Vieh, Hafer, Weizen und anderes Korn, und als einige Männer aus der Gefahr des Feuers sprangen, brachten sie ihre Lanzen an die Stelle, und sobald sie auf dem Boden waren, wurden sie von drei oder vier Lanzen durchbohrt oder von ihren Äxten erschlagen; diesen sehr grausamen Frevel begingen sie dort und anderswo an besagtem Tag, und am nächsten, dem Karsamstag, taten sie dasselbe oder noch Schlimmeres an einer Burg namens Croissy.

272. Item, in der Woche zuvor gingen die Kaufleute von Paris und anderswo nach Chartres und in die Umgebung, um Lebensmittel für die Stadt Paris kommen zu lassen, die großen Bedarf daran hatte, aber sobald sie aufgebrochen waren, erfuhren die Armagnacs das durch falsche Verräter, deren es in Paris eine hübsche Anzahl gab. So gingen sie ihnen bis Gallardon entgegen und belagerten sie dort; weshalb an Ostern das Fleisch so teuer war, daß die meisten Leute nur Speck aßen, den man bekommen konnte; denn das Viertel eines guten Hammels kostete wohl zweiunddreißig Pariser Sous, ein kleiner Hammelschwanz zehn Pariser Sous, ein Kalbskopf und die Abfälle vom Kalb jeweils zwölf Sous, sechs Pariser Sous die Kuh, das Schwein entsprechend, denn Ochsen gab es an diesem Tag in Paris überhaupt nicht. Und wahrlich, die Fleischer in der Großen Fleischerei von Beauvais schworen und behaupteten bei ihrem wahren Glauben, daß sie in manch vergangenem Jahr gesehen hatten, wie im Haus eines einzigen Fleischers von Paris an einem solchen Tag mehr Fleisch geschlachtet wurde als diesmal in allen Fleischereien von Paris und Umgebung.

273. Item, verbrachte der König Ostern wiederum in Troyes, in diesem Jahr 1420.

274. Item, in diesem Jahr blühten die Veilchen im Monat Januar, blaue und gelbe, während sie im Jahr zuvor erst im März geblüht hatten.

275. Item, an Ostern 1420, welches auf den 7. Tag des April fiel, blühten schon die Rosen, und waren vierzehn Tage im Mai alle verblüht, und Anfang Mai verkaufte man gute Kirschen, und war das Korn Anfang Mai reifer als im vorigen Jahr zu Sankt Johann, und andere Güter entsprechend, was dem armen Volk sehr wohl tat, denn es herrschte in allen Dingen eine immer noch sehr teure Zeit, wie zuvor gesagt, und Kleidung noch teurer. Stoff zu sechzehn Sous war vierzig Pariser Sous wert, die Elle gute Leinwand zwölf Sous, Barchent sechzehn Pariser Sous, Sersche sechzehn Sous, und Schuhe und Pantinen noch teurer als vorher.

276. Item, zu dieser Zeit warfen sich die Armagnacs in noch größere Grausamkeit als je zuvor, und töteten, plünderten, vergewaltigten, verbrannten Kirchen und die Leute drinnen, schwangere Frauen und Kinder, kurz, sie taten alle tyrannischen und grausamen Übel, die vom Teufel und nicht vom Menschen getan werden können; weshalb man mit dem König von England verhandeln mußte, der ein alter Feind Frankreichs war, auch wenn man nicht wollte, wegen der Grausamkeit der Armagnacs, und wurde ihm eine der Töchter Frankreichs gegeben, namens Katharina.* Und kam der König sich lagern am 8. Tag des Mai 1420 in der Abtei Saint-Denis, zog am nächsten Tag vor dem Tor Saint-Martin außerhalb der Stadt vorbei und hatte in seiner Begleitung, wie man sagte, wohl siebentausend Bogenschützen und eine große Begleitung an Schotten; und er trug vor sich einen Helm, mit einer goldenen Krone bekrönt, als Zeichen; und trug als Devise einen gestickten Fuchsschwanz. Und er lagerte bei der Charenton-Brücke, um nach Troyes zu gehen und den König zu treffen, und dort

wurden ihm von denen von Paris vier Karren sehr guten Weins überreicht, was ihm anscheinend nicht viel wert war.

277. Item, an diesem Tag durfte niemand von den Gemeinen die Stadt verlassen.

278. Item, von dort zog er nach Troyes, ohne Widerstand der Armagnacs, die sich gerühmt hatten, sie würden gegen ihn kämpfen, aber sie wagten gar nicht, sich zu zeigen.

279. Item, an Trinitatis 1420, welches der 2. Tag des Juni war, heiratete besagter englischer König in Troyes die Tochter Frankreichs,* und am folgenden Montag, als die Ritter von England und Frankreich ein Turnier zur Feier der Hochzeit dieses Fürsten machen wollten, wie es Brauch ist, sagte der König von England, für den man das Turnier machen wollte, um ihm Vergnügen zu bereiten, vor allen und mit Gemütsbewegung: »Ich bitte den Herrn König, dessen Tochter ich geheiratet habe, und alle seine Vasallen, und meinen Vasallen befehle ich's, daß wir morgen früh alle bereit sind, die Stadt Sens belagern zu gehen, wo die Feinde des Herrn König sind, und dort kann ein jeder von uns turnieren und fechten und seinen Stolz und seine Kühnheit zeigen, denn der schönste Stolz auf der Welt besteht darin, Gerechtigkeit gegen die Bösen zu tun, auf daß das arme Volk leben möge.« Da stimmte der König ihm zu, und jedermann war einverstanden, und so geschah es; und sie erreichten es, daß an Sankt Barnabas, dem 11. Tag des besagten Monats Juni, die Stadt eingenommen wurde, und von dort gingen sie, Montereau-où-faut-Yonne zu belagern.

280. Item, waren sie im Jahr 1420 so viele, daß die von drinnen sich ergaben, zur Rettung ihres Lebens, und eine Geldsumme bezahlten. Unter denen war der Herr de Guitry, einer der Schlimmsten an Grausamkeit und Tyrannei auf der Welt, der mit den anderen befreit wurde

und der seitdem im Gâtinais und anderswo soviel Tyrannei machte wie nur je ein Sarazene.

281. Item, von dort kamen der König von England und die Burgunder vor Melun und belagerten es.

282. Item, zu dieser Zeit war die Weinlese Mitte August, und immer noch zogen die Armagnacs umher, mehr als zuvor; und durch sie wurde alles so teuer, besonders in Paris, daß ein Paar Schuhe zehn Pariser Sous wert war, ein Paar wenig gute Stiefel zwei Francs oder vierzig Sous; alle Dinge, die dem Menschen nützlich sind, entsprechend.

283. Item, ein Goldtaler war zu dieser Zeit vier Francs oder mehr wert; ein guter Nobel aus England war acht Francs wert.

284. Item, zu dieser Zeit war in Paris so großer Mangel an Kleingeld, daß die armen Leute keine Almosen bekamen oder recht wenige; denn zu dieser Zeit waren vier alte Pariser Heller mehr wert als ein Groschen zu sechzehn Hellern, wie sie jetzt umliefen, und machte man sehr schlechte Lubres* zu acht Hellern, die vorher so oft abgelehnt wurden, und zu Recht die vorgenannten Groschen verboten. Und um das arme gemeine Volk noch mehr zu beschweren, wurde das Brot von acht auf zehn Heller angehoben, und das zu sechzehn auf zwanzig.

285. Item, ein Pfund gute Kerzen war zehn Weißpfennige wert; ein Ei vier Heller; das Pfund Preßkäse acht Weißpfennige.

286. Item, an Sankt Remigius wurde ausgerufen: das Brot zu fünf Weißpfennigen für zwei Pariser Sous, das zu zehn Hellern für zwölf Heller; ein Ei für sechs Heller; ein Hering aus dem Faß zwölf Heller; ein ungesäuberter Hering fünf Weißpfennige.

287. Item, in dieser Jahreszeit war der Wein so teuer, daß man ein Faß Wein aus der Umgebung von Paris um einundzwanzig oder zweiundzwanzig Francs oder mehr

verkaufte; und in diesem Jahr wurden mehrere Weine, die im August gelesen wurden, zäh oder sauer.

288. Item, zu dieser Zeit zogen die Armagnacs noch immer vor Paris umher und kamen bis vor die Tore von Paris und legten Feuer, nahmen Kaufleute am Eingang von Paris fest, und niemanden ließ man hinausgehen. Und es schien, daß einige von denen, die zu dieser Zeit regierten, einige Verbindung mit ihnen hatten, denn kein Kaufmann verließ Paris oder kam nach Paris, und sei's noch so heimlich, daß sie nicht irgendwie von seinem Kommen und Gehen wußten; weshalb Paris so bar aller Güter blieb, besonders an Brot und Holz, daß ein Sester gutes Mehl sechzehn oder siebzehn Francs wert war, das schlechte Scheit von Marne vier Francs, und alle Sachen entsprechend, denn die Armee des Königs, die immer noch vor Melun war, ohne etwas auszurichten, verschlang so viele Güter, daß man es wohl zwanzig Meilen im Umkreis spürte.

289. Item, sie waren den ganzen Oktober dort, und am 17. Tag des November, an Sankt Hermann, einem Sonntag, zogen unsere Herren in Melun ein, und alle von drinnen ergaben sich dem Willen des Königs;* denn alle starben Hungers, und es aßen ihre Pferde solche, die welche hatten.

290. Item, am folgenden Donnerstag wurden ungefähr fünf oder sechs Gefangene aus besagter Stadt Melun nach Paris geführt und wurden in verschiedene Gefängnisse gebracht.

291. Item, seit die Stadt Melun genommen war, blieben unsere Herren von Frankreich, nämlich der König von Frankreich, der König von England, die beiden Königinnen, der Herzog von Burgund, der Rote Herzog* und einige andere Herren, von Frankreich und von anderswo, in Melun und in Corbeil bis zum ersten Tag des Dezember, Sankt Eligius, welches ein Sonntag war. Und

besagten Tag zogen sie sehr vornehm in Paris ein, denn die ganze große Straße von Saint-Denis, auf der sie einzogen, vom zweiten Tor bis Notre-Dame, waren die Straßen mit Vorhängen behängt und sehr vornehm geschmückt, und der größte Teil der Leute von Paris, die es sich leisten konnten, in rote Farbe gekleidet. Und wurde in der Rue de la Calandre vor dem Palais ein sehr frommes Mysterienspiel von der Passion Unseres Herrn mit lebenden Figuren dargestellt, so wie sie im Chor von Notre-Dame von Paris abgebildet ist; und reichten die Gerüste ungefähr hundert Schritt lang, von der Rue de la Calandre bis zu den Mauern des Palais, und jeder Mensch, der das Mysterienspiel sah, war im Herzen angerührt. Noch wurden je Fürsten mit größerer Freude empfangen als diese, denn sie trafen in allen Straßen auf Prozessionen von Priestern, mit vollem Ornat bekleidet, Heiligtümer tragend, *Te Deum laudamus* oder *Benedictus qui venit* singend; und war es zwischen fünf und sechs Uhr nachmittags, und schon ganz Nacht, als sie in ihre Kirchen zurückkehrten; und das taten sie so heiter und aus so fröhlichem Herzen, und das gemeine Volk ebenso, denn nichts, was sie taten, um den besagten Herren zu gefallen, ärgerte sie, und doch gab es sehr große Armut und Hunger bei den meisten, besonders dem geringen Volk; denn ein Brot, das man in der früheren Zeit für vier Pariser Heller bekommen hatte, kostete vierzig Pariser Heller, der Sester Mehl vierundzwanzig Francs, der Sester gute Erbsen oder dicke Bohnen zwanzig Francs.

292. Item, am nächsten Tag, dem 2. Tag besagten Monats, zog die Königin in Paris ein, mit ihr die Königin von England und die Frau des Herzogs von Clarence, Bruder des Königs von England, und ebensolche Freude, wie zuvor gesagt ist, für den Sonntag, und besagte Königinnen kamen durch das Tor von Saint-Antoine, und waren die

Straßen behängt, durch die sie mit ihrer Gesellschaft zogen, wie zuvor gesagt.

293. Item, noch nicht acht Tage waren nach ihrer Ankunft vergangen, da wurde Korn und Mehl so teuer, daß der Sester Weizen, nach dem Maß von Paris, in den Hallen von besagtem Paris dreißig Francs des Geldes, das da umlief, kostete, und gutes Mehl war zweiunddreißig Francs wert, und anderes Getreide entsprechend, je nachdem, wie es war; und gab es kein Brot zu weniger als vierundzwanzig Pariser Heller das Stück, das ganz aus Kleie war, und das schwerste wog nur zwanzig Unzen ungefähr. In eben dieser Zeit hatten arme Leute und arme Priester schlechte Zeit, gab man ihnen doch nur zwanzig Pariser Sous für ihre Messe; und arme Leute aßen kein Brot mehr, nur Kohl und Rüben, und Suppen daraus ohne Brot noch Salz.

294. Item, so teuer wurde das Brot, bevor Weihnachten kam, daß das zu vier Weißpfennigen acht Weißpfennige wert war, und es gab niemand mehr, der sich welches besorgen konnte, wenn er nicht vor Tagesanbruch zu den Bäckern ging, den Meistern und Gesellen Pinten und Schoppen zu geben, um welches zu bekommen. Und doch gab es zu dieser Zeit keinen Wein, der nicht mindestens zwölf Heller die Pinte gekostet hätte; aber man beklagte sich nicht darüber, wenn man ihn bekommen konnte, denn wenn man ungefähr um acht Uhr kam, gab es schon ein solches Gedränge an den Türen der Bäcker, daß niemand es glauben würde, der es nicht gesehen hat. Und die armen Geschöpfe, die für ihre armen Männer, welche auf den Feldern waren, oder für ihre Kinder, welche in ihren Häusern Hungers starben, wenn sie für ihr Geld oder wegen des Gedränges keines bekamen, nach dieser Stunde, habt ihr überall in Paris klägliche Klagen gehört, klägliche Schreie, klägliches Jammern, und wie kleine Kinder schrien: »Ich sterbe vor Hunger.« Und auf

den Misthaufen von Paris konntet ihr 1420 wohl dort zehn, dort zwanzig oder dreißig Kinder finden, Knaben und Mädchen, die da an Hunger und Kälte starben, und gab es kein so hartes Herz, wenn es sie nachts schreien hörte:»Ach! ich sterbe Hungers!«, das nicht großes Mitleid mit ihnen gehabt hätte; aber die armen Einwohner* konnten ihnen nicht helfen, denn man hatte weder Brot noch Korn noch Holz noch Kohle; und das arme Volk war so mit der Wache belastet, die es Tag und Nacht halten mußte, daß es ihnen nicht zu helfen wußte noch jemand anderem.

295. Item, in diesem Monat Dezember wurde Clamecy als Prévôt von Paris abgesetzt und als Prévôt von Paris ein Ritter namens Herr Jean du Mesnil eingesetzt, am 17. Tag des Dezember, Sankt Lazarus.

296. Item, am folgenden Sankt Stephan wurde als Prévôt der Kaufleute einer namens Magister Hugues le Coq eingesetzt.

297. Item, am folgenden Sankt Johann-Evangelist, dem 27. Tag des Dezember, wurde als Bischof von Paris einer namens Magister Jean Courtecuisse eingesetzt, Magister der Theologie und weiser Mann.

298. Item, an diesem Tag reiste die Tochter Frankreichs namens Katharina ab, die der König von England geheiratet hatte, und sie wurde nach England geleitet, und es war ein frommer Abschied, besonders zwischen dem König von Frankreich und seiner Tochter.

299. Item, der König hinterließ als Hauptmann von Paris seinen Bruder, den Herzog von Clarence, und zwei andere Grafen, die wenig Gutes für Paris taten.

300. Item, zu dieser Zeit war das Korn so teuer, daß der Sester gutes Korn zweiunddreißig Francs wert war und mehr; der Sester Gerste siebenundzwanzig Francs oder achtundzwanzig Francs; ein Brot von sechzehn Unzen, ganz aus Spreu, acht Weißpfennige; dicke Bohnen

oder Erbsen aß kein armer Mann, wenn er sie nicht geschenkt bekam.

301. Item, eine Pinte mittlerer Tischwein kostete mindestens sechzehn Pariser Heller, und in der Zeit zuvor hatte man besseren oder ebenso guten um zwei Pariser Heller gehabt.

[1421]

302. Item, zu dieser Zeit an Mariä Lichtmeß wurden, um die armen Leute zu trösten, wiederum die Kinder des höllischen Feindes erhoben, nämlich Besteuerungen, Vierte und Subsidien,* und deren Verwalter wurden müßige Leute, die nicht mehr wußten, wovon sie leben sollten, und alles derart abknapsten, daß sie alle Waren nach Paris kommen ließen, sowohl wegen des Geldes als auch wegen der Versorgung. Daraus entstand so große Teuerung, daß an Ostern ein guter Ochse zweihundert Francs oder mehr kostete; ein gutes Kalb zwölf Francs; die Speckseite acht oder zehn Francs; ein Schwein sechzehn oder zwanzig Francs; ein kleiner ganz weißer Käse sechs Pariser Sous, und alles Fleisch entsprechend; das Hundert Eier kostete sechzehn Pariser Sous. Und jeden Tag und jede Nacht gab es überall in Paris, wegen der besagten Teuerung, langes Weheklagen und Jammern, Leiden und erbärmliches Schreien, daß ich glaube, der Prophet Jeremias einst war nicht kläglicher, als die Stadt Jerusalem ganz zerstört wurde, und als die Kinder Israel nach Babylonien in die Schmach geführt wurden; denn Tag und Nacht schrien Männer, Frauen, kleine Kinder: »Ach, ich sterbe vor Kälte!« die andern vor Hunger. Und es ist die volle Wahrheit, es war der längste Winter, den ein Mensch

seit vierzig Jahren gesehen hatte, denn an den Osterfeier-
tagen schneite es, fror es und war so schmerzlich kalt, wie
man sich nur denken kann. Und wegen der großen Armut, deren Leiden einige der guten Bewohner der guten
Stadt Paris sahen, kauften sie drei oder vier Häuser, aus
denen sie Hospitäler für die armen Kinder machten, die
überall in Paris Hungers starben, und hatten Suppe und
gutes Feuer und gut zu schlafen; und in weniger als drei
Monaten hatte ein jedes Hospital wohl vierzig oder mehr
gut versorgte Betten, welche die guten Leute von Paris
dafür gestiftet hatten; und war das eine in der Heaumerie,
ein anderes vor dem Palais, und das andere an der Place
Maubert. Und wahrlich, als es wärmer wurde, etwa im
April, warfen diejenigen, die im Winter verschwenderi-
scherweise aus Äpfeln und Pflaumen ihren Schnaps gemacht hatten, als es nirgends mehr welche gab, die Reste
der Äpfel und Pflaumen mitten auf die Straße, damit
die Schweine von Saint-Antoine sie fräßen.* Aber die
Schweine kamen nicht schnell genug, denn sobald jene
hinausgeworfen waren, wurden sie von den armen Leuten genommen, von Frauen, von Kindern, die sie aus
großem Hunger aßen, was sehr zum Erbarmen war, für
einen jeden einzelnen, denn sie aßen, was die Schweine zu
fressen verschmähten; sie aßen Kohlstrünke ohne Brot
und ungekocht, die Kräuter von den Feldern ohne Brot
und ohne Salz. Kurz, es war so teure Zeit, daß nur wenige
Bewohner in Paris sich an Brot satt aßen, denn Fleisch
aßen sie überhaupt nicht, noch Erbsen noch dicke Bohnen, noch Grüngemüse, das unglaublich teuer war.

303. Item, im Monat März gegen Ende, in den Oster-
feiertagen, machten sich die Armagnacs daran, gegen den
Herzog von Clarence zu kämpfen, welcher Hauptmann
von Paris war, und den Herzog von Ostet,* den älteren
Bruder des englischen Königs; und die Schlacht sollte
zwischen Angers und Le Mans am Fluß Loire sein. So

ging der Herzog von Clarence den Platz zu schauen, bevor der Tag der Schlacht war, welcher Platz im Land der Armagnacs war, und er mußte besagten Fluß auf einer recht schmalen Brücke überschreiten und wurde begleitet von einem Ehrengeleit von eintausendfünfhundert Männern und fünfhundert Bogenschützen. Seine Feinde, die immer noch überall Freunde hatten, erfuhren es und legten zwei Hinterhalte in einem Wald, durch den er nach dem Fluß hindurch mußte; und vorn außerhalb des Waldes gab es wohl vierhundert Bewaffnete, auf einem unbewaldeten kleinen Berg, welche die Englischen gut sehen konnten. Sie waren sich ihrer Lage nicht bewußt, denn sie glaubten, es gäbe nicht mehr als diese dort, und so wurden sie getäuscht; denn im Tal war eine große Armee von Armagnacs, ohne die beiden besagten Hinterhalte, welche, sobald sie sahen, daß die Englischen im Wald waren, hervorkamen und sich daran machten, die Brücke zu zerschlagen, und dann kamen sie von hinten und von den Seiten, um jene zu empfangen, und die anderen von vorn; und so fielen alle dem Schwert zum Opfer, außer ungefähr zweihundert, Spielleute und andere, die geschickt flohen und so entkamen, und sie flickten die Brücke, so gut sie konnten, und flüchteten sich in ihre Unterkünfte. Und als die von den Unterkünften, die zurückgeblieben waren, es erfuhren, warfen sie sich wie tollwütig auf die Vorstädte von Mans, legten Feuer und töteten erbarmungslos Frauen und Kinder, alte und junge Männer. Und es war Karsamstag, welches der 21. Tag des März 1421 war.

304. Item, in diesem Monat wurde als Gerichtsherr der Prévôté von Paris Jean de la Baume, Herr von Valfin, eingesetzt.

305. Item, am Samstag, dem 12. Tag des folgenden April, wurde in Rouen das Geld ausgerufen, daß nämlich der Groschen zu sechzehn Pariser Hellern nur noch vier

Pariser Heller wert war, und der Nobel vierzig Tourische Sous, und der Taler dreißig Tourische Sous.

306. Item, am darauffolgenden Dienstag gab es eine große Furcht in Paris, weil jedermann fest daran glaubte, daß man am folgenden Mittwoch oder Samstag den Kurs wie in Rouen machen würde, weshalb alle Lebensmittel so teuer wurden, daß man sich keine besorgen konnte; denn eine Pinte Öl, die nur fünf Sous oder sechzehn Weißpfennige wert war, kostete noch vor dem Samstag zwölf Pariser Sous; das Pfund Kerzen zehn Pariser Sous; das Pfund gesalzene Butter zehn Pariser Sous, und alle anderen Sachen entsprechend. Und solcherart verkaufte jeder Händler, ganz wie er wollte, alle Waren, denn niemand unternahm etwas für das öffentliche Wohl, sondern man sagte, daß all jene, die das Beste unternehmen sollten, selber Kaufleute seien; weshalb das arme Volk so große Armut litt, Hunger, Kälte und jedes andere Unheil, das niemand kennt als Gott im Himmel, denn wenn der Hundetöter Hunde getötet hatte, gingen ihm die armen Leute aufs Feld nach, um das Fleisch oder die Eingeweide zum Essen zu haben.

307. Item, am Sonntag vor Pfingsten fingen die Fleischer an, am Tor von Paris Fleisch zu verkaufen, und verließen den Friedhof Saint-Jean, den Petit-Pont, die Halle von Beauvais und die anderen Fleischereien, die vorher errichtet worden waren.

308. Item, in diesem Jahr war der Winter so lang und schrecklich, daß bis Ende Mai sehr kaltes Wetter war, und Ende Juni blühten die Reben noch nicht; und es war auch ein großes Raupenjahr, und alles Obst wurde davon verdorben, und es wurden in Paris in diesem Jahr an einigen Stellen Skorpione gefunden, die man zu dieser Zeit nicht zu sehen gewohnt war.

309. Item, zu dieser Zeit wurde am Tor von Saint-Honoré unter der Brücke im Wasser eine Quelle wie von

Blut* gesehen, ein bißchen weniger rot, und sie wurde an Sankt Peter und Paul bemerkt, welches ein Sonntag war, und dauerte bis zum folgenden Mittwoch; und davon waren die Leute, die hingingen, sehr erstaunt, und so sehr, daß man zwei Tage lang das Tor schließen und die Brücke hochziehen mußte, wegen der großen Menge Leute, die hingingen, und so konnte nie jemand die Bedeutung der Sache erfahren.

310. Item, am folgenden Donnerstag, dem Vorabend von Sankt Martin, wurden in Paris die Münzkurse ausgerufen, daß nämlich der Groschen zu sechzehn Hellern nur vier Pariser Heller wert war; eine Münze zu zwei Pariser Hellern, wie es bis dahin war, galt nur einen Obol; was armen Leuten sehr schadete und nur denen Profit brachte, die Renten und Revenüen hatten.

311. Item, an Sankt Martin zog der König von England mit schöner Begleitung in Paris ein, und doch wußte man nichts von seiner Ankunft, so lange war er in Saint-Denis-en-France.

312. Item, zu dieser Zeit waren die Wölfe so hungrig, daß sie mit den Pfoten die Leichen derer ausgruben, die man in den Dörfern und auf den Feldern begrub; denn wo immer man hinging, fand man Tote, auf den Feldern wie in den Städten, von der großen Armut, die sie durch teure Zeit und Hungersnot litten, wegen des verfluchten Krieges, der von Tag zu Tag vom Üblen zum Schlimmeren wuchs.

313. Item, zu dieser Zeit war ein großes Sterben, und alle starben an der Hitze, die sie am Kopf ergriff, und dann das Fieber, und starben, ohne daß ihr Fleisch verdorben war oder nur wenig, und alles Frauen oder sehr junge Leute. Zu dieser Zeit war der Wein so teuer, daß jede Pinte mittelmäßigen Weins vier Pariser Sous kostete; und auch das Brot verbesserte sich nicht, und doch gab es zu dieser Zeit in Paris mehr Korn, als jemand, der in die-

ser Zeit geboren war, in seinem Leben gesehen hatte, denn man bezeugte, daß genug da war, um Paris für mehr als zwei Jahre zu versorgen, und doch war im August noch kein Korn geerntet.

314. Item, zu dieser Zeit war ein großes Murren in Paris, wegen der vorgenannten ausgerufenen Münzkurse, denn alle Wohlhabenden, die vom Palais, vom Châtelet, ließen sich in starkem Geld bezahlen, und die ganze Domäne des Königs, wie die Steuereinnahmen, der Vierte und alle Beisteuern; und sie nahmen den Groschen nur für vier Pariser Heller, und zahlten ihnen den armen Leuten in allen Sachen für sechzehn Pariser Heller. Da liefen die Gemeinen zusammen und machten eine Beratung im Stadthaus; als die Regenten das sahen, hatten sie Angst und ließen ausrufen, daß die erste kommende vierteljährliche Hausmiete zu zwölf Groschen für einen Franc zu bezahlen sei, und inzwischen würde man so gut wie möglich Abhilfe schaffen; und das war ungefähr zehn oder zwölf Tage nach Sankt Johann im Jahre 1421. Und es wurde gesagt oder ausgerufen, daß in der letzten Augustwoche jeder, der in einem Haus zur Miete wohnte oder der Zins oder Miete schuldete, mit seinem Wirt oder Zinsgläubiger oder Vermieter sprechen sollte, um zu wissen, in welcher Münze sie sich nach Sankt Remigius bezahlen lassen wollten, und wenn sie die Antwort gehört hatten, war es ihnen freigestellt, auf die Mietwohnung oder den Kredit zu verzichten; daraufhin ging das Volk auseinander und war befriedet, weil noch zwei Monate Zeit waren, um zu nehmen oder zu verzichten, und weil zum kommenden Sankt Remigius, wie man es vorher gewohnt war, mit zwölf Groschen für einen Franc gezahlt wurde.

315. Item, zu dieser Zeit waren die Wölfe so hungrig, daß sie nachts in die guten Städte kamen und vielen verschiedenen Schaden taten, und überquerten oft den Fluß

Seine, und andere, schwimmend; und auf die Friedhöfe, die auf dem Feld waren, kamen sie, sobald man die Leichen begraben hatte, bei Nacht, und gruben sie aus und fraßen sie; und die Beine, die man an den Toren aufhing, fraßen sie, springend, und Frauen und Kinder an mehreren Orten.

316. Item, in der ersten Woche des Monats August im Jahre 1421, wurde Pierre Le Verrat als Prévôt von Paris eingesetzt.

317. Item, zu jener Zeit nahm der König von England Dreux, Bonneval, Épernon und andere Städte ein, unter der vertraglichen Bedingung, daß die Armagnacs, die darinnen waren, sicher abzogen, die dann soviel Übles taten, wie niemand glauben würde.

318. Item, zu dieser Zeit war alles Obst so teuer, daß man nur vier Äpfel um einen Weißpfennig hatte; das Hundert Nüsse war vier Sous wert; zwei Birnen zu sechs Weißpfennige; zwei Pfund Kerzen für sechzehn Pariser Sous; ein kleiner Käse dreizehn Pariser Sous; ein Ei drei Weißpfennige; ein Scheffel dicke Bohnen oder Erbsen zwei Francs; das Pfund Butter achtundzwanzig Weißpfennige; die Pinte Öl sechzehn Pariser Sous; das Paar Schuhe aus Cordoba-Leder vierundzwanzig Sous; das Paar aus Schafleder sechzehn Sous; die Pinte Wein vier Sous; das Fleisch teurer als je zuvor.

319. Item, zu dieser Zeit nahm der König von England zwei für Paris sehr schädliche Städte ein, welche die Armagnacs hielten, nämlich Baugency und Villeneuve-le-Roi, und zog von dort vor Meaux, gerade an Sankt Remigius.

320. Item, zu dieser Zeit war der Herzog von Burgund vor Saint-Riquier-de-Ponthieu und belagerte es, und als er eine Pilgerfahrt nach Boulogne-sur-Mer machen wollte, erfuhren es die Armagnacs und glaubten, ihn überraschend zu überwältigen, aber die Jungfrau Maria

tat ein Wunder, denn ein Teil seiner Leute verließ ihn und entfloh, als ob sie im Einverständnis mit den Armagnacs wären; aber trotzdem, durch die Gnade Gottes und seiner gebenedeiten Mutter wurden die Armagnacs gänzlich aufgerieben, und es blieben eintausendeinhundert von ihnen auf dem Platz, ohne die Hauptleute, die gefangengenommen wurden, und alle die Großen, die da waren und die in verschiedene Gefängnisse geführt wurden.

321. Item, am 4. Tag des folgenden November im Jahr 1421 wurde wiederum der Münzkurs ausgerufen, daß nämlich die Groschen zu sechzehn Hellern für nur zwei Heller gegeben werden sollten, und sie machten eine andere Münze, die nur zwei Tourische Heller wert war, wovon das Volk so bedrückt und beschwert war, daß arme Leute nicht leben konnten; denn Dinge wie Kohl, Lauch, Zwiebeln, Krätzer bekam man nicht um weniger als zwei Weißpfennige, denn nach der letzten Verordnung waren sie nur noch einen Heller wert. Und wer ein Haus oder etwas anderes gemietet hatte, mußte achtmal mehr als die Miete bezahlen, als nämlich für den Franc acht Francs, für acht Francs 64 Francs; und so für die anderen Dinge, weshalb das arme Volk soviel Hunger und Kälte leiden mußte, daß niemand als Gott es weiß. Und es fror zu Allerheiligen derart, wie sonst nur zu Weihnachten, und man kam zu nichts, wenn man kein Geld hatte.

322. Item, zu dieser Zeit hatte der Erste Präsident des Parlements in Paris, namens Philippe de Morvilliers, die grausamsten Neigungen,* die jemals jemand in Paris gesehen hatte, denn für ein Wort gegen seinen Willen oder für irgendeinen Eigenwillen ließ er Zungen durchbohren, er ließ gute Kaufleute in Bretterkarren durch ganz Paris fahren, er ließ Leute um den Schandpfahl im Kreis gehen; kurz, er fällte so grausame und schreckliche und scheußliche Urteile, daß niemand gegen ihn zu sprechen wagte noch sich über ihn zu beschweren, und damit ließ er sich

so hohe und so drückende Geldstrafen zahlen, daß all jene, die ihm in die Hände fielen, es für den Rest ihres Lebens spürten, durch Schimpf oder an Hab und Gut oder an einem Körperteil.

323. Item, zu dieser Zeit befahl er, aus seinem Amt und aus seinem Stolz, daß kein Goldschmied noch andere Handwerker unter keinem Vorwand für einen Freund oder einen anderen Gold gegen Münzen tauschen sollte, noch Münzen gegen Gold, als die Wechsler; und es gab keinen so kühnen Wechsler, daß er gewagt hätte, einen Goldtaler im Tausch für mehr als zwei Tourische Heller zu nehmen, denn sonst hätte er alsobald eine Strafe von zwei- oder dreihundert Livres guten Geldes bezahlen müssen.

324. Item, zu jener Zeit war der König von England immer noch vor Meaux, wo er viele seiner Leute durch Hunger oder Kälte verlor; denn ungefähr zwei oder drei Wochen vor Weihnachten regnete es Tag und Nacht so stark und schneite weiter oben, daß die Seine über ihre Ufer trat und so breit war, daß sie an der Place de Grève mehr als zwei Lanzenlängen über die Kirche Saint-Esprit hinaus war, und im großen Hof des Palais ganz jenseits der Kirche Notre-Dame, unter der Sainte-Chapelle und auf der Place Maubert nahe am Croix-Hémon. Und das dauerte nun zehn Tage, dann fing das Hochwasser am Sonntag vor Weihnachten an zurückzugehen, und solange es anstieg, fror es so stark, daß ganz Paris von Frost und Eis befallen war, und man konnte nirgends in einer Wassermühle mahlen, nur in Windmühlen, wegen der Wassermassen.

325. Item, zu dieser Zeit war großes Unglück in Paris durch jenen, denn er ließ jeden Mann, der keine Macht hatte, nach seinem Eigentum bezahlen, in Feinsilber, den einen vier Mark, den anderen drei, den anderen zwei, den anderen drei oder vier Unzen, und zwar um das vorge-

nannte üble Geld zu machen; und wer sich weigerte, hatte alsobald Sergeanten im Haus und wurde in verschiedene Gefängnisse abgeführt, und man konnte nicht mit ihm sprechen, und jeder mußte zahlen, und sei er auch der Angesehenste von der Welt gewesen, da es doch dieser Präsident gesagt hatte. Und es waren in seinem Rat zwei andere Tyrannen, Jean Dole und Pierre d'Orgemont, welche die Waren so herabsetzten,* daß niemand nichts als Brot und Wein verkaufte oder kaufte, denn ein [steuerpflichtiger] Mann war mit zehn Francs [für sein Haus] schwer belastet, und da blieb kaum etwas für anderes übrig. Und so war jedermann derart damit belastet, sein Haus zu bezahlen, daß zu dieser Zeit mehrere auf ihr eigenes Erbe verzichteten, wegen der Steuer, und sich daran machten, aus Trostlosigkeit ihre Habe auf der Straße zu verkaufen, und sie gingen von Paris fort, wie Leute in Verzweiflung. Die einen gingen nach Rouen, andere nach Senlis, und wieder andere wurden Briganten oder Armagnacs, und sie taten nachher so viel Übel, wie es Sarazenen getan hätten, und alles durch die falsche Regierung der besagten reißenden Wölfe, die gegen das Verbot des Alten und des Neuen Testamentes taten, denn sie fraßen das Fleisch mit seinem ganzen Blut, und nahmen das Lamm und die Wolle. Ach! der große Jammer, durch die Stadt Paris zu gehen, denn man sah wirklich mehr Leute, die um Almosen baten, als andere, und diese verfluchten ihr Leben hunderttausendmal am Tag, denn zuviel hatten sie zu leiden. Denn zu jener Zeit gab man ihnen sehr wenig, denn jeder hatte so viel für sich selbst zu tun, daß niemand jemand anderem helfen konnte oder nur wenig, und wart ihr kaum in einiger Gesellschaft, da saht ihr schon die einen klagen und dicke Tränen weinen, ihre Geburt verfluchend, die anderen Fortuna, andere die Herren, andere die Regenten, wobei sie laut und oft und ganz offen riefen: »Ach, ach, wahrer lieber Gott, wann wird

uns dieser ohnmächtige Schmerz enden und dies schreckliche Leben und der verfluchte Krieg!« und sagten mehrfach: »Wahrer Gott, *vindica sanguinem Sanctorum!*
Räche das Blut der guten Kreaturen, die durch diese
falschen Verräter, die Armagnacs, sterben.«

326. Item, in diesem Monat Dezember, am 5. Tag des-
selben, bekam die Tochter Frankreichs in England einen
Sohn namens Heinrich.*

327. Item, am Montag vor Weihnachten, am Tag nach
Sankt Thomas, kam die Nachricht nach Paris, weshalb
man überall sehr groß läutete, und man machte in ganz
Paris Feuer wie in der Johannisnacht.

[1422]

328. Item, zu dieser Zeit, am Vorabend von Epiphanias,
kam nach Paris der Herzog von Burgund, der Haufen
von Bewaffneten mit sich führte, welche den Dörfern in
der Umgebung von Paris viel Übles taten, denn nach ihnen blieb nichts mehr, was sie hätten wegtragen können,
wenn es nicht zu heiß oder zu schwer war; und die Armagnacs waren auf der Seite des Tors von Saint-Jacques,
von Saint-Germain, von Bordelles bis nach Orléans, und
taten so viel Übel wie einst sarazenische Tyrannen.

329. Item, zu dieser Zeit war der König von England
vor Meaux, und dort feierte er sein Weihnachten und Epiphanias, und er hatte seine Leute im ganzen Brie, die überall plünderten; und wegen dieser und der Vorgenannten
konnte man nirgends pflügen noch säen. Oft beklagte
man sich bei den besagten Herren, aber sie machten sich
nur darüber lustig oder lachten und machten damit ihre
Leute noch schlimmer als zuvor, weshalb die meisten

Landarbeiter zu arbeiten aufhörten, und waren wie Verzweifelte, und verließen Frauen und Kinder, und sagten einer zum andern: »Was sollen wir machen? Legen wir alles in die Hände des Teufels, und scheren wir uns nicht daran, was wir schulden; ist ebenso viel wert, das Schlimmste zu tun, was man kann, wie das Beste. Mehr hätte es uns genutzt, den Sarazenen zu dienen als den Christen, und deswegen wollen wir das Schlimmste tun, was wir können. Und schließlich kann man uns nur töten; denn wegen der falschen Regierung der verräterischen Regenten müssen wir Frauen und Kinder verleugnen und in den Wald fliehen wie verirrte Tiere; nicht ein Jahr oder zwei Jahre sind es, sondern schon vierzehn oder fünfzehn Jahre, daß dieser Totentanz begonnen hat, und der größte Teil der Herren von Frankreich ist dabei gestorben durchs Schwert oder durch Gift oder durch Verrat oder ohne Beichte oder eines anderen naturwidrigen bösen Todes.«*

330. Item, zu dieser Zeit gab es in Paris überhaupt keinen Bischof, denn der vorgenannte Magister Jean Courtecuisse, von der Universität und vom Klerus und vom Parlement gewählt, gefiel dem König von England nicht, und deswegen war er in diesem ganzen Jahr keineswegs Inhaber der Diözese, sondern blieb diese ganze Zeit in Saint-Germain-des-Prés, denn in seinem Hôtel in Paris war er nicht recht sicher, weil er nicht in der Gnade des Königs von England war.

331. Item, zum Willkommen besagten Herzogs von Burgund ließ man ausrufen, daß eine kleine Münze namens Noiret, die nur einen Obol aus Poitou wert war, einen Obol aus Tours wert sein sollte; und das war alles Gute, was er uns diesmal tat in der Stadt Paris, die ihn so sehr liebte und so viel hatte leiden müssen und immer noch mußte und vor allem seinetwegen und wegen seines Vaters, der so langsam und in all diesen Dingen so nach-

lässig war, weiß Gott. Und wahrlich, der Sohn hielt sich wohl auch daran, denn er hätte wohl in einem Vierteljahr tun können, wozu er zwei oder drei Jahre brauchte, und er machte es ähnlich seit dem Tod seines Vaters, er kümmerte sich wenig oder überhaupt nicht; denn gewißlich führte er Tag und Nacht ein so verdammenswertes Leben, wie es der Herzog von Orléans getan hatte und die anderen Herren, die sehr schmählich gestorben waren, und wurde von jungen Rittern voll Wahnsinn und Hoffart beherrscht, und herrschte er so, wie sie herrschten, und sie wie er, und in Gottes Wahrheit kümmerte keinen von ihnen etwas anderes, als nach dem eigenen Willen zu tun.

332. Item, zu dieser Zeit wurde als Prévôt der zuvor genannte Le Verrat abgesetzt, und wurde es Simon de Champluisant, Landvogt von Vermandois.

333. Item, der König von England verbrachte Weihnachten, Epiphanias und die vierzigtägige Fastenzeit vor Meaux.

334. Item, am 2. Tag des März 1422 wollte der Herr d'Offémont den Armagnacs von Meaux zu Hilfe kommen, und kam ungefähr um Mitternacht, begleitet von hundert Lanzenträgern, und er wußte wohl, wo man am besten über die Mauern in die Stadt eindringen konnte; und dort hatten die Armagnacs, die darinnen waren, Leitern an die Mauern gelehnt, damit besagter Herr d'Offémont und seine Leute hinaufsteigen konnten, und besagte Armagnacs hatten die Leitern mit Bettüchern bedeckt, damit es denen von der Armee schiene, wenn sie beim Wachgang vorbeikamen, als seien es die Mauern, die an dieser Stelle weiß waren, und so glaubte es die Wache auch, als sie an dieser Stelle vorbeikam. Als die Wache fort war, sahen die drinnen, daß es Zeit war, besagten Herrn hinaufzulassen, und gaben das Zeichen, das sie geben sollten, wenn es Zeit zum Hinaufsteigen wäre, und sie

stiegen über die Leitern hinauf, deren viele nebeneinander waren.

335. Item, die Hälfte der Leute des besagten Offémont sollte die mächtige Armee verwirren, damit, wenn er und die andere Hälfte seiner Leute hinaufgestiegen wären, er gemeinsam mit denen aus der Stadt käme, um die andern zu sichern, aber es kam anders. Denn auf eben der Leiter, auf der besagter Herr hinaufstieg, waren vor ihm vier oder fünf Schurken, die wie er hinaufkletterten, von denen einer einen Quersack um den Hals trug, der ganz voll mit sauren Heringen war, welche besagter Lump im Vorbeigehen einem Händler abgenommen hatte; als er fast am Ende der Leiter war, entglitt ihm sein Quersack, der schwer war und stark beladen, und traf besagten Herrn d'Offémont auf den Kopf, der von recht hoch oben in den Graben hinunterfiel. Als die Leute ihn hörten, da sagten sie einer zum andern: »Helfen wir dem Herrn. Ach, der Herr ist gestürzt!« Hier und dort im Graben gab es Gemeine von den Englischen, die Wache hielten, doch glaubten sie, jene, die sie sprechen hörten, wären von ihren Leuten; aber als sie sagen hörten: »Hilfe für den Herrn!«, da waren sie erstaunt, denn sie wußten wohl, daß kein Mann von Namen in dieser Nacht mit ihnen auf Wache war, und glaubten, daß die aus der Stadt auf sie herabkamen. So gedachten sie, den Platz zu verlassen, um es in der Armee melden zu gehen, aber weil es nach Mitternacht war und ihre Leiber vom Wachen erschöpft, führte der Weg sie geradewegs zu den Leitern. Da hörten sie, wie man sehr den Herrn beklagte, da sagten sie: »Herr, beim Teufel, daß der Tod euch alle hole!«, und riefen Alarm. Da waren die Armagnacs so erschrocken, daß sie, so gut sie konnten, flohen, und wurde besagter Herr von einem gefangengenommen, der Koch des englischen Königs war, und zehn oder zwölf andere, die als Gefangene zum König von England geführt wurden.

336. Item, die in der Stadt waren, wußten wohl, daß der Graben, den der König von England hatte machen lassen, beinahe fertig gegraben war, und erfuhren am nächsten Tag, daß der Herr d'Offémont gefangengenommen war und genügend andere und daß die meisten Bewohner gegen sie waren, wenn sie auch nicht viel wagten. So faßten sie gemeinsam den Rat, daß sie ihre Güter und ihre Lebensmittel ins Marktgebäude brächten, das sehr stark befestigt war, und Feuer an die Stadt legen und alle die töten würden, die nicht von ihrer verdammenswerten Absicht waren; und so begannen sie, ihre Güter zu besagtem Markt zu tragen, und derartig und mit so viel Eifer bemühten sie sich darum, daß sie ganz und gar die Wache auf den Mauern der Stadt verließen und vergaßen. Ein guter Ehrenmann unter den Bewohnern der Stadt, als er sah, daß es so mit ihnen stand, da dachte er sich, wenn er könnte, würde er die Stadt vor dem Brand bewahren, und stieg auf die Mauer und ließ die Englischen jene Absicht wissen, und daß sie kühnlich stürmen sollten, daß niemand ihnen entgegentreten würde; da brachten sie ihm eine Leiter, und er stieg hinab und wurde zum König von England geführt, und jener sagte ihm, er wollte, daß man ihm den Kopf abschlüge, wenn es nicht so wäre wie zuvor gesagt. Und sobald das geschah, ließ der König stürmen und nahm sie, ohne viel Mühe zu haben. Als die Bewohner der Stadt sich so überrascht sahen, liefen sie in die Kirchen, hier und da, wo sie konnten, und dachten, so sich besser zu retten; und als der König von England solcherart ihre Furcht sah, ließ er überall ausrufen, daß jeder in sein eigenes Haus zurückgehen solle und jeder seine Arbeit tue, wie sie es zuvor getan hatten. Und so taten sie, und der König von England belagerte den Markt der besagten Stadt.

337. Item, zu dieser Zeit gab es in der Burg von Orsay zwanzig Mörder oder dreißig, die am 6. Tag des April die

Brücke und das Schloß von Meulan einnahmen, und mit ihnen war der Hauptmann von Étampes; dadurch wurde nachher in diesem Monat April in Paris alles wundersam teuer, weil zu dieser Zeit nur aus Rouen Lebensmittel nach Paris kamen, so daß man dort auf dem Hinweg und dem Rückweg vorbei mußte; darüber waren die von Paris sehr erstaunt. Aber durch die Gnade Gottes hielten sie sich dort nur ungefähr vierzehn Tage, bis sie gemäß einem Vertrag frank und frei fortgingen und alles mitnahmen, was sie mitnehmen wollten; denn man konnte nichts Besseres mit ihnen machen, weil immer noch die Belagerung von Meaux war.

338. Item, in diesem Jahr sahen alle Weinberge im Königreich Frankreich so schön aus, wie man es nur je gesehen hatte, aber in der Sankt-Markus-Nacht und in der folgenden Nacht erfroren sie alle gänzlich, und es schien recht eigentlich, als ob man überall absichtlich Feuer gelegt hätte, so waren sie bis zum Boden verdorrt.

339. Item, dies Jahr 1422 wurde das große Jahr der Maikäfer, von Ostern bis Sankt Johann.

340. Item, am ersten Sonntag im Mai ergaben sich die vom Markt in Meaux dem Willen des Königs von England; und man machte überall in Paris Feuer und ein sehr großes Fest.

341. Item, am darauffolgenden Donnerstag schickte der König von England wohl hundert Gefangene aus besagter Burg nach Paris, und sie waren je zu viert aneinander gefesselt und wurden in den Louvre gebracht; und den zweiten Tag danach wurden sie in Schiffe gebracht und in verschiedene Gefängnisse in der Normandie und in England geführt.

342. Item, am folgenden Dienstag führte man wohl noch weitere hundertfünfzig herbei, und den Bischof in den Louvre wie die anderen, und am folgenden Freitag, dem 15. Tag des Mai, wurden sie wie die anderen Zuvor-

genannten in Schiffe gebracht, aber die anderen wurden nicht gefesselt, aber diese wurden es, je zu zweit, jeder an einem Bein, außer dem Bischof von Meaux und einem Ritter, der mit ihm war. Diese beiden waren allein in einem kleinen Boot, und alle anderen wie die Schweine angehäuft, und auf diese Weise wurden sie wie die anderen fortgebracht; und sie hatten drei oder vier gemeinsam nur ein schwarzes Brot von zwei Pfund und sehr wenig Zukost und Wasser zum Trinken. Und sie waren angekettet und die anderen nicht, weil nämlich diese aus der Gegend oder aus der Nähe gebürtig waren, und waren außerdem für ihr Vermögen bekannt, aber die Landarbeiter dieser Gegend hatten zu jener Zeit keine schlimmeren Feinde, denn sie waren schlimmer gegen ihre Nachbarn, als Sarazenen gewesen wären.

343. Item, am 5. Tag des Mai wurde der Bastard von Vaurus* durch die ganze Stadt Meaux geschleift und ihm dann der Kopf abgeschlagen, und seine Leiche an einen Baum gehängt, welchen er zu seinen Lebzeiten den Vaurus-Baum genannt hatte, und es war eine Ulme; und darüber wurde sein Kopf ganz oben auf dem Baum auf eine Lanze gesteckt, und seine Standarte* über seine Leiche.

344. Item, neben ihm wurde ein Schurke und Mörder aufgehängt, namens Denis de Vaurus,* der sich seinen Cousin nannte, wegen der großen Grausamkeit, von der er erfüllt war, denn nie hatte man von einem in der Tyrannei grausameren Christen sprechen hören, weil er jeden Mann der Arbeit, den er finden oder fangen oder fangen lassen konnte, wenn er sah, daß sie sich ihr Lösegeld nicht beschaffen konnten, sofort an die Schwänze von Pferden binden und zu seiner Ulme schleifen ließ, und wenn er keinen Henker in der Nähe fand, hängte er sie selbst auf, oder derjenige, der mit ihm gemeinsam gehängt wurde und sich seinen Cousin nannte. Und ge-

wiß folgten alle von der genannten Garnison der Grausamkeit der beiden besagten Tyrannen.

345. Und es wurde durch eine verdammenswerte Grausamkeit wohl offenbar, welche besagter Vaurus tat, daß er grausamer war als einst kaum Nero oder ein anderer; denn als er einen jungen Mann nahm, der seine Feldarbeit tat, band er ihn an den Schwanz seines Pferdes und brachte ihn sofort nach Meaux, und ließ ihn dann höllisch foltern, durch welchen Schmerz der junge Mann ihm alles zugestand, was er forderte, wodurch er glaubte, der großen Tyrannei zu entkommen, die ihn leiden ließ; und es war soviel Geld, daß drei von seiner Art es nicht hätten zahlen können. Der junge Mann bat seine Frau, die er in diesem Jahr geheiratet hatte und die kurz davor war, ein Kind zu haben, um die hohe Summe, zu der er sich verpflichtet hatte, um dem Tod zu entgehen und dem Zerbrechen seiner Glieder. Seine Frau, die ihn sehr liebte, kam hin, denn sie glaubte, den Sinn des Tyrannen bessern zu können, eher als der Mann, aber sie erreichte nichts, denn er sagte ihr, wenn er das Lösegeld nicht an einem bestimmten Tag habe, würde er ihn an seiner Ulme aufhängen. Die junge Frau, sehr zärtlich weinend, befahl Gott ihren Mann, und er anderseits weinte sehr stark, aus Erbarmen mit ihr. Da ging die junge Frau fort, Fortuna verfluchend, und brachte, so schnell sie konnte, Geld auf, aber sie konnte es nicht bis zu dem Tag, der ihr bezeichnet war, sondern etwa acht Tage später. Sobald der Tag, den der Tyrann gesagt hatte, vergangen war, ließ er den jungen Mann sterben, wie er die anderen hatte sterben lassen, an seiner Ulme, ohne Erbarmen noch Gnade. Die junge Frau kam, sobald sie das Geld hatte aufbringen können, zu dem Tyrannen und fragte ihn nach ihrem Mann, sehr heftig weinend, denn so erschöpft war sie, sowohl wegen ihrer Stunde, die sich näherte, als auch wegen des Weges, den sie gemacht hatte, welcher sehr weit

war; kurz, sie hatte soviel Schmerz, daß sie ohnmächtig werden mußte. Als sie wieder zu sich kam, erhob sie sich sehr keusch, was das Geheimnis der Natur betrifft, und fragte wiederum nach ihrem Mann, und alsobald wurde ihr geantwortet, daß sie ihn nicht eher sehen würde, als sein Lösegeld bezahlt wäre. Da wartete sie noch und sah, wie mehrere Landarbeiter vor besagte Tyrannen geführt wurden, welche, sobald sie ihr Lösegeld nicht bezahlen konnten, gnadenlos ertränkt oder aufgehängt wurden; da hatte sie sehr große Angst um ihren Mann, denn ihr armes Herz beriet sie sehr schlecht; dennoch hielt die Liebe sie so sehr fest, daß sie ihnen besagtes Lösegeld für ihren Mann gab. Alsobald sie das Geld hatten, sagten sie ihr, sie solle von hinnen gehen, und daß ihr Mann so tot sei wie die anderen Bauerntölpel. Als sie ihre sehr grausame Rede hörte, hatte sie solches Leid im Herzen wie keine andere, und sprach zu ihnen als eine verzweifelte und rasende Frau, die den Verstand verlor, wegen des großen Schmerzes in ihrem Herzen. Als der falsche und grausame Tyrann, der Bastard von Vaurus, sah, daß sie Worte sagte, die ihm nicht gefielen, da ließ er sie mit Stöcken schlagen und sofort zu seiner Ulme führen, ließ sie daran festbinden und ihr die Röcke so kurz abschneiden, daß man bis zu ihrem Nabel schauen konnte, was eine der größten Unmenschlichkeiten war, die man sich denken kann. Und über ihr waren achtzig oder hundert erhängte Männer, die einen tief, die anderen hoch; die unteren rührten manchmal, wenn der Wind sie schwanken ließ, an ihren Kopf, was ihr solchen Schrecken einflößte, daß sie sich nicht mehr auf den Füßen halten konnte; also schnitten sie die Seile durch, mit denen das Fleisch ihrer Arme gefesselt war; da schrie die arme Erschöpfte sehr laute Schreie und erbärmliche Klagen. In diesem schmerzlichen Schmerz, in dem sie war, kam die Nacht, da wurde sie maßlos untröstlich, wie eine, die zuviel Martyrium erlitten hat, und als sie sich des schrecklichen Ortes erinnerte, wo sie war, der für die menschliche Natur so abscheulich war, da begann ihr Schmerz von neuem so fromm, und sie sagte: »Herr Gott, wann wird dieser mein übermächtiger Schmerz enden, den ich leide.« So schrie sie so laut, daß die Stadt sie wohl hören konnte, aber es gab niemanden, der gewagt hätte, ihr helfen zu gehen, wo sie war, denn er wäre getötet worden. In diesen Schmerzen und schmerzlichem Schreien ergriffen sie die Wehen ihres Kindes, sowohl durch den Schmerz der Schreie als auch durch die Kälte des Windes, der sie von unten her allseits angriff, und die Wehen suchten sie immer rascher heim; da schrie sie so laut, daß die Wölfe sie für sterbendes Aas nahmen, auf ihren Schrei geradewegs zu ihr kamen und sie von allen Seiten angriffen, besonders ihren armen Bauch, der unbedeckt war, und öffneten ihn ihr mit ihren grausamen Zähnen, und zogen das Kind in Stücken heraus, und den Rest ihres Leibes zerlegten sie ganz und gar. So endete diese arme Kreatur und genug andere, und dies war im Monat März in der Karwoche, im Jahr 1421.

346. Item, zu dieser Zeit, am Samstag, dem 23. Tag des Mai, ließen die Regenten von Paris plötzlich ausrufen, daß niemand, welchen Standes er auch sei, Groschen annehmen solle oder annehmen lassen solle, unter Androhung sehr hoher Strafen, und daß man sie alle zu den Wechslern tragen solle, die mit ihrem Wechsel beauftragt waren, deren es vier gab, die jeder ein französisches Banner an ihrer Wechselstube hatten. Und hatte man für eine Mark Gewicht guter Groschen nur acht Pariser Sous, für schlechte so gut wie nichts, was in Paris eine sehr erstaunliche Sache für Reiche wie für Arme war, denn die meisten hatten keine anderen Münzen, so verloren sie viel; denn der beste, der früher sechzehn Pariser Heller wert war, galt nur noch einen Heller oder einen Tourischen. So gab es ein großes Murren im Volk, doch mußte

man's leiden, welchen Bedarf an Brot und Wein man auch hatte, und in Ermanglung anderer Münzen. Denn in Wahrheit wurde es solcherart verboten, jene Groschen zu nehmen, wegen sehr schlechter Groschen, die der Dauphin oder die Armagnacs in seinem Namen machen ließen, die von ihnen nach Paris und in andere gute Städte geschickt wurden, welche nicht ihrer verdammenswerten Partei angehörten, durch falsche Händler, die danach auch noch durch großen Betrug gewannen; denn wenn das Geld ausgerufen wurde, das nicht mehr im Kurs war, bekam man für den besten dieser falschen Groschen nur einen Tourischen Obol, und aus diesem Grunde wurde verboten, daß niemand nicht sich einen Schatz davon ansammle.

347. Item, am 25. Tag des Mai, an Sankt Urban, wurden in Paris zwei der Hauptleute des Aufstandes von Meaux geköpft, nämlich Meister Jean de Rouvres und ein Ritter, der Schultheiß besagter Stadt war, namens Louis Gast.

348. Item, an diesem Tag kam die Königin von England nach Bois de Vincennes, in sehr schöner Begleitung von Damen und Rittern.

349. Item, am 29. Tag besagten Monats Mai kam die Königin nach Paris, und man trug ihrer Sänfte zwei Hermelinmäntel voran, und das Volk wußte nicht, was es davon denken sollte, es sei denn, dies sei ein Zeichen, daß sie Königin von Frankreich und von England sei.

350. Item, aus Liebe zum König von England und der Königin machten die Leute von Paris am Pfingstfest, welches auf den letzten Tag des Mai fiel, das Mysterienspiel der Passion des heiligen Georg,* im Hôtel de Nesle.

351. Item, am Tag nach Fronleichnam verließ der König von England Paris und nahm den König und die Königin von Frankreich nach Senlis mit. Und in der folgenden Woche wurde ein Waffenschmied von der

Heaumerie festgenommen, namens Meister Jean ＊＊＊, der Waffenschmied des Königs war oder gewesen war, und seine Frau, und ein Bäcker von der Heaumerie-Ecke namens ＊＊＊, welchem Bäcker kurze Zeit darauf der Kopf abgeschlagen wurde; und besagter Waffenschmied wurde in Couppeaulx-lez-Saint-Marcel außerhalb von Paris ergriffen, und seine Frau ebenfalls, und sie wurden im Palais gefangengesetzt. Und man sagte, sie hätten mit den Armagnacs ausgehandelt, die Stadt Paris am folgenden Sonntag auszuliefern, welches der 21. Tag des Juni 1422 war, und aus diesem Grunde hätten sich die Armagnacs von Compiègne schneller ergeben, in der Hoffnung, daß man an jenem Tag Paris plündern würde. Aber Gott, der lenkt, wenn wir denken, verwehrte es ihnen, wovon sie sich sehr enttäuscht fühlten, denn sie waren recht stark und gut versorgt, um den Platz ein ganzes Jahr halten zu können, wie es schien, als sie ihn verließen. Sie waren mehr als hundert Bewaffnete zu Pferde und wohl tausend zu Fuß und wohl fünfhundert irrsinnige schlechte Weiber, die alle ihren Eid Königen abgelegt hatten, welche sich nie gegen den König von Frankreich oder den von England bewaffnet hatten; und so gingen sie frank und frei davon, ein jeder mitnehmend, was er tragen konnte, ohne weitere Beihilfe von Pferden oder Karren, und gingen sehr fröhlich davon, in jener Absicht, Paris zu plündern.

352. Item, in diesem Jahr war es im Juni und Juli wunderlich heiß, und es regnete nur ein einziges Mal, was der Boden verspürte, weshalb die Gemüsegärten und Hackfelder ebenso verdorrt waren wie alles auf den Feldern, und sie brachten nicht die Hälfte ihrer Saat; und man mußte Hafer und Gerste mit der Hand ausreißen, Wurzeln und alles, ohne mit Sense oder Sichel zu mähen. Und durch diese große Hitze wurde es ein großes Jahr der an den Blattern kranken Kinder, wie man es seit Menschen-

gedenken nicht gesehen hatte, und diese waren so damit bedeckt, daß man sie nicht erkannte; und mehrere Erwachsene hatten es, besonders Englische, und man sagte, der König von England* hätte es seinerseits. Und wahrlich wurden viele kleine Kinder so davon beschwert, daß einige daran starben und andere das Augenlicht verloren.

353. Item, in diesem Jahr 1422 gab es viel Obst und so gutes, wie man nur verlangen kann oder soll, und sehr guten Weizen und reichlich; und wahrlich gab es so wenig Wein, daß man von einem Arpent nur ein Tönnchen Wein oder höchstens ein Faß erntete.

354. Item, in der letzten Woche des August war die große Weinlese.

355. Item, in diesem Jahr im Monat Juni forderten die Armagnacs den Herzog von Burgund und seine ganze Streitmacht heraus, und es sollte am Tag des 2. Mittwoch im August sein, und am 12. Tag besagten Monats, und die Schlacht sollte in ihren Marken am Fluß Loire sein, gegen La Charité-sur-Loire hin. So stellte der Herzog von Burgund ein sehr schönes Heer zusammen und ging an den Platz, der für die Schlacht angegeben war, und dort war er vor dem Tag, an dem sie sein sollte, und danach drei oder vier Tage. Aber die Armagnacs, als sie von seiner Macht erfuhren, wagten sich nicht zu zeigen und schämten sich nicht, ohne einen einzigen Waffenwechsel zu entfliehen, und derart wartete der Herzog von Burgund auf sie, der sie lange erwarten konnte, denn sie hatten erfahren, daß die großen Garnisonen der Normandie dem Herzog von Burgund zu Hilfe gekommen waren; da kehrten sie um und machten großen Totschlag, legten Feuer, zündeten Kirchen an, und alle Übel, die man sich denken kann, wie Sarazenen sie getan hätten.

356. Item, in diesem Monat August, am letzten Tag, einem Sonntag, verschied der König Heinrich von Eng-

land in Bois de Vincennes, der bis dahin Reichsverweser von Frankreich gewesen war, wie zuvor gesagt; und er blieb in besagtem Bois, ganz tot, bis alles angeordnet war, wie es sich für einen solchen Fürsten gehört, bis am Tage Kreuzerhöhung im September. Und an diesem Tage nach dem Mittagessen wurde er nach Saint-Denis gebracht, ohne in Paris einzuziehen, und am nächsten Tag, den Oktaven Unserer Lieben Frau, wurde in Saint-Denis-en-France die Totenmesse für ihn gelesen, und es gab immer hundert brennende Fackeln, auf dem Weg wie in den Kirchen.

357. Item, von Saint-Denis wurde er nach Pontoise gebracht und von dort nach Rouen.

358. Item, am Samstag nach Heiligkreuz im September kamen der König und die Königin von Frankreich nach Paris, die eine sehr lange Zeit in Senlis gewesen waren; und das Volk von Paris war sehr fröhlich über ihre Ankunft, und es rief in den Straßen, wo sie vorbeikamen, sehr laut: »Weihnachten!« und machte deutliche Zeichen, daß es seinen Herrn und Souverän sehr und getreulich liebte.

359. Item, sie machten am Abend überall in Paris Feuer und tanzten und zeigten Zeichen sehr großer Freude über die Ankunft des besagten Herrn.

360. Item, am Samstag nach der Ankunft des Königs und der Königin, welches der 25. Tag des September im Jahre 1422 war, wurde in den Hallen von Paris einer namens Herr von Bouqueaux enthauptet und geviertelt, Ritter und Großgrundbesitzer und großer Herr, welcher einer der Obersten von besagter verfluchter Bande war; und er gestand und gab zu, daß durch ihn Landarbeiter und andere getötet und ermordet wurden und worden waren, mehr als sechs- bis siebenhundert Männer, abgesehen davon, daß er Feuer gelegt hatte, Kirchen geplündert, Jungfrauen und Nonnen und andere Frauen verge-

waltigt hatte, und war auch der erste, die Stadt Soissons zu plündern.

361. Item, am 21. Tag des Monats Oktober, dem Vorabend der Elftausend Jungfrauen, verschied von dieser Welt der gute König Karl, der länger herrschte als irgendein christlicher König, an den man sich erinnern kann, denn er herrschte als König von Frankreich dreiundvierzig Jahre. Und es war in seinem Hôtel von Saint-Pol, daß er in seinem Bett in seinem Zimmer verschied, das Gesicht zwei oder drei Tage lang ganz aufgedeckt, das Kreuz zu seinen Füßen, und schöne Beleuchtung; und da sah ihn jeder, der wollte, um für ihn zu beten.

362. Item, es wurde in Saint-Pol alles angeordnet, wie es sich für einen solchen Fürsten gehört, und dort ließ man ihn, sowohl um die Vorbereitungen zu treffen, als auch auf einen der Herren vom Geblüt Frankreichs zu warten, der ihn zur Bestattung begleiten würde; denn er blieb in Saint-Pol vom besagten Tag seines Hinscheidens bis zum 11. Tag des folgenden November, Sankt Martin. Doch gab es an diesem Tag keinen vom Geblüte Frankreichs nicht, als er nach Notre-Dame von Paris gebracht wurde und in die Erde, und keinen Herren außer einem Herzog aus England, namens Herzog von Bedford, Bruder des verstorbenen Königs Heinrich von England, sowie seinem Volk und seinen Dienern, die sehr große Trauer um ihren Verlust trugen, und insbesondere das geringe gemeine Volk von Paris rief, als man ihn durch die Straßen trug: »Ach, sehr lieber Fürst, niemals werden wir es so gut haben, nie werden wir euch wiedersehen! Verflucht sei der Tod! Niemals werden wir nichts als Krieg haben, nachdem ihr uns verlassen habt. Ihr geht zur Ruhe, wir bleiben in aller Drangsal und Trübsal, denn wir würden uns sehr täuschen, wenn wir nicht in der armseligen Art der Kinder Israel sind, als sie nach Babylon ge-

führt wurden.« So sprach das Volk und machte große Klagen, tiefe und fromme Seufzer.

363. *Item, die Art, wie er nach Notre-Dame von Paris getragen wurde.*

Es gab lauter Bischöfe und Äbte, von denen vier die weiße Mitra trugen, darunter der neue Bischof von Paris,* denn er hatte an Allerheiligen zum ersten Mal in Paris zelebriert, welcher die Leiche des Königs vor dem Hôtel von Saint-Pol erwartete, um ihm beim Abschied von besagtem Ort das Weihwasser zu geben; und alle anderen zogen an besagtem Ort ein, außer ihm, nämlich alle Bettelorden, die Universität in ihrem Stand, alle Kollegien, das ganze Parlement, das Châtelet, die Gemeinen, und dann wurde er aus Saint-Pol herausgebracht. Als alle versammelt waren, da begannen die Diener jene und so große Trauer, wie zuvor gesagt.

364. *Die Art, wie er nach Notre-Dame und nach Saint-Denis gebracht und bestattet wurde.*

Er wurde ganz in der Art getragen, wie man den Leib Unseres Herrn an Sankt Salvator trägt: ein goldenes Tuch über ihm, getragen von vier oder sechs seiner Nächsten; und seine Diener trugen ihn* auf den Schultern, und sie waren wohl dreißig oder mehr, denn er wog schwer, wie man sagte.

365. Item, er war wohl einen Klafter hoch, lang auf einem Bett ausgestreckt, das Gesicht aufgedeckt oder sein Abbild, goldene Krone, in einer Hand ein königliches Zepter und in der anderen eine Art Hand, die das Segenszeichen mit zwei Fingern macht, und sie waren aus Gold und so lang, daß sie bis zu seiner Krone reichten.

366. Item, zuvorderst gingen die Bettelorden, die Universität; danach die Kirchen von Paris; danach Notre-Dame von Paris und das Palais dahinter; und diese sangen und keine anderen. Und das ganze Volk, das auf der Straße und an den Fenstern war, es weinte und schrie, als

ob jeder da sterben sehe, was er am meisten liebte, und wahrlich waren ihre Klagen jenen des Propheten Jeremias recht ähnlich, der vor Jerusalem schrie, als es zerstört war: *Quomodo sedet sola civitas plena populo.**

367. Item, da waren sieben Krummstäbe, nämlich der neue Bischof von Paris, der von Beauvais und der von Thérouanne, der Abt von Saint-Denis, der von Saint-Germain-des-Prés, der von Saint-Magloire, der von Saint-Crépin und von Saint-Crépinien; und es waren die Priester und Kleriker alle in einer Reihe, die Herren vom Palais, wie der Prévôt, der Kanzler und die anderen in der anderen Reihe; und davor gab es 250 Fackeln, welche die armen Diener trugen, alle in Schwarz gekleidet, die sehr stark weinten, und ein wenig davor gab es achtzehn Leichenausrufer.

368. Item, es gab vierundzwanzig Kreuze von Mönchen, und andere läuteten vornean ihre Glocken. So wurde er getragen, und hinter der Leiche war ganz allein der Herzog von Bedford, Bruder des verstorbenen Königs Heinrich von England, der ganz allein Trauer trug, und keinen Mann vom Geblüt Frankreichs gab es da. Solcherart wurde er an diesem Montag nach Notre-Dame von Paris getragen, wo es 250 Fackeln gab, die alle angezündet waren. Dort wurden die Vigilien gesprochen und am nächsten Morgen recht früh die Totenmesse, und nach der Totenmesse wurde er in vorgenannter Weise nach Saint-Denis gebracht und nach seiner Messe neben seinem Vater und seiner Mutter bestattet; und es gingen aus Paris mehr als 18000 Personen hin, soviel kleine wie große, und jeder erhielt eine Gabe von acht Doppelhellern, die damals zwei Tourische Heller das Stück wert waren, und man hatte damals keine größeren noch kleineren Münzen, es sei denn aus Gold.

369. Item, man gab allen, die gekommen waren, Mittagessen, und es war Mittwoch, als er bestattet und be-

deckt war, und als der Bischof von Paris, der zuvor die Messe gesprochen hatte, und sein Diakon, der Abt von Saint-Denis, und der Unterdiakon, der Abt von Saint-Crépin, als sie die Fürbitte für den Toten gesprochen hatten, rief ein Herold laut, daß jeder für seine Seele bete, und daß Gott den Herzog Heinrich von Lancaster,* König von England und Frankreich, schützen und bewahren möge; und, diesen Ruf rufend, kehrten alle Diener des dahingeschiedenen Königs ihre Streitkolben, ihre Spießruten, ihre Schwerter um, von ihrem Vasalleneid entbunden.

370. Item, der Herzog von Bedford ließ auf dem Rückweg das Schwert des Königs von Frankreich vor sich hertragen, als Reichsverweser, worüber das Volk stark murrte, aber leiden mußte man es für diesmal.

371. Item, gerade eben an diesem Tag, Sankt Martin im Winter, und zur gleichen Stunde, wie er zu seiner Salbung in Paris einzog, wurde er im 43. Jahr seiner Herrschaft zur Bestattung nach Saint-Denis getragen, an Sankt Martin im Winter; und einige Alte sagten, die seinen Vater* hatten kommen sehen, er kam in königlichem Staat, nämlich ganz in Scharlachrot gekleidet, mit einem Umhang, mit einer Pelzkappe, wie es dem königlichen Stand zukommt; und in dieser Weise wurde er nach Saint-Denis zur Bestattung gebracht. Und man sagte auch, daß dieser König bei seiner Salbung blaue Schuhe trug, mit goldenen Lilien bestickt, bekleidet mit einem Mantel von rotem Goldstoff, mit Hermelin besetzt, und wie jeder ihn sehen konnte; aber daß er edlere Begleitung bei seiner Salbung als bei seiner Bestattung hatte. Und sein Vater hatte ebenso edle Begleitung bei seiner Bestattung wie bei seiner Salbung, oder noch edlere, denn er wurde von Herzögen und Grafen getragen, und keinen anderen Leuten, welche alle in das Wappen Frankreichs gekleidet waren, und es gab mehr Prälaten, Ritter und Junker von Rang

und Namen als in der Begleitung dieses guten Königs in seinen letzten Tagen, Leute von welchem Stand auch immer. Und wenn man dies betrachtet, die großen Klagen, die das arme Volk machte, daß es einen so Sanftmütigen verloren hatte, und wie wenig Freunde sie hatten, und der Haufen Feinde, ist es kein Wunder, daß sie sehr den Zorn ihrer Feinde fürchteten und sich das Klagelied des Propheten Jeremias vorsagten: *Quomodo sedet sola civitas.* Denn immer noch taten jene Feinde schlimmer und schlimmer, und mußte man zu dieser Zeit das Schloß von Beaumont abreißen, und so riß man es ab.* Item, im Dezember wurde in der ersten Woche ausgerufen, daß man die Weißpfennige zu zwei Pfennigen überall annehmen sollte, kurz vor Weihnachten.

372. Item, zu jener Zeit wurde der vorgenannte Prévôt von Paris abgesetzt, der Landvogt von Vermandois gewesen war, und wurde einer namens Herr Simon Morhier, Ritter, erwählt.

[1423]

373. Item, zu jener Zeit, am ersten Tag des Jahres, nahmen die Armagnacs die Brücke von Meulan ein, was Gott weiß wieviel kostete, denn sie mußten belagern, und sie hielten sich stark und mächtig und zogen oft bis nach Mantes, um zu plündern oder zu rauben, oder anderswo, wie sie es vorher gewohnt waren.

374. Item, am zehnten Tag, nachdem sie Meulan genommen hatten, bei Mondwechsel im Januar, am 12. Tag, war es so bitter kalt, wie es kein Mensch je gesehen hatte; denn es fror so furchtbar, daß in weniger als drei Tagen der Essig und der Krätzer in den Kellern und Gelassen

gefroren; und wurde der Fluß Seine, der sehr groß war, ganz davon ergriffen, und die Brunnen froren in weniger als vier Tagen zu, und dieser bittere Frost dauerte ganze achtzehn Tage. Und vorher hatte es so viel geschneit, bevor dieser bittere Frost einsetzte, etwa ein oder zwei Tage vorher, wie man es nur dreißig Jahre zuvor gesehen hatte; und wegen der Bitterkeit von Frost und Schnee war es so kalt, daß niemand etwas anderes tat als Ball, Kolben und Schneeball spielen, oder andere Spiele, um sich zu erwärmen; und wahrlich war sie so heftig, daß sie als Eiszapfen und in Höfen, in Straßen, in der Nähe von Brunnen fast bis Mariä Lichtmeß im März dauerte. Und wahrlich hatten die Hähne und die Hennen den Kamm bis zum Kopf erfroren.

375. Item, in diesem Monat Februar wurden alle von Paris vereidigt, nämlich Bürger, Einwohner, Kärrner, Schäfer, Kuhhirten, Schweinehirten der Abteien, und die Stubenmädchen und sogar die Mönche, dem Herzog von Bedford gut und treu zu sein, Bruder des verstorbenen Königs Heinrich von England, Reichsverweser von Frankreich, ihm in allem und überall gehorsam zu sein und mit all ihrer Macht Karl* zu schaden, der sich König von Frankreich nannte, und allen seinen Bundesgenossen und Verschwörern. Die einen taten es guten Herzens, die andern mit sehr üblem Willen.

376. Item, zu jener Zeit glaubten die Armagnacs, die Belagerung von Meulan aufheben zu können, aber sie wagten es nicht, weil sie zu wenige waren und sehr die Gemeinen fürchteten, welche sie allzusehr haßten, und das mit gutem Grund, denn die schlimmsten Sarazenen von der Welt hätten ihnen nicht mehr Tyrannei getan, als wenn sie sie nahmen. Und als sie die Macht des besagten Reichsverwesers sahen, da verlangten sie eine Schlacht für den Freitag, den 26. Tag des Februar. Und in der Woche vor diesem Tag hörte man in Paris nicht auf, Tag und

Nacht Leute festzunehmen, die man verdächtigte, von ihrer Partei zu sein, und diese wurden in Gefängnisse gebracht.

377. Item, in dieser Woche machte man vier Tage hintereinander Messen, und kein Mensch in Paris tat an diesen Tagen irgendwelche Arbeit.

378. Item, als der Tag kam, da die Armagnacs sich schlagen mußten, kam auf ungefähr vier Meilen nah ein Graf von Schottland,* der gut begleitet war, aber er wartete auf die Unterstützung von Tanguy du Châtel, der ihm versprochen hatte, ihn zu unterstützen, aber der spielte ihm einen Streich wie Ganelon* zu seinen Lebzeiten, denn er kam nicht und schickte niemand. Als dies der Graf aus Schottland sah, daß er verraten war, da zog er sich so rasch er konnte zurück, um seine Leute und sich ins Land der Armagnacs zu retten, und dort gab es einen großen Streit zwischen ihm und Tanguy, und grobe Worte; weshalb sich besagter Graf von ihrer Gesellschaft trennte und in sein Land davonging. Und die von Melun, die drinnen belagert waren, wußten sich keinen Rat; denn sie merkten wohl, daß Tanguy, auf den sie am meisten vertraut hatten, sie verraten hatte. So trauten sie den restlichen Armagnacs wenig, denn sie hatten nur noch sehr wenig zu essen und wußten wohl, daß die Gemeinen sie sehr tödlich haßten, als solche, die das wohl verdient hatten, wie zuvor gesagt, durch ihre Grausamkeit und Tyrannei. Da wagten sie nicht, länger zu warten noch auf Fortuna zu vertrauen, und so ergaben sie sich, freiwillig und unfreiwillig, dem Willen des Reichsverwesers Herzog von Bedford, welcher ihnen allen Gnade erwies, am ersten Tag des März im Jahre 1423, weil sie in großer Zahl Edelleute waren, denn es waren wohl hundert oder achtzig Waffenröcke. So dachte er, daß die Macht der anderen sehr verkleinert würde und die seine wachse, aber er täuschte sich, denn sobald sie herauskonnten, hielten sie

keine Treue und Eide mehr, die sie abgelegt hatten, sondern taten schlimmer, als sie zuvor getan hatten, womit das Volk sehr unzufrieden war, aber es mußte es leiden.

379. Item, im darauffolgenden April, nach Ostern, welches auf den 3. Tag des April im Jahr 1423 fiel, wurde ein großer Rat unserer Herren in der Burg von Amiens abgehalten, und dort wurden Heiraten und Bündnisse gemacht, und es wurde die Schwester des Herzogs von Burgund dem Reichsverweser von Frankreich gegeben. Und nach ihren besagten Heiraten* zogen sie nach Paris, nämlich der Herzog von Bedford, der Graf von Salesbury, der Graf von Suffolk und mehrere andere Herren aus England; aber es kam gar kein Herr aus Frankreich, nur Englische, welche den größten Staat an Kleidung und Juwelen trugen, den man seit Menschengedenken gesehen hatte, und niemand anders kümmerte sich um die Regierung als sie.

380. Item, in diesem Jahr waren alle Feigenbäume, der Rosmarin, die Spaliertrauben des Marais und große Teile der Weinberge ganz erfroren, und Nußbäume, von besagtem Frost, besonders alles, was über der Erde war, und ungefähr Mitte Mai begannen sie auszuschlagen.

381. Item, in diesem Jahr 1423, in der zweiten Woche des Juni, zogen die Englischen vor Orsay, das soviel Übel in Frankreich getan hatte, besonders in der Umgebung von Paris, von allen Seiten; denn die Schurken, die in der Burg waren, waren schlimmer als jemals Sarazenen. Und niemand wird den Schmerz und die Tyrannei glauben, die sie die Christen leiden ließen, welche sie gefangennahmen, denn erstens entkam ihnen niemand, den sie gefangennahmen, es sei denn, er verlor alles, was er hatte, wenn sie konnten; und nach diesem grausamen Lösegeld, wenn sie alles hatten, was die armen Leute oder die Reichen aufbringen konnten, ließen sie sie manchmal Hungers oder eines anderen grausamen Todes sterben. Und deswegen,

sobald die Belagerung anfing, gingen die von Paris und von den umliegenden Dörfern guten Herzens dorthin, und besagte Burg wurde sehr erbittert angegriffen. Die Schurken, die drinnen waren, verteidigten sich sehr, denn viel hatten sie darinnen, denn lange Zeit hatten sie nichts getan, als sich durch Raubzüge zu bereichern, aber ihre Verteidigung nützte ihnen nichts, denn kaum acht Tage danach wurden sie so schmählich genommen, daß sie nach Paris geführt wurden, ein jeder mit einem Strick um den Hals, gut verschnürt, zu zweit angebunden wie Hunde, zu Fuß von besagter Burg bis nach Paris, und es waren ungefähr fünfzig, ohne die Frauen und die kleinen Pagen.

382. Item, diejenigen, die man für Edelleute hielt, kamen einer nach dem anderen ein wenig hinter den Vorgenannten und hatten keinen Strick um den Hals, sondern hielten jeder ein Schwert in der rechten Hand, ungefähr von der Mitte des Blattes an ganz blank, die Spitze auf die Brust gerichtet, als Zeichen, daß sie sich dem Willen des Fürsten ergeben hatten; und wurden an Sankt Gervasius und Protasius gebracht, der in diesem Jahr auf einen Samstag fiel.

383. Item, bald danach wurde eine große Abgabe und Anleihe gemacht, welche den armen Leuten soviel Kummer machte, daß eine große Menge wegging, um außerhalb von Paris zu leben.

384. Item, in der letzten Woche des Monats Juli wurde vom Bischof von Paris angeordnet, daß keine Frau im Chor der Kirche sei, wenn man den Gottesdienst abhielt, und kein verheirateter oder tonsurloser Priester die Reliquien berühren solle oder irgend etwas Heiliges oder Geweihtes und nicht dem Priester am Altar ministrieren, aber das dauerte nicht lange.

385. Item, zu dieser Zeit wurden schwarze Münzen gemacht, zu drei Tourischen das Stück, die man aber nie

in den Umlauf zu bringen wagte, denn das zu zwei Tourischen war weiß und das zu drei Tourischen schwarz; und darüber war das Volk so unzufrieden, daß man es lassen mußte, und so wurden alle zerschlagen.

386. Item, zu dieser Zeit kamen jede Nacht die Wölfe nach Paris, und man fing deren oft drei oder vier auf einmal, und sie wurden durch Paris getragen, an den Hinterbeinen aufgehängt, und [denen, die sie gefangen hatten,] gab man viel Geld.

387. Item, am Tag der Auffindung des Heiligen Stephan, dem 3. Tag des August, wurde abends ein großes Fest in Paris gemacht, mit Feuern und Tanz wie in der Johannisnacht; aber es war sehr erbärmlich zu denken, warum das Fest gefeiert wurde, denn besser hätte man weinen sollen; denn, wie man sagte, waren dreitausend oder mehr der Armagnacs mit Waffen getötet,* und einige zweitausend gefangengenommen, und einige tausendfünfhundert ertrunken, um dem grausamen Tod zu entgehen, den diejenigen, die sie verfolgten, ihnen versprachen. Sehet denn, welch Schaden und welch Jammer für die ganze Christenheit, denn wenige von denen, die so gestorben sind, hatten ein wenig Gedenken ihres Schöpfers zur Stunde ihres Todes, und jene, die sie erschlugen, ebensowenig, denn die meisten gehen nur aus Gier aus und keineswegs aus Liebe zu ihren Herren, derer sie sich rühmen, noch aus Gottesliebe, noch aus irgendeiner Barmherzigkeit, so daß sie alle in Gefahr sind, schmählich der Welt zu sterben, und ihre Seelen verdammt sind.

388. Item, wie viele Orte blieben verlassen, Städte, Burgen, Kirchen, Abteien und andere, ach! ach! wie viele Waisenkinder man auf christlicher Erde finden kann, und wie viele arme Frauen, Witwen und im Jammer durch solchen Totschlag. Ach! wenn ein jeder von uns diesen Schmerzens-Altar betrachten würde, der uns zukam oder bevorsteht, welch großer Schmerz und welch großer Haß

würde unsere Herzen und Leiber durchdringen, und welch großen Wunsch hätten wir, gerächt zu sein, und alles, weil wir keinen Blick auf die Zeit haben, die kommt, welche sehr bedenklich ist, im Hinblick auf grausamen Tod durch göttliche Rache für die Freude, die wir am Schaden der anderen haben, und an der Zerstörung, daß man uns alle als Totschläger verurteilen könnte, sagt man doch, der gute Wille sei als Tat einzuschätzen! Und so sagte Unser Herr durch seinen Apostel: »Wer mit dem Schwert tötet, wird durch das Schwert umkommen!« Wir tun gleich Kalchas, einem Seher der großen [Stadt] Troja, welcher zu seinem Gott ging, der hieß Apoll, mit Urlaub des Königs Priamos, zu fragen, welche würden besiegt, die von Troja, der großen, oder die Griechen. Da wurde ihm Antwort, daß am Ende Troja würde zerstört sein, weshalb er seine Stadt verließ und seine Freunde und fortging, zu den Griechen hinüber und sagte ihnen die Antwort Apolls, weshalb sie ihm große Freude machten für diesmal, wegen der Antwort Apolls. Welchem Apoll der Teufel eingab, dem Kalchas zu sagen den Sieg der Griechen, denn er verbarg den großen Schmerz, der ihnen daraus würde, denn alle vergingen, denn wenige nur entgingen, daß beinahe alle erschlagen wurden oder untergingen zur See bei der Rückkehr, und Kalchas hatte nur sehr wenig Freude, als er ging mit den Griechen, denn man scherte sich kaum noch um ihn. So seht, welcher Schmerz für beide Seiten entstand, darum daß sie Rache begehrten, bezeugt doch die Schrift, daß dorten durch Feuer und Schwert mehr als 22 000 Männer fielen, so daß ein großer Teil des Orients verwitwet blieb und verwaist von allen Rittern, denn wenige oder keine entkamen, um Nachricht voll Schmerz zu bringen in seinem Land. Und daher, um der Liebe Gottes, mögen wir uns unserer selbst erbarmen, in Furcht vor der Hand Unseres Heilands Jesus Christus, denn niemand weiß, was ihm vor Augen liegt, denn mit welchem Maß wir messen, mit solchem werden wir gemessen werden.

389. Item, in der letzten Woche des August kam der Herzog von Burgund nach Paris, mit wenig Nutzen für das Volk, denn er war in großer Gesellschaft, die in den Dörfern der Umgebung von Paris alles verwüsteten, und die Englischen waren auch da. Und zu dieser Zeit war der Wein teurer, als er lange Zeit gewesen war, und es gab auch sehr wenig Trauben und Reben, und dies wenige verwüsteten überdies die besagten Englischen und Burgunder, wie es Schweine getan hätten, und keiner war, der darüber zu sprechen gewagt hätte. So wurde das Volk vom bösen und gierigen Willen der Reichen beherrscht, welche Paris beherrschten und immer mit den Herren* waren, und sie hatten kein Erbarmen mit dem armen Volk, das soviel Armut hatte. Aber besagte Regenten ließen, um den Herren zu gefallen, an einem Montag, dem 6. Tag des September, ungefähr um drei Uhr, das Geld ausrufen, daß nämlich drei Doppelheller oder Nickel nur noch einen Weißpfennig wert seien, die vorher sechs Tourische wert waren; worüber das Volk sehr bekümmert war, und deswegen konnte man sich in Paris, weder an diesem noch am folgenden Tag, für sein Geld weder Brot noch Wein besorgen.

390. Item, zu dieser Zeit nahmen die Englischen manchmal des Morgens den Armagnacs eine Festung, und doch verloren sie manchmal des Abends zwei; so dauerte dieser von Gott verdammte Krieg.

391. Item, zu dieser Zeit, im Monat September, erreichte es der Bischof von Paris, welcher Patriarch war, mangels Selbstgenügsamkeit, Erzbischof von Rouen zu werden, und am folgenden Sankt Denis, dem 9. Tag des Oktober, wurde ein anderer Bischof von Paris, namens Jean de Vienne.

392. Item, in diesem besagten Monat September lie-

ferten sich die Armagnacs und die Englischen eine Schlacht, und das war in der Nähe von Avranches; und es blieben wohl viertausend Englische ganz tot auf dem Platz, was zum Erbarmen war, und daß die Christenheit sich gegenseitig derart zerstören muß, und gewiß geschah es nicht ohne große Zerstörung der anderen, denn das ganze Volk haßte sie zu tödlich, die einen wie die anderen.

393. Item, als besagter Bischof von Wien als Bischof von Paris empfangen wurde, ließ er vierzig Tage nacheinander Prozessionen machen, daß Gott durch seine Gnade Frieden unter der Christenheit stifte und das Wetter befrieden möge, das der Aussaat allzu hinderlich war, denn es waren wohl ganze vier Monate oder mehr, daß es nicht aufgehört hatte zu regnen, Tag und Nacht.

394. Item, zu dieser Zeit gab es in der Burg von Ivry-la-Chaussée eine große Ansammlung von Schurken, die sich Armagnacs oder vom Bande nannten, denen nichts entging, wenn es nicht zu heiß oder zu schwer war, und die, was noch schlimmer war, töteten, Feuer legten, Frauen und Mädchen vergewaltigten, Männer hängten, wenn sie nicht Lösegeld nach ihrem Belieben zahlten, und konnten dort keinerlei Waren herauskommen.

395. Item, zu dieser Zeit war die Welt sehr erstaunt über das Regenwetter, das so lange anhielt, und über die Wärme. Von Sankt Remigius bis ungefähr Sankt Thomas-Apostel war es so milde, waren die gelben Veilchen so allgemein vorhanden wie sonst im März, und es fror in dieser Zeit überhaupt nicht, und jeder sagte, daß der Winter schon vorbei sei; aber der Mensch denkt, und Gott lenkt; an Sankt Thomas fing es an zu frieren, und es fror immer stärker, und das dauerte unablässig bis Mariä Lichtmeß. Und zu dieser Zeit, als es bitter fror, gab es einen so großen Kohlmarkt in Paris, daß man einen Karren voll

um zwölf Weißpfennige bekam, und für einen kleinen Schwarzen, der nur ungefähr einen Tourischen Obol wert war, bekam man genug für vier oder sechs Personen, und man hatte Erbsen und dicke Bohnen um zwei Pariser Sous den Scheffel.

396. Item, in großer Menge gab es Obst, und sehr gutes, zu Weihnachten und danach, ein Viertelhundert langstielige oder kurzstielige Äpfel um vier Heller oder weniger.

397. Item, zu dieser Zeit verzichteten alle Leute, die welche besaßen, auf ihre Häuser, weil sie mit Mieten belastet waren, denn keiner von den Zinsherrn wollte irgend etwas von ihrer Miete erlassen, und sie wollten lieber alles verlieren, als menschlich gegen die zu sein, die ihnen Miete schuldeten, so gering sie manchmal war, und durch diesen Mangel an Treu und Glauben fand man in Paris leere Häuser, und die Fenster heil und ganz, mehr als 24000, wo niemand wohnte.

398. Item, zu dieser Zeit, wohl kurz nach oder vor Weihnachten, wurde Compiègne wieder von den Armagnacs eingenommen, und damit zusammen nahmen sie haufenweise Korn, das man aus dem Land der Picardie nach Paris brachte. Und sobald diese Nachricht in Paris bekannt wurde, brachte der Prévôt von Paris einen großen Haufen Leute von Paris dorthin, um zu belagern, aber er machte nichts Erwähnenswertes, als Geld zu verschwenden und die armen Leute leiden zu lassen.

399. Item, zu dieser Zeit gab es in Frankreich keinen Herrn noch Ritter von Rang und Namen, weder englischen noch anderen, und darum waren die Armagnacs so kühn und unternehmungslustig.

400. Item, Ende Februar in besagtem Jahr 1424 ergaben sich die von Crotoy und die von Montaiguillon den Englischen, bei Sicherheit für Leib und Leben, und gingen frank und frei davon, die soviel Übel getan hatten, denn sie hatten mehr als ein Jahr widerstanden.

401. Item, zu dieser Zeit geschah alles durch die Englischen, und keiner der Herren von Frankreich mischte sich in die Regierung des Königreichs ein. Und zu dieser Zeit blieb die Königin von Frankreich* immerfort in Paris, aber sie wurde so ärmlich gehalten, daß sie jeden Tag höchstens acht Sester Wein für sich und ihr Gefolge hatte; und die meisten von Paris, wenn man sie gefragt hätte: »Wo ist die Königin?« hätten nicht zu antworten gewußt. So wenig kümmerte man sich um sie, daß sie dem Volk sehr gleichgültig war, weil man sagte, sie sei die Ursache der großen Übel und Leiden,* die nunmehr auf Erden herrschten.

402. Item, den ganzen Winter und die ganze Fastenzeit bis nach Ostern, welches auf den 23. Tag des April fiel, ungefähr im Mai, belagerte man Gaillon, Sézanne, Nangis und andere Festungen, welche alle von den Englischen genommen wurden, und die Armagnacs gingen aus den besagten [Festungen] fort, mit Sicherheit für Leib und Leben, außer denen von der Burg Sézanne, die alle ans Schwert fielen, und die anderen taten um die Hälfte schlimmer als zuvor.

403. Item, zu dieser Zeit ließ der Reichsverweser von Frankreich Anfang Juli die belagern, die in Yvry-la-Chaussée waren und wenig Lebensmittel hatten, und es war ihrer aller Hoffnung, sich mit Gütern zum Leben zu versorgen, die in diesem Monat auf den Feldern standen, besonders mit allem Korn und Suppengemüse für das

ganze Jahr, denn an Fleisch hatten sie immer genug. Aber man sagt recht oft, daß eins der Esel denkt und das andre der Eselsführer, und Gott, der die Absicht des Holofernes vereitelte, verwandelte ihre Freude, als sie glaubten, ganz sicher zu sein, in Trauer; denn sie wurden so dicht belagert, daß sie nun nicht mehr Korn noch Weizen noch Suppengemüse plündern konnten, weshalb sie mit dem Reichsverweser verhandeln mußten. Und es wurde folgender Vertrag gemacht: daß sie sich dem Willen des Fürsten ergeben mußten, wenn sie nicht binnen vierzehn Tagen im Monat August Entsatz hätten, was ihnen zugestanden wurde, und dafür gaben sie als gute und genügende Geiseln lauter Edelleute; denn in besagter Burg waren wohl vierhundert Bewaffnete, alle von Rang und Namen, da hatten sie große Hoffnung auf Entsatz, der ihnen an besagtem Tag nicht fehlen würde. So wußten die Armagnacs den Tag, da machten sie eine große Heerschau aller ihrer Kräfte, und machten sich auf den Weg, jenseits von Chartres, tötend, raubend, plündernd, Männer und Frauen gefangennehmend, kurz, sie taten alles Übel. Andererseits ließ der Reichsverweser, der vor der Burg von Yvry-la-Chaussée stand, seine Armee von überallher sammeln, und als sie gekommen waren, da waren sie an die zehntausend bewaffnete und verteidigungsfähige Männer, welchen er sehr weise befahl, denn er stellte sie in eine sehr schöne Ebene; und dahinter hatte er eine sehr hohe Anhöhe, so daß er keine Nachhut brauchte, denn niemand konnte ohne große Mühe den besagten Berg zu ihnen herabsteigen. Zu dieser Zeit kamen die Armagnacs der Armee des Reichsverwesers immer näher; als er das erfuhr, ließ er seine Schlachtreihen ordnen und bat sie, es gut zu machen, und erwartete sie [den Feind], zu Fuß, aber in sehr schöner Ordnung. Die Armagnacs schickten berittene Späher vorweg, um die Armee des besagten Reichsverwesers auszukundschaften; als die Späher seine Armee in so schöner Ordnung sahen, da kehrten sie wie erschreckte Leute zu ihren Leuten um und sagten ihnen, daß es großer Wahnsinn sei, sich zu sammeln, und daß es das Beste sei, wenn ein jeder in seine Garnison zurückkehre. Da strebten sie danach einen Verrat an, denn sie schickten, eine Meile von der Armee des Reichsverwesers entfernt, ungefähr fünfhundert Bewaffnete aus, gut beritten und bewaffnet, welche so taten, als ob sie kämen, die Belagerung aufzuheben, wozu sie weder fähig noch kühn genug waren; und die drinnen in der Burg waren, wurden stolz und fingen an zu schreien und zu brüllen, und sagten sehr schändliche und verachtungsvolle Worte zu dem Reichsverweser und seinen Leuten, denn sie glaubten wohl, für dieses Mal gerettet und befreit zu sein, als sie die fünfhundert Mann sahen, denn ihr Denken war, dies sei die Vorhut der Armagnacs, aber es war anders, denn solcherart waren sie nur gekommen, um genau zu wissen, daß der Reichsverweser sie auf dem Platz erwartete; da rührten sie sich nicht von der Stelle, wo sie waren, so daß die beiden Heere einander sehen konnten. Und während sie dort verhielten, ließen die Armagnacs ihre Fuhren und Karren umkehren, so schnell sie konnten, um zu fliehen, ohne etwas zu verlieren noch einen einzigen Streich zu führen.

404. Als jene, die vor die Armee des Reichsverwesers gekommen waren, sahen, wie stark dieser war, und daß dies Heer zu Fuß etwa drei oder vier große Meilen entfernt war, saßen sie sehr rasch auf und flohen hinter ihren Leuten her, die auf den Fluß Perche hin zogen; und dieser Tag war Montag, Vorabend von Mariä Himmelfahrt 1424. Als sie in der Nähe von Verneuil-au-Perche waren, da machten sie einen großen Verrat, denn sie nahmen einen großen Haufen ihrer schottischen Soldaten, die gut die Sprache Englands zu sprechen wußten, und banden ihnen die Hände, banden sie an die Schwänze der Pferde,

und beschmierten sie mit Blut, wie von Wunden, an den Händen, den Armen und im Gesicht, und so führten sie diese vor Verneuil, mit lauter Stimme schreiend und brüllend in der Sprache der Englischen: »Schlecht leben wir diesen schmerzlichen Tag! Wann wird dieser Schmerz enden?« Als die Englischen, die in der Stadt waren, den nachgemachten Schmerz sahen, waren sie sehr erstaunt und schlossen ihre Tore und stiegen auf die Mauern, um ihre Stadt zu verteidigen. Und als die Armagnacs das sahen, zeigten sie ihnen den Herrn von Torcy, der sich ihnen ergeben hatte und der wie die anderen verräterisch gefesselt war, der sagte ihnen, daß die ganze Reiterei Englands an diesem Tag vor Yvry gefallen sei und daß sie sich um nichts mehr hielten, daß nie mehr Entsatz kommen würde, und dies bezeugten die anderen, die gut englisch sprachen, und schworen bei ihrem Eid, daß es so war. Da wußten sie sich nicht zu raten, denn sie hielten den Herrn von Torcy für einen der guten und wahren Ritter, der mit dem Reichsverweser war; und sie sahen die anderen an die Pferdeschwänze gebunden, die ihre Sprache sprachen und bestätigten, daß die Sache ganz wahr sei, und auch hatten sie wenig Lebensmittel; da kamen sie überein, sich zu ergeben, bei Sicherheit für Leib und Leben, was ihnen zugestanden wurde. Aber als die Armagnacs in der Stadt waren, da taten sie großes Übel, denn sie brachten alle um, die sie fangen konnten, und mehrere Frauen und Kinder, und setzten sich in der Stadt fest, und auch alle ihre Fuhren. Solche, die entweichen konnten, entflohen so gut wie möglich, die einen kamen bei der Armee des Reichsverwesers an, welche ganz fröhlich und in guter Form; da erzählten sie dem Reichsverweser ihr Abenteuer, und man hatte dem Reichsverweser erzählt, daß sie nur scheinbar flohen, damit er seinen Leuten Urlaub gebe, und hätten im Sinn, ihn zu überrennen, wenn er ihnen Urlaub gegeben hätte; aber sobald er die Sache erfuhr, machte er sich auf und verhandelte mit denen von der Burg, die solches zu tun gedacht hatten, daß sie wohl wissen sollten, sie würden alle eines üblen Todes sterben, wenn sie sich nicht ergäben, da ergaben sie sich ihm, und er machte mit ihnen, was er wollte; er ließ welche erhängen, aber den größten Teil ließ er frei, die danach so viele Übel taten, wie diese häßliche Zeit dauerte.

405. Danach setzte sich besagter Reichsverweser, der Herzog von Bedford, mit seiner ganzen Armee in Bewegung, so schnell er konnte, und verfolgte die Armagnacs Tag und Nacht, so daß er am Donnerstag nach der Augustmitte, welche auf einen Dienstag fiel, sich den Armagnacs so weit näherte, daß sie einander sahen. Als sie den Reichsverweser bemerkten, da ordneten sie ihre Leute und sahen, daß es wohl achtzehntausend Kämpfer waren, und ließen durch Herolde die Leute des besagten Reichsverwesers erfragen, die auf Treu und Glauben sagten, sie seien höchstens zehntausend. Als das die Armagnacs hörten, die eine große Menge gut berittene Lombarden hatten, sagten sie ihnen: »Wir machen die Schlachtordnung so, daß ihr von der Lombardei, die ihr gut beritten seid, wenn die Schlacht gut im Gange ist, daß dann dreitausend von euch von hinten auf sie zukommen und alle töten, ohne Lösegeld zu nehmen.« Damit waren die Lombarden einverstanden, und andererseits traf der Reichsverweser seine Schlachtordnung, und das war in einer schönen Ebene, doch gab es da nichts, um sich abzuschließen. Da ließ er seine Leute absitzen und alle Pferde seiner Armee hinter der Armee anbinden, Kopf an Kruppe, drei oder vier Reihen, und alle waren so aneinandergebunden, daß die Pferde sich selbst nicht eins ohne das andere rühren konnten, so kurz waren sie angebunden. Als solcherart die beiden Armeen ihre Schlachtordnung getroffen hatten und dementsprechend standen, ließen die Armagnacs, die zum großen Teil Sünder waren,

den Reichsverweser fragen, was er im Sinne habe, und ob es nicht besser sei, einen guten Vertrag zu machen als zu kämpfen, denn viele ängstigten sich wegen ihrer Sünden. Der Reichsverweser, seiner Sache sicher, ließ ihnen ausrichten, sie hätten so oft Treu und Glauben betrogen, daß man ihnen nie mehr trauen dürfte, und sie wüßten wohl, daß sie von ihm nie mehr Vertrag oder Frieden haben würden, bevor er nicht gegen sie gekämpft hätte. Danach gab es kein Reden mehr, die beiden Armeen gingen aufeinander zu und begannen, aufeinander einzuschlagen mit allen Arten von Kriegswaffen, die man sich denken kann, mit Pfeilen und anderen. Da hörte man viele Schreie und Klagen, viele Männer fielen zu Boden, die nicht mehr aufstanden, der eine jagte, der andere floh, der eine lag tot auf dem Rücken, der andere mit dem Gesicht auf der Erde; und es wurde soviel Blut vergossen von Christen, die einander im Leben nie gesehen hatten; und so kamen sie dazu, einander zu töten, um eines bißchen Geldes willen,* das sie sich davon erhofften. Die Schlacht war sehr grausam, so daß man nicht wußte, wer siegen würde. Die Armagnacs vertrauten sehr auf die Lombarden, denen sie befohlen hatten, von hinten zu kommen, um die Schlachtordnung des Reichsverwesers von Frankreich aufzubrechen, welche dies aber nicht zu tun wagten, als sie die Hecke aus Pferden sahen, die hinten war. So war es ihnen gleichgültig, wer gewinnen und wer siegen würde, aber sie würden Beute haben; da töteten sie die armen Diener und Pagen, die auf den Pferden waren, und hatten nicht das Herz, ihren Leuten zu helfen, und nahmen all die guten Pferde und alles, was auf ihnen angehäuft war, und so entflohen sie, ohne zurückzukehren, in ihr Land; so gingen sie schmählich davon, als Feiglinge und Habgierige. Als die Armagnacs sahen, daß sie überhaupt nicht kamen, waren sie sehr erstaunt; doch wurde ihnen von einem Herold gesagt, wie die Lombarden entflohen waren, ohne einen Streich zu führen, es sei denn zum Plündern, da waren die Armagnacs so erstaunt, daß sie sich nicht zu raten wußten; und es waren doch mehr als 15000 in die Schlacht gezogen, aber ihre Sünde schadete ihnen derart, daß sie nichts zu machen wußten, was ihnen irgend Ehre eingebracht hätte, denn der Herzog von Burgund war von ihnen getötet worden. Als die Englischen sie so erstaunt sahen, da schlossen sie ihre Reihen und berannten sie so erbittert mit all ihrer Macht und gewannen ihnen immer mehr Boden ab, so erbittert, daß die Armagnacs den Ansturm nicht mehr ertragen konnten. So begannen sie, sehr schmählich zu fliehen, um ihr Leben zu retten, und die Leute des Reichsverwesers verfolgten sie bis vor Verneuil-au-Perche. Dort gab es großen und grausamen Totschlag an Armagnacs, denn dort kamen nach dem Sagen der Herolde wohl neuntausend zu Tode. Und so wurde der Herzog von Alençon gefangengenommen und der Graf von Aumale, Sohn des Grafen von Harcourt, getötet, und der schottische Graf von Douglas getötet, und der Graf von Bucan getötet, und der Graf von Tonnerre getötet, und der Graf von Ventadour getötet, und der Vizegraf von Narbonne, dem der Kopf abgeschlagen wurde, nachdem er tot war, und seine Leiche am Galgen aufgehängt, und sein Kopf auf einer Lanze sehr hoch oben.

406. Item, wurden auf der Seite der Armagnacs wohl 2375 Tote aufgefunden.

407. Item, von denen des Reichsverwesers wurden ungefähr dreitausend tot aufgefunden, und sehr wenige Tote gab es unter den Leuten von Rang und Namen.

408. Als solche, die sich in der Stadt festgesetzt hatten, diese große Niederlage sahen, da wußten sie sich keinen anderen Rat, als sich der Gnade des Reichsverwesers auszuliefern, und so taten sie es. Doch waren die einen verletzt, die anderen halbtot, und in diesem Zustand wurden

sie in großer Verwirrung aus der Stadt hinausgeworfen, ganz bar all ihrer Waffen.

409. Item, die Lombarden, welche die vorgenannten Pferde geplündert hatten, hielten sich auf ihrem Weg nicht zusammen, weshalb ein Teil von ihnen vor Chartres auf Widerstand traf, und alle wurden besiegt und ein großer Haufen getötet und verletzt; und obengenannte Schlacht war am Donnerstag, dem 17. Tag des August im Jahr 1424. Und am folgenden Freitag, dem 18. Tag besagten Monats, machte man überall in Paris Feuer und ein sehr großes Fest, wegen der Niederlage der Armagnacs, denn man sagte, sie hätten sich gerühmt, wenn sie unsere Leute besiegt hätten, daß sie weder Frauen noch Kinder noch Herolde noch Spielleute* geschont hätten, sondern alles mit dem Schwert getötet.

410. Item, am Tag Mariä Geburt im September kam der Reichsverweser nach Paris, und Paris wurde überall geschmückt, wo er vorbeikam, und die Straßen geschmückt und gesäubert. Und vor ihm waren die von Paris, in Rot gekleidet, und er kam etwa um fünf Uhr nach dem Mittagessen, und es ging ihm ein Teil der Prozessionen von Paris aufs Land entgegen, bis vor Chapelle-de-Saint-Denis, und als sie ihn trafen, da sangen sie laut: *Te Deum laudamus* und andere Lieder zum Lobe Gottes. So kam er nach Paris herein, wohl begleitet von Prozessionen und von denen von Paris, und überall, wo er vorbeikam, rief man laut: »Weihnachten!« Als er an die Ecke der Rue aux Lombards kam, spielte dort ein verkleideter Mann so geschickt, den man noch nie gesehen hatte.

411. Item, vor dem Châtelet gab es ein sehr schönes Mysterienspiel des Alten Testament und des Neuen, welches die Kinder von Paris machten, und dies geschah ohne Reden und Gesten,* als ob sie vor einer Mauer aufgestellte Bildwerke seien. Danach, als er sehr das Mysterienspiel betrachtet hatte, ging er nach Notre-Dame, wo

er empfangen wurde, als ob er Gott wäre, denn die Prozessionen, die nicht auf den Feldern gewesen waren, und die Kanoniker von Notre-Dame empfingen ihn mit höchsten Ehren, sangen Hymnen und Loblieder, soviel sie konnten, und man spielte Orgel und blies Trompeten und läutete alle Glocken. Kurz, man hat einst keine größeren Ehren gesehen, wenn die Römer ihre Triumphzüge feierten, als man es an diesem Tag für ihn tat und für seine Frau, die immer bei ihm war, wohin er auch ging.

412. Item, in diesem Jahr gab es die schönste Weinlese, die man je seit Menschengedenken gesehen hatte, und soviel Wein, daß die Fässer so teuer wurden, daß man zwei oder drei leere Fässer für ein Faß Wein verkaufte; ein Ohmfaß ohne Miete sechzehn oder achtzehn Pariser Sous, kurz, mehrere Leute taten ihren Wein in Bottiche, denen sie einen Deckel einsetzen ließen. Und der Wein wurde vor Ende der Weinlese so billig, daß man die Pinte um einen Doppelheller bekam, von denen drei nur einen Weißpfennig wert waren, und für einen Heller bekam man eine Pinte ungefähr an Sankt Remigius, und das war in diesem Jahr ein Sonntag.

413. Item, am Abend, als der Reichsverweser in Paris eingezogen war, wie zuvor gesagt, machte man in ganz Paris Feuer und große Freude, und es war Mariä Geburt am Freitag.

414. Item, jeder Mann von einigem Stand, außer den Regenten, von jedem Faß Wein, das er erntete, mußte ein jeder eine hohe Taxe bezahlen, denn alle diejenigen, die ihren Wein vor dem Tor von Saint-Jacques oder vor dem von Bordelles hatten, bezahlten für jedes Faß drei Pariser Sous in hartem Geld, und für Ohmfässer, Tönnchen und Fäßchen im Verhältnis zu Fässern; und das nahmen vor dem Tor von Saint-Jacques die Englischen ein, und am andern Tor die Armagnacs, die in dieser Gegend immer noch umherzogen.

415. Item, auf der anderen Seite der Brücken kostete es nur die Hälfte, weil die falschen Bösen dort nicht hinkamen, und so gab es überhaupt keine Bewaffneten.

416. Item, im Monat November wurde der Herr von Toulongeon im Hôtel des Herzogs von Burgund verheiratet, welcher ein Bruder des Herrn von Trémoille war, der unter sicherem Geleit kam, und es wurde auch der Herr von Scales verheiratet, ein Englischer, und wurden mehr als vierzehn Tage lang unablässig jeden Tag Lanzenbrechen gemacht, und dann ging der Herzog von Burgund in sein Land. Und als er abgezogen war, übernahm der Reichsverweser das Hôtel de Bourbon als das seine, in der ersten Dezemberwoche, und dort wurden große Feste gefeiert, die viel kosteten; und dafür wurde eine große und drückende Abgabe gemacht, und es war vierzehn Tage vor Weihnachten, und als sie erhoben wurde, gingen alle großen Herren fort nach Rouen.

417. Item, zu dieser Zeit liefen Weißpfennige zu acht Pariser Hellern um, kleine Weißpfennige mit den Wappen von Frankreich und von England, und liefen Nickel und Schwarze um, vier für einen Nickel, drei Nickel für einen Weißpfennig; und es gab auch eine große Menge Weißpfennige zu acht Hellern mit dem Wappen der Bretagne, von denen einige Kaufleute, Bürger und andere, die davon hatten, enttäuscht wurden, denn plötzlich, am 9. Tag des Dezember, wurde öffentlich kundgetan, daß sie nur noch für sieben Pariser Heller umliefen. So verloren alle solche, die davon hatten, den achten Teil ihres Geldes.

418. Item, die Königin von Frankreich rührte sich nicht von Paris, auch nicht gelegentlich, und war, als ob sie eine Frau in fremdem Lande sei, die ganze Zeit im Hôtel von Saint-Pol eingeschlossen, wo der edle König Karl VI. von dieser Welt verschied, ihr guter Gatte, dem Gott vergeben möge, und hütete wohl seinen Platz, wie eine verwitwete Frau tun soll.

419. Item, zu dieser Zeit gingen die Englischen fort in die Grafschaft Hennegau und waren dort bis nach Sankt Johannes-Täufer, weil sie das Land der Gräfin* haben wollten, die einer der Brüder des Reichsverwesers mehr aus Mutwillen als aus Vernunft geheiratet hatte; und doch war sie in Frankreich mit dem Grafen von Hennegau verheiratet, dem Bruder des Grafen von Saint-Pol. So begann ein sehr schmerzlicher Krieg.

[1425]

420. Item, nach Ostern im Jahr 1425 war es ein so großes Maikäfer-Jahr in Frankreich, daß alles Obst verdorben wurde und große Teile der Reben.

421. Item, zu dieser Zeit ergaben sich die Burg von Étampes und mehrere Festungen der Umgebung dem Herzog von Burgund, und danach zogen die Englischen, von seiten des Reichverwesers, vor die Stadt Mans.

422. Item, im Jahr 1424 wurde der Totentanz am Cimetière des Innocents* gemacht, und er wurde etwa im Monat August begonnen und in der darauffolgenden Karwoche beendet.

423. Item, nach Ostern, kurz vor Sankt Johann, hatten die von der Rue Saint-Martin und den Nebenstraßen die Erlaubnis, das Tor von Saint-Martin auf ihre Kosten und Ausgaben öffnen zu lassen und die Zugbrücke zu machen, die Schranken, kurz, alles was dem Tor zu dieser Zeit fehlte, das sehr beschädigt war; denn der Brückenbogen war eingebrochen, und die Mauern daneben an vielen Stellen, und alle Schranken verrottet und alle Schlösser verrostet. Kurz, es schien, als ob man es seit vierzig Jahren nicht geöffnet hätte, so zerstört und ver-

wittert war es; aber die Bewohner der Großen Straße von Saint-Martin setzten so großen Eifer und so viel Mühe und Geld ein, daß man wohl sagen konnte, sie hatten das Herz bei der Arbeit, denn jede Zehnschaft ging hin, wenn es an ihr war, und trugen Schaufeln, Hacken und Kiepen und Körbe und füllten und leerten sie, wie es getan werden mußte, und sie zogen große Steine aus dem Graben, so schwer wie ein Ohmfaß Wein oder mehr. Und zu ihnen kamen Priester und Kleriker, die alle Kraft dareinsetzten, ihnen zu helfen, und taten das mit gutem Eifer, sowohl ihre Leiber zu züchtigen als auch Arbeiter zu bezahlen, so daß es bald soweit war, daß jeder passieren konnte, Pferde und Karren, sieben Wochen, was das gemeine Volk nicht erwartete, denn alle oder die meisten sagten, es würde vor Sankt Remigius sein, daß man passieren könnte, und Leute und Harnische, wie gesagt, passierten ganz behaglich im Jahre 1425, und man sagte, daß man seit dreißig Jahren nicht so viele Leute hatte passieren sehen wie an diesem Tag. Und an diesem Tag bewachten es die Befehlshaber über Zehn und die Viertelmeister und die Befehlshaber über Fünfzig, und machten es billig an diesem Sankt Lorenz, der auf einen Mittwoch fiel.

424. Item, am letzten Sonntag des Monats August wurde eine große Belustigung im sogenannten Armagnac-Hôtel* gemacht, in der Rue Saint-Honoré, wo man vier vollständig gerüstete Blinde in einen Park gebracht hatte, jeder mit einem Stock in der Hand, und an diesem Ort gab es ein kräftiges Schwein, welches sie haben sollten, wenn sie es töten könnten. So geschah es, und sie machten einen so seltsamen Kampf, denn sie gaben sich viele starke Stockschläge, was ihnen schlecht bekam, denn wenn sie glaubten, das Schwein zu schlagen, schlugen sie einer den anderen, und wenn sie wirklich bewaffnet gewesen wären, hätten sie einander getötet.

425. Item, am Samstag, dem Vorabend des besagten Sonntag, wurden besagte Blinde durch Paris geführt, ganz gerüstet, eine große Fahne voran, auf der ein Schwein abgebildet war, und vor ihnen ein Mann, der die Trommel schlug.

426. Item, an Sankt Leo und Ägidius, welcher auf einen Samstag, den ersten Tag des September, fiel, schlugen einige aus dem Sprengel eine neue Belustigung vor und machten sie, und besagte Belustigung war solcherart: Sie nahmen eine Stange, wohl beinahe sechs Klafter lang,* und befestigten sie in der Erde, und ganz ans obere Ende setzten sie einen Korb mit einer fetten Gans und sechs Weißpfennigen und ölten die Stange gut, und dann wurde ausgerufen, wer bis zu besagter Gans kommen könnte, ohne Hilfe aufwärts kletternd, der hätte Stange und Korb und die Gans und die sechs Weißpfennige; aber keinem, so gut er auch klettern konnte, mochte es gelingen. Aber am Abend bekam ein junger Diener, der am höchsten geklettert war, die Gans, aber weder den Korb noch die sechs Weißpfennige noch die Stange; und dies geschah genau vor Quincampoix, in der Gänsestraße.

427. Und am folgenden Mittwoch schlug man einem Ritter den Kopf ab, einem schlechten Briganten, namens Herr Étienne de Favières, gebürtig aus Brie, ein sehr schlechter Schurke und schlimmer als Schurke, und einige seiner Anhänger wurden am Galgen von Paris und an anderen Galgen aufgehängt.

428. Item, in diesem Monat verließen die Armagnacs Rochefort, wo sie von unseren Leuten belagert wurden, und dann kamen sie mit viermal mehr, als unsere Leute waren, um die Belagerung aufzuheben. Aber als die Armagnacs sahen, in welch guter Ordnung unsere Leute standen, wagten sie es nicht, näher zu kommen, nur aus ziemlicher Entfernung machten sie ein recht erbittertes Scharmützel mit ihren Pfeilen, und die anderen gegen sie

sehr erbittert, besonders die von Paris, die viele von ihnen mit Pfeilen verwundeten, und das geschah auch mehreren von unseren Leuten. Aber als die Armagnacs den guten Mut unserer Leute sahen, sich zu verteidigen, wie er sich ihnen zeigte, hatten sie Angst und hielten die Sache, wie sie stand, und währenddessen ließen sie ihren Troß erleichtern, so schnell sie konnten. Und als sie wußten, daß dies geschehen war, taten sie so, als ob sie nach Rochefort hineingingen, aber sie taten anders, denn sie legten drinnen Feuer, und verbrannten Korn und Speck und andere Güter, die sie nicht wegtragen konnten, damit die anderen nichts davon an sich nehmen könnten; und als sie sahen, daß das Feuer hoch brannte und daß man es nicht löschen konnte, gingen sie davon, ohne noch etwas zu tun. Als kurz darauf unsere Leute hineinkamen, fanden sie nichts mehr als die Mauern, so ging jeder an seinen Ort zurück.

429. Item, zu dieser Zeit wurde das Tor von Montmartre geöffnet, im Monat September, und im Oktober wurde die Zugbrücke gemacht.

430. Item, zu dieser Zeit lief eine Münze in Paris um, Schildchen genannt, zu zwölf Pariser Hellern, und sie kamen von seiten des Herzogs von Burgund; welche Schildchen, als man sah, daß jeder welche hatte, wenige oder viele, wurde überall in Paris ausgerufen, am Samstag, dem 12. Tag des November 1425, daß sie acht Doppelheller gälten, die man für neun Doppelheller genommen hatte, worüber es ein großes Murren gab, aber leiden mußte man es, wie sehr es das Herz auch schmerzte.

431. Item, in der ersten Januarwoche des Jahres 1426 kam eine große Klage von Landarbeitern nach Paris, wegen schurkischer Briganten, die ungefähr zwölf, sechzehn, zwanzig Meilen von Paris entfernt in der Umgebung waren und alles Übel taten, was man gar nicht sagen kann, und sie hatten doch keinen Eid und keine Standarte und waren arme Edelleute, die so zu Schurken bei Tag und bei Nacht geworden. Als der Prévôt von Paris die Klage hörte, da nahm er die Gesellen der 60. von Paris, Arkebusiere und Bogenschützen, und führte sie eilig dorthin, wo man ihm gesagt hatte, daß die Schurken sich aufhielten, und erreichte es, daß er in weniger als acht Tagen mehr als zweihundert von ihnen gefangennahm, und schickte sie in verschiedene Gefängnisse und gute Städte, die in der Nähe waren, und am Mittwoch, dem 9. Tag des Januar 1426, brachte er zwei Karren mit den Aufrührern nach Paris, es waren aber nur ungefähr zwanzig.

432. Item, zu dieser Zeit gab es immer noch Krieg zwischen dem Bruder des Reichsverwesers von Frankreich und dem Herzog, und die Flamen und die Englischen machten mehrere Scharmützel von seiten des besagten Bruders des Reichsverwesers.*

433. Item, zu dieser Zeit rief man in der Mitte der Fastenzeit überall in Paris frische Heringe aus, ungefähr an Sankt Benedikt, und große Mengen kamen nach Paris.

434. Item, man bekam auch recht gute Erbsen, die es vorher überhaupt nicht gegeben hatte, den Scheffel zu drei Weißpfennigen oder dreizehn Hellern; dicke Bohnen um zehn Heller oder um zwölf Heller.

435. Item, zu dieser Zeit begann der Krieg zwischen den Englischen und den Bretonen, und die Englischen nahmen die Stadt Saint-James-de-Beuvron und versorg-

ten sie mit Lebensmitteln und befestigten sie sehr; und die Bretonen belagerten sie in dieser Stadt im März im Jahr 1426 und waren bis nach Ostern dort, die dann verhandelten, ohne einen Streich zu führen; und man sagte allgemein, daß die Großen der Bretagne, Bischöfe oder andere, Geld dafür bekamen, womit das gemeine Volk der Bretagne sehr wenig zufrieden war, aber für dieses Mal mußten sie es ertragen.

436. Item, zu dieser Zeit wurde der Krieg zwischen dem Herzog von Burgund und dem Bruder des Reichsverwesers von Frankreich wieder begonnen, und deswegen wurde eine hohe Abgabe erhoben, die das geringe Volk sehr belastete.

437. Item, im folgenden Monat Juni wurden überall in Frankreich die Gewässer so groß, daß gerade in der Johannisnacht im Jahre 1426, als die Feuer angezündet waren und die Leute um sie her tanzten und die Feuer niedriger wurden, der Fluß so anschwoll, daß er das Feuer bald ausgelöscht hätte, und man nahm eilig von dem Feuer, was man greifen konnte, und das Holz, das noch nicht ganz verbrannt war, und man brachte es zum Kreuz, und dort wurde der Rest der Scheite verbrannt. Aber kaum vier oder sechs Tage danach war er so maßlos, daß er bis zum Kreuz reichte, und die Gemüsegärten von Paris standen unter Wasser; und das begann Anfang Juni und dauerte bis zum 10. oder 12. Tag im Monat Juli, was wohl vierzig Tage sind, bis der Fluß wieder so zurückgegangen war, daß man Waren befördern konnte, und die Ernte der tief gelegenen Felder war ganz verloren. Deswegen wurde in der Woche nach Sankt Johann eine allgemeine Prozession gemacht, Mittwoch vor Sankt Peter und Paul, die sehr feierlich und fromm war; und die Sprengel gingen nach Notre-Dame und trugen den Reliquienschrein der gebenedeiten Jungfrau Maria, nämlich über die Brücke, die hinter dem Hôtel-Dieu ist, dann

durch die Straße jenseits des Petit Châtelet, gingen über den Pont-Neuf und danach über den Grand-Pont, und kamen über den Pont-Notre-Dame wieder in die große Kirche zurück; und dort sangen sie sehr fromm eine Messe der Jungfrau Maria, und man hielt eine sehr fromme Predigt, und das tat der Bruder Jacques de Touraine[*] vom Orden des Heiligen Franziskus.

438. Item, zu dieser Zeit wurde der Markt von Lendit am gewohnten Ort gemacht, der seit 1418 nicht stattgefunden hatte.

439. Item, in diesem Jahr 1426 gab es so viele Kirschen, daß man in den Hallen von Paris gar manches Mal neun Pfund um einen Weißpfennig zu vier Pariser Hellern bekam; aber mehr als sechs Wochen lang hatte man sechs Pfund für vier Pariser Heller, und es gab bis Mitte August welche, und da gab es immer noch das Pfund für zwei Heller oder für höchstens zwei Doppelheller, die nicht mehr als vier Tourische wert waren.

440. Item, im September, an Kreuzerhöhung, einem Samstag, wurde das Tor von Saint-Martin wieder verschlossen wie zuvor, ohne zugemauert zu werden, und blieb bis zum 7. Tag des folgenden Dezember verschlossen, dem Tag nach Sankt Nikolaus im Winter; und es waren die Befehlshaber über Zehn aus dem Viertel und einige andere ehrbare Leute, auf deren Eingabe und Nachfrage besagtes Tor geöffnet wurde. Der Prévôt der Kaufleute war dort und die Schöffen, die beim Öffnen des Tores sagten: »Das ist eure Sache, Bürger und Einwohner, auf eure Gefahr sei dies Tor geöffnet und bewacht.« Und so wurde das Tor von Saint-Martin am Samstag, dem 7. Tag des Dezember, geöffnet.

441. Item, am Sonntag, dem 16. Tag besagten Monats, wurde eine allgemeine Prozession nach Saint-Magloire gemacht, gegen einige Ketzer, die gegen unseren Glauben geketzert hatten, wie zuvor gesagt, im Monat Mai 1424,

mit ihren Beschwörungen und dem, was geschah, nämlich durch den Magister Guillaume l'Amy, Magister Angle du Temple und einige andere, in der nächsten Straße beim Temple, und heißt Rue Portefion.

442. Item, wurde bei dieser Prozession verlautbart, der Heilige Vater wünsche, daß die Universität ihre Pflicht tue, und um dies zu tun, wurden ihr drei oder vier Bischöfe beigeordnet, nämlich der Bischof von Thérouanne, der zu diesem Zeitpunkt Kanzler von Frankreich war, und der Bischof von Beauvais.

[1427]

443. Item, am 7. Tag des Januar 1427 wurde ausgerufen, daß von den Doppelhellern französischer Prägung vier nur einen Weißpfennig wert wären, ein Heller das Stück, und diejenigen, die mit dem Wappen von England markiert waren, würden überhaupt nicht mehr gewechselt.

444. Item, Goldtaler, die man für dreiundzwanzig Sous nahm, wurden auf achtzehn Sous festgesetzt.

445. Item, Goldschäfchen wurden, wenn sie wie die Taler das Wappen Frankreichs trugen, auf zwölf Pariser Sous festgesetzt, nachdem sie vorher fünfzehn wert waren; und wahrlich, am Tag, nachdem das ausgerufen wurde, bekam man weder Brot noch Wein noch irgend etwas Notwendiges für französische Doppelheller, und die Wechsler wollten weder Heller noch Obole dafür geben; und doch hatte das geringe Volk keine anderen Münzen als diese, die ihm nichts nutzten. Und einige, als sie sahen, wie groß ihr Verlust war, da verfluchten sie Fortuna offen und heimlich und sagten ihre Meinung über die Regenten. Und wahrlich warfen mehrere ihr

Geld über die Wechslerbrücke ins Wasser, weil sie nichts dafür bekommen konnten, denn für acht oder zehn Pariser Sous hatte man nur vier oder höchstens fünf Weißpfennige, und es wurden in dieser Woche, als der Geldkurs ausgerufen wurde, mehr als fünfzig Gulden oder der entsprechende Wert in Münzen in den Fluß geworfen, aus gerechter Verzweiflung.

446. Item, zu dieser Zeit war der Reichsverweser von Frankreich immer noch in England, und man hatte keinen Herrn in Frankreich, und besagter Reichsverweser verließ Paris an Sankt Eligius, dem ersten Tag des Dezember 1425.

447. Item, zu dieser Zeit war eine Belagerung vor Montaimé in der Champagne, und dort war der Graf von Salesbury, der sehr ritterlich war, ein guter Mann der Waffen und hervorragend in allem, was er tat.

448. Item, in diesem Jahr wurde von seiten des Prévôt von Paris und der Herren vom Parlement eine Anordnung gemacht, daß kein Sergeant zu Pferd und kein Spießruten-Sergeant, wenn er nicht verheiratet sei oder heiratete, weiter im Dienst bliebe; und der Termin war für sie, um zu heiraten, von Allerheiligen bis Quasimodo oder danach, aber nicht später als Christi Himmelfahrt.

449. Und in diesem Jahr war ein großer Winter, denn am ersten Tag des Jahres begann es zu frieren, und es dauerte unablässig sechsunddreißig Tage, und deswegen fiel alles Grüngemüse aus, denn es gab auf dem Markt weder Kohl noch Lauch noch Petersilie noch Kräuter.

450. Item, zu dieser Zeit wurde zum Bischof von Paris Magister Nicolas Fraillon gemacht, und wurde am Samstag, dem 28. Tag des Dezember 1426 in Notre-Dame von Paris empfangen.

451. Item, es war vor Ende März, daß das Grünzeug aus der Erde kam, aber noch immer bekam man keins unter zwei Hellern; denn es fror sehr starkes Eis den

ganzen Monat Februar, deswegen war das Grüngemüse so teuer.

452. Item, am 5. Tag des April, einem Samstag, dem Vorabend des Verlorenen Sonntag, kam der Reichsverweser nach Paris, der sechzehn Monate in England geblieben war, weil er einen Frieden zwischen dem Herzog von Burgund, dem Bruder seiner Frau, und seinem Bruder, dem Herzog von Gloucester, aushandeln wollte, aber für diesmal konnte er keinen Frieden stiften.

453. Item, es kam der Kardinal von Winchester am letzten Tag des folgenden April 1427, welcher ein Onkel des Reichsverwesers von Frankreich war, und hatte ein größeres Gefolge bei sich, als er kam, als der Reichsverweser von Frankreich, welcher Frankreich und England regierte.

454. Item, im April und im Mai, bis ungefähr drei oder vier Tage vor Ende Mai, war es weiterhin sehr kalt, und es gab kaum eine Woche, in der es nicht stark fror oder hagelte, und alle Tage regnete es. Und am Montag vor Himmelfahrt war die Prozession von Notre-Dame und ihre Begleitung in Montmartre; und an diesem Tag regnete es unablässig von ungefähr neun Uhr morgens bis drei Uhr nach dem Mittagessen, und sie verweilten keineswegs wegen des Regens, sondern die Wege zwischen Paris und Montmartre waren wirklich so aufgeweicht, daß wir eine gute Stunde brauchten, um von Montmartre nach Saint-Ladre zu kommen. Und von dort ging die Prozession nach Saint-Laurent, und von Saint-Laurent aus, etwa eine Stunde später, regnete es noch viel stärker als zuvor. Und zu dieser Stunde verließen der Reichsverweser und seine Frau die Stadt durch das Tor Saint-Martin und begegneten der Prozession, was sie wenig kümmerte, denn sie galoppierten sehr heftig, und die von der Prozession konnten nicht ausweichen, so wurden sie sehr von Schlamm beschmutzt, den die Pferde aufwarfen, nach vorn und

nach hinten, doch war niemand so höflich, wegen der Reliquien oder der Prozession ein wenig anzuhalten. So kam die Prozession nach Paris, so rasch sie konnte, und es war etwa zwei oder drei Uhr, als sie nach Saint-Merry kamen. An diesem Tag zog der Reichsverweser aus, um den Herzog von Burgund zu treffen, wie zuvor gesagt, das war am 26. Tag des Mai im Jahr 1427.

455. Item, am ersten Tag des Juni besagten Jahres feierte der Bischof von Paris sein Fest und wurde als Bischof bestätigt; und man sprach nicht mehr von der Wahl, die man vorher gemacht hatte, nämlich von dem Herrn Nicolas Fraillon, welcher von dem ganzen Kapitel von Notre-Dame gewählt worden war, aber trotz der Wahl des besagten Nicolas Fraillon durch das Kapitel wurde er abgesetzt und der andere eingesetzt, denn so gefiel es den Regenten; und es wurde der Schatzmeister von Reims ernannt, mit Namen Herr Jacques.

456. Item, in diesem Jahr war der Fluß Seine so sehr groß, daß an Pfingsten, welches auf den 8. Tag des Juni fiel, besagter Fluß bis zum Kreuz auf die Place de Grève kam und dort bis zum Ende des Festes blieb, und am Donnerstag stieg er noch um anderthalb Fuß; und die Insel von Notre-Dame* wurde überschwemmt, und am Ufer der Ulmen,* auf der anderen Seite des Flusses, in Richtung der Kirche Saint-Pol, war fast der ganze Boden überschwemmt; und das war kein großes Wunder, denn von Mitte April bis zum Pfingstmontag, welches der 9. Tag des Juni im Jahr 1427 war, hatte es unablässig geregnet, und bis zu diesem Tag war es andauernd sehr kalt, wie Anfang März. Zu dieser Zeit machte man sehr fromme Prozessionen, sowohl innerhalb von Paris als auch in den Dörfern; denn am Mittwoch der Feier des heiligen Pfingstfestes waren zehn große Dörfer, die vor dem Tor von Saint-Jacques liegen, bei der Segnung, wie Vanves, Meudon, Clamart, Issy, etcetera, und es waren an die

zehn Sprengel, so daß sie wohl fünfhundert oder sechshundert Personen waren oder mehr, Frauen, Kinder, Alte und Junge, die meisten barfuß, mit Kreuzen und Fahnen, Hymnen und Loblieder Gottes Unseres Herrn singend, um des Erbarmens wegen des Hochwassers und des Erbarmens wegen der großen Kälte willen, denn an diesem Tag hätte man noch keine einzige blühende Weinrebe finden können.

457. Item, in dieser Weise kamen sie nach Paris, und von dort zur Segnung bei Lendit, und dann nach Saint-Denis-en-France, und machten dort ihre Andacht, und dann gingen sie, ohne daß sie irgend etwas gegessen hatten, zurück nach Paris, und so blieben sie bis zu ihrem Ort, was beinahe zehn Meilen sind. Und als sie auf dem Rückweg durch Paris kamen, gab es manch ein hartes Herz, das bis zu Tränen gerührt war; denn da hättet ihr so viele alte Leute gesehen, alle barfuß, so viele kleine Kinder von zwölf Jahren oder vierzehn Jahren, so müde, denn diesen Tag war es heiß zum Verwundern.

458. Item, am folgenden Donnerstag schwoll das Wasser derart an, daß die Insel von Notre-Dame überschwemmt war, und vor der Insel, bei den Ulmen, war solches Hochwasser, daß man wohl mit Booten oder Flößen hätte fahren können, und alle Häuser in der Umgebung, die weit unten stehen, waren im Keller und im Erdgeschoß voll Wasser; es gab welche, deren Keller zwei Mann hoch voll Wasser waren, und das war zum Erbarmen, denn die Weine waren unter Wasser. Und an einigen Stellen, in den Ställen, die drei oder vier Stufen tief lagen, stieg das Wasser derart, daß die Pferde, die da fest angebunden waren, nicht alle gerettet werden konnten, bevor sie ertranken, einige, wegen der Menge an Wasser, das dort und anderswo in weniger als zwei Stunden um eine Mannshöhe stieg; denn am Freitag und am folgenden Samstag schwoll es derart an, daß es sich bis vor das Hô-

tel de Ville ausbreitete, und es stand einen Fuß hoch im Hôtel des Marschalls, der gegenüber von der Vannerie wohnt, und bis zur 6. Stufe am Kreuz auf der Place de Grève, geradewegs vor dem Hôtel de Ville zur Rechten des Kreuzes, und es war etwa Sankt Eligius, als man wieder durch die Martellerie gehen konnte. Und kurz, die Seine war fast zwei Fuß höher, als sie im Jahr zuvor gewesen war, und an allen Stellen, wo sie war, wie im Weizen, im Hafer, in den Gemüseäckern, verwüstete sie alles derart, daß in diesem Jahr Frucht trug, denn sie war dort wohl fünf oder sechs Wochen.

459. Item, zu dieser Zeit wurde eine große Abgabe angeordnet und erbarmungslos eingetrieben.

460. Item, zu dieser Zeit, ungefähr vierzehn Tage im Juli, ließ der Reichsverweser Montargis belagern. Und am 6. Tag des folgenden August wurde angeordnet, daß man Brot nur noch zu zwei Pariser Hellern und zu einem Heller das Stück machte, und so geschah es, und es waren wohl acht oder neun Jahre, daß man in Paris keins gemacht hatte, das weniger als zwei Heller wert war.

461. Item, in eben besagter Woche wurde ausgerufen und öffentlich gemacht, daß keine Goldtaler und keine Goldschäfchen mehr zu keinem Preis im Kurs wären, es sei denn zu ihrem Goldwert.

462. Item, in diesem Jahr gab es viel und gutes Obst, denn man hatte das Hundert gute Pflaumen um einen Heller, und keine hatten Maden, und reichlich von allem anderen Obst, besonders Mandeln waren so viele auf den Bäumen, daß überall Zweige abbrachen; und es war ein so schöner August, wie man seit Menschengedenken nicht gesehen hatte, obwohl doch vorher so große Kälte und so großer Regen gewesen waren, doch in einer Stunde wirkt Gott Wunder, wie in diesem Jahr zu schauen war, denn das Korn war gut und reichlich.

463. Item, am 18. Tag des folgenden August im Jahr

1427 brach der Reichsverweser von Paris auf, der stets sein Land mit irgend etwas aus diesem Königreich bereicherte und doch nichts als eine Abgabe mitbrachte, wenn er wiederkam. Und alle Tage liefen die Mörder und Schurken um Paris umher, wie immer plündernd, raubend, erpressend, und niemand sagte: *Dimitte.*[*]

464. Am Sonntag nach der Augustmitte, welches der 17. Tag des August in besagtem Jahr 1427 war, kamen nach Paris zwölf Büßer, wie sie sagten, nämlich ein Herzog und ein Graf und zehn Männer, alle zu Pferd, und sie sagten, sie wären gute Christen und aus Unter-Ägypten;[*] und sie sagten, daß sie schon früher Christen gewesen waren, und daß es noch nicht lange her wäre, seit die Christen sie unterworfen hätten und ihr ganzes Land, und alle hätten christianisieren lassen oder die sterben lassen, die nicht wollten; welche getauft wurden, blieben Herren des Landes wie zuvor, und versprachen, gut und treu zu sein und das Gesetz Jesu Christi einzuhalten bis zu ihrem Tod. Und hatten einen König und eine Königin in ihrem Land, die in ihrer Herrschaft blieben, weil sie christianisiert waren.

465. Item, wahr ist, wie sie sagten, daß einige Zeit, nachdem sie den christlichen Glauben angenommen hatten, die Sarazenen sie angriffen, und als sie da sehr wenig stark in unserem Glauben waren und wenig tapfer, so daß sie kaum den Krieg ertrugen und nur wenig die Pflicht taten, ihr Land zu verteidigen, ergaben sie sich ihren Feinden und wurden Sarazenen wie zuvor und leugneten Unseren Herrn.

466. Item, danach geschah es, daß die Christen, wie der Kaiser von Deutschland und der König von Polen und andere Herren, als sie erfuhren, wie sie so falsch und leichtlich unseren Glauben hatten sein lassen, und wie sie so rasch Sarazenen und Götzenanbeter geworden, sich auf sie warfen und sie bald besiegten, da sie doch glaub-

ten, man werde sie in ihrem Land lassen, wie das vorige Mal, um Christen zu werden. Aber der Kaiser und die anderen Herren sagten, nach langer Erwägung im Rat, daß ihnen nie mehr Boden in ihrem Land gehören würde, wenn der Papst nicht zustimmte, und daß sie also zum Heiligen Vater nach Rom gehen müßten; und dort gingen sie alle hin, Kleine und Große, mit sehr großer Mühe für die Kinder. Als sie dort waren, legten sie eine Generalbeichte ihrer Sünden ab. Als der Papst ihre Beichte gehört hatte, gab er ihnen, nach langer Erwägung im Rat, die Buße auf, sieben Jahre durch die Welt zu gehen, ohne in einem Bett zu schlafen, und damit sie gar keine Annehmlichkeit für ihre Ausgaben hätten, ordnete er an, wie man sagte, daß jeder Bischof und jeder Abt mit Krummstab ihnen ein einziges Mal zehn Tourische Pfunde gebe, und gab ihnen Briefe mit, welche dies den Prälaten der Kirche mitteilten, und gab ihnen seinen Segen, und dann brachen sie auf. Und sie zogen vorher fünf Jahre durch die Welt, bis sie nach Paris kamen, und sie kamen am 17. Tag des August im Jahr 1427, die zwölf Besagten, und am Tag Sankt Johannis-Enthauptung kam das gemeine Volk, das man nicht nach Paris hineinließ; aber man ließ sie gerade eben in La-Chapelle-Saint-Denis unterbringen, und es waren insgesamt nur noch, an Männern, Frauen und Kindern, hundert oder hundertzwanzig ungefähr. Und als sie aus ihrem Land auszogen, waren sie tausend oder tausendzweihundert, aber die anderen waren unterwegs gestorben, auch ihr König und ihre Königin, und solche, die am Leben waren, hatten noch die Hoffnung auf weltliche Güter, denn der Heilige Vater hatte ihnen versprochen, er würde ihnen gutes und fruchtbares Land zum Wohnen geben, so sie guten Willens ihre Buße täten.

467. Item, als sie in La-Chapelle waren, hatte man noch nie so viele Leute gesehen, die zum Segen von Lendit gekommen wären, wie sie dieses Mal aus Paris, aus

Saint-Denis und aus der Umgebung kamen, um sie zu sehen. Und wahr ist es, daß ihre Kinder, Knaben und Mädchen, so geschickt waren wie keine anderen, und die meisten oder fast alle hatten die beiden Ohren durchstochen, und in jedem Ohr einen Silberring oder zwei in jedem, und sie sagten, das wäre vornehm in ihrem Land.

468. Item, die Männer waren sehr schwarz, die Haare kraus, die häßlichsten Frauen, die man sehen kann, und die schwärzesten; alle hatten verletzte Gesichter,* schwarze Haare wie Pferdeschwänze, als Kleider nur altes, sehr grobes Zeug, mit einem Band aus Stoff oder einer Kordel auf der Schulter gehalten, und ein armes Hemd darunter, das war ihre einzige Ausstattung. Kurz, es waren die ärmsten Geschöpfe, die seit Menschengedenken nach Frankreich gekommen waren. Und trotz ihrer Armut hatten sie Hexen in ihrer Gesellschaft, so die Hände der Leute anschauten und sagten, was ihnen geschehen sei oder zustoßen würde, und sie brachten Zwietracht in manche Ehe, denn sie sagten zum Gatten: »Deine Frau hat dich gehörnt« oder zur Frau: »Dein Mann hat dich betrogen.« Und was noch schlimmer war, während sie mit den menschlichen Geschöpfen sprachen, ließen sie, durch magische Kunst, oder anders, oder durch den höllischen Feind, oder durch umgängliches Geschick, die Börsen der Leute sich leeren und taten es in ihre Börse, wie man sagte. Und wahrlich, ich war drei- oder viermal dort, um mit ihnen zu sprechen, aber nicht ein einziges Mal ist mir der Verlust auch nur eines Heller aufgefallen, und ich habe sie auch nicht in die Hände schauen gesehen, aber so sagte das Volk überall, so daß die Nachricht zum Bischof von Paris kam, welcher hinging und einen Minoritenpater mitnahm, genannt der Kleine Jakobiner, welcher auf Anweisung des Bischofs dort eine schöne Predigt hielt, und er exkommunizierte dabei alle solche Männer und Frauen, die das taten und die geglaubt hat-

ten und die ihre Hände gezeigt hatten. Und sie mußten fortgehen und brachen am Tag Unserer Lieben Frau im September auf und zogen weiter nach Pontoise.

469. Item, am Freitag, dem 5. Tag des September im Jahr 1427, wurde von den Leuten dessen, der sich Dauphin nannte, die Belagerung von Montargis aufgehoben.* Und wurden die Englischen sehr geschlagen, denn sie waren zu stolz auf ihre Macht gewesen, und wurden von ihren Feinden waffenlos vorgefunden, die wohl sechshundert oder mehr von ihnen töteten, und sie mußten die Belagerung sein lassen, gerade zur rechten Zeit der Ernte.

470. Item, in diesem Jahr war es um Sankt Remigius so kalt wie an Sankt Johann, denn in diesem Jahr war nur ein Monat Sommer. Deshalb brachten die Weinberge so wenig, die besten nur ein Faß von einem Arpent, und es gab welche, die noch weniger brachten; so schätzte sich glücklich, wer von einem Arpent ein Mud oder ein Fäßchen hatte, und wegen des ganzen langen Winters, der so lange gedauert, wie man es noch nie gesehen hatte; und wahrlich fand man nach dem Fest Allerheiligen noch ganz grüne Mandeln auf den Mandelbäumen, zum Pflücken reif wie Mitte August, und sie waren von sehr gutem Geschmack.

471. Item, zu dieser Zeit war der Wein sehr teuer, denn man hatte die Pinte sehr dürftigen Weins um acht Pariser Heller, und das war doch sehr gutes Geld.

472. Item, in diesem Jahr oder kurz vorher kam eine Frau namens Margot nach Paris, ziemlich jung, etwa achtundzwanzig bis dreißig Jahre alt, aus dem Land Hennegau, die war im Ballspiel* so gut, wie man nur je einen Mann gesehen hatte, und so spielte sie aus Vorhand und Rückhand sehr kraftvoll, sehr listreich, sehr geschickt, wie es ein Mann wohl tun könnte, und es kam kaum ein Mann, den sie nicht besiegt hätte, wenn es nicht einer der besten Spieler war. Und der Spielplatz war, auf dem man

in Paris am besten spielte, in der Rue Garnier-Saint-Ladre, welchen man den Petit-Temple nannte.

473. Item, zu dieser Zeit, etwa vierzehn Tage vor Sankt Remigius, fiel eine üble, verderbliche Luft nieder, aus der eine sehr üble Krankheit kam, die man ›Dando‹* nannte, und war keiner und keine, die sie nicht irgendwie verspürten, solange sie dauerte. Und folgendermaßen schlug sie zu: sie fing in den Lenden und den Schultern an, und es war keiner davon befallen, der nicht geglaubt hätte, den Blasengrieß zu haben, so grausam war der Schmerz, und danach kam allen trockenes Fieber oder starker Schüttelfrost, und es waren wohl acht oder zehn oder fünfzehn Tage, daß man nicht trinken noch essen noch schlafen konnte, die einen mehr, die anderen weniger; danach kam jedem ein so übler Husten, daß man, wenn man eine Predigt hörte, nicht verstehen konnte, was der Prediger sagte, wegen des großen Lärms des Hustens.

474. Item, sie dauerte sehr stark bis wohl vierzehn Tage oder länger nach Allerheiligen. Und es fand sich kaum ein Mann oder eine Frau, die nicht vom trockenen Fieber den Mund oder die Nase voll Krätze hatten. Und wenn man einander begegnete, fragte man: »Hast du nicht Dando gehabt?« Wenn jemand nein sagte, antwortete man ihm gleich: »Dann hüte dich wohl, du wirst noch ein Stückchen davon kosten.« Und wahrlich log man nicht, denn wahrhaftig waren nur wenige, seien es Kleine oder Große, Frauen oder Kinder, die zu dieser Zeit nicht trockenes Fieber oder Schüttelfrost oder Husten hatten, der am längsten dauerte.

475. Item, am 15. Tag des folgenden Dezembers wurde ein Junker namens Sauvage de Frémainville* in der Burg von L'Isle-Adam mit Gewalt festgenommen, er und zwei Knappen, denn mehr Leute waren nicht da, als er ergriffen wurde. Und er wurde gebunden und auf ein Pferd

gesetzt, die Füße gebunden und die Hände, ohne Kappe, und so nach Bagnolet geführt, wo der Reichsverweser war, der alsobald befahl, daß er ohne Verzögerung eilig an den Galgen gehängt werde, ohne daß man seine Verteidigung höre, denn man fürchtete, er würde befreit werden, denn er war von sehr hoher Abkunft. So wurde er zum Galgen geführt, begleitet vom Prévôt von Paris und einigen anderen Leuten, und darunter war einer namens Pierre Baillet, der einst Schustergeselle in Paris gewesen war, dann Spießrutensergeant, dann Einnehmer von Paris und inzwischen Schatzmeister von Maine. Dieser Pierre Baillet wollte gar nicht, als besagter Sauvage um die Beichte bat, daß er noch so lange lebte, sondern ließ ihn sofort auf die Leiter steigen, und stieg selber zwei oder drei Sprossen hinterher, während er ihm grobe Worte gab. Der Sauvage antwortete ihm nicht nach seinem Gefallen, weshalb besagter Pierre ihm einen starken Stockschlag gab, und gab deren fünf oder sechs dem Henker, damit er ihn für die Rettung seiner Seele befrage. Als der Henker sah, daß der andere so bösen Willens war, hatte er Furcht, daß der besagte Baillet ihm noch Übleres tun würde, da beeilte er sich mehr, als er sollte, aus Angst, und hängte ihn; aber weil er sich zu sehr beeilte, riß das Seil, oder der Knoten ging auf, und besagter Verurteilter fiel auf die Lenden, und sie wurden ganz zerrissen und ein Bein gebrochen, aber mit diesen Schmerzen mußte er wieder hinaufsteigen, und wurde gehängt und erdrosselt. Und wahrlich war er in großer Ungnade, besonders wegen einiger sehr schrecklicher Morde, und man sagte, daß er im Land von Flandern oder von Hennegau mit eigener Hand einen Bischof getötet hatte.

476. Item, in diesem Jahr nach Ostern, welches auf den 4. Tag des April im Jahr 1428 fiel, gab es so große Mengen von Maikäfern, wie man nur je gesehen hatte, und diese fraßen derart von Weinstöcken, Mandelbäumen, Nußbäumen und anderen Bäumen, daß in den Gegenden, wo sie waren, besonders an den Nußbäumen, vierzehn Tage vor Johannes-Täufer kein einziges Blatt war.

477. Item, der Herzog von Burgund kam am 22. Tag des Mai, einem Samstag, dem Vorabend von Pfingsten, nach Paris und kam auf einem kleinen Pferd, als Bogenschütze verkleidet, und wurde vom Volk überhaupt nicht erkannt, nur der Reichsverweser, der ihn begleitete, und die Reichsverweserin hinterher.

478. Item, er zog wieder ab am 2. Tag des Juni, Vorabend des Festes des Sakraments, welches auf den 3. Tag des Juni fiel.

479. Item, in diesem Jahr gab es so viele Maikäfer, daß die Alten sagten, sie hätten so viele noch nie gesehen, und sie blieben bis nach Sankt Johann und verwüsteten alle Weinberge und die Nußbäume und Mandelbäume, und erst vor Sankt Peter konnte man von ihnen befreit sein; und es war auch sehr kalt an Sankt Johann, und die ganze Zeit regnete, donnerte und blitzte es. Und es geschah, daß am 13. Tag des Juni in Paris der Blitz in den Glockenturm der Augustiner einschlug, und besagten Glockenturm zerstörte, das ganze Dach, das aus Schiefer war, und das ganze Gebälk im Inneren, so daß man den Schaden auf achthundert oder tausend Francs schätzte.

480. Item, am 25. Tag des Mai, dem Dienstag des Pfingstfestes, nahmen die Armagnacs die Burg von Mans durch Verrat ein, und damit waren einige aus der Stadt einverstanden, weil nämlich besagte Armagnacs verspra-

chen, daß sie ihnen ihre volle Freiheit lassen würden und mit ihnen wie mit Freunden sein, aber sobald sie die Herrschaft über die Stadt hatten, plünderten sie, raubten, vergewaltigten Frauen und Mädchen und taten denen, die sich für Freunde hielten, alles Üble, das man seinen Feinden tun kann.

481. Item, als besagte Stadt eingenommen wurde, war der Hauptmann,* der dort vom Reichsverweser eingesetzt war, in einer eigenen Angelegenheit etwa zwanzig Meilen von der Stadt entfernt. Als er erfuhr, wie die Sache stand, da war er so erzürnt, wie man nur wünschen mag. Er nahm dreihundert Bewaffnete in Sold und zog am folgenden Freitag etwa um Mitternacht los, und es gelang ihm, die Burg zurückzugewinnen, bevor es kaum heller Tag war; denn so viel hatte die Gemeinde an großer Grausamkeit der Armagnacs erlebt, und so sehr haßten sie diese, daß sie besagten Hauptmann hereinkommen ließen, oder zumindest verteidigten sie sich nur recht wenig. Als sie drinnen waren, fingen sie zu rufen an: »Stadt gewonnen!« und den Ruf des Hauptmanns … bis in die Festung, in die sich ein Teil seiner Leute zurückgezogen hatte, als die Stadt zum ersten Mal verraten wurde. Als sie den Ruf ihres Hauptmanns und seines Banners hörten, da machten sie sich daran, Lanzen und große Steine auf die Armagnacs zu werfen, die sie belagert hatten, und ihr Hauptmann griff sie von hinten an, der dreihundert fähige Männer bei sich hatte, wie zuvor gesagt; so nahmen sie den ganzen Platz so ein, daß die Armagnacs sich nicht mehr sammeln konnten oder in die Burg eindringen. So schlugen sie sich lange Mann gegen Mann, aber schließlich wurden die Armagnacs vernichtet, denn die Gemeinde haßte sie so sehr für ihre Schlechtigkeit, daß man große Steine aus den Fenstern auf sie warf, von denen sie und ihre Pferde getötet wurden, und wenn irgendein Armagnac durch ein gutes Pferd oder anderweitig entwich,

wurde er alsbald von den Gemeinen getötet. Und es gelang ihnen, nämlich dem Hauptmann namens Herr Talbot und denen von der Burg und von der Gemeinde, daß 1200 Armagnacs auf dem Platz blieben, ohne solche, die geköpft wurden, weil sie verräterisch mit dem Einzug der Armagnacs einverstanden gewesen waren, und ohne die Gefangenen, die es in großer Anzahl gab; denn es gab zweiundzwanzig oder vierundzwanzig Hauptleute der Armagnacs, die von dreitausend oder mehr Bewaffneten begleitet wurden, woraus offenbar wird, wie unglücklich sie waren, von dreihundert Männern so unrühmlich geschlagen zu werden, und für ihre Sünde, denn wenn sie sich gegen die von der Stadt gut verhalten hätten, wie sie es geschworen hatten, wäre das weiser gewesen.

482. Item, war das Jahr so lange kalt, daß es in Lendit an Sankt Johann noch keine guten Kirschen gab und kaum neue dicke Bohnen noch Korn noch blühenden Wein.

483. Item, an Sankt Leutfried, welcher auf Montag, den 21. Tag des Juni, fiel, wurde im Palais in Paris das prächtigste Fest* gemacht, das man seit Menschengedenken gesehen hatte; denn jeder Mensch, welchen Standes er auch war, bekam ein Abendessen, seinem Stand entsprechend; denn der Reichsverweser und seine Frau und die Ritter wurden an einem standesgemäßen Platz mit Fleisch bedient, der Klerus zunächst, wie Bischöfe, Prälaten, Äbte, Priore; dann die Doktoren aller Wissenschaften, das Parlement; dann der Prévôt von Paris und die vom Châtelet; dann der Prévôt der Kaufleute und die Schöffen und Bürger und Kaufleute gemeinsam; und danach die Gemeinen aller Stände. Und es haben bei diesem Essen von den einen und anderen mehr als achttausend bei Tisch gesessen, denn es wurde Brot für ungefähr drei Heller das Stück verteilt, was zu dieser Zeit sehr groß war,

denn man hatte einen Sester sehr gutes Mehl um zwölf Pariser Sous, und davon gab es wohl siebenhundert Dutzend.

484. Item, an Wein wurden wohl vierzig Mud getrunken.

485. Item, es gab wohl achthundert Fleischplatten, ohne Rind und Hammel, welches zahllos war.

486. Item, etwa im Monat August im Jahr 1428 nahm der Graf von Salesbury mit seiner Begleitung die Stadt Nogent-le-Roi ein, nahm Janville-en-Beauce ein, nahm Rochefort ein und zog von dort nach Châteaudun und nach Orléans, um vor der Stadt zu trinken. Und es wurde eine große Abgabe erhoben, in den Dörfern wie in den festen Städten; und so mußten sie wohl zweihundert Wagen bezahlen, ein jeder mit drei oder vier Pferden, um Lebensmittel oder Geschütze zu befördern oder um zweihundert Fässer Wein oder mehr zu befördern, die in Paris genommen wurden; und war doch der Wein so teuer, daß keine oder nur wenige Haushalte welchen tranken, denn die Pinte mittelmäßigen Weins kostete im Monat September zwölf Heller in sehr starkem Geld.

487. Item, zu dieser Zeit begannen einige, weil der Wein so teuer war, Kräuterbier zu brauen, und bevor Allerheiligen kam, gab es in Paris wohl dreißig Brauer, und man brachte jeden Tag von Saint-Denis und anderswo welches in Karren herbei und rief es überall in Paris aus, wie man gewöhnlich den Wein ausrief, und doch bekam man das von Paris nur für zwei Doppelheller und das von Saint-Denis für drei Doppelheller, die das Stück vier Pariser Heller wert waren.

488. Item, zu dieser Zeit hatte man den Scheffel guter Erbsen um zehn Heller, gute dicke Bohnen um zehn Heller, das Viertelhundert Eier um zwölf Pariser Heller.

489. Item, in diesem Monat September 1428, an Sankt Kreuz, gab es noch keine Weinbeeren, von denen man

hätte sagen können: »Schaut, eine ganz dunkle Traube«, so lange und spät war das Jahr kalt.

490. Item, zu dieser Zeit wurde eine Verordnung über die Renten gemacht, daß jeder, der das Vermögen dazu hatte, den Livre um vierundzwanzig Tourische Livres haben konnte, obwohl sie lange Zeit genutzt wurden oder worden waren; und wurden doch von dieser Verordnung minderjährige Kinder, verwitwete Frauen und Kirchen ausgenommen. Und einige andere Verordnungen wurden über besagte Renten gemacht, die im Châtelet erfahren kann, wer will.

491. Item, besagte Verordnung wurde am letzten Tag des Juli im Jahre 1428 bekanntgemacht.

492. Item, am Freitag, dem 10. Tag des September 1428, wurde einer namens Sauvage de Frémainville vom Galgen von Paris abgehängt,* dem Pierre Baillet viel Ungemach tat, als er gehängt wurde, denn auf der Leiter schlug er ihn sehr grausam und schlug auch den Henker mit einem großen Stock, den er trug; und besagter Pierre war damals Einnehmer von Paris.

493. Item, zu dieser Zeit war der Graf von Salesbury immer noch am Ufer der Loire und nahm nach Belieben Burgen und Städte ein, denn er war in den Waffen sehr erfahren; dann zog er vor Orléans und belagerte es von allen Seiten, aber Fortuna, die niemandem eine sichere Freundin ist, zeigte ihm ihr Handwerk, womit sie unerbittlich ihre Lieblinge versieht, denn als er sich der Belagerung schon sicher fühlte, traf ihn ein Stein aus einem Geschütz, der ihn auf den Tod verletzte; woraus die Englischen großen Schaden hatten, besonders der Reichsverweser von Frankreich, denn er ruhte sich nach Belieben in den Städten Frankreichs aus, er und seine Frau, die ihm überall folgte, wo er hinging; und als der andere tot war, mußte er den Krieg fortsetzen und brach von Paris auf, um dorten hinzuziehen, am Mitt-

woch, dem Vorabend von Sankt Martin im Winter 1428. Der Graf von Salesbury war in der Woche zuvor gestorben.

[1429]

494. Item, zu dieser Zeit war in Paris der Vierte auf das Kräuterbier 6600 Francs, und der auf den Wein erbrachte nur ein Drittel davon, denn der neue Wein besagten Jahres war so wenig und so schwach, daß er nicht zählte, denn der größere oder der größte Teil roch eher nach Essig als nach Wein, und war doch so teuer, daß man ihn in kleine Tönnchen tat, und er war ein bißchen stärker als mit Wasser verdünnter Wein, und das Tönnchen kostete vier Pariser Livres, und es gab keine unter vier Francs.

495. Zu dieser Zeit mußten die Bürger von Paris Geld für Mehl aufbringen, um es der Armee vor Orléans zu schicken, und sie bezahlten mehr als vierhundert beladene Lastwagen; die besagten Wagen und Pferde und alles, was zum Anspannen gehört, bezahlten die vom flachen Land in der Umgebung von Paris, und wenn nicht, mußten sie, sobald sie nach Paris kamen, binnen neun Tagen ihren Anteil aufbringen, und sie mußten danach weitere neun Tage auf ihre Kosten dort bleiben, was sie sehr beschwerte. Und am 13. Tag des Februar brachen sie [die Lastwagen] mit großer Begleitung von Bewaffneten* auf und zogen gefahrlos bis Étampes. Als sie ein wenig hinter Janville-en-Beauce und einem Dorf namens Rouvray-Saint-Denis waren, kamen wohl siebentausend Armagnacs über sie und traten an wie kleine Kinder zum Reigen. Als unsere Leute das sahen, ordneten sie sich, so gut sie konnten, und rührten sich nicht von der Stelle; sie hatten haufenweise große Pfähle dabei, am einen Ende

zugespitzt und am anderen mit Eisen versehen, welche sie in die Erde steckten, schräg gegen ihre Feinde geneigt, und die Bogenschützen und Arkebusiere von Paris wurden auf die eine Seite gestellt, die einen Flügel unserer Leute bildeten, und der andere Flügel bestand aus englischen Bogenschützen, und in der Mitte war, was in die offene Schlacht ziehen konnte, denn sie waren insgesamt nicht mehr als 1500 gegen 7000, was dreizehn Armagnacs gegen zwei[*] von unseren Leuten waren. Als die Armagnacs um unsere Leute herumgezogen waren, gingen sie zurück und stellten sich in Schlachtordnung auf, so daß unsere Leute sie fragten, ob sie wollten, wenn sie welche von den unseren gefangennähmen, daß ein Ziel bestimmt würde, nämlich ein Lösegeld, worauf sie antworteten, vor allem der Herr von Bourbon,[*] daß, so wahr ihnen Gott helfe, würde ihnen keiner zu Fuß entkommen, der nicht unters Schwert fiele, und wenn diese Herolde noch einmal kämen, würden sie tot sein. Als die Herolde unseren Leuten dies gesagt hatten, zogen sie sich hinter ihre Wagenburg zurück, befahlen sich Unserem Herrn und baten einander, es gut zu machen, und ordneten eine gute Wache für die Wagenburg mit den Fuhrleuten an, um der großen Gefahr zu begegnen, die eintreten könnte, und wenn sie einträte; denn einige und viele Armagnacs kamen von hinten und wollten die Güter unserer Leute plündern. Und einige der Fuhrleute sahen sie, sie machten ihre Pferde los und wollten mit ihnen fliehen, aber die Armagnacs kamen ihnen entgegen und taten ihnen viel Schaden am Leib und einigen am Leben, und danach glaubten sie, zum Plündern zu kommen, aber sie wurden so gut empfangen, daß glücklich war, wer sich retten konnte. Während die Schurken so am Plündern gehindert wurden, näherten sich die Armagnacs unseren Leuten, und die Gascogner waren am besten beritten, und der größte Teil ihres Stammes war gegen die Bogen-

schützen und Arkebusiere und Gesellen von Paris eingesetzt, und die Schottischen gegen die Englischen, der
große Haufen gegen den großen Haufen. Als die von Paris sahen, daß die zu Pferd auf sie zukamen, fingen sie an,
mit Bogen und Armbrust sehr erbittert zu schießen; als
die Gascogner das sahen, machten sie mißmutige Gesichter und hielten die Lanzen vor ihre Pferde, um sie vor den
Pfeilen zu schützen, und gaben ihnen sehr heftig die Sporen, gleich solchen, die hofften, sie alle zu Tode zu reiten,
aber sie waren wirklich nah; doch die Unglücklichen, die
Bösen, die Verdammten sahen das Übel nicht, das vor
ihren Augen war; denn als sie sich den Unseren mit
äußerstem Anspornen näherten, kamen ihre Pferde in die
befestigten Pfähle, und die Pfähle ihnen in die Brust und
in den Bauch und in die Beine, so daß sie nicht weiterka-
men, sondern fielen, einige ganz tot, und ihre Reiter ihnen nach. Solche, die am Boden lagen, riefen den anderen
zu: ›Viras! viras!‹ will sagen: ›Kehrt um! kehrt um!‹ So
wollten sie alsobald fliehen, aber ihre Pferde, die verletzt
worden waren von den vorgenannten Pfählen, stürzten
ganz tot unter ihnen nieder, die zwei oder drei erschlugen
und ihre Leute verwirrten, die hinterher kamen. Als die
Schottischen und die anderen das sahen, waren sie sehr
erstaunt und machten sich ans Fliehen, wie Tiere, die ein
Wolf von hier und von dort bedroht, und unsere Leute
verfolgten sie dicht und töteten und schlugen, was sie erreichen konnten, und es blieben vierhundert oder mehr
tot auf dem Platz, und eine große Menge Gefangene. Und
als die Bösen ihrerseits glaubten, sich ins Innere von Orléans flüchten zu können, wurden sie von denen von
der Belagerung bemerkt, die ihnen entgegentraten und
ebenso viele oder mehr von ihnen töteten wie in der vorgenannten Schlacht. So geschah es ihnen für ihre Sünde,
daß sie es im Sinn hatten, alle ans Schwert zu liefern, aber
es ging ihnen noch gut, wenn sie sich hüten konnten, daß

das Schwert ihrer Feinde sie nicht tötete. Als unsere Leute die Lebensmittel zur Armee gebracht hatten, zogen sie am 19. Tag des Februar im Jahr 1429 nach Paris zurück, und es fand sich, daß von denen von Paris nur vierhundert Männer in der Schlacht gefallen waren, und die Fuhrleute, die fliehen wollten, mehr oder weniger verletzt. So ist es ein großer Jammer auf der einen und der anderen Seite, daß die Christenheit einander tötet, ohne den Grund zu wissen, warum, denn der eine wird hundert Meilen von dem entfernt sein, die einander zu töten kommen werden, um ein wenig Geld zu verdienen, oder den Galgen dem Leib oder die Hölle der Seele.

496. Item, zu dieser Zeit fing man an, in Saint-Jacques-de-la-Boucherie die kanonischen Stunden zu sagen wie in Notre-Dame, am 16. Tag des Januar im Jahr 1429, einem Sonntag.

497. Item, der Herzog von Burgund kam am 3. Tag des April, Sankt Ambrosius, nach Paris zurück, in sehr schöner Begleitung von Rittern und Junkern; und danach, etwa acht Tage später, kam ein Franziskaner namens Bruder Richard* nach Paris, ein Mann von großer Klugheit, geschickt im Predigen, ein Säer guter Lehren zur Erbauung seiner Nächsten. Und er wirkte so stark, daß man es kaum glauben mochte, wenn man ihn nicht gesehen hätte, denn sobald er in Paris war, gab es keinen Tag, an dem er nicht gepredigt hätte. Und er begann am Samstag, dem 16. Tag des April 1429 in Sainte-Geneviève, und den folgenden Sonntag und die folgende Woche, nämlich am Montag, am Dienstag, am Mittwoch, am Donnerstag, am Freitag, am Samstag und am Sonntag bei den Innocents; und er begann seine Predigt ungefähr um fünf Uhr am Morgen, und das dauerte bis um zehn oder elf Uhr, und es gab immer einige fünf- oder sechstausend Personen bei seiner Predigt. Und er stand hoch oben auf einem Gerüst, das fast anderthalb Klafter hoch war, mit

dem Rücken nach den Charniers, gegenüber der Charon-nerie, in der Nähe vom Totentanz.*

498. Item, am Tag der Auffindung des heiligen Denis kehrte der Herzog von Burgund in sein Land Flandern zurück; und Orléans wurde immer noch belagert, wes-halb sich die Lebensmittel in Paris sehr verteuerten, denn zwangsweise mußte man oft große Mengen Mehl und an-dere Lebensmittel dorthin schicken, und Sachen, die zum Belagerungskrieg notwendig sind; kurz, man brachte so-viel Korn dorthin, daß es sich in Paris von einem Samstag auf den anderen von zwanzig Pariser Sous auf vierzig Pa-riser Sous verteuerte, und alle Dinge, von denen der Mensch leben kann, entsprechend. Und, wie zuvor ge-sagt, zog auch der Herzog von Burgund ab, ohne daß er irgend etwas Gutes für den Frieden oder für das arme Volk getan hätte, und man sagte, er ginge, gegen die von Lüttich zu kämpfen.

499. Item, der vorgenannte Franziskaner predigte am folgenden Sankt Markus bei Boulogne-la-Petite, und da war so viel Volk wie zuvor gesagt. Und wahrlich, als die Leute von Paris an diesem Tag von der Predigt kamen, waren sie zur Frömmigkeit gewendet und bewegt, daß ihr in weniger als drei Stunden oder vier wohl mehr als hun-dert Feuer hättet sehen können, darin die Männer Spiel-tische und Spielbretter verbrannten, Würfel, Karten, Bil-lardkugeln und -queues, Nurelis* und alle Sachen, an denen man sich im geldgierigen Spiel bis zum Fluchen er-zürnen kann.

500. Item, die Frauen verbrannten an diesem Tag oder am nächsten all ihren Kopfputz, wie Polsterungen, Le-der-, Fischbein- und andere Teile, die sie in ihre Hauben taten, um sie steifer oder nach vorn geneigt zu machen; die Fräulein ließen von ihren Hörnern, ihren Schwänzen und haufenweise Putz. Und wahrlich, zehn Predigten, die er in Paris gehalten hatte, und eine in Boulogne wandten

das Volk mehr zur Frömmigkeit als alle Prediger, die seit hundert Jahren in Paris gepredigt hatten.

501. Item, er sagte, es sei wahr, daß er vor kurzem aus Syrien gekommen sei, aus Jerusalem, und dort traf er Haufen von Juden, die er befragte, und sie sagten ihm, es sei wahr, daß der Messias geboren sei, welcher Messias ihnen ihr Erbe wiedergeben sollte, nämlich das Verheißene Land, und Haufen von ihnen gingen weiter nach Babylon, und nach der Heiligen Schrift ist dieser Messias der Antichrist, welcher in der Stadt Babylon geboren werden soll, welche einst die Hauptstadt des Königreichs der Perser war, und in Bethsaïda aufgezogen werden soll und in seiner Jugend nach Koronaim ziehen, von denen Unser Herr sagt: »Veh, veh! Vibi Bethsaïda! Veh, veh! Coronaym!«*

502. Item, besagter Bruder Richard hielt seine letzte Predigt am Dienstag, dem Tag nach Sankt Markus, dem 26. Tag des April 1429, und sagte beim Abschied, daß im Jahr, das danach sein würde, nämlich im Jahr 1430, man die größten Wunder sehen würde, die man je gesehen hat, und daß sein Lehrer, Bruder Vinzenz,* dies nach der Apokalypse und den Schriften des heiligen Paulus bezeugt, und ebenso bezeugt es Bruder Bernhard,* einer der guten Prediger auf der Welt, wie man es auch von diesem Bruder Richard sagte. Und zu dieser Zeit war dieser Bruder Bernhard zum Predigen jenseits der Alpen in Italien, wo er mehr Volk zur Frömmigkeit bekehrt hatte als alle Prediger, die dort seit zweihundert Jahren gepredigt hatten. Und wahrlich, am Dienstag, an dem jener Bruder Richard seine Predigt beendete, die zehnte, denn mehr war ihm in Paris nicht erlaubt, als er um Fürbitte bat und zu Gott für das Volk von Paris betete, und daß sie für ihn beteten, und er würde für sie zu Gott beten, weinten die großen und die kleinen Leute so fromm und tief, als ob sie sähen, wie ihre besten Freunde zu Grabe getragen

würden, und er auch. Und an diesem Tag oder dem nächsten wollte der gute Mann in die Gegenden von Burgund weiterziehen, aber seine Brüder beteten so viel, daß er noch in Paris blieb, um durch Predigen die gute Erbauung zu festigen, die er begonnen hatte. Und zu dieser Zeit ließ er mehrere Alraunen* verbrennen, die manche dummen Leute an sicheren Stellen aufbewahrten und so großen Glauben in diesen Unrat hatten, daß sie fest glaubten, es sei wahr, wenn sie welche hätten, und fein säuberlich in schöne Tücher von Seide oder Leinen eingewickelt, daß sie dann nie im Leben arm sein würden; und sicherlich gibt es solche, die sie freiwillig wegwarfen, als sie gehört hatten, wie der gute Mann jene brandmarkte, die so irrsinnigerweise glaubten, da schworen sie, daß sie, seitdem sie sie aufbewahrten, nie mehr besaßen, als sie schuldeten, aber große Hoffnung hatten, daß sie sie in künftiger Zeit viel reicher machen würden, wegen des schlechten Rates einiger alter Frauen, die zu sehr zu wissen glauben, wenn sie sich auf solche Bosheiten verlassen, die geradewegs Hexerei und Ketzerei sind.

503. Item, zu dieser Zeit gab es eine Jungfrau,* wie man sagte, am Ufer der Loire, die sich Prophetin nannte und sagte: »Diese und jene Sache wird wahrhaft geschehen.« Und sie war ganz gegen den Reichsverweser von Frankreich und seine Helfer. Und man sagte, daß sie trotz all derer, die Orléans belagerten, mit einem großen Haufen Armagnacs und einer großen Menge Lebensmittel in die Stadt eingezogen war, ohne daß die von der Armee sich regten; und doch sahen sie sie auf die Entfernung von ein oder zwei Pfeilschüssen vorbeiziehen, und sie hatten einen solchen Bedarf an Lebensmitteln, daß ein Mann zum Abendessen wohl um drei Weißpfennige Brot aß. Und einige andere Sachen von ihr erzählten solche, die mehr die Armagnacs als die Burgunder oder den Reichsverweser liebten; sie behaupteten, daß sie, als sie noch

klein war, die Lämmer hütete, und daß die Vögel der Wälder und Felder kamen, wenn sie nach ihnen rief, und aus ihrem Schoß fraßen, als ob sie zahm wären.* *In veritate apocryphum est.**

504. Item, zu jener Zeit hoben die Armagnacs die Belagerung auf und vertrieben die Englischen mit Gewalt von Orléans,* aber sie zogen vor Vendôme und nahmen es ein, wie man sagte. Und überall ging jene bewaffnete Jungfrau mit den Armagnacs und trug ihre Standarte, auf die nur ›Jesus‹ geschrieben stand, und man sagte, daß sie zu einem englischen Hauptmann* gesagt hatte, er solle mit seiner Begleitung die Belagerung aufgeben, sonst werde Übel ihnen allen kommen und Schande, welcher sie sehr mit Worten kränkte und Soldatendirne und Hure nannte; und sie sagte ihm, daß sie alle gegen ihren Willen recht bald abziehen würden, aber er würde es nicht mehr sehen, und doch würden viele von seinen Leuten getötet werden. Und so geschah es, denn er ertrank am Tag, bevor der Totschlag stattfand, und wurde danach herausgefischt und geviertelt und gekocht und einbalsamiert und nach Saint-Merry gebracht, und er war acht oder zehn Tage in der Kapelle im Kellergewölbe, und Tag und Nacht brannten vor seiner Leiche vier Kerzen oder Fackeln, und danach wurde er zur Bestattung in sein Land gebracht.

505. Item, zu dieser Zeit ging der Bruder Richard fort, und am Sonntag, bevor er gehen sollte, wurde in Paris gesagt, daß er an dem Ort predigen sollte, wo der heilige Denis geköpft worden war und manch anderer Märtyrer, oder in der Nähe davon. So gingen mehr als sechstausend Personen von Paris dorthin, und brach der größte Teil am Samstagabend in großen Haufen auf, um am Sonntagmorgen einen besseren Platz zu haben, und sie schliefen auf dem Feld in baufälligen Häusern oder was sie Besseres fanden, aber sein Kommen wurde verhindert, und wie

das geschah, darüber schweige ich, aber er predigte überhaupt nicht, worüber die guten Leute sehr betrübt waren, und predigte in dieser Jahreszeit nicht mehr in Paris und mußte fortgehen.

506. Item, zu dieser Zeit zogen die Armagnacs ins Feld und zerstörten alles, doch wurden dort ungefähr achttausend Englische eingesetzt. Aber als es zu dem Tag kam, da die Englischen auf die Armagnacs trafen, waren sie nicht mehr als sechstausend, und die Armagnacs waren zehntausend. So warfen sie sich sehr erbittert auf die Englischen, und die Englischen verweigerten die Schlacht keineswegs; da gab es große Verluste bei den einen und den anderen, aber am Ende konnten die Englischen es nicht durchhalten, denn die Armagnacs, die um mehr als die Hälfte in der Überzahl waren, schlossen sie von allen Seiten ein. Da wurden die Englischen besiegt, und es wurden wohl, wie man sagte, viertausend oder mehr von den Englischen tot gefunden, von den anderen erfuhr man in Paris die Zahl nicht.

507. Item, am Sonntag, dem 19. Tag des Juni im Jahre 1429, wurde die Kirche Saint-Laurent vor Paris Gott geweiht, von einem ehrwürdigen Pater, dem Bischof von Paris und anderen Prälaten.

508. Item, am 6. Tag des Juni in besagtem Jahr 1429 wurden in Aubervilliers zwei Kinder geboren, die genauso aussahen wie diese Figur;* denn wahrlich habe ich sie gesehen und in den Händen gehalten, und sie hatten, wie ihr seht, zwei Köpfe, vier Arme, zwei Hälse, vier Beine, vier Füße, und hatten nur einen Bauch und einen Bauchnabel, zwei Köpfe, zwei Rücken. Und sie wurden getauft und waren drei Tage auf Erden, zum großen Verwundern des Volkes von Paris; und wahrlich ging das Volk von Paris hin, es zu schauen, mehr als zehntausend Personen, Männer wie Frauen, und durch die Gnade Unseres Herrn war die Mutter nach der Geburt bei Leben

und Gesundheit. Sie wurden ungefähr um sieben Uhr am Morgen geboren und wurden im Sprengel Saint-Christophe getauft, und die rechte wurde Agnès genannt und die linke Jeanne, ihr Vater hieß Jean Discret und die Mutter Gillette, und lebten nach der Taufe noch eine Stunde.

509. Item, in eben dieser Woche, am folgenden Sonntag, wurde in der Chauvrerie, hinter Saint-Jean,* ein Kalb geboren, das zwei Köpfe hatte, acht Füße und zwei Schwänze; und in der folgenden Woche wurde im Viertel Saint-Eustache ein Ferkel geboren, das zwei Köpfe hatte, aber es hatte nur vier Füße.

510. Item, am Dienstag vor Sankt Johann war ein großer Aufruhr, daß die Armagnacs diese Nacht nach Paris kommen sollten, aber es war gar nichts daran.

511. Item, inzwischen, unablässig Tag und Nacht, verstärkten die von Paris die Wache und ließen die Mauern befestigen, und stellten dort haufenweise Kanonen und andere Geschütze auf; und wechselten den Prévôt der Kaufleute und die Schöffen, und machten einen namens Guillaume Sanguin zum Prévôt der Kaufleute. Und Schöffen wurden nämlich Imbert des Champs, Kurzwarenhändler und Tapezierer, Colin de Neuville, Fischhändler, Jean de Dampierre, Kurzwarenhändler, Raymond Marc, Tuchhändler, und wurden erwählt und eingesetzt in der ersten Juliwoche.

512. Und am 10. Tag besagten Monats kam der Herzog von Burgund nach Paris, ungefähr sechs Stunden nach dem Mittagessen, und blieb nur fünf Tage da, in welchen fünf Tagen es viel großen Rat gab; und es wurde eine allgemeine Prozession gemacht, und es gab eine sehr schöne Predigt in Notre-Dame von Paris. Und im Palais wurde der Vertrag* oder Brief bekanntgemacht, wie die Armagnacs einst unter Vermittlung des päpstlichen Legaten den Frieden ausgehandelt hatten, und außerdem, daß alles verziehen sein sollte, von der einen Seite und von der

anderen, und wie sie große Eide ablegten, nämlich der Dauphin und der Herzog von Burgund, und wie sie gemeinsam den Leib Unseres Herrn empfingen, und die Anzahl der Ritter von Rang und Namen auf der einen und der anderen Seite. Auf besagten Brief oder Vertrag setzten alle ihre Unterschrift und Siegel, und danach, weil der Herzog von Burgund den Frieden besagten Königreichs wollte und wünschte und das Versprechen erfüllen wollte, das er gegeben hatte, unterwarf er sich, an irgendeinen Ort zu gehen, den der Dauphin und sein Rat bestimmen würden; so wurde von besagtem Dauphin und seinen Verbündeten der Ort bestimmt, an welchen der Herzog von Burgund sich begab, er als zehnter mit den vertrautesten Rittern, die er hatte, er auf den Knien vor dem Dauphin, wurde solchermaßen verräterisch ermordet, wie jedermann weiß. Am Ende des besagten Briefes begann ein großes Murren, und auch solche, die mit den Armagnacs verbündet waren, hatten nun einen großen Haß auf sie. Nach dem Murren befahl der Reichsverweser von Frankreich und Herzog von Bedford Schweigen, und der Herzog von Burgund beklagte sich über den gebrochenen Frieden und danach über den Tod seines Vaters, und danach ließ er das Volk die Hände heben, daß alle dem Reichsverweser und dem Herzog von Burgund gut und treu wären. Und besagte Herren versprachen ihnen bei ihrem Glauben, die gute Stadt Paris zu schützen.

513. Und am darauffolgenden Samstag verließ der Herzog von Burgund Paris und nahm seine Schwester, die Frau des Reichsverwesers, mit sich, und der Reichsverweser andererseits ging nach Pontoise, er und seine Leute, und zum Hauptmann von Paris wurde der Herr de L'Isle-Adam bestimmt. Und die Armagnacs drangen in dieser Woche in die Burg von Auxerre ein und kamen dann nach Troyes und zogen ein, ohne daß man sich ver-

teidigte. Und als die aus den Dörfern in der Umgebung von Paris erfuhren, wie sie solchermaßen das Land eroberten, verließen sie ihre Häuser und brachten alle ihre Güter in gute Städte, mähten ihr Korn, bevor es reif war, und brachten es in die gute Stadt Paris. Sehr bald darauf zogen sie in Compiègne ein und gewannen die Befestigungen im Umkreis ohne jede Verteidigung, und in der Umgebung von Paris nahmen sie Luzarches und Dammartin ein und einige andere befestigte Städte. Und die von Paris hatten sehr große Angst, denn kein Herr war da, aber an Sankt Jakob, im Juli, wurden sie ein wenig getröstet, denn an diesem Tag kamen der Kardinal von Winchester und der Reichsverweser von Frankreich nach Paris und hatten in ihrer Begleitung einen Haufen Bewaffnete und Bogenschützen, wohl ungefähr viertausend, und der Herr de L'Isle-Adam, der wohl ungefähr siebentausend Pikarden hatte, abgesehen von den Gemeinen von Paris.

514. Item, wahrlich, der Franziskaner, der bei den Innocents gepredigt hatte, der soviel Volk bei seiner Predigt versammelte, wie zuvor gesagt, der ritt wahrlich mit ihnen, und sobald die von Paris sicher waren, daß er so mit ihnen ritt, und durch seine Rede solcherart die Städte abwandte, die dem Reichsverweser von Frankreich oder seinen Beauftragten Eide abgelegt hatten, verfluchten sie ihn bei Gott und den Heiligen; und, noch schlimmer, die Spiele, wie Brettspiele, Kugeln, Würfel, alle anderen Spiele, die er verboten hatte, begannen trotz seiner Ermahnung von neuem, und selbst ein Bronzeabzeichen, in das der Name Jesu geprägt war und das er sie hatte tragen lassen, ließen sie sein, und trugen alle das Andreas-Kreuz.*

515. Item, etwa Ende Juli ergaben sich die Burg von Beauvais* und die Burg von Senlis den Armagnacs.

516. Item, am 25. Tag des August wurde von ihnen die

Stadt Saint-Denis eingenommen, und am nächsten Tag zogen sie bis vor die Tore der Stadt Paris, und es wagte niemand, hinauszugehen und Wein oder Krätzer zu lesen, noch in die Gemüseäcker zum Ernten zu gehen, weshalb sich bald alles verteuerte.

517. Item, am Vorabend von Sankt Lorenz wurde das Tor von Saint-Martin geschlossen, und es wurde ausgerufen, daß niemand sich erkühnen solle, nach Saint-Laurent zu gehen, weder zum Gottesdienst noch um irgendwelche Ware, unter Androhung des Stricks, und so tat man; und das Fest des heiligen Lorenz war im großen Hof von Saint-Martin, und da war ein großer Haufen Volks, aber es wurde keine Ware verkauft, außer Käse und Eiern und Obst aller Arten, der Jahreszeit entsprechend.

518. Item, in der ersten Septemberwoche des Jahres 1429 begannen die Viertelmeister, jeder an seinem Ort, Paris zu befestigen, an den Toren der Hauptstraßen, in den Häusern, die über den Mauern waren, Kanonen anzubringen und Fässer voller Steine auf den Mauern, die Gräben außerhalb der Stadt zu erneuern und Sperren vor der Stadt zu errichten und drinnen. Und zu dieser Zeit ließen die Armagnacs Briefe schreiben, versiegelt mit dem Siegel des Grafen von Alençon, und die Briefe sagten: »An euch, Prévôt von Paris und Prévôt der Kaufleute und Schöffen«, und nannten sie bei ihrem Namen, und sandten ihnen in sehr schöner Rede ihre Grüße, weil sie glaubten, das Volk gegeneinander und gegen jene aufzurühren, aber man nahm ihre Bosheit schlecht auf, und es wurde ihnen mitgeteilt, sie sollten nicht noch mehr Papier solcherart verschwenden, und niemand kümmerte sich darum.

519. Item, am Vorabend von Mariä Geburt, im September, kamen die Armagnacs, die Mauern von Paris zu stürmen, und glaubten, sie im Sturm zu nehmen, aber sie gewannen wenig, es sei denn Schmerz, Scham und Un-

mut, denn mehrere wurden für ihr ganzes Leben verwundet, die vor dem Angriff völlig gesund waren, aber ein Verrückter glaubt es nicht, solange er Glück hat, und für die sage ich es, die so voll Unglück und Ungemach waren, daß sie wegen der Rede eines Geschöpfes, das in Weibsgestalt mit ihnen war und das man die Jungfrau nannte, und wer sie war, weiß Gott, am heiligen Tag Mariä Geburt sich alle gemeinsam verschworen, an diesem Tag Paris anzugreifen. Und es sammelten sich wohl 12000 oder mehr, und sie kamen ungefähr zur Stunde des Hochamts, zwischen elf und zwölf Uhr, ihre Jungfrau mit ihnen, und große Haufen an Wagen, Karren und Pferden, alle mit großen Faschinen zu drei Stricken beladen, um die Gräben von Paris zu füllen; und sie begannen den Angriff zwischen dem Tor von Saint-Honoré und dem Tor von Saint-Denis, und der Angriff war sehr grausam, und beim Stürmen sagten sie viele gemeine Worte zu denen von Paris. Und da war ihre Jungfrau mit ihrer Standarte am Rande des Grabens, die sagte zu denen von Paris: »Ergebt euch, um Jesu willen, uns bald, denn wenn ihr euch nicht ergebt, bevor es Nacht wird, werden wir mit Gewalt eindringen, ob ihr wollt oder nicht, und ihr werdet alle erbarmungslos zu Tode kommen.« – »Wahrlich«, sagte einer, »Schlumpe, Dirne!« Und schoß mit seiner Armbrust geradewegs auf sie und durchschoß ihr ganz das Bein, und sie entfloh, und ein anderer durchschoß dem den Fuß, der ihre Standarte hielt; als der spürte, daß er verletzt war, öffnete er sein Visier, um zu versuchen, den Drehpfeil* aus seinem Fuß zu ziehen, und ein anderer schoß auf ihn und traf ihn zwischen den zwei Augen und verletzte ihn zu Tode, worauf die Jungfrau und der Herzog von Alençon später schworen, daß sie lieber vierzig der besten Bewaffneten aus ihrer Begleitung verloren hätten [als ihren Standartenträger]. Der Angriff war sehr grausam von der einen Seite und von der anderen und dauerte wohl bis vier Stunden nach dem Mittagessen, ohne daß man gewußt hätte, wer der Bessere war. Kurz nach vier Stunden faßten die von Paris Mut und bedeckten sie so mit Kanonenkugeln und anderen Geschossen, daß sie durch Gewalt zurückweichen und den Sturm sein lassen mußten; wer am besten fortlaufen konnte, war der Glücklichste, denn die von Paris hatten große Kanonen, die vom Tor von Saint-Denis bis weit über Saint-Ladre hinaus schossen, womit sie ihnen in den Rücken schossen, wovon sie sehr erschrocken waren; so wurden sie in die Flucht geschlagen, aber niemand ging aus Paris hinaus, um sie zu verfolgen, aus Angst vor ihren Hinterhalten. Und im Fortgehen legten sie Feuer an die Scheune der Mathuriner, in der Nähe der Porcherons, und legten einige ihrer Leute, die beim Angriff umgekommen waren und die sie auf ihren Pferden mitgenommen hatten, haufenweise in dies Feuer, wie es einst die Heiden in Rom taten. Und sie verfluchten sehr ihre Jungfrau, die ihnen versprochen hatte, daß sie zweifellos bei diesem Angriff die Stadt Paris einnehmen würden und daß sie selbst und sie alle diese Nacht dort verbringen würden, und sehr bereichert von den Gütern der Stadt, und daß alle, die sich verteidigten, unter das Schwert fallen oder in ihren Häusern verbrennen sollten; aber Gott, der das große Unternehmen von Holofernes durch ein Weib namens Judith vereitelte, bestimmte in seinem Erbarmen anders, als sie dachten. Denn am nächsten Tag kamen sie, um freies Geleit für ihre Toten zu erbitten, und der Herold, der mit ihnen kam, wurde vom Hauptmann von Paris unter Eid befragt, wieviele von ihren Leuten verletzt waren, welcher schwor, daß es wohl fünfzehnhundert waren, davon wohl fünfhundert oder mehr tot waren oder zu Tode verletzt. Und wahrlich gab es bei diesem Angriff so gut wie keine Bewaffneten als ungefähr vierzig oder fünfzig Englische, die ihre Pflicht sehr gut taten; denn den größten Teil ihrer

Wagen, mit denen sie die Faschinen herbeigebracht hatten, nahmen die von Paris ihnen weg, denn sie hätten besser nicht kommen sollen, um am heiligen Tag Mariä Geburt einen solchen Totschlag machen zu wollen.

520. Item, etwa drei oder vier Tage danach kam der Reichsverweser nach Paris und schickte seine Leute nach Saint-Denis, aber die Armagnacs waren von dort fortgegangen, ohne irgend etwas von ihren Ausgaben zu bezahlen, denn sie hatten denen von Saint-Denis versprochen, sie mit den Gütern von Paris zu bezahlen, wenn sie dort eingedrungen wären, aber ihre Absicht mißlang, weshalb sie ihre Wirte in Saint-Denis und anderswo betrogen. Und was noch schlechter für diese war, der Reichsverweser und der Prévôt von Paris und der der Kaufleute und die Schöffen von Paris waren sehr erzürnt über sie, weil sie sich so rasch den Armagnacs ergeben hatten, ohne einen Streich zu führen, und sie wurden deswegen zu sehr hohen Geldstrafen verurteilt, wie ihr später wahrlich noch erfahren werdet.

521. Item, am Freitag, dem letzten Tag des September im Jahr 1429, kam der Herzog von Burgund nach Paris, in sehr schöner Begleitung und so zahlreich, daß man sie in Haushalten unterbringen mußte und in leerstehenden Häusern, deren es in Paris viele gab, und mit Schweinen und Kühen schliefen ihre Pferde. Und er kam durch das Tor von Saint-Martin und führte seine Schwester mit sich, die Frau des Herzogs von Bedford, des Reichsverwesers von Frankreich, die mit ihm war, und er hatte vor sich zehn Herolde, alle in die Farben des Herrn gekleidet, zu dem ein jeder gehörte, und ebensoviel Trompeten; und in diesem Prunk von nichtigem Glanz zogen sie durch die Rue Maubué zum Frauenkloster Sainte-Avoye, um ihre Andacht zu tun, und gingen von dort nach Saint-Pol.*

522. Ungefähr acht Tage danach kam der Kardinal von Winchester in schöner Begleitung nach Paris, und dann

hielten sie mehrfach Rat, so daß schließlich auf Begehren der Universität, des Parlements und der Bürgerschaft von Paris bestimmt wurde, daß der englische Herzog von Bedford Herrscher der Normandie sein sollte und der Herzog von Burgund Reichsverweser von Frankreich. Also geschah es, aber sehr ungern verließ der Herzog von Bedford dies Amt, und ebenso seine Frau, aber tun mußten sie es. Und als die Englischen abgezogen waren, die an einem Samstagabend abzogen und nach Saint-Denis gingen, zog danach auch der Herzog von Burgund ab und schloß einen Waffenstillstand mit den Armagnacs bis zum kommenden Weihnachtsfest, nämlich nur für die Stadt Paris und die umgebenden Vorstädte; und alle Dörfer in der Umgebung von Paris blieben den Armagnacs überlassen, so daß niemand aus Paris einen Schritt hinaus zu tun wagte, wenn er nicht getötet oder verschleppt oder über sein Vermögen hinaus erpreßt werden wollte, und wagte doch niemand, sich zu rächen. Das Hundert kleine Buscheln war vierundzwanzig Pariser Sous wert, der Bund Weidenflechtholz sieben Sous oder acht Sous; zwei Eier vier Pariser Heller; ein kleiner ganz frischer Käse vier Weißpfennige; und obwohl sehr starkes Geld umlief, gab es in Paris weder zu Allerheiligen noch zu einem anderen Feiertag in jener Zeit Nachricht von frischen Heringen noch von anderem Fang.

523. Item, als der Herzog von Burgund ungefähr vierzehn Tage in Paris gewesen war, zog er am Vorabend von Sankt Lukas ab und nahm seine Pikarden mit sich, die er mitgebracht hatte, ungefähr sechstausend, so kräftige Schurken, wie sie nur je nach Paris gekommen waren, seit dieser unglückselige Krieg angefangen hatte, und wie es in allen Häusern offenbar wurde, wo man sie beherbergte. Und sobald sie außerhalb von Paris waren, begegneten sie niemandem, den sie nicht beraubt oder niedergeschlagen hätten. Als die Vorhut abgezogen war, ließ der

Herzog von Burgund ausrufen, als ob er die einfachen Leute beruhigen wollte, wenn man sähe, daß die Armagnacs Paris anzugreifen kämen, sollte man sich so gut verteidigen, wie man könnte, und ließ die Stadt Paris solcherart ohne Garnison. Da seht ihr alles Gute, was er für die Stadt tat; und die Englischen waren auch nicht unsere Freunde, weil man sie aus der Regierung entfernt hatte.

524. Item, bevor es Weihnachten wurde und der Waffenstillstand aufhörte, taten die Armagnacs in der Umgebung von Paris so viel Übel, daß nie die Tyrannen von Rom noch Strauchräuber noch Mörder Christenmenschen schlimmere Tyrannei angetan haben als sie, und mit Tyrannei nahmen sie, was immer solche hatten, die ihnen in die Hände fielen, und sie gingen so weit, deren Frauen und Kinder zu verkaufen, wenn das möglich war; und niemand trat ihnen entgegen, denn der Reichsverweser von Frankreich, der Herzog von Bedford, hatte keinen Grund, sich einzumischen, weil man den Herzog von Burgund zum Reichsverweser gemacht hatte, der zu dieser Zeit viel Trübsal hatte. Denn als er alles gut und schön bestimmt und ausgerichtet hatte, alles wie man nur kann und wie es sein soll für die Hochzeit eines so großen Fürsten, so daß man nur noch von einem Tag auf den anderen die Dame erwartete, die er zur Frau nehmen sollte, welche Tochter des Königs von Portugal war, und reiste übers Meer, und als sie und ihr Gefolge schon nahe bei Sluis* war, schon auf Sichtweite, und als man schon das Fest zu ihrem Willkommen vorbereitete, da kam ein Wind, der ihr ganz widrig war, und mußte sie notwendigerweise ins Land ihres Vaters zurück, nach Aragon,* und danach wurde sie heil und gesund dem Herzog von Burgund zugeführt. Und das war der Grund, warum er all die Zeit Paris derart allein ließ.

525. Und durch diesen Mangel, daß es in Paris keinen Herrscher gab noch jemand, der den Feinden die Stirn geboten hätte, und weil nichts nach Paris kam, was nicht zwei- oder dreimal mit Lösegeld belastet war, und man es, wenn es ankam, so teuer verkaufen mußte, daß arme Leute nichts davon kaufen konnten, da entstand ein großes Leid, denn eine große Zahl armer Bewohner, deren einige Frau und Kinder hatten, andere nicht, zogen in großen Scharen aus Paris aus, gleichsam um zu leben oder zu sterben, und verzweifelten an der großen Armut, die sie litten, und machten Gemeinschaft mit anderen, die sie trafen, und fingen an, nach dem Vorbild des Feindes alle Übel zu tun, die Christen tun können, weshalb man sich notwendigerweise sammeln mußte, um sie zu fangen. Und beim ersten Mal nahm man siebenundneunzig von ihnen gefangen, und einige Tage später henkte man zwölf von ihnen am Galgen von Paris, am 2. Tag des Januar, und am folgenden 10. Tag führte man elf von ihnen in die Hallen von Paris, und schlug allen zehn die Köpfe ab. Der elfte war ein sehr schöner Jüngling von ungefähr vierundzwanzig Jahren, er wurde ausgekleidet, und man wollte ihm gerade die Augen verbinden, als ein junges Mädchen aus dem Hallenviertel kühn um ihn bat und es durch ihre gute Fürsprache erreichte, daß er ins Châtelet zurückgebracht wurde, und inzwischen wurden sie miteinander verheiratet.

526. Item, zu jener Zeit fiel Ostern auf den 17. Tag des April, und es war sehr teuer und sehr kalt; das Bündel Holz kostete neun Pariser Sous, und das Kleinholz und Kohle war ebenso teuer oder mehr, und alle Sachen, von denen man leben kann, außer Äpfeln, von denen die armen Leute im Überfluß hatten; und mangels Öl aß man

in dieser Fastenzeit bei den Hallen Butter, wie an Fleischtagen.

527. Item, am 21. Tag des März kamen die Armagnacs und raubten Menschen und Vieh und taten an diesem Tag viel Übles. Aber man sagte es in Paris dem Herrn von Saveuse,* welcher sich und seine Leute bewaffnete, und mit ihm mehrere von Paris, unter ihnen ein Viertelmeister, ein Schöffe und Steuereinnehmer namens Colinet de Neuville, der Bastard von Saint-Pol, der Bastard von Saveuse, alle wurden gefangengenommen, sobald sie im Feld waren, weil sie sich zerstreuten, ohne zusammenzubleiben, und alle wurden in weniger als einer Stunde gefangengenommen, wodurch die Armagnacs sehr viel Geld bekamen.

528. Item, als die Armagnacs sahen, wie sich ihre Sache allseits derart gut für sie wendete, erkühnten sie sich und kamen am folgenden Freitag, dem 23. Tag des März, ungefähr um Mitternacht, alle mit Leitern vor Saint-Denis, überstiegen die Mauern, drangen in die Stadt ein und töteten erbarmungslos die guten Leute, die in dieser Nacht die Wache hatten; und danach gingen sie durch die ganze Stadt und töteten und erschlugen, wem immer sie begegneten, und sie plünderten in dieser Nacht die Stadt und töteten eine große Zahl von Pikarden, die dort in Garnison waren, und führten fast alle deren Pferde ab, und als sie gut beladen waren, verließen sie die Stadt und zogen ab, mit all ihrer Beute, die sehr groß war und zuviel.

529. Item, zu dieser Zeit gab es einige Große in Paris, so vom Parlement und vom Châtelet, und Kaufleute und Handwerker, die zusammen eine Verschwörung machten, die Armagnacs in Paris einzusetzen, welcher Schaden auch daraus entstehen mochte, und sie sollten mit bestimmten Zeichen bezeichnet sein, wenn die Armagnacs in Paris einziehen würden, und wer dies Zeichen nicht

hatte, war in Todesgefahr. Und es gab einen Karmeliter namens Pierre d'Allée, der Träger und Zuträger der Briefe von den einen an die anderen war. Aber Gott wollte es nicht leiden, daß so großer Totschlag in der guten Stadt Paris geschähe, denn der Karmeliter wurde gefangengenommen, der unter der Folter, die man ihm tat, viele bezichtigte. Und wahrlich, in der Passionswoche, zwischen Palmsonntag und dem Sonntag davor, wurden mehr als einhundertfünfzig gefangengenommen, und am Vorabend von Palmsonntag schlug man in den Hallen sechs den Kopf ab; einige ertränkte man, einige starben unter der Folter, einige entkamen dank Hab und Gut, einige entflohen ohne Wiederkehr. Als die Armagnacs sahen, daß ihr Unternehmen mißlungen war, waren sie ganz verzweifelt und schonten weder Frauen noch Kinder, die in ihre Hände fielen, und sie kamen bis vor die Tore von Paris, ohne niemandes Widerstand, aber man erwartete von einem Tag auf den anderen den Herzog von Burgund, der überhaupt nicht kam, so verging Januar, Februar, März und April.

530. Am 21. Tag des April gingen wohl ungefähr vierhundert Englische, um eine Festung namens La Chasse einzunehmen, aber in ihrer Gier zogen sie nach Chelles-Sainte-Baudour und plünderten die Stadt und danach die Abtei, und gingen von dort vor besagte Festung, derart mit den Gütern der Kirche und der Arbeiter beladen, daß es ihnen sehr schlecht bekam; denn während sie besagte Abtei plünderten, sammelten sich die Armagnacs ihrerseits aus den Garnisonen der Umgebung und schlossen sie zwischen der Festung und sich ein. Doch konnten sie die nicht hören, denn die von drinnen verletzten sie sehr mit Pfeilschüssen, und die von hinten griffen sie so erbittert an, daß sie alle in wohl weniger als einer Stunde tot oder gefangengenommen waren; und so also waren die Armagnacs sehr bereichert, denn sie hatten alle ihre

Pferde und alles, was sie in Chelles erbeutet hatten, und die Lösegelder von den Lebenden, und was sie von den Toten plündern konnten.

531. Item, am 25. Tag besagten Monats, am Tag nach Sankt Markus, gelang es den Armagnacs durch ihre Streitkraft oder durch Verrat, die Abtei Saint-Maur-des-Fossés zu erobern; und überall gelang es ihnen gut, und seitdem der Graf von Salesbury vor Orléans gefallen war, mußten die Englischen immer, wenn sie auf dem Platz waren, mit sehr großem Schaden oder sehr großer Schande abziehen.

532. Item, in diesem Jahr gab es eine Unzahl weißer Rosen an Palmsonntag, welcher auf den 8. Tag des April im Jahr 1430 fiel, so verfrüht war in diesem Jahr alles.

533. Item, am 26. Tag besagten Monats im Jahr 1430 ließen die Regenten von Paris große Feuer machen, wie man sie in der Johannisnacht macht, weil das Volk sich wunderte, daß die Armagnacs überall die Oberhand hatten, wo sie hinkamen, und machten dem Volk bekannt, dies sei für den jungen König Heinrich, der sich für den König von Frankreich und England hielt und der in Boulogne angekommen war, er und sehr viele Söldner, um die Armagnacs zu bekämpfen, woran aber gar nichts war, und auch vom Herzog von Burgund gab es gar keine Nachricht. Doch war alle Welt so verzweifelt, weil man nichts verdiente und weil die Regenten glauben machten, sie würden bald Entsatz haben, aber kein Herr machte Anstalten für Entsatz oder Verhandlungen, so daß viele Bewohner von Paris fortgingen, wodurch Paris sehr geschwächt wurde.

534. Item, in der Maiwoche gab es am Tor Saint-Antoine Gefangene, von denen einer sein Lösegeld gezahlt hatte, so daß er Bewegungsfreiheit hatte und mit den Leuten von der Festung nach Belieben umherging. Da geschah es eines Tages, daß solcher, der die Kerker be-

wachte, nach dem Mittagessen auf einer Bank einschlief, wie man es im Sommer tut, da nahm er ihm die Schlüssel weg, während er schlief, und öffnete das Gefängnis und band drei los, und sie gingen dorthin, wo jener immer noch schlief, und andere, der eine hier, der andere dort, schlugen auf sie ein, um sie zu töten, und verletzten zwei oder drei tödlich, bevor die Leute von der Festung etwas davon hören konnten. Als sie erfuhren, was besagte Gefangene gemacht hatten, da kamen sie ihren Gesellen eilig zu Hilfe, und der Herr de L'Isle-Adam, der Hauptmann der Festung und von Paris, kam rasch dahin, wo sie waren. Da rief er ihnen zu und schlug mit einer Axt, die er bei sich hatte, auf den ersten ein, auf den er traf, und schlug ihn tot; die anderen konnten nicht entfliehen, sondern wurden alle festgenommen und gestanden, daß sie im Sinn hatten, alle jene zu töten, die in der Festung waren, und die Festung den Armagnacs auszuliefern, um Paris durch Verrat oder anders einzunehmen. Und sobald sie das gesagt hatten, da ließ der Hauptmann sie alle töten und in den Fluß schleifen.

535. Item, in diesem Jahr, am 12. und 13. Tag des Mai, erfroren alle Reben, die dem Aussehen nach die schönsten waren und die reichste Ernte versprachen, die man seit dreißig Jahren gesehen hatte. So gefiel es Gott, daß es geschehe, um uns ein Exempel zu geben, daß nichts sicher ist, wie von einem Tag auf den anderen offenbar wird.

536. Item, am 23. Tag des Mai wurde vor Compiègne die Dame Johanna gefangengenommen, die Jungfrau von den Armagnacs, durch den Herrn Johann von Luxemburg und seine Leute und wohl tausend Englische, die nach Paris kamen, und waren wohl vierhundert Männer von der Jungfrau, die getötet oder ertrunken. Danach, am folgenden Sonntag, kamen die tausend Englischen nach Paris und gingen, die Armagnacs zu belagern, welche in der Abtei von Saint-Maur waren, doch hielten sie sich

nicht und lieferten besagte Abtei aus, um ihr Leben zu retten, ohne irgend etwas mitzunehmen als einen Stock in der Faust, und es waren wohl hundert; und es war der 2. Tag des Juni 1430.

537. Item, zu jener Zeit war das Pfund gesalzene Butter drei Pariser Sous in sehr starkem Geld wert und die Pinte Nußöl sechs Pariser Sous. Und tatsächlich, sobald die Armagnacs abgezogen waren, plünderten die Englischen, ob ihren Hauptleuten das gefiel oder nicht, die ganze Abtei und die Stadt so vollständig, daß sie auch nicht die Kochlöffel daließen, sondern mitnahmen, und die vor ihrem Einzug hatten schon gut geplündert, und die letzten ließen überhaupt nichts mehr. Welch ein Elend!

538. Item, in diesem Monat Juni gab es immer noch keine Nachricht von dem jungen König Heinrich von England, daß er über das Meer gekommen sei, und die Regenten von Paris ließen schon an Sankt Georg das Volk glauben, daß er inzwischen übers Meer gekommen wäre, weshalb sie überall in Paris Feuer machen ließen; worüber das geringe Volk nicht recht froh war, so teuer war das Holz, und weil einige wohl wußten, daß er keineswegs übers Meer gekommen war.

539. Item, vom Herzog von Burgund gab es keinerlei Nachricht, daß er kommen sollte, und es verging doch keine Woche seit Januar, daß man ihn nicht erwartete, und es war schon bald Sankt Johann, aber die Regenten machten wiederum das Volk glauben, um es zu beruhigen, und sagten, wenn man von seiner Ankunft sprach, einige und die meisten: *Patrem sequitur sua proles*; ›wahrlich folgen die Kinder willig dem Vater‹, und sonst sagten sie nichts. Und wirklich ging noch der Juli vorbei, ohne daß es Nachricht von ihm gegeben hätte, außer daß es einen großen Heerhaufen von Pikarden gab, die schon im April angefangen hatten, Compiègne zu belagern, aber im

August hatten sie immer noch nichts ausgerichtet. Und wahrlich taten im Krieg dreihundert Englische mehr als fünfhundert Pikarden, und es gab keine schlimmeren Schurken und Menschenverächter; und die Englischen eroberten wohl zwölf Festungen in der Umgebung von Paris in einem Monat, und danach zogen sie in der 2. Juliwoche nach Corbeil.

540. Item, am 17. Tag des Juli, einem Montag, dem Vorabend von Sankt Arnold, wurde die Glocke von Notre-Dame gegossen und Jacqueline genannt, und sie wurde von einem Gießer namens Guillaume Sifflet gemacht und wog ungefähr fünfzehntausend Pfund.*

541. Item, kam der Herr von Roz, ein englischer Ritter, nach Paris, am Mittwoch, dem 16. Tag des August im Jahr 1430, so prächtig, wie man noch nie einen Ritter gesehen hatte, wenn er nicht König oder Herzog war oder Graf; denn er hatte vier Spielleute, mit Trompete und Zink vor sich, die alle ihre Instrumente spielten; aber am nächsten Tag war Fortuna ihm sehr zuwider, denn die Armagnacs kamen, um am Tor Saint-Antoine Beute zu nehmen, und sie nahmen Ochsen, Kühe, Schafe und anderes Vieh und kehrten wieder um. Als der Herr von Roz das erfuhr, ging er ihnen mit allen seinen Leuten hinterher und verfolgte sie heftig, und ein anderer englischer Ritter, der Hauptmann von Bois de Vincennes war, welcher dicht auf ihn folgte, und andere, und sie sahen die Armagnacs, welche die Marne jenseits von Saint-Maur überquerten; da folgten sie ihnen, und einige stiegen in den Fluß, die deutlich die Furt sahen, durch welche die Armagnacs gezogen waren, und gingen hinüber. Dem Herrn von Roz mißlang es, die Furt zu finden, und stürzte sich zu kühn ins Wasser, und der Hauptmann von Vincennes, dem es auch nicht gelang, und ein anderer Ritter namens Herr von Mouchy, und einige andere, die alle ertranken, und ein großer Haufen Armagnacs ebenfalls; aber dieje-

nigen, die passierten, kämpften so gut, daß sie alle Gefangenen und die Beute zurückgewannen, und außerdem nahmen sie den Hauptmann von Lagny, Herrn Jean Foucault, gefangen, und töteten mehrere andere, und mehrere von ihnen wurden getötet. Und es vergingen jeweils kaum vierzehn Tage, daß nicht dreihundert oder vierhundert oder mehr oder weniger Englische nach Paris kamen, aber immer, wenn sie gegen die Armagnacs angingen, verloren sie ebenso viele, wie sie gemeinsam schlugen, und die Armagnacs brachten sie alle um; und man sagte, das sei, weil während der Belagerung von Orléans jener Graf von Salesbury die Kirche Notre-Dame-de-Cléry plünderte und plündern ließ, welcher kurz darauf unglücklich durch eine Kanonenkugel starb, die ihn zerriß.

542. Item, danach wurde die Belagerung aufgehoben, die so teuer gewesen war und wodurch so viele von ihren Leuten gefangen und getötet worden sind.

543. Item, seit dem, was in Lusarches in der Kirche Saint-Cosmas geschah und dann in Chelles-Sainte-Baudour, und bald darauf wurden sie fast alle gefangengenommen und getötet; und was haben sie dann in Saint-Maur-des-Fossés gemacht und überall, wo sie die Überhand gewinnen konnten? Die Kirchen sind geplündert, daß nichts mehr da ist, weder Bücher noch Schale noch Kelch, darin der Leib Unseres Herrn ruht, noch Reliquien; sobald es Gold oder Silber oder ein anderes Metall gibt, werfen sie den Leib Unseres Herrn oder die Reliquien fort. Nichts gilt ihnen etwas, und von den Meßtüchern lassen sie keine zurück, wenn sie können, und es gibt keinen, der jetzt unter Waffen steht, von welcher Seite er auch sei, Französischer oder Englischer, Armagnac oder Burgunder oder Pikarde, nichts entgeht ihm, was er kann, wenn es nicht zu heiß oder zu schwer ist, weshalb es ein großer Jammer und Schaden ist, daß die

Herren nicht in Eintracht sind. Aber wenn Gott sich nicht erbarmt, ist ganz Frankreich in großer Gefahr, verloren zu sein, denn von allen Seiten vernichtet man seine Güter und tötet seine Männer und legt Feuer, und es ist kein Fremder und kein Einheimischer, der nicht sagen würde: *Dimitte*, aber es geht immer weiter vom Schlimmen zum Schlimmeren, wie man sieht.

544. Wahrlich, an Sankt Augustin, im August 1430, gingen ungefähr fünfzig oder sechzig Fuhrleute, von Paris wie aus der Umgebung, das Korn zu holen, das in der Nähe von Bourgel frisch gemäht war und Bürgern von Paris gehörte. Die Armagnacs erfuhren es durch ihre Späher, deren sie genug in Paris hatten, da kamen sie mit einer großen Macht über sie; da schlugen sich unsere Leute von Paris, so gut sie konnten. Aber es nützte ihnen nichts, denn alsbald überwältigten die Armagnacs sie und töteten viele, und den ganzen Rest, den sie nicht töteten, warfen sie in ihre Gefängnisse, und in ihrer großen Bosheit legten sie Feuer an das Korn, das in Karren und Wagen war, und verbrannten alles, so daß nichts als die Eisenteile übrigblieb; und wenn sie einen von denen sahen, die zu Tode oder weniger verletzt am Boden lagen und sich bewegten, nahmen sie ihn und warfen ihn ins Feuer, das sehr groß war, denn das ganze Korn und die Wagen standen in Feuer und Flammen.

545. Item, außer denen, die tot waren, nahmen sie wohl einhundertzwanzig gefangen und alle Pferde und verlangten Lösegeld. Und zu dieser Stunde des Unglücks kam der Konnetabel von Frankreich nach Paris, namens Herr von Stanford, zusammen mit einer großen Gesellschaft von Englischen, und zog ungefähr eine Meile weit an der Stelle vorbei, wo sie sich schlugen, und wußte doch nichts davon, so war es ein großer Jammer und großer Schaden; denn der größte Teil von denen, die gefangengenommen wurden, waren alle Bewohner mit Frauen

und Kindern, die alle in Armut versetzt wurden durch die Lösegelder, die sie bezahlen mußten, oder erbarmungslos getötet.

546. Item, am 3. Tag des September, einem Sonntag, wurde im Vorhof von Notre-Dame Gericht über zwei Weiber gehalten, die ungefähr ein halbes Jahr vorher bei Corbeil gefangengenommen und nach Paris geführt worden waren, die ältere hieß Piéronne und war eine bretonisch sprechende Bretonin;* sie sagte und hielt eine richtige Rede, daß die Dame Jeanne, die sich mit den Armagnacs bewaffnet hatte, gut sei, und daß, was sie tue, wohlgetan sei und gottgefällig.

547. Item, sie gab zu, an einem Tag zweimal den kostbaren Leib Unseres Herrn empfangen zu haben.

548. Item, sie bestätigte und schwor, daß ihr Gott oft in menschlicher Gestalt begegnete, und er spräche zu ihr wie unter Freunden, und daß er, als sie ihn das letzte Mal gesehen hatte, in ein langes weißes Gewand gekleidet war und eine rote Hose darunter trug, was wie eine Gotteslästerung war. Doch wollte sie nicht widerrufen und bestätigte in ihren eigenen Worten, daß sie oft Gott in solcher Kleidung sah, weshalb sie an diesem Tag verurteilt wurde, verbrannt zu werden, und so geschah es, und sie starb aus diesem Grund an besagtem Sonntag, und die andere wurde zu dieser Stunde freigelassen.

549. Item, am folgenden Montag, dem 4. Tag des September 1430, kamen dreiundzwanzig Pinassen auf dem Fluß an, beladen mit Lebensmitteln und anderen Waren; doch gab es grobe Worte zwischen den Bewaffneten und den Schiffern, und in diesem Augenblick kamen die Armagnacs sehr grausam über sie, und wegen der Zwietracht, die zwischen ihnen war, und besonders auf dreizehn Pinassen, hatten sie zu wenig Verteidigung bei sich; und so wurden wohl einhundertzwanzig Personen und mehr gefangengenommen, ohne die Toten, und die zehn,

die keine Zwietracht hatten, machten es so gut, daß sie durchkamen, zusammen mit ihren zehn Pinassen, und sie kamen sicher im Hafen an, und deswegen ist Zwietracht für Leute in bedenklicher Lage eine zu große Gefahr, wie in diesem Königreich Frankreich offenbar wird.

550. Item, am Tag, nachdem der Herr von Stanford in Paris angekommen war, ließ er die Stadt Brie-Comte-Robert belagern und nahm sie am zweiten Tag im Sturm, aber er hatte kaum die Burg, da ergaben sich die, welche darinnen waren. Was den hohen Herrn von Burgund betrifft, so gab es nach Sankt Remigius keinerlei wichtige Nachrichten, noch von irgend jemandem, welcher der guten Stadt Paris wohlwollte, und das wurde wohl offenbar, denn es gab nur wenige Schurken irgendwelcher Art in Lagny, aber niemand tat etwas dagegen, daß sie jede Woche an einem Tor von Paris oder sehr in der Nähe Männer, Frauen, Kinder und Vieh ohne Zahl nahmen, wovon sie viel Geld hatten, und immer Gold oder Silber; und solche, die kein Lösegeld bezahlen konnten, wurden mit Stricken zu zweit zusammengebunden und in den Fluß geworfen, oder am Hals gehängt oder gefesselt in alte Keller, ohne ihnen zu essen zu geben. Und so gab es nichts, was ein wenig gut für den menschlichen Leib ist, das in Paris ankam, ohne von ihnen gefährdet zu sein, so gut bewachten sie die Zugänge zu Wasser und zu Land, und solcherart war an Sankt Remigius 1430 das Holz so teuer, daß das Hundert kleine Buscheln von Bondy oder von Boulogne-la-Petite vierundzwanzig Pariser Sous in starkem Geld kostete, das man sonst um sechs oder sieben Sous hatte, und der Bund Holz zehn Pariser Sous, den man sonst um acht oder um neun Weißpfennige hatte.

551. Item, in diesem Jahr war der August sehr schön und eine sehr schöne Weinlese, und der Most war sehr eilig, denn sobald er im Faß war, begann er zu gären oder,

besser gesagt, zu schäumen; und der Wein wurde sehr gut, und man bekam ihn recht preiswert, denn man hatte eine Pinte Wein, gut für jeden Mann von Rang, um sechs Heller die Pinte, wie man sie in Rouen für sechs Weißpfennige bekam, was alle bezeugten, die ihn tranken und wohl wußten, was ein guter Wein ist.

[1431]

552. Item, vergingen September, Oktober, November, Dezember, Januar bis zum vorletzten Tag, welches Sankt Baldur war, bis der Herzog von Bedford, den man den Reichsverweser von Frankreich nannte, in sehr schöner Begleitung kam, denn er brachte wohl sechsundfünfzig Schiffe mit sich und zwölf Flöße, alle mit Gütern beladen, von denen der menschliche Leib leben muß, und wollte sie nirgends lassen, ohne sie zu sehen oder sehen zu lassen, bis sie in Paris waren. Und das ganze Volk sagte, daß seit vierhundert Jahren nicht so große Haufen an Gütern auf einmal gekommen waren, und man sagte ganz beglückt: »Der Herzog von Bedford hat das angebracht bei dem schlechtesten Wetter, um auf dem Fluß zu sein, das man je gesehen hat.« Denn der Wind war wohl drei Wochen lang unaufhörlich so grausam, wie man es nur je gesehen hatte, und immer regnete es, und die Wasser standen so sehr völlig hoch, und die Armagnacs, die sonst aller Seiten große Hinterhalte legten, um ihn und seine Begleitung zu vernichten, wagten doch nie, ihn anzugreifen; und es wurde doch von den Herolden bestätigt, daß sie wohl vier gegen einen waren, und man sagte, weil er bei diesem schlechten Wetter und stromaufwärts gekommen sei, könnte der Herzog von Burgund wohl bei die-

sem Wetter den Fluß herabkommen, denn er ist Reichsverweser von Frankreich, und man wird wohl sehen, wie er es gut besorgt, aber es wird nach Ostern im Jahr 1431 sein, denn im Augenblick ist er zu sehr mit seiner Frau beschäftigt, die einen schönen Sohn geboren hat, welcher an Sankt Anton im Januar getauft wurde, aber er wurde am ... Tag des Monats ... geboren;* und man sagte allgemein, im ersten Jahr der Ehe müßte man der Gattin gefällig sein, und das wäre immer noch Hochzeit, und aus diesem Grunde hätte er Compiègne nicht genug belagert, um es zu nehmen. So sprach man vom Herzog von Burgund, und schlimmer, denn die von Paris liebten ihn ganz besonders, wie man einen Fürsten nur lieben kann, aber in Wahrheit kümmerte es ihn nicht, wenn sie Hunger oder Durst hatten, denn alles ging durch seine Nachlässigkeit verloren, sowohl in seinem Land Burgund als auch in der Umgebung von Paris; und deswegen sprachen sie solcherart als sehr bedrückte Leute, weil man nichts verdiente und keine Waren umliefen. Dadurch starben die armen Leute an Hunger und Armut, weshalb sie ihn verfluchten, oft und selten, sehr schmerzlich und insgeheim und offen, wie Verzweifelte und Ungläubige, als einen, der nie nichts einhält, was er versprochen hat.

553. Item, nach der Ankunft des Reichsverwesers, recht kurz danach, verteuerte sich in Paris das Korn derart, daß der Sester, der vor seiner Ankunft nur vierzig Pariser Sous wert war oder ungefähr zweiundvierzig, im folgenden Monat zweiundsiebzig Sous oder fünf Francs wert war, ganz verdorbenes, wovon das Brot derart kleiner wurde, daß ein Weißbrot, ziemlich schwarz und verdorben, kaum noch mehr als zwölf Unzen wog, und Arbeiter aßen wohl drei oder vier davon am Tag; denn arme Leute hatten weder Wein noch Nahrungsmittel, höchstens ein paar Nüsse und Brot und Wasser, denn Erbsen oder dicke Bohnen aßen sie nicht, denn sie waren zu teuer

zu kaufen und zu kochen, und deswegen wurde Paris sehr viel kleiner an Leuten.

554. Item, in diesem März ließ der Reichsverweser die armen Leute von Paris Sold und Ausrüstung von Bewaffneten bezahlen,* wovon sie sehr beschwert waren, aber tun mußten sie es. Danach ging man nach Gournay, und es wurde eingenommen, und danach ging man zum Turm von Montjay, und dieser wurde am 18. Tag des März durch Abfindung genommen, und dann zogen sie vor Lagny, und dort machten sie mehrfach große Angriffe, aber letztlich hatten sie keine Ehre davon, denn dies schlechte Werk* geschah während der Karwoche; aber die von drinnen verteidigten sich so gut, daß gewiß an einem Tag 412 steinerne Kanonenkugeln in die Stadt geworfen wurden, die niemandem etwas taten außer einem Hahn, der davon getötet wurde, worüber man sich sehr wunderte, daß denen vom Reichsverweser und von Paris nichts anderes übrigblieb, als die Belagerung sein zu lassen und fortzugehen, und sie gingen am Vorabend von Ostern fort, das in diesem Jahr auf den 1. Tag des April 1431 fiel; und man sagte im Spott, daß sie solcherart zurückgekommen wären, um in ihrem Sprengel zu beichten und ihr Ostern zu feiern.

555. Item, ungefähr Mitte April, wegen der großen Teuerung aller Lebensmittel und der schlechten Einkünfte, die es damals in Paris gab, an einem Samstag, dem 14. Tag des besagten Monats April, dem Vorabend von Misericordia Domini, zählte man, daß zu Land und zu Wasser wohl 1200 Personen, ohne die Kinder, Paris verließen, weil sie nichts zum Leben hatten und vor Hunger vergingen.

556. Item, am folgenden Montag brachen etwa hundert Bewaffnete von Paris auf und gingen nach Chevreuse, zu einem alten befestigten Haus namens Damiette, wo es wohl vierzig Schurken drinnen gab, die alles Übel

taten, das getan werden kann; und sie wurden gefangengenommen und am folgenden Donnerstag nach Paris geführt, alle paarweise aneinander gefesselt, neunundzwan-
zig, alles junge Männer, von denen der älteste gar nicht
älter als sechsunddreißig Jahre war.

557. Item, am folgenden Samstag wurden dreizehn am
Galgen von Paris aufgehängt, und zwei, als man sie vor
ihrer Festung festnahm, und neun, die als unschuldig entkamen.

558. Item, am 22. Tag des April im Jahr 1431 gingen
die Leute des Reichsverwesers, die vor Damiette gewesen
waren, nach La Motte und nahmen hundert Mörder fest,
die dort waren, von denen man sechs an besagtem Ort
aufhing, und alle anderen führte man nach Paris, wie
zuvor gesagt, alle paarweise gefesselt und gebunden, am
26. Tag besagten Monats, vierundneunzig an der Zahl.

559. Item, am folgenden Montag, dem letzten Tag des
April, hängte man von den Schurken, die in La Motte gefangengenommen, zweiunddreißig am Galgen von Paris.

560. Item, am folgenden Freitag, dem 4. Tag des Mai,
hängte man von den Schurken, die in La Motte gefangen,
dreißig am Galgen von Paris; so wurden an diesem Montag und Freitag zweiundsechzig von diesen Schurken
gehängt.

561. Item, am 25. Tag des Mai, dem folgenden Freitag,
wurde eine allgemeine Prozession nach Notre-Dame von
Paris gemacht, und von dort ging man zu den Augustinern. Dort wurde eine Predigt gehalten, in welcher das
hohe Gut gezeigt und verkündet wurde, das der Papst
Martin, der fünfte seines Namens, dem Fest des Heiligen
Sakraments für alle getreuen Christen gegeben und bestimmt hatte, die im Stande wären, dies Gut zu empfangen, nämlich den wahrhaft Beichtenden und Bereuenden;
und wahrlich war dieser 25. Tag der Freitag vor Fronleichnam. An diesem Tag predigte ein Magister der Theo-

logie und lehrte das Volk, wie der Papst Urban, der vierte seines Namens, zum ersten Mal angeordnet hatte, besagtes Fest immer am ersten Donnerstag nach den Oktaven von Pfingsten zu feiern, und die Ablässe, die er gab, nämlich bei der ersten Frühmette, bei der Prozession, beim Hochamt, bei der Vesper am Tage, für jede dieser vier hundert Tage der Buße abzulassen.

562. Item, denen, die bei der Prima, der Sexta, der Nona, der Komplet besagten Tages wären, für jede Stunde vierzig Tage, und für diejenigen, die an den Oktaven bei besagten Stunden wären, für jeden Tag hundert Tage Vergebung.

563. Item, besagtes Fest wurde ursprünglich 1418 von Gilles dem Augustiner eingesetzt und in besagtem Jahr von dem Papst Urban, dem vierten dieses Namens, angeordnet, und am Tag Sankt Urban wurde die Predigt gehalten.*

564. Item, der Papst Martin, der fünfte dieses Namens, welcher im Jahr 1430 verschied,* gab und bestimmte all denen, die im Gnadenstand am Vorabend von Fronleichnam fasten würden oder nach dem Rat ihres Beichtvaters eine andere Buße tun, weil das Fasten zu dieser Zeit für manche Leute sehr heiß und beschwerlich ist, gibt er – jedem, der an diesem Tag gut besagte Buße tut – hundert Tage Ablaß; und wer bei der ersten Vesper sein wird, bei der Frühmette, bei der Messe, bei der zweiten Vesper, bei jedem Stundengebet, zweihundert Tage; und wer bei allen anderen Stundengebeten des Tages sein wird, für jedes Stundengebet achtzig Tage Vergebung; für jede Stunde der Oktaven, nämlich Frühmette, Messe und Vesper, hundert Tage Ablaß, und für die anderen Stunden für eine jede vierzig Tage.

565. Item, alle Prälaten, die es würdig waren, nämlich sich in keiner Weise gegen das Wohl der Kirche oder das Gemeinwohl versündigt hatten oder gegen den Glauben,

welche an diesem Tag oder den Oktaven nicht beim Gottesdienst sein konnten, denen bestimmte er diesen Ablaß, als ob sie anwesend wären, denn der gute Wille wird als die Tat eingeschätzt.

566. Item, all denen, die fromm und nüchtern, ohne schwach zu werden und ohne einander zu berühren, hundert Tage Ablaß, und für alle, die an diesem Tag den Leib Unseres Herrn empfangen werden, hundert Tage Ablaß.

567. Item, allen Priestern, die fromm an diesem Tag und jeden Tag der Oktaven in Ehrerbietung vor dem Fest zelebrieren werden, für jeden Tag hundert Tage wahre Vergebung.

568. Item, wenn irgendwelche Kirchen aufgrund irgendeines plötzlichen Unheils verboten sind, wie es manchmal auf mancher Erde vorkommt, bestimmt er, daß man diesen Tag und die Oktaven bei besagter Erde oder Kirche zelebrieren kann, bei ganz offenen Türen, bei heiligem Geläut, will sagen, alle Exkommunizierten und solche, wegen derer das Verbot besteht, sollten von der Kirche und dem Gottesdienst ausgeschlossen sein.

569. Item, all denen, die an diesem Tag zur Begleitung des heiligen Sakraments frommerweise Licht schicken oder tragen werden, oder wenn man es zu irgendeinem Kranken in der Stadt trägt, oder die es hin und zurück in Demut und Andacht begleiten werden, für jedes Mal hundert Tage, und für alle jene, die es gern täten, aber nicht können, fünfzig Tage Ablaß.

570. Item, er ordnet an, daß alle Prälaten oder Pfarrer, welchen Standes sie auch seien, alle Jahre von nun an und immer, am Sonntag der Pfingstoktaven den besagten Ablaß für die guten Christen verkünden oder verkünden lassen, damit sie diesen nicht aus Nachlässigkeit verlieren.

571. So wurden denn die vorgenannten Ablässe bekanntgemacht, zuerst in der Kirche Saint-Augustin in

Paris, am Tag Sankt Urban-Papst-und-Märtyrer, am 25.
Tag des Juni 1431.

572. Item, am Vorabend von Fronleichnam in diesem
Jahr, welches der 30. Tag des Mai in besagtem Jahr 1431
war, wurde der Dame Johanna, die vor Compiègne gefangengenommen und die man die Jungfrau nannte,
wurde ihr an jenem Tag in Rouen die Ermahnung* gemacht, wobei sie auf einem großen Gerüst stand, damit
jeder sie deutlich sehen konnte, in Männerkleidung gekleidet,* und da wurden ihr die großen schmerzlichen
Übel bewiesen, die durch sie über die Christenheit gekommen waren, insbesondere im Königreich Frankreich,
wie jedermann weiß, und wie sie am heiligen Tag Mariä
Geburt gekommen war, die Stadt Paris mit Feuer und
Schwert zu belagern, und mehrere ungeheure Sünden, die
sie getan und hatte tun lassen, und wie sie in Senlis und
anderswo das einfache Volk hatte Götzendienst treiben
lassen, denn durch ihre falsche Heuchelei folgten sie ihr
als heiliger Jungfrau, denn sie machte sie glauben, daß der
ruhmreiche Erzengel Michael, die heilige Katharina und
die heilige Margarete und einige andere heilige Männer
und Frauen ihr oft erschienen und mit ihr sprächen, wie
ein Freund zum andern, und nicht wie Gott jemals seinen
Freunden Offenbarungen macht, sondern leiblich von
Mund zu Mund oder wie ein Freund zum anderen.

573. Item, wahrlich sagte sie, sie wäre etwa siebzehn
Jahre alt,* ohne sich zu schämen, daß sie gegen den Wil-
len ihres Vaters und ihrer Mutter, ihrer Verwandten und
Freunde, daß sie oft zu einer schönen Quelle im Lande
Lothringen ging, welche sie Bonne Fontaine aux Fées
Notre Seigneur nannte, und alle jene aus der Gegend,
wenn sie Fieber hatten, gingen sie hin, um wieder gesund
zu werden. Und dorthin ging oft besagte Johanna, die
Jungfrau, unter einen großen Baum, der die Quelle be-
schattete, und erschienen ihr die heilige Katharina und die

heilige Margarete, die ihr sagten, daß sie zu einem Hauptmann gehen sollte, den sie ihr benannten, und dieselbe ging hin, ohne sich von Vater und Mutter zu verabschieden; welcher Hauptmann sie als Mann verkleidete, sie bewaffnete und mit einem Schwert gürtete und ihr einen Schildknappen und vier Knappen verpflichtete, und auf diese Weise wurde sie auf ein gutes Pferd gesetzt. Und so kam sie zum König von Frankreich und sagte ihm, daß sie auf den Befehl Gottes zu ihm gekommen wäre, daß alle jene, die ihm nicht gehorchten, erbarmungslos totgeschlagen würden und daß der heilige Michael und mehrere Engel ihr eine sehr reiche Krone für ihn überantwortet hätten, und auch gäbe es ein Schwert in der Erde für ihn, aber sie würde ihm das erst geben, wenn er seinen Krieg beendet hätte. Und alle Tage ritt sie mit dem König in einem großen Haufen von Bewaffneten, ohne irgendeine Frau, gekleidet, beritten und bewaffnet wie ein Mann, mit einem großen Stock in der Hand, und wenn einer ihrer Leute sich vergaß, schlug sie ihn mit starken Schlägen ihres Stocks, in der Art einer sehr grausamen Frau.

574. Item, sagte sie, daß sie sicher sei, am Ende ihrer Tage ins Paradies zu kommen.

575. Item, sagte sie, daß sie ganz sicher sei, daß es der heilige Michael und die heilige Katharina und die heilige Margarete gewesen seien, die oft zu ihr sprachen, und wann sie wollte, und daß sie jene recht oft mit goldenen Kronen auf den Köpfen gesehen hätte, und daß alles, was sie tat, nach dem Befehl Gottes geschah, und überdies, daß sie viele künftige Dinge wüßte.

576. Item, hatte sie mehrfach das kostbare Sakrament des Altars genommen, ganz bewaffnet, als Mann verkleidet, mit rund geschnittenen Haaren, gezackter Kappe, Lederkittel, roten Stiefeln mit vielen Schnürnesteln, weshalb einige hohe Herren und Damen ihr sagten, dies

lächerliche Kostüm ihr vorwerfend, das sei wohl kaum ein Lob Unseres Herrn, ihn in solchem Gewand zu empfangen, als Weib, das sie war, worauf sie ihnen unverzüglich antwortete, daß sie es um gar nichts anders halten würde und daß sie lieber sterben würde, als wegen irgendeines Verbots von dem Männergewand zu lassen, und daß sie, wenn sie wollte, Gewitter und andere Sachen machen könnte und daß sie einmal, als man ihrem Leib Ungemach tun wollte, von einem hohen Turm hinuntergesprungen wäre, ohne sich irgendwie zu verletzen.

577. Item, an mehreren Orten ließ sie Männer und Frauen töten, sowohl in der Schlacht als auch aus willkürlicher Rache, denn wer den Befehlen, die sie gab, nicht gehorchte, den ließ sie alsobald sterben, erbarmungslos, wenn sie ihn haben konnte, und sagte und bestätigte, daß sie nie nichts tat, was nicht Befehl Gottes war, den er ihr oft durch den Erzengel Michael, die heilige Katharina und die heilige Margarete gab, und nicht wie Unser Herr es zu Moses am Berg Sinai tat, sondern richtig sagten sie ihr geheime künftige Dinge, und daß sie ihr alles befohlen hatten und befahlen, was sie tat, wegen ihrer Kleidung und anderem.

578. Solcher falschen Irrtümer und schlimmerer hatte die Dame Johanna genug, und solche wurden ihr vor allem Volk erklärt, wovon sie vielen großen Schrecken hatten, als sie die großen Irrtümer erzählen hörten, die sie gegen unseren Glauben gehabt hatte und noch immer hatte, denn wie sehr man ihr auch ihre großen Übeltaten und Irrtümer bewies, war sie doch nicht erschrocken oder erstaunt, sondern antwortete kühn auf die Artikel, die man ihr vorlegte, als wäre sie vom höllischen Feind erfüllt; und das schien wohl so zu sein, denn sie sah die Kleriker der Universität von Paris, welche sie ganz demütig baten, sie möge bereuen und diesen üblen Irrtum widerrufen, und daß ihr durch Reue alles vergeben würde, oder wenn

nicht, würde sie vor allem Volk verbrannt werden und ihre Seele in den Grund der Hölle verdammt, und es wurde ihr die Anordnung und der Ort gezeigt, wo das Feuer sein sollte, um sie bald zu verbrennen, wenn sie nicht widerrufen würde. Als sie sah, daß dies sicher war, rief sie um Erbarmen und widerrief die Worte ihres Mundes,* und man nahm ihr das Gewand weg und kleidete sie in ein Frauenkleid, aber sobald sie sich in diesem Stand sah, begann sie ihren Irrtum wieder wie zuvor und verlangte nach ihrem Männergewand. Und alsobald wurde sie von allen zum Sterben verurteilt und an einen Pfahl gebunden, der auf dem Gerüst war und aus Gips, und das Feuer über ihr, und da war sie bald erstickt und ihr Kleid ganz verbrannt, und dann wurde das Feuer niedrig gehalten, und wurde sie dem Volk ganz nackt gezeigt und alle Geheimnisse, die an einem Weib sein können oder sollen, um die Zweifel des Volkes wegzunehmen. Und als man genügend und nach Belieben sie ganz tot, an den Pfeiler gebunden, gesehen hatte, da schürte der Henker das Feuer wieder hoch über ihre arme Leiche, die bald ganz verbrannt war, und Knochen und Fleisch zu Asche geworden. Genug Leute gab es dort und anderswo, die sagten, daß sie eine Märtyrerin sei und für ihren richtigen Herrn, andere sagten nein und daß schlecht getan hätte, wer sie so lange geschützt hatte. So sprach das Volk, aber was Schlechtes oder Gutes sie getan haben mochte, an jenem Tag wurde sie verbrannt.

579. Und in dieser Woche wurde der schlechteste und tyrannischste und gottloseste aller Hauptleute gefangengenommen, die es unter den Armagnacs gab, und wurde wegen seiner Schlechtigkeit La Hire genannt;* und er wurde von armen Gesellen gefangengenommen und in die Burg Dourdan gebracht.

580. Item, am Tag Sankt Martin-Siedender wurde eine allgemeine Prozession nach Saint-Martin-des-Champs

gemacht, und man hielt eine Predigt, und es hielt sie ein
Bruder vom Orden des heiligen Dominikus, der Inquisitor des Glaubens war,* Magister der Theologie, und berichtete zunächst alle Werke der Jungfrau Johanna. Und
sagte, daß sie gesagt hatte, sie wäre die Tochter von sehr
armen Leuten, und daß sie sich seit dem Alter von ungefähr vierzehn Jahren als Mann verkleidet hätte, und daß
ihr Vater und ihre Mutter sie damals gern hätten sterben
lassen, wenn sie es hätten tun können, ohne ihr Gewissen
zu verletzen, und deswegen von ihnen fortging, begleitet
vom höllischen Feind, und seitdem als Menschenmörde-
rin der Christenheit lebte, erfüllt von Feuer und Blut, bis
sie verbrannt wurde; und er sagte, daß sie widerrufen
hatte, und daß man ihr Buße gewährt hatte, nämlich vier
Jahre im Gefängnis bei Wasser und Brot, wovon sie keinen einzigen Tag machte, denn sie ließ sich im Gefängnis
wie eine Dame bedienen, und der Feind erschien ihr als
einer unter dreien, nämlich dem heiligen Michael, der heiligen Katharina und der heiligen Margarete, wie sie sagte,
der sehr große Angst hatte, daß er sie verlöre, will sagen,
jener Feind oder Feinde in Gestalt dieser drei Heiligen,
und sagte ihr: »Schlechtes Geschöpf, das du aus Angst vor
dem Tod dein Gewand hast sein lassen, hab keine Angst,
wir werden sehr gut über dich wachen.« Weshalb sie sich
unverzüglich auskleidete und alle Kleidungsstücke wieder anzog, die sie trug, wenn sie ausritt, und die sie unter
der Matratze ihres Bettes aufbewahrt hatte, und sie ver-
traute dem Feind derart, daß sie sagte, sie bereute, daß sie
sein Gewand einmal hatte sein lassen. Als die Universität
oder solche von ihr das sahen, und wie trotzig sie war, da
wurde sie der weltlichen Gerechtigkeit ausgeliefert, um
zu sterben. Als sie sich in dieser Lage sah, rief sie die
Feinde an, die ihr in der Verkleidung von Heiligen erschienen, aber sobald sie verurteilt war, erschien keiner
von ihnen auf die Beschwörung, die sie kannte, da sah sie

es ein, aber es war zu spät. Dann sagte er in seiner Predigt, daß sie vier waren, von denen drei gefangengenommen wurden, nämlich diese Jungfrau, und Pieronne* und ihre Gefährtin, und eine, die mit den Armagnacs ist, namens Catherine de la Rochelle,* welche sagte, daß sie beim Opfer Unseres Herrn die Wunder des hohen Geheimnisses Unseres Herrn Gott sähe; und er sagte, daß alle diese vier armen Frauen von Bruder Richard, dem Franziskaner, der ein so großes Gefolge hatte, als er in Paris bei den Innocents predigte, alle so von ihm beherrscht wurden, denn er war ihr Beichtvater, und daß er an Weihnachten in der Stadt Jargeau jener Dame Jungfrau Johanna dreimal den Leib Unseres Herrn gewährt hatte, wovon er viel auszuteilen hatte, und ihn an jenem Tag der Pieronne zweimal gewährt hatte, nach dem Zeugnis ihrer Beichte und einiger, die zu den Stunden anwesend waren, als er ihnen das Sakrament gewährte.

581. Item, in diesem Jahr fiel Sankt Dominikus auf einen Sonntag, und an diesem Tag kam der Reichsverweser nach Paris, der von den Armagnacs ausgespäht worden war. Als er Mantes passieren wollte, wollten sie ihn gefangennehmen, aber weil gut beraten, zog er sich über den Fluß zurück und ging Tag und Nacht, bis er in Paris war, und kam durch das Tor von Saint-Jacques an Sankt Dominikus, und seine Leute hielten die Stellung so sehr gegen ihre Feinde, daß überall mehr von ihnen blieben, als für die Aufgabe nötig war. Die Nachricht davon kam bis zu denen von der Armee, die vor Louviers standen, so ließen zwei oder drei Hauptleute mit allen ihren Leuten die Belagerung sein, die glaubten, daß der Reichsverweser gefangen sei; als sie erfuhren, daß es nicht so war, da erkühnten sie sich und zogen bis vor Beauvais und machten einen Hinterhalt, was denen von der Burg erzählt wurde, so daß sie so eilig wie möglich hinausgingen. Die Leute des Reichsverwesers erfuhren das Vorgehen durch

ihre Späher, also zog ein Teil von ihnen aus, die sich zwischen der Stadt und den Armagnacs hielten, und die anderen kamen von vorn und griffen sie sehr erbittert an, und sie verteidigten sich sehr gut, aber als sie die anderen von hinten kommen sahen, glaubten sie, daß es mehr wären, als es waren. Da ergaben sie sich von sich aus, und es wurden die größten Hauptleute gefangengenommen oder getötet, und unter anderen gab es einen Bösen namens Guillaume le Berger,* der sich die Leute zu Götzenanbetern machte und nebenher ritt und eins ums andere Mal seine Hände und seine Füße und seine Seite zeigte, und diese waren blutbefleckt wie beim heiligen Franz. Und es wurde ein Hauptmann namens Poton de Xaintrailles gefangengenommen, von sehr großem Ruhm, und genügend andere, und sie wurden nach Rouen geführt.

582. Item, am Tag der Augustmitte 1431 buk ein Bäcker in der Rue Saint-Honoré viel Brot aus sehr gutem Mehl, und als es schön und gut gebacken war, war es aschenfarben, wovon in Paris so viel gesprochen wurde, daß die einen sagten, das habe die Bedeutung von großem künftigem Unheil, die anderen sagten, daß es ein Wunder sei, weil es an Mariä Himmelfahrt gebacken wurde; kurz, ganz Paris war erstaunt über diese wunderliche Sache, und es gab niemanden, der nicht auf irgendeine Weise darüber geurteilt hätte. Und der Bäcker wurde festgenommen und sein Mehl einbehalten, und der Prévôt von Paris ließ daraus backen, und als es gebacken war und so gut zubereitet, wie man es nur machen kann, wurde es genau wie das andere befunden oder noch häßlicher; da beriet sich das Gericht und wollte das Korn sehen, und sie sahen keinen Fehler an dem Korn, so ließen sie es mahlen und noch einmal backen, aber es wurde ebenso, wie zuvor gesagt. Da gab es einige Kaufleute, die sich mit Korn auskannten, die sagten, daß sie in einer Gegend, wo sie ge-

wesen waren, solches Brot mehrmals gegessen hätten, besonders in einigen Landstrichen von Burgund, und es ist sehr gut und schmackhaft zu essen und kommt von einem Kraut, das oft mit dem Korn wächst, welches man Roivolle* nennt, und dies ist wahr; aber das Volk konnte sich nicht darüber beruhigen, und es gab keine Kinder einer guten Mutter, die nicht ein Stückchen dieses Brotes hatten, um es einander zu zeigen, der Farbe wegen.

583. Item, im folgenden Oktober, am 25. Tag, verließen die Armagnacs die Stadt Louviers, die sie ungefähr fünf Monate gegen die Englischen gehalten hatten; und es geschah durch Abfindung, daß sie alles mitnahmen, was sie mitnehmen konnten, und sie hatten große Geldmittel mit sich, und es war überdies in der Abfindung enthalten, daß die Englischen allen Einwohnern der Stadt nichts vorwerfen sollten noch irgendeinen Kummer bereiten, durch Plündern oder anderes. Aber darin brachen sie ihren Eid, denn sobald die Garnison abgezogen war, taten sie ganz das Gegenteil von dem, was sie versprochen hatten; und so ließen sie die Mauern ganz rundherum abreißen. Als sie nach ihrem Willen getan hatten, was kaum zu ihrer Ehre war, gingen sie nach Rouen, nämlich die Größten, um sich auszuruhen. Und man sagte, daß soviel Holz verkauft würde, seit sich die Stadt Louviers ergeben hatte, daß jeder sich besser fühlte; aber bald darauf, etwa acht Tage, wurde es in Paris um einen Tourischen oder mehr teurer. Und die Regenten sagten und ließen sagen, einen Tag um den anderen, daß der Herzog von Burgund nach Paris käme und wirklich einen päpstlichen Legaten mit sich bringen würde und daß sie beide einen guten Frieden stiften sollten zwischen Karl, der sich König von Frankreich nannte, und Heinrich,* der sich König von Frankreich und England nannte, aber das war nur, um das Volk zu beruhigen, das sehr in großer Bedrückung war; denn in Wahrheit kümmerte sich der Herzog von Bur-

gund gar nicht um alle die von Paris und vom Königreich in gar nichts, und deswegen kam Heinrich in guter Begleitung nach Paris und wurde dort gesalbt und gekrönt.

584. Item, an Sankt Andreas, dem letzten Tag des November, kam Heinrich, im Alter von ungefähr neun Jahren, der sich König von Frankreich und von England nannte, in die Abtei von Saint-Denis-en-France, an einem Freitag.

585. Item, am folgenden Sonntag, dem ersten Adventstag, kam besagter König nach Paris, durch das Tor von Saint-Denis, welches Tor in der Richtung auf die Felder das Wappen der Stadt trug, nämlich ein Schild so groß, daß es das ganze Gemäuer des Tores bedeckte, und es war zur Hälfte rot und der obere Teil azurblau, mit Lilien besät, und über das Schild hinweg gab es ein silbernes Schiff, groß wie drei Männer.

586. Item, am Eingang der Stadt waren drinnen* der Prévôt der Kaufleute und die Schöffen, alle aufgereiht und hochrot gekleidet, jeder mit einem Hut auf dem Kopf. Und sobald der König in die Stadt eintrat, hielten sie ihm einen großen Himmel von Azurblau über den Kopf, besät mit goldenen Lilien, und trugen ihn die vier Schöffen über ihm ganz in der Art und Weise, wie man es zu Fronleichnam für Unseren Herrn tut, und überdies rief jeder ›Weihnachten‹, wo er vorbeikam.

587. Item, vor ihm waren die neun Ehrenritter und die neun Ehrendamen, und danach eine große Zahl Ritter und Junker, und zwischen den anderen war Guillaume, der sich Le Berger nannte, welcher wie der heilige Franz seine Wunden gezeigt hatte, wovon zuvor gesprochen wurde, aber er konnte keine Freude haben, denn er war mit guten Stricken kräftig gefesselt wie ein Schurke.

588. Item, hinter dem König gab es vier Bischöfe, der von Paris, der Kanzler,* der von Noyon und einer aus England, und dahinter war der Kardinal von Winchester.

589. Item, vor dem König gab es noch fünfundzwanzig Herolde und fünfundzwanzig Trompeten, und in dieser Begleitung kam er nach Paris und betrachtete sehr die Sirenen vom Ponceau-Saint-Denis, denn da gab es drei sehr schön aufgestellte Sirenen, und in der Mitte gab es eine Lilie, die aus ihren Blüten und Knospen Wein und Milch spritzte, und da trank, wer wollte oder konnte, und darüber war ein Wäldchen, wo es wilde Männer gab, die auf verschiedene Weise ein Getümmel machten und sehr fröhlich Schild spielten, was jedermann sehr gern sah. Danach ging er vor die Trinité, wo es ein Mysterium von Mariä Empfängnis gab, bis Joseph sie nach Ägypten führte, wegen des Königs Herodes, der 14 400 männliche Kinder köpfen oder töten ließ; das alles war in dem Mysterium, und reichten die Gerüste von kurz nach Saint-Sauveur bis zum Ende der Rue Darnetal, wo ein Brunnen ist, den man Fontaine de la Reine nennt.

590. Item, von dort ging er zum Tor von Saint-Denis, wo man die Enthauptung des ruhmreichen Märtyrers und Bischofs, des heiligen Dionysius, machte, und am Eingang des Tors übergaben die Schöffen den Himmel, den sie trugen, an die Tuchhändler, und die trugen ihn bis zu den Innocents; und dort wurde eine Jagd auf einen ganz lebendigen Hirsch gemacht, was sehr erfreulich zu schauen war.

591. Dort übergaben die Tuchhändler den Himmel an die Gewürzhändler bis vor dem Châtelet, wo es ein sehr schönes Mysterium gab, denn da war genau vor dem Châtelet, wenn man von der Frontseite kommt, der Große Gerichtstag. Da gab es ein Kind von der Größe und dem Alter des Königs, in königlichen Staat gekleidet, rotes langes, weites Gewand mit langen offenen Ärmeln, Pelzkappe, zwei Kronen, sehr reich, wie für jeden zu sehen, über seinem Kopf hängend, zu seiner rechten Seite war das ganze Geblüt Frankreichs, nämlich alle hohen

Herren von Frankreich, wie Anjou, Berry, Burgund, etc., und ein bißchen weiter von ihnen waren die Kleriker und danach die Bürger, und zur Linken alle großen Herren von England, die vorstellten, dem jungen König guten und getreuen Rat zu geben, und jeder war in sein Wappen gekleidet, und jene waren gute Leute, die das machten. Und dort übergaben die Gewürzhändler den Himmel an die Wechsler, und die trugen ihn bis zum königlichen Palais, und dort küßte er die heiligen Reliquien und ging dann wieder fort; und dort übernahmen die Goldschmiede den Himmel und trugen ihn durch die Rue de Calande und durch die Rue de la Juiverie bis vor Saint-Denis-de-la-Châtre, und ging an diesem Tag nicht bis Notre-Dame. Als man vor Saint-Denis-de-la-Châtre war, übergaben die Goldschmiede den Himmel an die Kurzwarenhändler, die ihn bis zum Hôtel d'Anjou trugen, und dort übernahmen ihn die Kürschner, die ihn bis vor Saint-Antoine-le-Petit trugen, und da übernahmen ihn die Fleischer, die ihn bis zum Hôtel des Tournelles trugen. Als sie vor dem Hôtel de Saint-Pol waren, war Isabella, die Frau des verstorbenen Königs Karl, der vierte dieses Namens, an den Fenstern, mit ihr Damen und Fräulein; als sie den jungen König Heinrich sah, Sohn ihrer Tochter, nahm er sofort seine Kappe ab und begrüßte sie, und alsbald verneigte sie sich sehr demütig vor ihm und wandte sich weinend woandershin. Und hier übernahmen die bewaffneten Sergeanten den Himmel, denn das ist ihr Recht, und er wurde dem Prior von Sainte-Catherine anvertraut, welchen Klosters Gründer sie sind.

592. Item, am 16. Tag des Dezember, einem Sonntag, kam besagter König Heinrich vom Palais Royal nach Notre-Dame von Paris, nämlich zu Fuß sehr früh am Morgen, begleitet von Prozessionen der guten Stadt Paris, die alle sehr melodisch sangen. Und in besagter Kir-

che gab es ein Gerüst, das wohl der Länge und Breite hatte (*sic*), und stieg mit großen Stufen an, auf denen wohl zehn Männer oder mehr nebeneinander stehen konnten, und wenn man oben war, konnte man unter dem Kruzifix hindurchgehen und ebenso in den Chor, wie man es von außerhalb getan hätte, und es war alles bemalt, die Stufen azurblau, und alles mit Lilien besät; und dort stieg er mit seiner Begleitung hinauf und in den Chor hinab, und dort wurde er gesalbt von der Hand des Kardinals von Winchester.

593. Item, nach seiner Salbung kam er nebst seiner Begleitung zum Palais und aß im großen Saal an dem großen Marmortisch, und alle anderen hier und da überall im Saal, denn es gab überhaupt keine Anordnung. Die Gemeinen von Paris waren schon am Morgen eingedrungen: die einen, um zu schauen; die andern, um zu schlemmen; wieder andere, um Fleisch und andere Dinge zu plündern; denn an diesem Tag bei dieser Versammlung wurden im Gedränge mehr als vierzig Kappen gestohlen und eine große Zahl Gürtelschnallen durchgeschnitten. Ein so großes Gedränge war da wegen der Salbung des Königs, daß weder die Universität, noch das Parlement, noch der Prévôt der Kaufleute, noch die Schöffen es wagten, ganz hinaufzugehen, wegen des Volkes, von dem es eine große Zahl gab. Und wahrlich wollten sie zwei- oder dreimal nach oben vorwärtsgehen, aber das Volk stieß sie so heftig zurück, daß sie mehrfach übereinander fielen, gar achtzig oder hundert auf einmal, und da wirkten die Schurken. Als die Gemeinen fort waren, gingen sie hinterher, und als sie im Saal waren, war alles so voll, daß sie kaum einen Sitzplatz fanden; nichtsdestoweniger setzten sie sich an die Tische, die für sie bestimmt waren, aber das war mit Schuhflickern, Senfhändlern, Garbenbindern oder Weinschenken und Maurergehilfen, die man wegzuschicken glaubte, aber wenn man einen oder zwei hatte

aufstehen lassen, setzten sich sechs oder acht auf der anderen Seite hin.

594. Item, sie wurden so schlecht bedient, daß niemand sich daran freute, denn das meiste Fleisch, besonders für die Gemeinen, war schon am Donnerstag vorher gekocht worden, was den Französischen ein sehr seltsames Ding schien, denn die Englischen leiteten die Arbeit und kümmerten sich nicht darum, welche Ehre das war, sondern nur, davon befreit zu sein; und so freute sich niemand daran, selbst die Kranken im Hôtel-Dieu sagten, sie hätten in Paris noch nie so arme und alles Guten bare Reste gesehen.

595. Item, am folgenden Sankt Thomas-Apostel, einem Freitag, wurde im großen Saal des Palais eine feierliche Messe abgehalten. Der König war in königlichem Staat, das ganze Parlement in Staat, nämlich mit pelzverbrämten Kappen und Mänteln, und nach der Messe stellten sie ihm einige vernünftige Forderungen, welche er ihnen zugestand, und legten auch einige Eide ab, die von ihnen gefordert wurden, die Gott und der Wahrheit entsprechen, denn anders wollten sie nicht.

596. Item, wahr ist, daß besagter König nur bis einen Tag nach Weihnachten in Paris blieb. Sie machten einige kleine Lanzenbrechen nach seiner Salbung; aber sicher hat man manches Mal in Paris gesehen, wenn die Kinder von Bürgern heirateten, daß alle Handwerke, wie Goldschmiede, Goldschläger, kurz alle Schmuckhandwerke mehr verdienten als an der Salbung des Königs und seinen Lanzenbrechen und allen seinen Englischen, aber das ist hoffentlich, weil man sie überhaupt nicht versteht und sie uns überhaupt nicht verstehen. Ich halte mich daran, wie es steht, denn weil es zu dieser Zeit zu kalt war und die Tage kurz, so waren sie wenig freigiebig.

597. Item, wahrlich zog der König am Tag nach Weihnachten, Sankt Stephan, fort, ohne irgend etwas Gutes zu

tun, was man erwartete, etwa Gefangene zu befreien, Steuererpressungen abzuschaffen wie Abgaben, Salzsteuern, Vierte und ähnliche schlechte Bräuche, die gegen Gesetz und Recht sind, sondern man hörte niemanden, der sich offen oder heimlich daran gefreut hätte. Und doch gab es nie solche Ehren für einen König in Paris, wie man sie zu seinem Einzug und zu seiner Salbung gemacht hatte, obwohl so wenig Volk da war, so schlecht verdient wurde, der Winter hart und die Lebensmittel teuer waren, besonders das Holz; denn ein schlechtes Bündel ganz grünes Holz war immer noch vier Heller oder sechs Tourische wert; und wahrlich war es so winterlich, daß keine Woche war, in der es nicht zwei oder drei Tage stark gefroren hätte, oder es schneite Tag und Nacht, und mit alledem regnete es, und das fing schon Allerheiligen an.

[1432]

598. Und am 13. Tag des Januar, gerade nach dem Weggang des Königs, fror es ununterbrochen siebzehn Tage so bitter, daß die Seine, die sehr groß war, so bis in die Mortellerie hinein, vom Eis ergriffen wurde bis nach Corbeil, und doch fror sie auf eine wundersame Weise, denn als sie am Montag fror, regnete es am Dienstag den ganzen Tag und die ganze Nacht, und hörte vor Tag auf und war warm, und bei Tagesanbruch an diesem Dienstag, sobald der Regen aufgehört hatte, begann jener sehr schlechte und starke Frost, der, wie zuvor gesagt, siebzehn Tage dauerte. Und nach diesem Eis, von dem der Fluß derart ergriffen war, fing es an Sankt Paul zu tauen an, so sanft und Tag und Nacht, daß der Fluß ganz in Stücken aufgetaut wurde, ohne Brücken oder Mühlen

einen Schaden zu tun, bevor es sechs Tage später war. Und doch sagten die Schiffer, daß es mehr als zwei Fuß Dicke gab, und das wurde offenbar, denn man ging daran, Pfähle zu zimmern, um sie vor den Mühlen anzubringen und das Eis beim Tauen zu brechen. Man brachte Maschinen hin, um die Pfähle einzuschlagen, aber das Eis brach nicht. Und wahrlich wurde es durch die Gnade Unseres Herrn so sanft aufgetaut, wie gesagt, aber es geschah großer Schaden, denn es gab haufenweise Wein, Korn, Speck, Eier, Käse, die in Mantes angekommen waren, um nach Paris zu kommen, aber alles oder fast alles war für die Kaufleute verloren, denn viel hatte es vorher geregnet, wodurch alles wegen der langen Dauer verdarb, und es kostete sie auch so viel an Bewachung und anderen Gebühren, daß sie fast alles verloren.

599. Item, zu dieser Zeit kostete ein schlechtes Bündel alte Dachsparren wohl fünf Heller oder sechs, denn anderes Holz gab es nicht, und deswegen überließ der Reichsverweser den guten Leuten den Wald von Bruyères, was Paris ein wenig rettete.

600. Item, am 20. Tag des Februar im Jahr 1432 kam der Kardinal von Heiligkreuz in Jerusalem, päpstlicher Legat, um Frieden zwischen den beiden Königen zu stiften, von denen der eine sich Karl von Valois und sich in gerader Linie König von Frankreich nannte, und der andere hieß Heinrich, der sich König von England in der Nachfolge der Linie nannte und von Frankreich durch die Eroberung seines Vaters; welcher Legat sehr seine Pflicht daraus machte, daß alle beide ihm versprachen, sie würden sich ganz dem unterwerfen, was auf dem großen Konzil angeordnet würde, das in diesem Jahr in Basel in Deutschland sein sollte. Nachdem er ihre Antworten gehört hatte, verließ er Paris und ging überall zu den anderen christlichen Herren.

601. Item, im folgenden Monat März wurden die

Wasser so groß, daß sie an der Place de Grève in Paris bis zum Hôtel de Ville standen, auf der Place Maubert bis zur Hälfte des Brotmarkts, und die ganzen Gemüseäcker vom Tor von Saint-Martin bis halbwegs zum Tor von Saint-Antoine, ganz voll bis acht Tage im Monat April; und von Weihnachten bis Ostern des Jahres 1432, welches auf den 20. Tag des April fiel, aß man überhaupt kein Grünzeug, denn einen Napf voll zu machen, kostete einen Weißpfennig, ohne die Gewürze; und gute dicke Bohnen kosteten zwölf Weißpfennige der Scheffel; Erbsen vierzehn oder fünfzehn.

602. Item, in der ersten Märzwoche kamen die Armagnacs und wollten Rouen einnehmen, und sie waren wohl einhundertvierzig oder einhundertsechzig, denen es gelang, durch die Hilfe, die man ihnen gab, mit Leitern den dicksten Turm der Burg zu gewinnen; aber die von der Stadt wußten es bald, so hüteten sie den Rest der Festung wohl, daß man nicht mehr eindringen konnte, noch konnten sie hinausgehen. Da waren sie so erstaunt, daß sie sich dem Willen derer von der Stadt ergeben mußten, und am 16. oder 17. Tag des besagten Monat März ließ man einhundertvierzehn von ihnen sterben, ohne die, von denen man Lösegeld forderte oder die man ertränkte.

603. Item, immer noch fror oder hagelte es oder war ganz unmäßig kalt, denn am Samstag, dem 5. Tag des April im Jahr 1432, hagelte und schneite es den ganzen Tag. Und am folgenden Sonntag, den man den Verlorenen Sonntag nennt, fror es so stark und bitter, daß zwischen Mitternacht und Tagesanbruch alle Knospen und Baumblüten, die schon hervorgekommen waren, und alle Nußbäume ganz verbrannt und verdorrt vom Frost waren.

604. Item, am folgenden Samstag, dem Vorabend von Palmsonntag, wurde die Stadt Chartres durch großen Verrat eingenommen, denn es erschien dort ein Mann aus

Orléans, der sehr einem guten Kaufmann glich, und deswegen hatte er freies Geleit, in Chartres ein- und auszugehen, und war in der ganzen Stadt schon als der beste Bürger bekannt, den es gibt. Zu dieser Zeit gab es in der Stadt großen Salzmangel, da sagte er, er würde zehn oder zwölf Fuhren an einem Tag bringen, den er ihnen sagte, damit waren sie einverstanden; so kam er am Vorabend von Palmsonntag mit allen Fuhren, in jeder zwei große Fässer, in jedem gab es zwei gut bewaffnete Männer, und zu jedem Wagen zwei Bewaffnete, mit Kutscherkitteln als Fuhrleute verkleidet, mit Gamaschen an den Beinen, jeder eine Peitsche in der Hand, und es gab in dieser Nacht wohl dreitausend Bewaffnete in den Dörfern der Umgebung im Hinterhalt, und sie bewachten die Wege, daß niemand es die in der Stadt wissen lassen konnte. Als sie so geordnet waren, machten sich besagte Fuhren auf den Weg und kamen ans Tor, der Führer rief die Torhüter, die ihm sogleich das Tor öffneten, denn er brachte ihnen, wie er sagte, große Mengen Salz und Maifisch. So begehrten sie die Lebensmittel und gingen, es dem Hauptmann zu sagen, welcher bald kam und den Verräter sah; doch mißtraute er ihm nicht, weil er oft mit ihnen aß, und ließ ihm das Tor öffnen. Und der Verräter gab ihm einen Korb mit Maifischen, um ihn besser zu hintergehen. Als sie zwei oder drei Fuhren drinnen hatten, ließen sie eine auf der Brücke halten und töteten das Gabelpferd, und die Brücke war versperrt. Da kamen jene heraus, die in den Fässern waren, mit sehr großen Äxten, und töteten die Torhüter; und alsobald kam der Hinterhalt so rasch wie möglich herbeigelaufen, und sie drangen mit Gewalt in die Stadt ein und gewannen die Stadt und die Tore, denn es war so früh am Morgen, daß die Leute noch in ihren Betten waren. Der Bischof bewaffnete sich, als er von der Sache sagen hörte, und kam ihnen mit ganz wenig Leuten entgegen, aber das nutzte ihm gar nichts, denn er wurde getötet, und seine Leute und der größte Teil der Bürger wurden gefangengenommen und in verschiedene Gefängnisse gebracht; so verriet sie der falsche Verräter, und man sagte, daß er daraus viertausend Goldtaler haben mußte. Durch diese Einnahme von Chartres verteuerte sich in Paris sehr das Brot, denn es kamen vor der Einnahme viele Güter von dort.

605. Item, dazu war es alle Tage so kalt und ein so großer Wind, daß das wenige Obst, das auf den Bäumen geblieben war, alles vom Wind abgeschlagen wurde, der solcherart stark und kalt war; und diese sehr starke Kälte dauerte bis Sankt Nikolaus-Verlegung im Mai. Und wahrlich konnte man keine fünfzig Mandeln an einem Mandelbaum finden, noch Pflaumen, noch irgendein Obst, was nicht ganz vom Wind zerstört oder verdorben war, noch mochte man an einem Nußbaum eine allereinzigste Nuß finden, von der großen Kälte, die jeden Morgen war. Und so gab es zu dieser Zeit auch immer noch überhaupt kein Grünzeug, und wenn welches dawar, war es doch nur alter Lauch, den man weggeworfen hatte, und wahrlich mochten zwei oder drei Personen wohl um einen Weißpfennig davon essen, oder von Kohl; und war auch der Käse derart teuer, daß ein recht kleiner, der überdies noch naß war, zwei oder drei Weißpfennige kostete, und hatte man nur fünf Eier für zwei Weißpfennige.

606. Item, am ersten Tag des Mai 1432 wurde der Herr von L'Isle-Adam zum Marschall von Frankreich gemacht, und in dieser Woche ging man, Lagny zu belagern; und weil der Prévôt von Paris ein weiser Mann war, wurde angeordnet, daß er in Richtung Chartres wachte, und er wollte es wieder einnehmen, mit der Hilfe einiger, die drinnen waren, aber man warnte vor ihrer Absicht, deswegen wurden sie schmählich totgemacht, und so scheiterte der Prévôt aus diesem Grunde.

607. Item, in der ersten Woche des folgenden Juni

wurde der Ritter Gilles de Clamecy zum Hüter und Beauftragten der Prévôté von Paris gemacht, bis der andere zurückgekommen wäre.

608. Item, in eben dieser Woche wollten einige von Pontoise und einige mit ihnen verbündete Englische die Stadt Pontoise den Armagnacs ausliefern, aber sie wurden erkannt und gefangengenommen und gestanden ihre Absicht, alles zu töten, Männer und Frauen und Kinder, deshalb wurden sie schmählich totgemacht, ihre Verwandtschaft geschmäht, ihre Frauen und Kinder in Armut gebracht. Und zu dieser Zeit gab es keine Nachricht vom Herzog von Burgund.

609. Item, in diesem Jahr an Sankt Johann-Täufer war eine Willkür des Wetters, so groß an Donner und Blitz, welche viel Übel an verschiedenen Orten tat, und besonders in Vitry, denn der Kirchturm, der aus Stein war, wurde vom Blitz getroffen und umgeworfen, und im Fallen zerbrach er das Dach und dann das Gewölbe, das in die Kirche hineinfiel, und erschreckte viele Geschöpfe und tötete fünf von ihnen ganz tot, die gekommen waren, die Tagesvesper zu hören. Und am folgenden Sankt Peter-und-Paul hagelte es so schrecklich, daß Hagel gefunden wurde, der einen Umfang von sechzehn Daumen hatte, anderer wie eine Billardkugel, und kleinere und dickere, und war das gegen Lagny und Meaux hin.

610. Item, am 23. Tag des Juli wurde Guillaume Sanguin als Prévôt der Kaufleute abgesetzt, und wurde damit ein Herr vom Parlement namens Magister Hugues Rapiout beauftragt, und ein wenig vorher hatte man zwei Schöffen ausgewechselt.

611. Item, am Sonntag Sankt Lorenz wollten die Englischen Lagny einnehmen und gewannen das Bollwerk, und das Banner des Reichsverwesers wurde daraufgesetzt, blieb aber kaum dort, denn die von drinnen kamen heraus, welche ausgeruht waren, und kamen von vorn

über sie, und solche, die denen von Lagny zu Hilfe gekommen waren, kamen eilig von hinten. Da hatten die Englischen viel zu tun, und dabei erhob sich an diesem Tag eine so große Hitze, zur Stunde, als sie einander begegneten, wie man sie seit langer Zeit nicht gesehen noch gespürt hatte, wovon die Englischen es schlimmer hatten als ihre Feinde, und sie mußten notwendig zurückweichen; und da kamen viele um, sowohl durch ihre Feinde wie durch die Hitze des Wetters, dreihundert Englische oder mehr, und das war kein so großes Wunder, denn die Armagnacs waren wohl, wie man bezeugte, fünf gegen zwei, was bei einem solchen Werk eine große Sache ist.[*] Und sie mußten ihre Zelte dorthin setzen, wo sie vorher gewohnt hatten, als sie die Belagerung vor Lagny machten, und wie das Unglück, wenn Fortuna zu schaden beginnt, vom Schlimmen zum Schlimmeren kommt, da war sie ihnen auf verschiedene Arten hinderlich, denn zwischen dem Montag und dem folgenden Dienstag, in der Nacht, trat der Fluß Marne in einer Art über die Ufer, daß er in dieser Nacht um vier Fuß Höhe Hochwasser hatte. Und wahrlich war der Monat Juli so regnerisch, daß es wohl dreiundzwanzig Tage in einem fort regnete, und doch kam dann im August eine zu wundersame Hitze, stärker als gewöhnlich, denn sie verbrannte alle Trauben zu Krätzer, und deswegen und wegen des Weins, den man der Armee schickte, verteuerte sich der Wein in Paris derart, daß solcher, den man im Juli um sechs Heller abgegeben hatte, in der Augustmitte drei Weißpfennige kostete, und trotzdem konnte man sich für sein Geld keinen besorgen, denn jeder verschloß sofort seinen Ausschank.

612. Item, am Mittwoch der Oktaven von Mariä Himmelfahrt, an Sankt Bernhard, ließ der Herzog von Bedford, Reichsverweser, er und seine Gesellschaft, die Belagerung von Lagny sein, und sie waren so nahe daran, gefangengenommen zu werden, daß sie ihre Kanonen da-

ließen und ihr Fleisch, das gerade zum Essen fertig war, und haufenweise Weinfässer, an denen man in Paris so großen Mangel hatte, und mit dem Brot war es ebenso, weshalb sich das Korn in Paris derart verteuerte, daß der Sester am folgenden Samstag um sechzehn Pariser Sous anstieg. Schaut, wie das alles zuging: Wenn die Brie von den einen zerstört war, verwüsteten die anderen die Beauce und das Gâtinais und dann das ganze Land, in welche Richtung sie sich gerade wandte; sie waren schlimmer als die Sarazenen, die gegen das Gesetz Gottes sind, wo sie eingedrungen waren, denn nichts gefiel ihnen so sehr, als die armen Landarbeiter mit wahrer Tyrannei zu tyrannisieren. Und weil die Belagerung so schmählich aufgehoben wurde, waren jene, die man Armagnacs nannte, sehr kühn, Übel zu tun, so daß man nicht wagte, aus Paris hinauszugehen, und doch war es die Zeit, mit der Weinlese anzufangen, was ein zu großer Schaden für Paris war, nach der Belagerung von Lagny, die schon soviel Schaden an allen Gütern getan hatte, von denen man hätte leben können, und an allen Arten von Kanonen und Geschützen, mit denen man seine Feinde kränken kann; denn wahrlich schworen und behaupteten die Leute, die etwas davon verstehen, daß die wohl mehr als hundertfünfzig Goldtaler gekostet hatten, von denen einer zweiundzwanzig Pariser Sous in gutem Geld wert war.

613. Item, zu dieser Zeit gab es ein Goldstück, das nicht aus Feingold war, und man nannte es Dourderet und war 16 Pariser Sous wert; kurz darauf wurden sie zu vierzehn Pariser Sous ausgerufen, und es gab viele davon, wodurch man viel verlor.

614. Item, Ende August wurde die Äbtissin von Saint-Antoine* gefangengenommen und einige ihrer Nonnen, weil man sagte, daß sie im Einverständnis waren zugunsten des Neffen besagter Äbtissin, der sich als Freund der Stadt Paris gab, besagte Stadt Paris am Tor von Saint-

Antoine zu verraten;* und sie sollten* erst die Torhüter töten, und danach alles töten und nichts verschonen, wie es allgemein ihr Ruf nach einer Einnahme war.

615. Item, am 11. Tag des September nahmen die Englischen in einem befestigten Haus namens Maurepas den Herrn von Massy* gefangen, den grausamsten Tyrannen, so in Frankreich war, und wohl hundert Schurken mit ihm, unter welchen es einen namens Mainguet gab, der gestand, an einem Tag sieben Männer einen nach dem anderen in einen alten Brunnen geworfen und danach mit großen Steinen getötet zu haben, abgesehen von einigen anderen Morden, die er zugab.

616. Item, in diesem Jahr mangelte es ganz an Korn, und es herrschte eine solche Teuerung, daß ein Sester guten Korns sieben Francs in starkem Geld wert war, und die Gerste war vier Francs wert; und es war an Allerheiligen.

617. Item, zu dieser Zeit gab es ein großes Sterben unter jungen Leuten und kleinen Kindern, und alles von einer Seuche.

618. Item, am 2. Tag des Oktober wurde die Stadt und Festung Provins von den Englischen eingenommen und geplündert und ausgeraubt, und es wurden Menschen getötet, wie es bei solchen Leuten Brauch ist, und die sagen, das wäre im Krieg Gewohnheitsrecht.

619. Item, zu jener Zeit wurde in Auxerre ein Rat gehalten, um den Frieden zwischen beiden Königen auszuhandeln, und mehrere Herren von den beiden Seiten waren dort und mehrere von seiten des Herzogs von Burgund.

620. Item, zu dieser Zeit war immer noch Sterben in Paris, von dem die Herzogin von Bedford befallen wurde, Frau des Reichsverwesers von Frankreich, Schwester des Herzogs von Burgund, namens Anna, die angenehmste aller Damen, die damals in Frankreich wa-

ren, denn sie war gut und schön und von schönem Alter, denn sie war erst achtundzwanzig Jahre alt, als sie verschied; und sicher wurde sie vom Volk von Paris sehr geliebt.* Und wahrlich verschied sie im Hôtel de Bourbon, neben dem Louvre, am 13. Tag des November, zwei Stunden nach Mitternacht zwischen Donnerstag und Freitag, weshalb die von Paris viel von ihrer Hoffnung verloren, aber ertragen mußten sie es.

621. Item, am folgenden Samstag wurde sie bei den Cölestinern bestattet, und ihr Herz wurde bei den Augustinern bestattet; und die Leiche zur Erde zu tragen, waren alle von Saint-Germain da, und die Priester von der Bruderschaft der Bürger, jeder mit einer schwarzen Stola und mit einer brennenden Kerze in der Hand, und sie sangen im Gehen, den Leib allein zur Erde tragend, die Englischen in der Tracht des Landes, sehr fromm.

622. Item, ging in der nächsten Woche der Reichsverweser nach Mantes fort, blieb dort ungefähr drei Wochen und kam dann nach Paris zurück. Und in dieser Woche kamen die zurück, die nach Auxerre gegangen waren, um den Frieden auszuhandeln, und sie taten nichts, als großzügig auszugeben und die Zeit zu verschwenden; und als sie wiedergekommen waren, machte man das Volk glauben, sie hätten Gutes gewirkt, aber es war das Gegenteil. Und als das Volk die Wahrheit erfuhr, da begann es sehr gegen jene zu murren, die dort gewesen waren, von denen einige ins Gefängnis gebracht wurden, angeblich zum Zweck, daß das Volk nicht in Aufruhr gerate, und als sie ihre Ausgaben großzügig bezahlt hatten, ließ man sie hinaus.

623. Item, als die Schurken, die auf den Feldern waren, als wahr erfuhren, daß jene nichts getan hatten, und den Tod der Reichsverweserin, da wüteten sie derart, daß nie Heiden oder tollwütige Wölfe schlimmer an Christen getan haben als sie an guten Leuten der Arbeit und guten

Kaufleuten. Und gewiß war keine Woche, in der sie nicht zwei- oder dreimal bis zu den Toren von Paris kamen, und sie taten so große Grausamkeit, daß sie Mönche, Nonnen, Priester, Frauen, kleine Kinder, sechzig oder achtzig Jahre alte Männer gefangennahmen, und niemand entging ihren Händen, ohne Lösegeld zu bezahlen oder zu sterben; und doch war kein Herr, welcher auch immer, der ihnen wenigstens ein wenig entgegengetreten wäre.

[1433]

624. Item, am Donnerstag, dem 8. Tag des Januar, machte der Reichsverweser bei den Cölestinern die Totenfeier für seine Frau und ließ jedem zwei Weißpfennige schenken, und es waren wohl 14 000 bei der Schenkung da, und es gab da wohl vierhundert Pfund Wachs.

625. Item, zu dieser Zeit fror es so stark, daß die Seine, die sehr groß war, denn sie reichte auf der Place de Grève bis zur Mortellerie, und sicherlich fror es da so stark, daß sie in zwei Tagen und einer Nacht so fest zugefroren war, daß es bis nach Sankt Vinzenz dauerte. Und deswegen verteuerten sich alle Lebensmittel, besonders alles Korn, aus dem man Mehl machen könnte, denn der Weizen kostete acht Francs; kleine dicke Bohnen von zwei oder drei Jahren, die man gewöhnlich den Schweinen gab, kosteten fünf Francs der Sester; Gerste fünf oder sechs Francs; Futterwicke, Hanf, alles wurde entsprechend teuer verkauft; in Paris aß man nur noch Brot, wie man es gewöhnlich für Hunde machte, und das war zu vier Pariser Hellern so klein, daß es wohl unter die Hand eines Mannes paßte.

626. Item, am 4. Tag des Februar brach der Reichs-

verweser auf und zog in die Normandie, um eine große Abgabe von 200000 Francs aufzubringen, die man ihm angeordnet hatte, als er in Mantes war, wie zuvor gesagt.

627. Item, in dieser Woche wurde der Präsident aller seiner königlichen Ämter enthoben, nämlich Philippe de Morvilliers, und wurde an seiner Stelle Magister Robert Piédefer mit ihrer Verwaltung beauftragt, der damals in der Nähe des Tors von Saint-Martin wohnte.

628. Item, in der letzten Märzwoche wurde in Corbeil ein Rat abgehalten, und dort waren sie für den Rest der Fastenzeit und länger. Bei diesem Rat waren der Kardinal vom Kreuz und der Bischof von Paris und einige andere Bischöfe und große Herren und große Kleriker von der einen und der anderen Seite; und von diesem Rat wurde ein Bischof nach Paris geschickt, der mit dem Kardinal nach Paris gekommen war, welcher in der Karwoche den Gottesdienst abhielt, wie auch die Absolution und die Kommunion, und die Weihe von Priestern, Diakonen, Subdiakonen, tonsurierten Akolyten, aber er machte es so früh am Morgen, daß es an diesem Tag am größten Teil der Orden mangelte; danach ging er an eben diesem Tag nach Corbeil zurück.

629. Item, in diesem Jahr 1433 war es so kalt, daß es fast bis Ostern 1433 alle Tage fror, selbst an Sankt Markus war es so kalt, daß man es kaum ertrug, denn nach dem Mittagessen schneite und hagelte es sehr schrecklich.

630. Item, war es an Pfingsten sehr kalt, das in diesem Jahr auf den letzten Tag des Mai 1433 fiel.

631. Item, zu dieser Zeit heiratete unser Reichsverweser von Frankreich, der Herzog von Bedford, am 20. Tag des April, dem Tag nach Quasimodo, und er heiratete die Tochter des Grafen von Saint-Pol, Nichte des Kanzlers von Frankreich.*

632. Item, am 7. Tag des Mai kamen die Armagnacs

um Mitternacht in die Stadt Saint-Marcel-lèz-Paris und taten viele Übel, denn sie nahmen Männer, Frauen und Kinder gefangen, woraus sie sehr viele Geldmittel hatten, und so gingen sie wieder fort, tötend, totschlagend, in Kirchen Feuer legend, und dieses Mal sammelten sie sehr große Beute, was Paris sehr beschwerte; denn durch diese Einnahmen verteuerte sich alles noch mehr als zuvor, und so gingen sie nach Chartres. Bald darauf zogen sie vor Crépy-en-Valois, welche Stadt die Englischen kurz vorher eingenommen hatten, aber durch Verrat wurde sie den Armagnacs ausgeliefert, was Leid auf Leid für die guten Bewohner der Stadt war.

633. Item, im folgenden Juni wurde abermals ein Rat in Corbeil abgehalten, welcher dazu dienen sollte, Waffenstillstand oder Frieden oder eine Unterbrechung des Krieges zwischen den beiden Königen zu machen; aber der Bischof von Thérouanne, Kanzler von seiten des Königs Heinrich in Frankreich in jenem Zeitraum, der zwischen dem ersten Rat und diesem letzteren lag, dieser Bischof ging und sammelte die Garnisonen der Normandie und führte sie in der ersten Juliwoche nach Paris, und danach ging er zum Rat nach Corbeil. Und als man glaubte, daß er besagten Vertrag besiegeln würde, dem vorher der Kardinal und der Kanzler des Königs Karl, Bischof von Reims,* zugestimmt hatten, und andere Herren, da wollte er das keineswegs tun; deswegen ging jeder davon, als hätten sie Unglück gehabt, und der Kardinal ging zum großen Konzil von Basel, um zu berichten, wie dieser Rat ausgegangen war, und der Erzbischof von Reims zog sehr traurig ab und zeigte seine Miene und seine Haltung, wie sehr er erzürnt war, daß die Sache so ausging, aber etwas anderes konnte er nicht tun. Jener Kanzler von seiten des Königs Heinrich führte oder schickte nach seiner Abreise jene Leute, die er mitgebracht hatte, geradewegs nach Milly-en-Gâtinais, und sie gewannen Klöster und Stadt

und verbrannten alles und taten schlimmer als Sarazenen oder Heiden gegen Sarazenen.

634. Item, zu dieser Zeit im Jahr 1433 kostete der Roggen vier Pariser Pfund oder mehr, und das andere Korn entsprechend; in der letzten Juniwoche kam so haufenweise Korn aus der Normandie, daß man am ersten Samstag des Juli überall in Paris gutes Mengkorn um vierundzwanzig Pariser Sous ausrief, was man noch nie gesehen hatte, daß das Korn wie Kohle ausgerufen wurde; und am folgenden Mittwoch wurde das Brot zu acht Hellern auf vier Heller gesetzt, denn es gab in besagtem Jahr sehr gutes Korn und haufenweise; und wohl war es ein sehr schöner August, aber ein großes Sterben war zu dieser Zeit, besonders bei kleinen Kindern, durch Beulenpest oder Blattern. Und zu dieser Zeit war der Herzog von Burgund immer noch nicht nach Paris gekommen, wie ihr zuvor gehört habt, und auch der Reichsverweser war, seit er geheiratet hatte, nicht nach Paris zurückgekehrt und ließ alles von dem vorgenannten Bischof von Thérouanne regieren, von ihm und seinen Verbündeten.

635. Item, in diesem Jahr war der schönste August, den man je seit Menschengedenken gesehen hatte, und das Korn und die Suppengemüse wurden sehr gut, aber es war so großes Sterben an Beulenpest und Seuche, daß seit dem großen Sterben, das im Jahr 1348* war, kein so großes noch grausames gesehen ward; denn weder durch Aderlaß noch durch Klistier noch durch gute Pflege konnte keiner und keine, die von der Beulenpest geschlagen waren, die damals umging, ihr entgehen, es sei denn durch den Tod; und sie begann schon im Monat März des Jahres 1433 und dauerte ebenso grausam bis fast bis zum Jahr 1434, und immer starben junge Leute.

636. Item, in jener Zeit, in der letzten Septemberwoche, machten einige von Paris, Leute mit gutem Vermö-

gen, gemeinsam eine recht verfluchte Verschwörung, denn sie hatten vorbereitet, daß sie in Paris einen großen Haufen Schotten einziehen ließen, die das rote Kreuz hätten, und es wären zweihundert oder mehr, und sie würden hundert der stärksten und kühnsten ihrer Leute mitbringen, die das weiße Kreuz hätten und die Hände recht einfach gebunden und heimlich bewaffnet; und sie sollten durch das Tor von Saint-Denis und durch das Tor von Saint-Antoine kommen, und es sollten in der Umgebung von Paris wohl bald dreihundert oder vierhundert Armagnacs Hinterhalte machen, auf Fuhrwegen und auch auf Seitenpfaden, deren es genug und zu viele in der Umgebung von Paris gab; und dann sollten sie ihre Gefangenen ungefähr mittags herbeiführen, während die Torhüter essen würden, und sollten alle Torhüter töten und alle solche, die im Kommen und Gehen getroffen würden, sei's auf den Feldern oder in der Stadt und sollten die beiden vorgenannten Basteien gewinnen und alsobald ihre Hinterhalte schicken und alles ans Schwert liefern. Aber Gott, der Erbarmen mit der Stadt hatte, ließ ihren verdammenswerten Rat bekannt werden und wandte ihr Tun um, wie der Psalmist sagt: *Lacum apperuit et fodit, et incidit in foveam quam facit,** denn die einen wurden geköpft, die anderen verbannt und verloren ihr Vermögen, und versetzten ihre Frauen und Kinder in Bettelei, und in Ächtung sie und ihre Erben, und wurden von allen beiden Parteien gehaßt.

637. Item, in eben dieser Woche gab es andere, die besagte Stadt für Bezahlung in Geld verkauft hatten, die sie dafür haben sollten, und sie sollten am Vorabend von Sankt Denis zu Schiff kommen und durch die Gräben zwischen dem Tor von Saint-Denis und dem Tor von Saint-Honoré eindringen, weil in dieser Gegend niemand wohnt, und sollten alles töten, wie zuvor gesagt; und wahrlich wußten die einen nichts von den anderen, nach

ihrer Beichte und nach dem, was in den Hallen ausgerufen wurde, als man sie köpfte. Und jene von diesen Schiffen sollten am Tag Sankt Dionysius einziehen und hatten sehr grausame Gedanken und voller Blut, auf den Feldern wie in der Stadt, und an Frauen und Kindern, aber der ruhmreiche Märtyrer und Bischof, der heilige Dionysius, wollte es nicht leiden, daß sie solche Grausamkeit in der guten Stadt täten, welche er einst durch sein heiliges Gebet vor solcher Gefahr und vor anderen noch größeren bewahrt hatte.

[1434]

638. Item, am Freitag, dem 29. Tag des Januar 1434, kam viel Vieh nach Paris, wie etwa zweitausend Schweine, haufenweise Hornvieh und haufenweise Schafe. Die Armagnacs, die ihre Späher hatten, kamen ihnen kurz hinter Saint-Denis entgegen, deren Hauptmann einer namens La Hire war, mehr als doppelt so viele wie jene, die das Vieh begleiteten, deshalb wurden sie so rasch besiegt; und sie töteten den größten Teil und nahmen die Beute und die Händler und setzten ein sehr hohes Lösegeld fest, und als sie alles getötet hatten, ließen sie das Feld und die Gefangenen durchsuchen, und alle, die sie tot oder lebendig fanden, welche entweder englisches Blut hatten oder englisch sprachen, denen schnitten sie die Kehle durch, den Toten wie den Lebenden, was eine große Unmenschlichkeit war, auf das Feld zurückzukehren und Christen die Kehle durchzuschneiden, die sie getötet hatten.

639. Item, in der Woche danach kamen sie in der Nacht nach Vitry und plünderten und verbrannten alles, doch wurden sie am nächsten Morgen ein wenig von denen von Paris verfolgt. Aber es gab dreizehn arme Land-

arbeiter, die denen von Paris nachgingen, und verließen den Trupp ein wenig, weil sie einiges von dem Ihren gewinnen und zurückhaben wollten, doch bemerkten die Armagnacs sie und kamen zu ihnen und ergriffen sie alsogleich und schnitten ihnen die Kehlen durch.

640. Zu dieser Zeit gewannen sie die Stadt und Burg Beaumont, und am 27. Tag des Februar wurden Pferde und Leute innerhalb von Paris genommen, so viele wie man konnte, und als sie da waren, war es das beste für sie, rasch wieder zu entfliehen, und welche wieder entflohen, verfehlten nicht, auf dem Rückweg Kühe, Ochsen und alles zu plündern, was sie konnten, nicht aber, was sie wollten, woraus offenbar wird, daß der beste nichts wert ist.

641. Item, zu dieser Zeit gab es gar keine Nachricht vom Reichsverweser, und es regierte niemand als der Bischof von Thérouanne, Kanzler von Frankreich, welcher vom Volk sehr gehaßt wurde, denn man sagte insgeheim und recht häufig offen, daß es nur an ihm lag, daß nicht Frieden in Frankreich war, weshalb er derart verflucht wurde und alle seine Gesellen wie einst nicht einmal Nero, aber ich weiß nicht, ob er es verdient hatte oder nicht, aber Gott weiß es wohl.

642. Item, in diesem Jahr 1434 fiel Ostern auf den 27. Tag des März im Jahr 1434 und war ein sehr starker Winter und bitter an Frost, denn es begann ungefähr acht oder vierzehn Tage vor Weihnachten zu frieren, und dauerte wohl dreißig Tage, ohne einen Tag Unterbrechung, daß es stark fror. Und einige Kleriker von Paris, die von Wissenschaft gebläht waren, behaupteten als gewiß, daß diese große Kälte bis zum Mai oder länger dauern würde, aber Gott, der alles weiß, machte es anders, denn wahrlich hatte nie jemand in seinem Leben einen solchen März gesehen, denn nie regnete es im ganzen Monat März, und es war auch so warm, daß man es manch ein Mal nicht so warm an Sankt Johann im Sommer gesehen hatte, wie es

im ganzen besagten Monat war. Und in der Fastenzeit gab es einen solchen Überfluß an Heringen, sauren und weißen, daß man in der Mitte der Fastenzeit das Faß guten weißen Herings um dreiundzwanzig Sous oder um sechsundzwanzig Pariser Sous hatte; man hatte das Viertelhundert guten sauren Herings für zehn Heller oder für zwei Weißpfennige, und weißen ebenso; gute Erbsen für sechs Weißpfennige oder sieben Weißpfennige; dicke Bohnen für vier Weißpfennige; Öl um sieben Weißpfennige die Pinte, das allerbeste, das man in Paris finden konnte.

643. Item, den ganzen Monat April regnete es überhaupt nicht, aber in der letzten Woche besagten Monats, am 28. Tag, Sankt Vitalis, fror es so stark, daß alle Reben in dieser Nacht erfroren und alle Gemüseäcker, und doch hatte es damals den schönsten Anschein einer Weinernte, den man seit zehn Jahren gesehen hatte, es wurde aber offenbar, wie wenig sicher die Dinge dieser Welt sind, denn mit dem Frost kamen so viele Maikäfer und Raupen, daß alles Obst von diesen Würmern verdorben wurde, und waren die Apfelbäume und die Pflaumenbäume ohne Laub wie zu Weihnachten.

644. Und zu dieser Zeit wuchs der Krieg immer mehr an, denn jene, die sich Französische nannten, wie die von Lagny und von anderen Festungen in der Umgebung von Paris, plünderten, töteten Männer, zogen alle Tage bis zu den Toren von Paris, weil es keinen der Herren kümmerte, dem Krieg ein Ende zu setzen, weil sie ihre Söldner nicht bezahlten und die nichts anderes hatten, als was sie erraffen konnten, indem sie töteten, indem sie Männer aller Stände gefangennahmen, Frauen, Kinder.

645. Item, Anfang Mai im Jahr 1434 kam der Graf von Arundel und ein Ritter aus England namens Talbot und nahmen mit Gewalt Beaumont wieder ein, und einige der Schurken wurden aufgehängt, die drinnen gefangenge-

nommen wurden; und danach zogen sie vor die Burg Creil-en-Bauvaisis, und dann gingen sie wieder fort, ohne weiter etwas zu tun.

646. Item, in diesem Monat Juli wurde Meister Hugues Rapiout als Prévôt der Kaufleute abgesetzt, und zwei von den Schöffen ausgewechselt.

647. Item, zu dieser Zeit gab es keinerlei Nachricht vom Reichsverweser noch vom Herzog von Burgund, noch daß sie tot wären, und man machte jeden Tag das Volk glauben, daß sie in kürzester Zeit kommen würden, bald der eine, bald der andere, und die Feinde kamen alle Tage ganz dicht an Paris heran, um Beute zu nehmen, denn niemand half dem ab, weder Englische noch Französische, noch irgendein Ritter oder Herr; und es war auch noch immer das Konzil in Basel in Deutschland, von dem man auch keine Nachrichten hörte.

648. Item, zu dieser Zeit, an Sankt Remigius, hatte man gutes Weizenkorn um vierundzwanzig Pariser Sous.

649. Item, im Monat August, am 2. Tag, hatten die Englischen in der Normandie Sorgen mit einigen normannischen Gemeinen, und sie lieferten 1200 ans Schwert, und dies war in der Nähe von Saint-Sauveur-sur-Dives.

650. Item, am 7. Tag des Oktober, der ein Donnerstag war, begann der schlimmste Wind, den man seit fünfzig Jahren zuvor gesehen hatte, und er begann ungefähr zwei Stunden nach dem Mittagessen, und dauerte bis zwischen zehn und elf in der Nacht; und in dieser kurzen Zeit warf er in Paris zahllose Häuser und Kamine um, und fällte auf den Feldern zahllose Nußbäume und Apfelbäume. Und wirklich ließ er in der Nähe meines Hauses einen alten Saal einfallen, wo es große Hausteine gab, aber der Wind warf drei davon, die so schwer waren wie ein Tönnchen Wasser oder Wein, vierundzwanzig Fuß weit in einen anderen Garten. Und wahrlich hob er einen Balken von be-

sagtem Saal in die Luft, und dieser wurde auf den Mauern des Gartens abgesetzt, ohne die Mauern irgendwie zu beschädigen, als ob zwanzig Männer ihn so sanft wie möglich hingelegt hätten, und doch hatte er wohl vier Klafter Länge und wurde doch so gut vom Wind getragen, wie gesagt, fünf oder sechs Klafter weit von dort, wo er vom Wind aufgehoben wurde, und ich schwöre euch, daß ich das mit meinen Augen so gut gesehen habe wie nur je etwas auf der Welt, und ich würde es niemandem glauben, wenn ich es nicht gesehen hätte.

651. Item, im Wald von Vincennes war so großer Sturm, daß besagter Wind in weniger als fünf Stunden mehr als 360 der dicksten Bäume umwarf und entwurzelte, die dort waren, ohne die kleinen, von denen man gar nicht spricht; kurz, er tat so viel Übel in so wenig Stunden, daß es sehr verwunderlich ist.

652. Item, der Wein wurde so teuer, daß man keinen für weniger als drei Weißpfennige trank, der nichts wert war; aber an Sankt Andreas hatte man den besten Weizen um zweiundzwanzig Pariser Sous und anderes Korn entsprechend billig.

653. Item, der Reichsverweser kam nach Paris und brachte seine Frau mit, am Samstag, dem 28. Tag des Dezember im Jahr 1434, etwa um ein oder zwei Uhr nach dem Mittagessen, und man ließ ihm Prozessionen von Bettelorden und Sprengeln auf die Felder entgegengehen, im Ornat und mit Kreuzen und Weihrauch, wie man es für Gott tun würde; und bei der Bastei von Saint-Denis waren die Chorknaben von Notre-Dame, die sehr melodisch sangen, als er mit seiner Frau durch das Tor von Saint-Denis einzog, und das betrogene Volk rief laut ›Weihnachten!‹ Kurz, man gab ihm solche Ehre, wie man sie Gott geben sollte.

654. Item, von den besagten Gemeinen, die bei Saint-Sauveur-sur-Dives von den Englischen getötet wurden,

wurde nicht mehr gesprochen, außer wenn man in Paris sagte, daß es ein Jammer sei; dann sagten einige, sie hätten es wohl verdient, und einige Englische sagten, wenn man davon sprach, daß es einen guten Grund gegeben hatte und daß die Gemeinen den Adligen hatten ihre Absicht vereiteln wollen, und daß es deswegen mit gutem Recht war.

655. Item, zu jener Zeit gab es keine Nachricht vom Konzil in Basel, weder in Predigten noch anders in Paris, als ob sie das alles in Jerusalem gemacht hätten.

[1435]

656. Item, in jenem Jahr war bis Sankt Andreas sehr schönes Wetter, und an diesem Tag begann es so erstaunlich zu frieren und dauerte ein Vierteljahr weniger neun Tage, ohne zu tauen; und es schneite wohl vierzig Tage unablässig Tag und Nacht. Und die Place de Grève wurde freigegeben, um den Schnee in Karren dorthin zu bringen, denn es wurde von seiten des Königs befohlen, daß man ihn aus den Straßen fortbrachte, aber man konnte noch soviel fortbringen, am nächsten Tag gab es genausoviel wie vorher, und da mußte man ihn an den Straßen entlang in großen Haufen, wie Heufuder, hinsetzen, überall in Paris, denn all die Zeit fror und schneite es so stark und regnete und taute nicht. Und wahrlich, bis alles Eis geschmolzen war, war es Mariä Lichtmeß, im März, sieben Tage vor Monatsende.

657. Item, der Reichsverweser verließ Paris, er und seine Frau, am 10. Tag des Februar.

658. Item, der Herzog von Burgund kam nicht und ging nicht nach Paris seit dem vorher genannten Mal.

659. Item, der Wein wurde in diesem Jahr so teuer, daß man die Pinte des dürftigsten nicht unter drei Weißpfennigen bekam, und man konnte sich auch kein Kräuterbier besorgen, das es wert gewesen wäre, wegen der verfluchten Abgaben, die darauf lagen, denn man verkaufte kein Kräuterbier, das nicht jede Woche sieben Weißpfennige gekostet hätte, und ohne den Vierten und die Steuer.

660. Item, das Obst war so teuer, daß man hundert gute Äpfel von Capendu, ein wenig dick, für sechzehn Pariser Sous verkaufte.

661. Item, Ende März fing es wieder zu frieren an, und war kein Tag, an dem es nicht fror, bis nach Ostern, welches auf den 17. Tag des April fiel, und es waren die Weinreben, die im Tal standen, und die Gemüseäcker ganz erfroren, und alle Weinknospen an den Spalieren in den Gärten, und alle Feigenbäume tot, und alle großen und kleinen Lorbeersträucher, und die schöne Pinie von Saint-Victor, welche die schönste war, die man in Frankreich kannte, und der größte Teil der Kirschbäume starb in diesem Jahr auch wegen des großen Frostes, der ohne Regen und ohne Tauen beinahe fast ein Vierteljahr dauerte.

662. Item, in diesem Jahr fand man auf schattigen Höfen große Eisstücke unter dem Dung, und wahrlich habe ich an Sankt Iwo welche gesehen, und wurden in diesem Jahr unter einem hohlen Baum 140 Vögel und mehr gefunden und gezählt, die erfroren waren.

663. Item, in diesem Jahr blühten die Mandelbäume sehr wenig oder wirklich gar nicht.

664. Item, am Gründonnerstag, wenn man den Speck verkauft, welcher der 14. Tag des April war, kam der Herzog von Burgund nach Paris, mit sehr vornehmer Begleitung von Herren und Damen, und brachte seine Frau, die Herzogin, mit, und einen schönen Sohn, den er aus der Ehe mit ihr hatte, und brachte auch drei junge Jünglinge

mit, die sehr schön waren und nicht aus einer Ehe,* und eine sehr schöne Jungfrau, und der älteste war höchstens ungefähr zehn Jahre alt. Und er hatte in seiner Begleitung drei Fuhren, ganz mit Goldstoff bedeckt, und eine Sänfte für seinen ehelichen Sohn, denn die anderen ritten sehr gut; und hatte für seinen Unterhalt und den seiner Leute wohl hundert Wagen und einige zwanzig Karren, welche einhundertzwanzig sind, alle beladen mit Waffen, Geschützen, gesalzenem Fleisch, Käse, Burgunderweinen. Kurz, er hatte für alles vorgesorgt, was man in Zeiten von Krieg und Frieden haben kann oder muß, denn er hatte auch haufenweise Zelte, um auf freiem Feld zu wohnen, wenn es nötig wäre, und jeder Wagen hatte alle Tage vierzig Pariser Sous und die Karren zwei Francs.

665. Item, er verbrachte seine Ostern in Paris und hielt für jeden Ankömmling ganz offenen Hof, und am nächsten Tag machte die Universität ihre Vorschläge für den Frieden. Und am folgenden Dienstag machte er eine sehr schöne Trauerfeier bei den Cölestinern für die verstorbene Herzogin von Bedford, seine Schwester, die dort begraben war, und machte dort eine sehr reiche Spende an Geld und Beleuchtung, und alle Priester, die hingehen wollten, hatten die Messe.

666. Item, am folgenden Mittwoch gingen die Fräulein und Bürgerinnen von Paris, um die Herzogin sehr fromm zu bitten, daß sie den Frieden des Königreichs unterstützen möge, welche ihnen eine sehr sanftmütige und sehr gütige Antwort gab und sagte: »Meine lieben Freundinnen, das ist eine der Sachen dieser Welt, die ich zuäußerst begehre und worum ich meinen Herrn Tag und Nacht bitte, wegen des sehr großen Bedürfnisses danach, das ich sehe, und gewiß weiß ich wohl, daß mein Herr großen Willen hat, Leib und Geldmittel dafür einzusetzen.« Da dankten sie ihr sehr und verabschiedeten sich und gingen fort.

667. Item, am folgenden Donnerstag, dem 21. Tag des April, verließ der Herzog und seine Frau Paris, um am 1. Tag des Juli zum Rat in Arras zu sein.

668. In der ersten Maiwoche wurde der Graf von Arundel besiegt und gefangengenommen, und seine Leute wurden getötet von seiten der Armagnacs, und er wurde verletzt, und das war vor Gerberoy.

669. Item, des Nachts, zwischen dem letzten Tag des Mai und dem ersten Tag des Juni nach Mitternacht, wurde die Stadt Saint-Denis von den Armagnacs eingenommen, woraus so viel Übel entstand, daß die Stadt Paris derart belagert wurde, daß von nirgendher mehr keine Güter hinkommen konnten, weder auf dem Fluß noch anders. Und sie kamen alle Tage bis vor die Tore von Paris, und alle, die sie im Kommen oder Gehen fanden und die von Paris waren, die töteten sie, und Frauen und Mädchen taten sie Gewalt an, und das Korn in der Umgebung von Paris ließen sie mähen, und niemand trat dem entgegen, und dann nahmen sie die Gewohnheit an, all denen, die sie gefangennahmen, die Kehle durchzuschneiden, seien es Landarbeiter oder andere, und legten sie mitten auf den Weg, und die Frauen ebenso.

670. Danach, gegen Ende August, kam ein großer Haufen Englische, nämlich der Herr von Willoughby, der Herr von Scales, der Herr von Stafford und sein Neffe, der Bastard von Saint-Pol und mehrere andere Herren aus England. Und in der letzten Augustwoche belagerten sie solche, die in Saint-Denis waren, und nahmen ihnen den Bach, den man Croult nennt, und um ihre Wohnungen zu machen, plünderten sie die Häuser von Saint-Ouen, von Aubervilliers, von La Chapelle, kurz von allen Dörfern der Umgebung, so daß keine Türen noch Fenster blieben, noch Eisengitter noch irgend etwas, was man forttragen kann; und es blieb auch nichts auf den Feldern, sobald sie dort wohnten; und sie schnitten die Re-

ben wie das Getreide ab und deckten ihre Behausungen damit. Und als sie einige Zeit da waren, gingen sie, alle Dörfer in der Nähe von Saint-Denis zu plündern. Als solche, die in Saint-Denis waren, sich solchermaßen eingeschlossen sahen, da brachen sie oft aus und töteten große Haufen von ihnen, und wenn sie drinnen waren, töteten sie sie mit großen und kleinen Kanonen, und besonders mit kleinen langen Kanonen, die sie Schlangen nannten, und wer davon getroffen wurde, konnte kaum dem Tod entgehen.

671. Item, am Tag nach Mariä Geburt machten sie einen Angriff auf die von Saint-Denis, aber so gut verteidigten sie sich, daß sie einen großen Haufen Englische töteten und auch recht große Ritter und andere; und der Neffe des Herrn von Falstaff wurde getötet, und danach wurde er in Teile geschnitten und in einem Kessel auf dem Friedhof von Saint-Nicolas so viel und lange gekocht, bis die Knochen das Fleisch ließen, und die wurden dann sehr gut gereinigt und in eine Kiste gelegt, um sie nach England zu bringen, und die Eingeweide und das Fleisch und das Wasser wurden in einer großen Grube auf besagtem Friedhof von Saint-Nicolas versenkt.

672. Item, in diesem Jahr gab es den schönsten August, und gutes Korn und viel.

673. Item, in diesem Jahr trugen die Maulbeerbäume keine Maulbeeren, aber es gab so viele Pfirsiche, wie man noch nie gesehen hatte, denn man hatte das Hundert sehr schöne um zwei Pariser Heller oder zwei Tourische oder um weniger.

674. Item, es gab keine Mandeln.

675. Item, immer noch hielt man Rat in Arras, und in Paris hörte man zu dieser Zeit überhaupt keine Neuigkeiten.*

676. Item, der Herzog von Bedford, der seit dem Tod des Königs Heinrich von England Reichsverweser von

Frankreich gewesen war, verschied in Rouen am 14. Tag des September, Heiligkreuz.

677. Item, die Armagnacs von Saint-Denis schlossen am Sonntag, dem 24. Tag des September im Jahr 1435, Waffenstillstand, und in ebendieser Nacht nahmen die von ihrer Partei die Brücke von Meulan, darunter solche, die in Saint-Denis waren, mit denen man zu verhandeln glaubte, da waren sie schlimmer als zuvor; und man mußte mit ihnen verhandeln, daß sie fortgingen mit allem, was sie wegtragen wollten oder konnten, ohne daß jemand etwas dagegen täte, und so wurde es ihnen von den Herren zugestanden, welche die Belagerung machten. Und sie zogen an Sankt Auro ab, dem 4. Tag des Oktober, wobei sie die Englischen verspotteten und sagten: »Empfehlt uns den Königen, die in der Abtei von Saint-Denis bestattet sind, und allen unseren Gesellen, Hauptleuten und anderen, die darinnen begraben sind.« Und sie waren wohl 1400 bis 1500, sehr gut beritten und gekleidet, und bei Hinterhalten und Angriffen kamen wohl ungefähr vierhundert um, und wäre es nicht wegen ihres großen Mangels an Trinkwasser und an Wein und an Salz gewesen, und wenn es ihnen nicht an Feldschern gefehlt hätte, weshalb mehrere Verwundete mangels Behandlung starben, und wenn man ihnen nicht den Bach weggenommen hätte, wenn das alles nicht gewesen wäre, hätte man ihren Abzug nicht so billig gehabt.

678. Item, zwei Tage später kamen sie vor Paris, plündernd, raubend, Männer, Frauen und Kinder gefangennehmend, und die Englischen waren in Saint-Denis und plünderten die Stadt, ohne etwas übrigzulassen, was sie nehmen konnten; so wurde die Stadt Saint-Denis zerstört, und als sie alles geplündert hatten, wie sie nur konnten, ließen sie die Tore und Mauern niederreißen und machten sie zu einer ländlichen Stadt; und solange die Belagerung dauerte, verging keine Woche, daß nicht der Bi-

schof von Thérouanne kam, welcher Kanzler war, und ein- oder zweimal bei der Armee schlief, und ließ auf der Insel von Saint-Denis eine kleine Festung errichten, ganz umgeben mit großen, sehr tiefen Gräben.

679. Item, die Königin von Frankreich, Isabella, die Frau des verstorbenen Königs Karl VI., verschied im Hôtel de Saint-Pol am Samstag, dem 24. Tag des September im Jahr 1435, und drei Tage lang konnte sie jeder sehen, der wollte; und danach wurde alles angeordnet, wie es einer solchen Dame zukam, und wurde gehütet bis zum Donnerstag, dem 13. Tag des Oktober, da sie nach Notre-Dame gebracht wurde, um vier Uhr nach dem Mittagessen; und es gab vierzehn Bläser vor ihr und hundert Fackeln, und es gab keine Begleitung von Frauen von Stand außer der Dame von Bayern, und ich weiß nicht, wie viele Fräulein hinter der Leiche, welche hoch getragen wurde auf den Schultern von sechzehn schwarz gekleideten Männern; und es war ihre Darbietung sehr gut gemacht, denn sie lag so ordentlich, daß es schien, als ob sie schliefe, und hielt ein königliches Szepter in der rechten Hand. An diesem Tag wurden sehr feierlich ihre Vigilien gesprochen, und das tat der Abt von Sainte-Geneviève, und alle Prozessionen von Paris waren da.

680. Item, am nächsten Tag wurde sie nach der Messe in einem Boot auf dem Fluß Seine nach Saint-Denis-en-France gebracht, denn man wagte nicht, sie zu Land zu tragen, wegen der Armagnacs, von denen die Felder immer noch voll waren, und alle Dörfer in der Umgebung von Paris.

681. Item, sobald die Brücke von Meulan genommen war, wurde in Paris alles teurer, außer dem Wein, aber das Korn, das man für zwanzig Pariser Sous bekommen hatte, stieg sofort danach auf zwei Francs; Käse, Butter, Öl, Brot, alles verteuerte sich so um fast die Hälfte oder

ein Drittel; und das Fleisch, und Schweineschmalz vier Weißpfennige der Schoppen.*

682. Item, zu dieser Zeit gab es keinerlei Nachricht vom Rat in Arras, als ob das zweihundert Meilen von Paris entfernt wäre.

683. Item, in diesem Rat taten sie nichts, was für Paris nützlich gewesen wäre, denn jeder wollte die Partei unterstützen, von der ihm Nutzen wurde.

[1436]

684. Item, als die Französischen oder Armagnacs sahen, daß sie anders keine Übereinstimmung fanden, verstärkten sie sich gegenüber vorher und begaben sich in die Normandie, und in kurzer Zeit gewannen sie die besten Seehäfen, die es dort gibt, wie Montivilliers, Dieppe, Harfleur und genug andere gute Städte und Burgen, und danach kamen sie näher an Paris heran und gewannen Corbeil, Bois-de-Vincennes, Beauté,* Pontoise, Saint-Germain-en-Laye und genug andere Städte und Burgen in der Umgebung von Paris, weshalb keine Güter aus der Normandie noch sonstwoher in die Stadt Paris kommen konnten, weder herauf noch herab. Und deswegen wurden in der Fastenzeit alle Güter sehr teuer, besonders eingelegte Heringe, denn wirklich kostete das Faß vierzehn Francs, und saurer Hering dementsprechend ebenso teuer, und es wurde während der Fastenzeit nicht besser; und ungefähr zu Ostern verteuerte sich das Korn derart, daß es vier Francs wert war, während an Lichtmeß das beste nur zwanzig Pariser Sous gekostet hatte.

685. Item, zu dieser Zeit, da jeder sich bemühte zu verdienen, waren die Verdienste so schlecht, daß die

guten Weiber, die es gewohnt waren, am Tag fünf oder sechs Weißpfennige zu verdienen, sich freiwillig für zwei Weißpfennige gaben und davon lebten.

686. Item, am Freitag der dritten Fastenwoche wurden die Englischen in alle Dörfer der Umgebung von Pontoise geschickt, um überall Feuer zu legen, im Weizen wie im Hafer, an die Erbsen wie an die dicken Bohnen, die drinnen in den Häusern waren, und danach plünderten sie alles, was sie finden konnten, und was schlimmer ist, sie nahmen alle die, denen diese Güter gehörten, als Gefangene mit, wodurch sie viele Geldmittel erhielten. Und wahrlich wurde in der Stadt Paris von glaubwürdigen Leuten, die alles zum Mahlen vorbereitet hatten, gesagt, daß gutes Korn verbrannt worden sei, von dem sechstausend Personen ein halbes Jahr lang hätten leben können, und die von Paris hatten so großen Bedarf daran, wie zuvor gesagt. Und diesen ganzen schädlichen und teuflischen Krieg unterstützten und führten drei Bischöfe; nämlich: der Kanzler, ein sehr grausamer Mann, der Bischof von Thérouanne war; der Bischof, der aus Beauvais stammte und damals Bischof von Lisieux war, und der Bischof von Paris. Und gewiß ließ man wegen ihrer Raserei heimlich und offen viel Volk sterben, durch Ertränken oder anders, außer denen, die in der Schlacht starben.

687. Item, in der Woche vor Palmsonntag im Jahr 1436 ließ man überall in Paris Beamte umhergehen, um zu erfahren, wieviel Korn oder Mehl jeder hatte, oder Hafer oder dicke Bohnen oder Erbsen.

688. Item, die vorgenannten Regenten ließen in dieser Fastenzeit alle von Paris den Eid ablegen, unter Androhung der Verdammung ihrer Seelen, ohne Priester noch Mönch zu verschonen, daß sie dem König Heinrich von England gut und getreu wären, und wer es nicht tun wollte, verlor seine Güter und wurde verbannt, oder es geschah ihm noch schlimmer; und es gab niemanden, der

davon zu sprechen wagte, oder nur so zu tun als ob; und doch gingen vierzehn Tage vor Ostern die Heringe aus und die Zwiebeln, denn sechs etwas dickere Zwiebeln kosteten vier Pariser Heller, und alles war derart teuer, weil niemand wagte, etwas nach Paris zu bringen, der nicht in Todesgefahr gewesen wäre.

689. Item, durch die Macht vorgenannter Regenten mußte ein jeder das rote Kreuz tragen, unter der Androhung, das Leben und das Seine zu verlieren; und alle Regenten trugen ein großes weißes Band, ganz voller roter Kreuzchen.

690. Item, am Mittwoch der Karwoche verließen ungefähr vierhundert Englische Paris, weil man ihnen den Sold überhaupt nicht bezahlte, und am folgenden Gründonnerstag waren sie noch in Notre-Dame-des-Champs und taten dort das Schlimmste, was sie konnten, und aßen an diesem Tag alle Eier und Käse, die sie dort und anderswo finden konnten, und raubten und plünderten in den Kirchen Kreuze, Kelche und Tücher, und alle Häuser der guten Leute; kurz, nach ihnen blieb nichts mehr, wie es vorher war; aber ungefähr drei oder vier Tage später trat man ihnen so entgegen, daß sie fast alle umgebracht wurden.

691. Item, am Dienstag des Osterfestes ließen die Regenten von Paris ungefähr um Mitternacht wohl sechshundert oder achthundert Englische ausziehen, um in allen kleinen und großen Dörfern Feuer zu legen, die zwischen Paris und Pontoise am Fluß Seine sind, und als sie in Saint-Denis waren, plünderten sie die Abtei. Und wahrlich nahmen einige in der Abtei Reliquien, um das Silber zu haben, das drumherum war, und wirklich betrachtete einer den Priester, der die Messe sang, und weil sie ihm zu lang schien, als der Priester das *Agnus Dei* gesprochen hatte und das heilige Sakrament nahm, sobald er das heilige Blut getrunken hatte, sprang ein großer Kerl

vor und nahm alsobald den Kelch und das Meßtuch für die Hostie und ging fort; die anderen nahmen die Altartücher von allen Altären und alles, was sie in der Kirche von Saint-Denis finden konnten, und gingen fort, um alle Leiden zu tun, welche unsere Bischöfe und die Regenten ihnen zu tun aufgetragen hatten. Aber der Herr von L'Isle-Adam, der aus Pontoise ausgezogen war und auf den Feldern war, trat ihnen entgegen und brachte sie fast alle um und jagte sie, tötend und totschlagend, über Epinay bis zu den Toren von Paris, nämlich zu der Bastei von Saint-Denis, aber an diesem Tag blieben ungefähr zweihundert in den Dörfern verstreut; als sie erfuhren, wie die Sache ging, begaben sie sich nach Saint-Denis in einen Turm, den man Velin-Turm nennt. Als der Herr von L'Isle-Adam sah, daß sie dort waren, da sagte er, er würde nicht fortgehen, bevor er sie nicht tot oder lebendig hätte. Da ließ er seine Leute los, und es gelang ihnen, sie gefangenzunehmen, und sie wurden sofort alle ohne Lösegeld umgebracht; und es war der Freitag des Osterfestes im Jahr 1436; und Ostern fiel in diesem Jahr auf den 8. Tag des April, und dies war ein Schaltjahr, der Sonntag über G* laufend.

692. Item, an jenem Freitag nach Ostern kamen die Herren von vorgenannter Bande vor Paris, nämlich der Graf von Richemont, der von seiten des Königs Karl Konnetabel von Frankreich war, der Bastard von Orléans, der Herr von L'Isle-Adam und einige andere Herren, direkt vor das Tor von Saint-Jacques und sprachen zu den Torhütern und sagten: »Laßt uns friedlich in Paris einziehen, sonst werdet ihr sterben, durch Hungersnot, durch teure Zeit oder anders.« Die Wachen des Tors schauten über die Mauern und sahen soviel bewaffnetes Volk, daß sie nicht anders glaubten, als daß die ganze Macht des Königs Karl auch mit der Hälfte der Bewaffneten siegen könnte, die sie sehen konnten. Da hatten sie

Angst und fürchteten sehr den Zorn, und so stimmten sie zu, sie in die Stadt einzulassen.

693. Der Einzug der Französischen in Paris im Jahre 1436. Und als erster kam der Herr von L'Isle-Adam herein, über eine große Leiter, die man ihm reichte, und setzte das Banner von Frankreich auf das Tor und rief: »Stadt gewonnen!« Das Volk erfuhr überall in Paris die Nachricht, so nahmen viele das gerade weiße Kreuz oder das Andreaskreuz. Der Bischof von Thérouanne, Kanzler von Frankreich, als er die Lage so verändert sah, da befahl er den Prévôst und den Herrn von Huillebit und alle Englischen, und alle waren so gut bewaffnet, wie sie konnten. Andererseits wurden die von Paris von einem guten Bürger namens Michel de Lallier und einigen anderen ermutigt, welche die Ursache für diesen Einzug waren; da ließen sie das Volk bewaffnen und gingen geradewegs zum Tor von Saint-Denis, und waren alsbald wohl drei- oder viertausend Männer, von Paris wie aus den Dörfern, die derart großen Haß auf die Englischen und die Regenten hatten, daß sie nichts anderes begehrten, als sie zu vernichten. Als sie da waren, um besagtes Tor zu bewachen, und die vorgenannten Regenten ihre Englischen versammelt hatten, da machten sie drei Schlachthaufen, einen unter dem Herrn von Huillebit, einen anderen unter dem Kanzler und dem Prévôst, und einen unter Jean l'Archer, einem der grausamsten Christen von der Welt, und dieser Offizier des Prévôt war ein dicker Tölpel wie ein Faß. Und weil sie das Hallenviertel sehr fürchteten, wurde dort der Prévôt mit seiner ganzen Armee hingeschickt, und unterwegs traf er einen seiner Gevatter, einen sehr guten Kaufmann namens Le Vavasseur,* der ihm sagte: »Herr Gevatter, habt Mitleid mit euch, denn ich verspreche euch, daß man diesmal Frieden machen muß, sonst sind wir alle dahin.« – »Wie denn«, sagte er, »Verräter, bist du übergewechselt?«, und ohne noch etwas zu sagen,

265

schlug er ihm mit dem Schwert übers Gesicht, wodurch er fiel, und ließ ihn von seinen Leuten töten. Der Kanzler und seine Leute gingen durch die Große Straße von Saint-Denis, Jean l'Archer ging durch die Straße von Saint-Martin, er und seine Mannen, und dieser hatte in seiner Gefolgschaft wohl zweihundert oder dreihundert Männer, alle bewaffnet oder Bogenschützen, und schrien so schrecklich, wie man nur je Leute hat schreien hören: »Sankt Georg! Sankt Georg! Französische Verräter, ihr werdet alle tot sein!« Und dieser Verräter l'Archer rief, daß man alles töte, aber sie fanden keinen einzigen Mann auf der Straße, erst in der Rue Saint-Martin war es, daß sie vor Saint-Merry einen namens Jean le Prêtre fanden und einen anderen namens Jean des Croutés, welche sehr gute Bewohner und Ehrenmänner waren, und die sie mehr als zehnfach totschlugen. Danach gingen sie schreiend weiter, wie zuvor gesagt, und schossen in die Fenster, besonders an Straßenecken, mit ihren Pfeilen, aber die Ketten, die überall in Paris ausgespannt waren, ließen sie ihre ganze Kraft verlieren. So gingen sie zum Tor von Saint-Denis, wo sie gut empfangen wurden, denn als sie so viel Volk sahen, und sahen, daß mit vier oder fünf Kanonen auf sie geschossen wurde, da waren sie sehr erstaunt, und so rasch sie konnten, flohen sie zum Tor von Saint-Antoine und schlossen sich alle in die Festung ein. Bald darauf kamen der vorgenannte Konnetabel und die anderen Herren durch Paris, so sanft, als hätten sie sich ihr Leben lang nicht aus Paris hinausgerührt, was ein recht großes Wunder war, denn zwei Stunden, bevor sie einzogen, war ihre Absicht und die ihrer Gefolgschaft, Paris zu plündern und alle, die ihnen entgegentraten, zu töten; und nach ihrem Bericht kamen wohl hundert Fuhrleute oder mehr hinter der Armee, die Korn und andere Lebensmittel brachten und sagten: »Man wird Paris plündern, und wenn wir unsere Lebensmittel an diese Tölpel von Paris verkauft haben, werden wir unsere Karren mit der Beute von Paris beladen und werden Gold und Silber und Hausrat forttragen, wovon wir alle unser ganzes Leben lang reich sein werden.« Aber die Leute von Paris, einige gute Christen und Christinnen, begaben sich in die Kirchen und riefen die glorreiche Jungfrau Maria und den heiligen Herrn Dionysius an, der den Glauben nach Frankreich brachte, daß sie Unseren Herrn bitten möchten, daß er die ganze Wut der vorgenannten Fürsten und ihrer Gefolgschaft aufhalten möge. Und wahrlich wurde recht offenbar, daß der heilige Bischof Dionysius Anwalt der Stadt bei der glorreichen Jungfrau Maria gewesen war und die glorreiche Jungfrau Maria bei Unserem Herrn Jesus Christus, denn als sie hereingekommen waren und sahen, wie man das Tor von Saint-Jacques mit Gewalt zerbrochen hatte, um sie einzulassen, waren sie derart von Erbarmen und Freude bewegt, daß sie nicht anders konnten, als klagen. Und der Konnetabel sagte, sobald er sich in der Stadt sah, zu den guten Bewohnern von Paris: »Meine guten Freunde, der gute König Karl dankt euch hunderttausendmal, und ich von seiten des Königs, daß ihr ihm so sanftmütig die Hauptstadt seines Königreichs ausgeliefert habt, und wenn irgend jemand, welchen Standes er auch sei, dem Herrn König nicht gut war, sei er abwesend oder anders, ihm ist alles vergeben.« Und alsobald, ohne abzusitzen, ließ er mit Trompetenklang ausrufen, daß niemand sich erkühnen solle, unter der Androhung, am Halse erhängt zu werden, im Haus eines Bürgers oder Bewohners gegen dessen Willen zu wohnen, noch Vorwürfe zu machen noch Ungemach zu tun noch zu plündern gegenüber irgend jemandem, welchen Standes auch immer, wenn er nicht aus England gebürtig und Söldner war; weshalb das Volk von Paris sie so sehr liebte, daß es, bevor es noch der morgige Tag war, keinen gab, der nicht seinen Leib und sein Vermögen eingesetzt hätte, um die Englischen zu vernichten. Nachdem das ausgerufen war, wurden die Wohnhäuser durchsucht, um die Englischen zu finden, und alle, die gefunden wurden, mußten Lösegeld zahlen und wurden geplündert, und mehrere Bewohner und Bürger, die sich mit dem Kanzler in das Tor von Saint-Antoine flüchteten, die wurden geplündert, aber niemand, welchen Standes oder welcher Sprache er auch immer war und wieviel Übel er gegen den König getan haben mochte, wurde deswegen getötet.

694. Item, am Tag nach dem Einzug, am Samstag, kamen so viele Güter nach Paris, daß man das Korn um zwanzig Pariser Sous hatte, was am Mittwoch zuvor achtundvierzig oder fünfzig Sous kostete; und es wurde der alte Markt vor der Madeleine geöffnet, welcher mehr als achtzehn oder zwanzig Jahre geschlossen gewesen war, und dort verkaufte man das Korn, und man hatte an diesem Tag sieben Eier für einen Weißpfennig, und am Tag zuvor hatte man nur fünf für zwei Weißpfennige, und andere Lebensmittel entsprechend.

695. Item, jene, die sich im Tor von Saint-Antoine verschanzt hatten, fanden sich sehr erstaunt vor, als sie sahen, daß sie darinnen eingeschlossen waren, denn sie waren so viele, daß alles voll war, und sie wären bald verhungert. Da sprachen sie mit dem Konnetabel und erreichten durch große Geldmittel von ihm, daß sie unter freiem Geleit fortgingen; und so räumten sie den Platz am Dienstag, dem 17. Tag des April im Jahr 1436; und wirklich wurden nie Leute so verspottet und verlacht wie sie,* besonders der Kanzler, der Offizier des Prévôt, der Meister der Fleischer und alle jene, die an der Bedrückung schuld waren, die man den Gemeinen antat; denn wahrlich, die Juden einst, die in die Gefangenschaft nach Chaldäa geführt wurden, wurden nicht schlimmer geführt als das arme Volk von Paris; denn niemand wagte, Paris ohne Urlaub zu verlassen noch irgend etwas ohne Bescheini-

gung zu tragen, wie wenig es auch sein mochte, und man sagte: »Ihr geht an jenen Ort, kommt zu jener Stunde wieder, oder ihr kommt nicht wieder.«

696. Item, niemand wagte, auf die Mauern zu gehen, unter Androhung des Strangs, und doch verdiente das Volk, welche Arbeit es auch tat, keinen Heller; denn wahrlich herrschten die Englischen sehr lange Zeit über Paris, aber ich glaube mit bestem Gewissen, daß sie niemals Weizen noch Hafer säen ließen, noch einen Kamin in irgendeinem Hôtel machen ließen, außer dem Herzog von Bedford, der stets bauen ließ, in welcher Gegend er sich auch befand, und er war in seiner Natur ganz gegensätzlich zu den Englischen, denn er wollte mit niemandem Krieg haben, und die Englischen mit ihrer geradlinigen Natur wollen immer grundlos ihre Nachbarn bekriegen, wodurch sie alle übel sterben, denn damals kamen in Frankreich mehr als 76 000 um.

697. Item, am folgenden Freitag wurde, um der Gnade, die Gott der Stadt Paris erwiesen hatte, die feierlichste Prozession gemacht, die je gemacht wurde, seit hundert Jahren, denn die ganze Universität, Kleine und Große waren in Sainte-Catherine-du-Val-des-Écoliers, jeder mit einer brennenden Kerze in der Hand, und es waren mehr als viertausend, ohne andere Personen als Priester oder Schüler; und wirklich sah man keine Kerze verlöschen, von dem Ort ihres Aufbruchs bis zu besagter Kirche, was man mit Recht für ein Wunder hielt, denn es war regnerisches und windiges Wetter. Und solche Dinge müssen wohl jedem Christen Willen und Andacht eingeben, Unserem Schöpfer zu danken, und insbesondere für den Einzug, der so gütig und sanftmütig geschah, wie ihr zuvor gehört habt, und man sollte Unseren Schöpfer jedes Jahr dafür loben, denn, als ob es eine richtige Prophezeiung wäre, spricht das Offertorium der heiligen Messe für diesen Tag genug davon, das zu tun, denn es

sagt: *Erit vobis hic dies memorialis, et diem festum cele-*
brabitis solemnem Domino in progenies vestras legitimum
sempiternum.* *Alleluya, Alleluya, Alleluya!*

698. Item, am folgenden Sonntag wurde sehr feierlich
eine allgemeine Prozession gemacht, und an diesem Tag
regnete es so stark, daß der Regen nicht aufhörte, solange
die Prozession dauerte, welche wohl vier Stunden hin
und zurück dauerte; und die Herren von Sainte-Geneviève waren sehr beschwert vom Regen, denn sie waren
alle barfuß, aber besonders solche, welche den kostbaren
Leib der heiligen Dame Genoveva und des heiligen Mar-
cellus trugen, hatten große Mühe, denn nur mit großer
Mühe hielten sie sich auf dem Pflaster, und wahrlich waren sie vom Regen so naß, als ob sie in die Seine geworfen
worden wären; und wirklich schwitzten sie so stark, daß
ihnen allen die Schweißtropfen übers Gesicht liefen, so
waren sie erschöpft und ermüdet; und wirklich wurde
keiner von denen nie schwach oder krank oder mutlos,
was mir ein wirkliches Wunder der heiligen Dame Genoveva zu sein scheint, das sie wegen ihrer Verdienste wohl
tun kann, und überdies hat sie, wie in ihrer heiligen Legende offenbar wird, die gute Stadt Paris mehrfach gerettet, einmal vor Hungersnot, einmal vor Hochwasser und
vor mehreren anderen Gefahren.

699. Danach machte man den vorgenannten Michel de
Lallier zum Prévôt der Kaufleute, danach machte man
neue Schöffen, nämlich Colinet de Neuville, Jean de
Grantrue, Jean de Belloy, Pierre de Langres, alle vier aus
der guten Stadt Paris gebürtig; und Prévôt von Paris
wurde ein Ritter namens Herr Philippe de Ternant, Ritter, Herr von Ternant, von Thoisy und La Motte, Rat des
Königs und Verwalter der Prévôté von Paris.

700. Item, in der letzten Maiwoche wurden die Knochen des Grafen von Armagnac genommen und die des
Kanzlers von Frankreich, Herr Henri de Marle, und die

seines Sohns, Bischof von Coutances, die eines namens Meister Jean Paris und eines anderen namens Raymonnet de la Guerre, die im großen Hof von Saint-Martin-des-Champs begraben waren, in einem großen Misthaufen, der dort ist; und wurden ihre Knochen in der Kirche von Saint-Martin-des-Champs begraben, nämlich der Graf von Armagnac im Chor, rechts neben dem Hochaltar.

701. Item, nachdem die Französischen sich mit dem Parlement und den großen Bürgern und dem Rat verständigt hatten, beklagten sie sich, daß der König sehr arm war und alle die Seinen, und daß man Geld brauchte, wo es auch hergenommen würde. Da wurde ihnen gesagt: »Man muß eine Anleihe machen.« Und so geschah es, besonders belastend für jene, von denen man glaubte, daß sie die Englischen mehr als die Französischen liebten. Und die Anleihe war sehr groß und stieg auf eine sehr dicke Summe an Silber und Gold, denn es waren nur wenige Bewohner in Paris, die nicht wenig oder viel davon zahlten. Als sie diese große Geldsumme hatten, machten sie sich bereit, vor Creil zu ziehen, und dort waren sie ungefähr drei Wochen oder einen Monat, mit Kommen und Gehen, Heranbringen von Geschützen und Lebensmitteln, und als alles bereit war und man viel ausgegeben hatte, ohne einen Streich zu führen, oder nur sehr wenig getan, hoben sie die Belagerung auf und kamen alle wieder, ohne den Grund zu wissen, warum, wie man sagte, wenn nicht, daß man sie glauben machte, es käme ein großer Haufen Englische, um die Belagerung aufzuheben. Solcherart wurde ein großer Teil der Anleihe schlecht ausgegeben.

702. Als sie nach Paris zurückgekommen waren, da mußten sie von neuem Geld aufbringen. Da wurde ihnen der Rat gegeben, den Geldwert fallenzulassen, aber weil sie keineswegs genug Geld hatten, das in der Münze des Königs Karl geprägt worden wäre, ließen sie am Mitt-

woch, dem 26. Tag des Mai im Jahr 1436, ausrufen, daß die Weißpfennige zu acht Hellern, die aus der Münze von Heinrich waren, welcher sich König von England und von Frankreich nannte, auf sieben Heller herabgesetzt seien, doch waren sie um mehr als sechs Weißpfennige den Franc mehr wert als solche, die sie in der Münze des Königs Karl prägten, wie diejenigen sagten, die sich darin auskannten.

703. Item, am Donnerstag, dem 12. Tag des folgenden Juli, ließen sie Weißpfennige, die sie vorher auf sieben Heller festgesetzt hatten, gänzlich fallen, und die Goldtaler, die zur Zeit, als sie die Weißpfennige auf sieben Heller festgesetzt hatten, vierundzwanzig Pariser Sous wert waren, setzten sie auf zwanzig Pariser Sous fest. Und eine Woche davor hatten sich die Englischen gesammelt und zogen auf eine Meile nah an Paris heran und legten Feuer und töteten Frauen und Kinder und vernichteten, was sie trafen.

704. Item, zu dieser Zeit, Ende Juni, schlug ein Bettler das Kind einer Bettlerin in der Kirche der Innocents, diese hob ihre Kunkel und wollte ihn auf den Kopf schlagen. Doch wich er zurück, so daß sie ihn nur ein wenig im Gesicht traf, da machte sie ihm eine kleine Schramme, daraus ein klein wenig Blut herauskam, aber wirklich waren sie zweiundzwanzig Tage im Gefängnis; und in diesen zweiundzwanzig Tagen wollte der Bischof von Paris die Kirche nicht neu weihen, wenn nicht...,* und die beiden armen Leute hatten gar nichts genügend Wertvolles für die Summe, die man von ihnen forderte. Und deswegen wollte besagter Bischof es nicht machen, wenn es nicht nach seiner Laune bezahlt würde; in all den zweiundzwanzig Tagen gab es keine Messe noch Frühmette noch Vesper noch Totenmesse noch Begräbnis, noch Gottesdienst zu irgendeiner Stunde, noch Weihwasser, und die Bruderschaften, die ihre festgelegten Tage in be-

sagter Kirche hatten, gingen zum Gottesdienst nach Saint-Josse in der Rue Aubry-le-Boucher.

705. Item, in diesem Jahr gab es so viele Kirschen, daß man das Pfund um einen Tourischen Heller hatte, manchmal sogar sechs Pfund um einen Weißpfennig zu vier Pariser Hellern, und dauerten bis Mariä Himmelfahrt.

706. Item, in diesem Jahr fiel Sankt Lorenz auf einen Freitag, und man machte wie früher den Jahrmarkt mit allen gewohnten Waren am besagten Tag.

707. Item, im folgenden Monat September fing man mit der Weinlese an, aber nie zuvor kostete die Weinlese so viel wie in diesem Jahr, und doch hatte man einen so großen Markt an Weinlesern und Weinleserinnen, denn zu Beginn hatte man vier Frauen täglich für zwei Weißpfennige, und es war manch ein Tag, wo man fünf für zwei Weißpfennige hatte, und Korbträger für zwei Weißpfennige oder drei, und da gab es einen sehr großen Markt an Lebensmitteln, und die waren so teuer wie seit fünfzig Jahren nicht; denn an allen Toren von Paris gab es zwei oder drei Sergeanten von seiten der Regenten von Paris, die ohne Gesetz und ohne Recht mit Gewalt jeden Korbträger zwei Doppelheller zahlen ließen, jeden Karren, der von der Weinlese kam, acht Weißpfennige, sechs für zwei, acht Pariser Sous für drei; und die von den Garnisonen in der Umgebung von Paris, wie Bois-de-Vincennes, wie Saint-Cloud, Pont-de-Charenton hatten aus jedem Dorf acht oder zehn Fässer Wein als Lösegeld, und ebensoviel oder mehr, wenn sie bei Tag und Nacht dort plünderten, ohne die großen Abgaben, die sie hatten; und glaubwürdige Leute bezeugten, daß man in Bois-de-Vincennes in diesem Jahr nur gut dreihundert Fässer hatte, und die anderen solcherart, was sie konnten, nicht was sie wollten.

708. Zu dieser Zeit gab es überhaupt keine Nachricht vom König, ob er in Rom war oder in Jerusalem. Und wirklich, seit dem Einzug in Paris tat keiner der französi-

schen Hauptleute irgend etwas Gutes, wovon man irgendwie sprechen müßte, außer Tag und Nacht zu plündern und zu rauben; und die Englischen führten Krieg in Flandern, in der Normandie, vor Paris, und keiner trat ihnen entgegen, und so gewannen sie immer irgendeinen befestigten Platz; und an Sankt Cosmas und Damian kamen sie bis nach Saint-Germain-des-Prés, aber keine Bewaffneten von Paris wollten aufbrechen, denn sie sagten, daß man sie gar nicht bezahlte. Und in Wahrheit, was arme Leute aus einer guten Stadt in ihrem guten Gehorsam verdienen konnten, war ihnen; und denen aus den Dörfern, die sie gewonnen hatten oder gewinnen wollten, nahmen sie es weg, so daß ihnen nichts blieb wie nach dem Feuer, und wirklich sagten sie, daß sie ebensogern oder lieber in die Hände der Englischen fielen wie in die Hände der Französischen.

709. Item, zu dieser Zeit machten die Fleischer von Saint-Germain-des-Prés eine Fleischerei an der Brücke von Saint-Michel, wo man zu den Augustinern umbiegt, und sie begannen am Vorabend von Allerheiligen zu verkaufen, Sankt Quentin.

710. Item, am folgenden Sankt Klemens kam der Konnetabel nach Paris und brachte seine Frau mit, die Schwester des Herzogs von Burgund, und sie war die Frau des Herzogs von Guyenne gewesen, des Sohns des Königs von Frankreich. Und mit ihm kam der Erzbischof von Reims, Kanzler von Frankreich, und das Parlement des Königs, und sie zogen durch das Tor von Bordelles ein, das seit kurzem nicht mehr vermauert war.

711. Item, am folgenden Donnerstag, dem Vorabend von Sankt Andreas, wurde mit Trompetenklang ausgerufen, daß das Parlement des Königs Karl, das seit seiner Abreise von Paris in Poitiers stattgefunden hatte, und seine Rechnungskammer in Bourges im Berry, nunmehr im königlichen Palais ihre Sitzungen hätten, in der Weise,

wie es bei seinen Vorgängern, den Königen von Frankreich, Brauch war, und sie fingen an Sankt Eligius an, dem
1. Tag des Dezember im Jahr 1436. Und so geschah es,
und es wurden mit Sanftmut einige Bürger zurückgeru-
fen, die man nach dem Abzug der Englischen verbannt
hatte, weil sie den Englischen wegen ihrer Ämter oder aus
anderen Gründen sehr wohlgesonnen waren, und man
vergab ihnen sehr sanftmütig, ohne Vorwurf noch Ungemach für sie oder ihre Güter.

712. Item, in diesem Jahr gab es soviel weiße Rüben,
daß man in diesem Jahr den Scheffel um zwei Doppelheller hatte, und soviel Lauch, daß man einen Bund um einen
Heller hatte, der im Jahr zuvor vier Doppelheller und
mehr kostete.

713. Item, es gab einen so großen Markt an Erbsen
und dicken Bohnen, daß man die Bohnen um zehn Heller den Scheffel hatte, schöne und dicke, und für vierzehn
Heller gute Erbsen; und überall in Paris sehr guten Wein
für zwei Doppelheller, weißen und roten.

714. Item, Ende November, am Vorabend von Sankt
Andreas, begann es so stark zu frieren, daß es bis zum
Fastnachtsdienstag dauerte, der auf den 12. Tag des Februar fiel, und in dieser Zeit regnete es nicht, sondern
schneite sehr stark.

[1437]

715. Item, in dieser Nacht des Fastnachtsdienstag, ungefähr um Mitternacht, nahmen die Englischen die Stadt
Pontoise ein, durch die große Nachlässigkeit des Hauptmanns, welches der Herr von L'Isle-Adam war, der nicht
so weise war, wie es seine Aufgabe gewesen wäre, denn er

war sehr geldgierig, und das wurde wohl offenbar; denn man sagte, daß am Tag, als die Stadt eingenommen wurde, dort genügend Korn war, daß es für zwei Jahre nicht daran mangeln würde, um die ganze besagte Stadt gänzlich zu versorgen; und es gab in Paris sehr wenig davon; aber nie, so sehr die von Paris auch baten, wollte er kein Korn in die Stadt kommen lassen, und die Kaufleute von Pontoise wollten ihm für jeden Sester vier Pariser Sous geben. So verlor er nun alles, erstens die Ehre, denn er entfloh schmählich, ohne noch die Stadt zu verteidigen; und dann wurden seinetwegen die guten Leute getötet und ihre Güter verloren, und solche, die nicht getötet wurden, an verschiedenen Orten in Gefängnisse gebracht, und so hohes Lösegeld von ihnen gefordert, daß sie es nicht bezahlen konnten, weshalb mehrere in den Gefängnissen starben. So geschah all dies Übel durch ihn, und dies stärkte seine Feinde. Durch seine schlechte Hut beschwerte er Paris und die Umgebung derart, daß man es kaum erzählen könnte, denn sobald die Stadt eingenommen war, drei oder vier Tage später, verteuerte sich in Paris der Weizen um die Hälfte, und alles eßbare Korn; denn niemand wollte nach Paris kommen, wegen der Englischen, die überall in der Umgebung von Paris umherzogen. Und es war der Vorabend des ersten Fastensonntags, da kamen sie ungefähr um zwölf Uhr des Nachts, um Paris zu stürmen, weil die Gräben gefroren waren, aber so gut wurden sie mit Kanonen und anderem zurückgeschlagen, daß sie wenig gewannen und es ihnen wohl anstand, sich zu entfernen.

716. Item, in der ersten Fastenwoche wurde mit Trompetenklang ausgerufen, daß kein Bäcker mehr Weißbrot noch Kuchen noch Spritzgebäck machen sollte, damit die Bürger, die Weizen hatten, buken.

717. Item, der Frost hatte derart alles Grünzeug sterben lassen, daß man Ende März nur noch ganz wenig

fand, außer ein bißchen Lauch, von dem ein kleines Bündel vier Heller kostete, das man im Januar für einen Heller gehabt hatte; und Zwiebeln sehr teuer, und Äpfel sehr teuer, denn das Viertelhundert von Capendu, etwas dickere, kostete sieben Weißpfennige. Und da kamen überhaupt keine Feigen, aber es gab den besten Honig, den man seit langer Zeit gesehen hatte, und billig, denn die Pinte kostete nur zwei Weißpfennige; und auf der Place de Grève hatte man auch das Bündel Holz um zehn Weißpfennige.

718. Item, das Brot war sehr teuer, denn der Sester sehr kümmerlicher Roggen kostete vierundvierzig Sous oder drei Francs, und der Weizen vier Francs.

719. Item, in der Karwoche, am Dienstag, dem 26. Tag des März im Jahr 1437, wurden drei Männer geköpft, einer Advokat im Parlement, namens Magister Jacques de Louvay, und ein anderer von der Rechnungskammer, namens Magister Jacques Rousseau, und ein Fleischergeselle, der Berichterstatter im Staatsrat geworden war und der den alten Feinden Frankreichs alle Geheimnisse überbrachte, die man in Paris hatte, und schickten ihn die beiden Vorgenannten und ein anderer namens Jean le Clerc, welcher am Tag, als die beiden Vorgenannten geköpft wurden, in einen schmutzigen Karren gesetzt wurde und danach zu lebenslangem Kerker verurteilt, weil er Kleriker war; und die beiden waren verheiratete Priester, welche zugaben, besonders Jacques Rousseau, daß, wenn irgendwelche guten Städte, welche die Englischen hielten, sich in den Gehorsam des Königs von Frankreich begeben wollten, und die Bürger dem Konnetabel und dem Kanzler ausrichteten, daß sie an einem bestimmten Tag dazu bereit wären, richteten die besagten falschen Verräter das den Englischen aus, die alsobald große Haufen Bewaffnete einquartierten, ließen willkürlich Köpfe abschlagen und verbannten Leute und nah-

men gnadenlos das Ihre und töteten und legten Feuer in den Dörfern der Umgebung, und führten alle Güter in ihre Garnisonen.

720. Item, in der Osterwoche im Jahr 1437 wurde in Beauvoir-en-Brie einer namens Magister Miles de Saulx festgenommen, welcher Sachwalter im Parlement war, der schon vorher einmal festgenommen worden war, und versprochen hatte, getreu zu sein, und seinen Glauben verpfändet hatte und seine Frau und seine zwei Söhne als Geiseln gegeben; aber all das beachtete er nicht, nicht Treue noch Frau noch Kinder, sondern wurde zum stärksten Schurken, Brandstifter und aller anderen Übeltaten, die in Frankreich und der Normandie geschahen; und so stand er im verfluchten Rat mit den drei Vorgenannten, und deswegen wurde ihm der Kopf abgeschlagen, und seinem Diener, am 10. Tag des April im Jahr 1437; und dieser Miles berichtete über mehrere große und unterirdische Gänge, die an Steinbrüchen enden, und von denen man nichts wußte, durch welche man die Englischen nach Paris bringen sollte, aber Gott, der alles weiß, wollte es nicht zulassen. Kurz darauf in diesem Monat nahmen die Englischen die Burg namens Orville ein, die dem Gallois d'Aunay gehörte, welche Burg er durch seine Schlechtigkeit verlor, denn den Söldnern, die sie hüten sollten, bezahlte er den Sold nicht, weshalb sie Ursache der Einnahme der Burg wurden; und seine Frau wurde gefangengenommen und nach Meaux geführt, das zu dieser Zeit im Gehorsam der Englischen stand, und wie sie von den Englischen behandelt wurde, darüber schweigt man.

721. Item, er verlor sein ganzes Vermögen, und doch tat die Einnahme dieser Burg Paris soviel Schaden, daß kein Mensch ihn berechnen kann, denn sie war auf dem Weg nach Flandern, in die Picardie und ins Brie, kurz, am Weg nach allen Gegenden, aus denen Güter nach Paris

kommen können. Kurz, er fügte Paris sehr großen Schaden zu, denn sie wurde Anfang Juli eingenommen, als man das Korn haben sollte, so mußte man viele Leute in Saint-Denis einquartieren, um die Landarbeiter zu schützen; denn wirklich wußte man nicht, mit wem man es billiger hatte, mit den Englischen oder den Französischen; denn die Französischen nahmen alle drei Monate Abgaben und Steuern, und wenn die armen Landarbeiter sie nicht bezahlen konnten, überließen die Regenten sie den Bewaffneten; die Englischen ließen sie frei, wenn sie Lösegeld von ihnen nehmen konnten.

722. Zu dieser Zeit wurde Montereau belagert, von Sankt Bartholomäus im August an, deswegen mußten die von Paris eine zu große Abgabe bezahlen, die sie sehr beschwerte; denn niemanden gab es, der verdient hätte, außer denen, die Weizen oder Gerste zu verkaufen hatten, aber der Weizen war so teuer, mitten im August, Anfang September, daß der dürftigste Weizen vier Francs wert war, guter Weizen sechs Francs, Gerste vierzig Pariser Sous, und da aß man überhaupt kein Weißbrot.

723. Item, am Tag der Augustmitte sang man in der Kapelle Saint-François-aux-Pelletiers in der Kirche der Innocents die erste Messe der glorreichen Himmelfahrt Unserer Lieben Frau, der Jungfrau Maria.

724. Item, in diesem Monat September 1437 machte man in Paris wiederum die seltsamste Abgabe, die je gemacht wurde, denn niemand in ganz Paris war davon ausgenommen, welchen Standes er auch war, nicht Bischof, Abt, Prior, Mönch, Nonne, Kanoniker, Priester, mit oder ohne Benefizien, nicht Sergeanten, Spielleute noch Kleriker der Sprengel, noch irgend jemand, welchen Standes er auch war. Und es wurde erst eine Abgabe für die Leute der Kirche gemacht und dann für die großen Kaufmänner und Kauffrauen, und die einen zahlten viertausend Francs, die anderen dreitausend oder zweitausend Francs, acht-

hundert, sechshundert Francs , jeder nach seinem Stand; danach für die weniger Reichen, für den einen hundert oder sechzig, fünfzig oder vierzig, der Geringste zahlte zwanzig Francs oder mehr, die anderen noch Kleineren unter zwanzig Francs und über zehn Francs, niemand kam über zwanzig Francs und niemand zahlte weniger als zehn Francs, von den einen und anderen ganz Geringen kam keiner über hundert Sous noch auf weniger als vierzig Pariser Sous. Nach dieser schmerzlichen Abgabe machten sie eine andere sehr unanständige, denn die Regenten nahmen in den Kirchen die Silberwerke, wie Weihrauchbehälter, Hostienteller, Meßkännchen, Leuchter, Kelchschüsselchen, kurz alle Kirchengeräte, die aus Silber waren, nahmen sie, ohne zu fragen, und danach nahmen sie den größten Teil von allem geprägten Silber, was im Schatz der Bruderschaften war. Kurz, sie nahmen in Paris soviel Geld, daß es kaum ein Mensch hätte glauben können, und alles unter dem Vorwand der Einnahme von Burg und Stadt Montereau. Und sie waren davor, ohne irgend etwas zu tun, von Mitte August bis Donnerstag, dem 11. Tag des folgenden Oktober, dem Tag nach Sankt Dionysius, als sie die Stadt im Sturm nahmen, und die Bewaffneten begaben sich in die Sicherheit der Burg; danach verhandelten sie mehrfach miteinander, aber sie konnten nicht miteinander übereinkommen, so griffen sie mehrfach die Burg an und schossen aus ihren Kanonen und mit anderen Geschossen so viel und so oft, daß sie die Burg stark beschädigten und diejenigen, die drinnen waren, verletzten. Und ebenso schossen die von drinnen auf die draußen, aber es nutzte ihnen wenig, denn sie sahen wohl, daß sie die Burg nicht lange halten könnten, ohne vernichtet zu werden, so verhandelten sie mit dem König, und so einigten sie sich, daß die Englischen mit Sicherheit für Leib und Leben hinausgingen, als Fremde, die Land erobern, denn sie waren nicht von sich aus nach Frankreich gekommen, und daß alle von französischer Sprache, die mit ihnen waren, sich dem Willen des Königs ergäben; und so geschah es, wobei der größte Teil dieser abtrünnigen Französischen am Halse gehängt wurde, und andere gingen auf lange Pilgerfahrten, mit einem Strick um den Hals. Diese Verabredung wurde am Samstag, dem 19. Tag des Oktober im Jahr 1437, getroffen; und am folgenden Dienstag lieferten sie die Burg aus und gingen fort. Und die von Paris freuten sich recht wenig darüber und machten wegen der Einnahme der Burg kein Freudenfest und zündeten keine Feuer an und kümmert sich nicht darum, wie sie es für die Einnahme der Stadt getan hatten, denn da läutete man von allen Kirchen von Paris und machte überall Freude und Fröhlichkeit die ganze Nacht, und Feuer und Tanz, und all das wurde sein gelassen, weil man solcherart die Englischen freigelassen hatte, die dreihundert waren, lauter Schurken und Mörder. Der größte Teil von ihnen begab sich auf den Fluß, um mehr von ihrem Gepäck mitzunehmen, und als sie Paris passierten, wurde ausgerufen, daß keiner und keine so kühn oder frech sein solle, ihnen etwas Schlimmeres als ihren Namen zu sagen, unter Androhung des Strangs, worüber das Volk von Paris sehr unzufrieden war, aber leiden mußten sie es für diesmal, denn sie hatten soviel Unterdrückung, so viele vorgenannte Abgaben, soviel schlechten Verdienst, so große Teuerung von Brot und allen anderen Lebensmitteln, wie man es seit hundert Jahren nicht gesehen hatte. Aber die Hoffnung auf die Ankunft des Königs tröstete sie, welche recht nichtig war, denn als er nach Paris kam, und er kam am Tag nach Sankt Martin im Winter 1437, weshalb man ein großes Fest machte, wie man es für Gott machen könnte, denn am Eingang zur Bastei von Saint-Denis, ganz hell gerüstet, und der Dauphin, ungefähr zehn Jahre jung, ganz gerüstet wie sein Vater, der König; und beim Eingang hielten die Bürger einen Himmel über ihn, wie man ihn zu Fronleichnam über Unserem Herrn trägt, so trugen sie ihn bis zum Malertor in der Stadt. Und zwischen besagtem Tor und der Bastei gab es mehrere schöne Mysterienspiele, so gab es am Tor zu den Feldern singende Engel, am Brunnen von Ponceau-Saint-Denis viele schöne Dinge, die zu lang zu erzählen wären, vor der Trinité die Darstellung der Passion, wie man sie für den kleinen König Heinrich gemacht hatte, als er in Paris gesalbt wurde, wie zuvor gesagt.

725. Item, ebenfalls am Malertor und vor dem Châtelet und vor dem Palais, wenn nicht von besagtem Malertor an, waren überall bis Notre-Dame von Paris Himmel gespannt, außer am Grand Pont. Und als er ungefähr am Hôtel-Dieu war, schloß man die Türen besagter Kirche Notre-Dame, und es kam der Bischof von Paris, welcher ein Buch brachte, auf das der König schwor, als König, daß er getreu und gut alles einhalten werde, was ein guter König tun soll. Danach wurden die Türen geöffnet, und er zog in die Kirche ein und ging, für diese Nacht im Palais zu wohnen; und man machte ein großes Freudenfest diese Nacht, wie Becken schlagen, Feuer auf der Straße, tanzen, essen und trinken und verschiedene Instrumente spielen. So kam der König nach Paris, wie zuvor gesagt.

726. Item, am folgenden Sankt Katharina wurde in Saint-Martin-des-Champs ein sehr feierlicher Gottesdienst für den verstorbenen Grafen von Armagnac gemacht, der, wie zuvor gesagt, ungefähr neunzehn Jahre vorher im Palais drinnen getötet wurde; und es gab an diesem Tag wohl 1700 brennende Kerzen und entsprechend Fackeln, und alle Priester, welche die Messe lesen wollten, wurden bezahlt; aber man machte keine Gabe, worüber man sich sehr wunderte, denn etwa viertausend Personen gingen hin, die nicht eingezogen wären, wenn sie nicht geglaubt hätten, daß man eine Gabe

machen würde, und es verfluchten ihn die, die vorher für ihn beteten. Und diesen ganzen Gottesdienst ließ der Graf von Pardiac und La Marche machen, der nachgeborene Sohn des vorgenannten Grafen von Armagnac, und der König war da und die Ritter von Anjou, und alle von Notre-Dame und von den Kollegien von Paris, alle im Ornat.

727. Item, nach besagtem Gottesdienst wurden die Knochen des besagten Grafen nach Notre-Dame-des-Champs getragen, begleitet von großer Beleuchtung und von ganz in Schwarz gekleideten Leuten, und sie wurden dort bis zum folgenden Mittwoch gelassen; und an diesem Tag speiste der König in Saint-Martin-des-Champs, und am Mittwoch wurden die Knochen des besagten Grafen in sein Land Armagnac gebracht.

728. Zu dieser Zeit gab es in Paris zahlreiche Bewaffnete, und ungefähr vierzig oder fünfzig Schurken, die sich in Chevreuse verschanzt hatten, kamen alle Tage bis zu den Toren von Paris und nahmen Männer, Tiere und Wagen; und hinter dem Tor von Saint-Denis kamen irgendwelche Schurken, die in Orville waren, um Menschen und Beute zu nehmen, bis dicht vor den Toren von Paris, und solcherart kamen sie jede Woche, und wenn sie drei oder vier Meilen entfernt waren, bewaffneten sich die Bewaffneten, die in Paris waren, ganz gemächlich und brachen ganz ungeordnet auf und kamen alsobald wieder, hatten sie doch dem Anschein nach etwas getan. Und dadurch verteuerte sich alles Korn, denn der Weizen war fünfeinhalb Francs wert, der nur Mengkorn war, Gerste sechzig Sous, winzige dicke Bohnen fünf Pariser Sous der Scheffel, Erbsen ebenso, Öl fünf Pariser Sous die Pinte, das Pfund gesalzene Butter sechs Weißpfennige, und alles in starkem Geld. Und seit der König in Paris eingezogen war, verteuerte sich alles, wie gesagt wurde, durch diese Schurken, die immer in der Nähe von Paris im Hinterhalt

waren, und weder König noch Herzog noch Graf noch Prévôt noch Hauptmann kümmerten sich darum, als wären sie hundert Meilen von Paris entfernt.

729. Item, es war ein großes Kohljahr in Paris und an weißen Rüben, denn der Scheffel kostete nur sechs Pariser Heller, womit die Leute ihren Hunger und den ihrer Kinder stillten.

730. Item, es mangelte überall an Obst, außer an Mispeln und Holzäpfeln, und es gab auch weder Nüsse noch Mandeln.

731. Item, der König verließ Paris am 3. Tag des Dezember im Jahr 1437, ohne bis dahin irgend etwas Gutes für die Stadt Paris getan zu haben, und es schien, als ob er nur gekommen wäre, um die Stadt zu sehen, und wahrlich kostete seine Einnahme von Montereau und sein Besuch die Stadt 60 000 Francs, woher man sie auch genommen hatte.

[1438]

732. Item, an Epiphanias kamen die Schurken von Chevreuse, etwa zwanzig oder dreißig, zum Tor von Saint-Jacques und drangen in Paris ein, und töteten einen Spießrutensergeanten namens ***, der in einer Tür saß, und sie gingen frank und frei davon und nahmen drei Torhüter, welche das Tor bewachten, gefangen und mehrere andere arme Leute, außer der Beute, die nicht gering war, und es war erst zwölf Uhr mittags ungefähr, und sagten: »Wo ist euer König? He, hat er sich versteckt?« Und wegen der Raubzüge, welche diese Schurken machten, verteuerten sich Brot und Wein derart, daß sich nur wenige Leute an Brot satt aßen, und die armen Leute überhaupt keinen Wein tranken noch Fleisch aßen, wenn man es ihnen nicht

schenkte; sie aßen nur weiße Rüben und Kohlstrünke, ohne Brot in die Glut gelegt, und jede Nacht und jeden Tag schrien kleine Kinder und Frauen und Männer: »Ich sterbe! Ach, sanfter süßer Gott, ich sterbe vor Hunger und Kälte!« Und jedesmal, wenn Bewaffnete nach Paris kamen, um irgendwelche Güter zu begleiten, die man herbeibrachte, nahmen sie zwei- oder dreihundert Bewohner mit, weil die in Paris Hungers starben.

733. Item, am Vorabend von Sankt Markus, im April, gab es einen so großen Wind, daß er die größten Ulmen, die vor der Insel von Notre-Dame waren, ausriß, und am Samstag zuvor brach vor dem Zimmer von Magister Hugues eine Mauer plötzlich auf die Straße herab, welche drei Männer tötete, die dort vorbeigingen, und vier von ihnen verletzte, welche starben, und so kamen sieben Männer durch besagte Mauer um. Und zu dieser Zeit mangelte es in Paris an Brot, denn das Korn kostete sieben Francs; dicke Bohnen, Erbsen sechs Weißpfennige der Sester; und wirklich wog das Brot zu zwei Weißpfennigen nur elf Unzen.

734. Item, in diesem Jahr 1438 gab es derart haufenweise Raupen, daß sie alle Bäume und alles Obst verwüsteten, und der besagte Wind am Vorabend von Sankt Markus schlug viel Obst herab, wie Kirschen und Nüsse; kurz, er tat allerorts viel Schaden und warf mehrere Häuser um, zahllose Kamine und so viele Obstbäume, daß es sehr zum Verwundern war und Erstaunen, welch großen Schaden er an mehreren Orten und fast überall tat, und doch dauerte er nur ungefähr sechs Stunden.

735. Item, in diesem Jahr war so großer Mangel an Grünzeug, daß man Anfang Mai – mangels Lauch – Kohl verkaufte, Malven, Salbei und ähnliches, Brennesseln, und die armen Leute kochten sie ohne Fett, nur mit Wasser und Salz, und aßen sie ohne Brot, und das dauerte bis nach Sankt Johann; aber kraft des Regens gab es zu dieser

Zeit Überfluß, kam das Grünzeug ungefähr acht Tage vor Sankt Johann auf den Markt, aber alles Korn verteuerte sich immer noch, so daß guter Weizen acht Francs der Sester wert war, in starkem Geld, und kleine schwarze Bohnen, die man gewöhnlich den Schweinen gibt, zehn Sous der Scheffel.

736. Item, die Seine war an Sankt Johann so groß, daß sie bis zum Kreuz auf der Place de Grève reichte.

737. Item, es war an Sankt Johann so kalt, wie es im Februar oder März sein sollte.

738. Item, in der ersten Maiwoche in besagtem Jahr 1438 brachte man an jedem der vier Tore von Paris drei Stücke Leinwand an, zwei am Tor und eins über der Barriere an der Mauer, sehr gut bemalt mit sehr häßlichen Geschichten; denn auf jedem war ein Ritter von den großen Herren Englands gemalt, welcher Ritter mit den Füßen an einen Galgen gehängt war, mit Sporen beschuht, ganz in Waffen außer dem Kopf, und auf jeder Seite ein Teufel, der ihn ankettete, und zwei häßliche und scheußliche Raben, die unten auf seinem Gesicht waren und ihm die Augen aus dem Kopf rissen, so war es dargestellt.

739. Item, es gab eine Inschrift auf dem ersten: WILHELM VON LA POULE, ENGLISCHER RITTER, GRAF VON SUFFOLK UND OBERSTER HAUSHOFMEISTER DES KÖNIGS VON ENGLAND, RITTER VOM HOSENBANDORDEN, MEINEIDIG SEINER BETRÜGERISCHEN TREUE, ZWEIMAL, UND SEINES SIEGELS GEGENÜBER DEM EDLEN RITTER, TANGUY DU CHASTEL, FRANZÖSISCHER RITTER.

740. Item, die andere war: ROBERT, GRAF VON HUILLEBIT, MEINEIDIG EINMAL SEINER BETRÜGERISCHEN TREUE UND SEINES SIEGELS GEGENÜBER DEM SEHR EDLEN FRANZÖSI-

SCHEN RITTER, HERRN TANGUY DU CHA-
STEL, DEM BESAGTEN RITTER.

741. Item, der nächste hieß THOMAS BLOND,
RITTER, nicht Graf noch Ritter vom Hosenbandorden
wie die beiden anderen, aber MEINEIDIG SEINER BE-
TRÜGERISCHEN TREUE UND SEINES SIEGELS
GEGENÜBER DEM SEHR EDLEN FRANZÖSI-
SCHEN RITTER, HERRN TANGUY DU CHA-
STEL. So war diese sehr häßliche Geschichte am Eingang
zu jedem Tor der Stadt Paris.

742. Item, in der Johannisnacht wurde ein großes
Feuer vor dem Rathaus gemacht, aber es wurde nicht das
richtige Feuer angezündet, das am gewohnten Platz war,
weil das Wasser dort zu groß war, denn es reichte bis zum
Kreuz, wie zuvor gesagt.

743. Item, die Tochter des Königs namens Marie, die
Nonne in Poissy war, zündete das Feuer von der einen
Seite an und der Konnetabel von der anderen, von dem
man sagte, er wäre den Englischen günstiger gesonnen als
dem König und den Französischen, und die Englischen
sagten, sie hätten keine Angst vor dem Krieg, ihn zu verlieren, solange er Konnetabel von Frankreich wäre; wie es
damit stand, davon weiß ich nichts, aber Gott weiß es
wohl. Und wahrlich zeigte er sich sehr schlecht und sehr
feige in allen seinen Werken, denn er zog in der Woche
nach Sankt Johann vor Pontoise, und alsbald gewannen
die geringen Leute, die mit ihm waren, einen der stärksten
Türme, die es in der Stadt gab, und als er sah, wie man so
erbittert wirkte, ließ er alles sein und flüchtete sich nach
Paris zurück und sagte, daß man die guten Leute nicht töten lassen wollte; und gewiß schwor das Volk, das mit ihm
war, wenn er sie nur gelassen hätte, hätten sie in kurzer
Zeit Stadt und Burg erobert. Ach! das Unternehmen
wurde so übel verlassen, denn es war Anfang August, und
man verließ sie auf diese Weise, weshalb sie großen Scha-

den an dem Korn taten, das in der Umgebung von Paris und von Saint-Denis ist, daß niemand wagte, sein Korn auf den Feldern ernten zu gehen; und doch ordnete dieser edle Konnetabel an, daß ihm auf jeden Arpent, wie er auch genutzt wurde, Korn oder Hackfrüchte oder irgendeine andere Saat, vier Pariser Sous gezahlt wurden, abgesehen von Viehweiden und Wegen.

744. Item, auf jedes Ohmfaß Wein vier Pariser Sous; auf jedes Mud acht Weißpfennige.

745. Item, weil er solchermaßen zurückkam, hatten mehrere aus der Stadt sehr unter den Englischen zu leiden, denn die einen wurden enthauptet, die anderen hinausgeworfen, die anderen flohen und verloren all ihr Hab und Gut.

746. Item, am Dienstag, dem 19. Tag des August, verschied die Dame Marie de Poissy im Palais; sie starb an der Seuche, von der sie sehr wunderlicherweise befallen wurde, wie es schien, denn die Feldscher, die ihre Leiche öffneten, um sie anzuordnen,* wie es sich für eine solche Dame gehörte, wurden alsobald von besagter Seuche befallen, und alle starben bald darauf daran.

747. Item, sie wurde in die Abtei von Poissy gebracht, und dort wurde sie mit großen Ehren begraben, wie es sich für eine solche Dame gehörte.

748. Item, diese Dame war eine sehr große Dame, denn sie war Tochter eines Königs, Schwester eines Königs, Tante eines Königs* und Äbtissin der Nonnen von Poissy.*

749. Item, weder der König noch irgendeiner von den Herren kam nach Paris oder in die Umgebung, als ob sie in Jerusalem wären, und deswegen gab es eine so große Teuerung in Paris, denn man konnte nichts hinbringen, was nicht von den Schurken mit Lösegeld belegt oder ganz geraubt wurde, die in den Garnisonen der Umgebung von Paris waren; denn ungefähr an Sankt Martin im

Winter, als man gesät hatte, war gutes Korn siebeneinhalb Francs und mehr wert, Gerste sechs Francs der Sester, Erbsen und dicke Bohnen sechs Francs, ein Tönnchen geringen Rotweins vier oder fünf Francs, das Pfund gesalzene Butter vier Pariser Sous, Nußöl sechzehn Weißpfennige, das aus Hanfsamen ebensoviel; und an Sankt Klemens gab es keine Ferkel, durch Verschulden des Königs, der sich nicht um das Land Frankreich kümmerte und sich immer im Berry aufhielt, wegen der schlechten Ratgeber, die er hatte.

750. Item, in diesem Jahr gab es viele Nüsse, doch verkaufte man den Sester um vier Weißpfennige, weil die Händler von Paris alle Dinge, die sich aufbewahren lassen, in ihre Speicher taten.

751. Item, zu dieser Zeit hatten der Hauptmann von Dreux und der von Chevreuse und einige ihrer Leute gerade in Paris dem Konnetabel ihren Eid abgelegt, und solche, die es nicht tun wollten, gingen fort nach Rouen.

752. Item, die von Montargis taten ebenso, und so ergaben sich diese drei Plätze.

753. Item, Montargis hatte sich einst so ergeben, daß eine hohe Geldsumme bezahlt werden mußte, welche ein großer Herr, der sie überbringen sollte, beim Würfelspiel verspielte. Solcherart wurde alles regiert, und sie ergaben sich in der letzten Oktoberwoche im Jahre 1438.

754. Item, das Sterben war so groß, besonders in Paris, denn es starben in diesem Jahr im Hôtel-Dieu wohl fünftausend Personen, und überall in der Stadt mehr als 45 000, Männer, Frauen wie Kinder; denn wenn der Tod in ein Haus kam, nahm er den größten Teil der Leute mit, und besonders die stärksten und jüngsten.*

755. Item, an solchem Tod verschied der Bischof von Paris, namens Herr Jacques, ein sehr prächtiger, geldgieriger Mann, weltlicher, als sein Stand es erforderte, und er verschied am 2. Tag des November im Jahr 1438.

756. Item, zu dieser Zeit kamen die Wölfe auf dem Fluß nach Paris herein und fingen die Hunde und fraßen auch des Nachts ein Kind auf dem Katzenplatz* hinter den Innocents.

757. Item, an Sankt Genoveva und am Tag danach und am 3. folgenden Tag donnerte, blitzte und hagelte es so stark, wie man es sonst nur morgens und nachmittags im Sommer sieht; und es war alles ebenso teuer wie zuvor gesagt.

[1439]

758. Item, im Monat Januar wurde von den Englischen die Burg Saint-Germain-en-Laye eingenommen, und das geschah durch einen falschen Mönch von Sainte-Geneviève, namens Carbonnet, welcher Prior von Nanterre war und vertraut war mit dem Hauptmann besagter Burg, und es gelang ihm, daß er zu jeder Zeit hineinkam, wenn er wollte, und wußte immer, wo die Schlüssel waren, so daß man sich nicht vor ihm hütete; und der schlechte Mensch ging nach Rouen und versprach dem Grafen von Warwick,* wenn er ihm dreihundert Goldtaler geben würde, würde er ihm die Burg ausliefern; und man gab sie ihm, und der falsche Verräter lieferte ihnen die Burg an dem Tag aus, den er versprochen hatte. Und etwa zwölf oder fünfzehn Tage später wurde er festgenommen und gestand seinen ganzen Verrat; und er wurde zu lebenslänglichem Gefängnis verurteilt, mit dicken Eisen beschwert, Beine und Arme, und bekam nie etwas anderes als Brot und Wasser, oder sehr wenig.

759. Item, war die Stadt Paris ohne Bischof bis zum folgenden 21. Tag des Februar, dem Vorabend von Sankt Petri-Stuhl, als man den Erzbischof von Toulouse zum

Bischof von Paris machte. Weil er im Rat des Königs war, hatte er den einen und den anderen, und sobald er bestätigt war, begab er sich in seine Erzdiözese und verließ Paris, so daß man an Ostern und den Vier Jahreszeiten der ersten Fastenwoche einen anderen Prälaten nehmen und bitten mußte, die Ordinationen und den heiligen Gottesdienst zu machen, die er hätte machen sollen.

760. Und zu dieser Zeit gab es weder König noch Bischof, der sich um die Stadt Paris gekümmert hätte, und hielt sich der König immer noch im Berry auf und kümmerte sich auch nicht um die Ile de France noch um den Krieg noch um sein Volk, als ob er ein Gefangener der Sarazenen wäre. Und man sagte nach dem Sprichwort: Wie der Herr, so's G'scherr. Denn wahrlich zogen die Englischen jede Woche zwei- oder dreimal um Paris umher und plünderten, töteten und nahmen Lösegeld, und wirklich machten sich weder der Konnetabel noch die Hauptleute irgendwie an die Verteidigung, als ob sie von ihrer Partei wären.

761. Item, zu dieser Zeit war in Rouen so teure Zeit, daß der Sester recht dürftigen Korns zehn Francs kostete, und alle Lebensmittel entsprechend; und man fand alle Tage mitten auf der Straße tote kleine Kinder, welche die Hunde fraßen oder die Schweine, und das alles durch die Grausamkeit des Erzbischofs,* der ein sehr blutiger Mann war, und mit ihm der Prévôt, der dies in Paris gewesen war, Herr Simon Morhier, der so viele Abgaben von ihnen erpreßt hatte, daß niemand mehr in der Burg von Rouen leben konnte, wenn er nicht zu ihnen gehörte oder wenn er nicht vorher sehr reich gewesen war; und so wurde alles regiert.

762. Item, in diesem Jahr, dem Jahr 1439, gab es so reichlich Grünzeug, wie Lauch, Kohl, weiße Rüben, Petersilie, Kerbel und alles andere Grünzeug, das den Leib des Menschen zu ernähren vermag; denn vom Monat Ja-

nuar bis Sankt Johann hatte man mehr Grüngemüse für einen Tourischen, an Lichtmeß und vorher und nachher, als man im Jahr zuvor im April und im Mai für zwei Weißpfennige oder drei gehabt hatte.

763. Item, ungefähr acht Tage nach dem Papstfest wurde die Petersilie und der Kerbel so teuer, daß man sich keine mehr besorgen konnte; wahrlich verkaufte man um vier Doppelheller oder sechs Heller soviel Petersilie oder Kerbel, wie man vierzehn Tage vorher um einen kleinen Schwarzen gehabt hatte.

764. Item, ungefähr an Sankt Johann wurde das Korn so teuer, daß ein Sester gutes Mengkorn wahrlich acht Francs wert war, und ein Sester Roggen war sechs Francs wert; und das Maß Unschlitt sechs Pariser Sous; die Pinte Nußöl sechs Sous; das Pfund Kerzen vier Weißpfennige.

765. Item, zu dieser Zeit kam der Konnetabel nach Paris und brachte eine Menge Schurken mit, und machte glauben, er wäre gekommen, um Pontoise zu nehmen, und führte sie in die Umgebung der Stadt, betrachtete sie nur lange aus der Ferne und sagte, sie wäre zu stark befestigt, um sie zu nehmen, und daß er nicht genug Leute hätte, und kehrte um, ohne etwas anderes zu tun, er und seine Schurken, welche das Korn verwüsteten, Gewinn und Erbe guter Leute, bevor es reif war, besonders die Kirschen, die anfingen, rot zu werden, und was sie nicht essen konnten, wie die neuen dicken Bohnen und Erbsen, trugen sie in großen Säcken fort.

766. Item, in der letzten Juniwoche kam ein anderer ebenso Schlimmer oder noch Schlimmerer, namens Graf von Pardiac, der Sohn des Grafen von Armagnac, welcher für seine Missetaten getötet worden war, und brachte eine große Gefolgschaft von Schurken und Mördern mit, die wegen ihres schlechten Lebens und abscheulichen Regierens die Schinder genannt wurden; und wahrlich waren sie nicht schlecht benannt, denn sobald sie in irgendeine

Stadt oder irgendein Dorf kamen, mußte man ihnen ein hohes Lösegeld geben, sonst verwüsteten sie alles Korn, was da war und das noch ganz grün. Und machten glauben, daß sie Meaux im Sturm nehmen sollten, oder durch Leute, die es ihnen ausliefern sollten, mit Entschädigung oder anders, und sie ließen Kanonen laden und alles Brot nehmen, das man fand, und hatten reichlich Silber, denn man glaubte, daß sie das Werk gut verrichten würden, aber sie kamen kaum über die Burg Dammartin hinaus, und dort plünderten sie, töteten, erhoben Lösegeld auf das Korn und andere Waren, ohne irgend etwas Gutes zu tun. Solchermaßen wirkte der edle Konnetabel von Frankreich, namens Artus, Graf von Richemont. Und wahrlich sagten die Gefangenen der Englischen in Paris und anderswo, wenn sie ihr Lösegeld bezahlt hatten und wieder an ihren Orten waren, daß die Englischen ohne Umschweif sagten: »Beim heiligen Georg! Ihr könnt bei eurem Konnetabel wohl weinen und wiehern, daß er euch sichert, denn, beim heiligen Eduard!, solange er Konnetabel sein wird, haben wir keine Angst, daß wir besiegt werden, wenn er kann. Denn wenn er eine Armee aufstellen will, um gute Diener zu haben und euer Geld, dann wissen wir es immer drei oder vier Tage im voraus von ihm oder einem anderen, denn, beim heiligen Georg!, er ist ein guter Englischer, heimlich und offen.« Aber einige hielten dafür, daß sie das nur sagten, um ihn beim König und beim gemeinen Volk verhaßt zu machen, aber der vernünftigere Teil hielt ihn für einen sehr schlechten und feigen Menschen. Kurz, er kümmerte sich nicht um König noch Fürst noch gemeines Volk noch um Stadt oder Burg, welche die Englischen nahmen, aber wenn er Geld hatte, kümmerte es ihn ebensowenig, woher. Kurz, er war im Hinblick auf den Krieg zu nichts gut und ließ zu und litt es, daß die Dicken, welche die großen Speicher voll von Weizen und anderem Korn hatten, es dem armen

Volk verkauften, ganz wie sie wollten, aber weil er keinen Vorteil oder Gewinn daraus hatte, kümmerte es ihn nicht, wie sie es verkauften; und er ließ sie derart nach ihrem Belieben machen, daß es, wenn jemand in der ersten Juliwoche einen Sester guten Weizen haben wollte, es ihn neun Francs in sehr gutem Geld kostete; und die dicken Bohnen zum Mahlen sechs Francs. Und weil das Volk nicht schweigen konnte, machte er den guten Diener und eine Belagerung von Meaux, aber das war, als sie all ihren Roggen und ihre Hackfrüchte eingeholt hatten. Und er tat in zwei Monaten nicht mehr, als er in acht Tagen hätte tun sollen, denn schon im Mai fing er an, seinen Leuten zu sagen, er müsse befehlen hinzugehen; aber nicht vor dem 19. Tag des Juli fingen seine Leute die Belagerung an, welche Leute die schlechtesten Leute waren, die man je im Königreich Frankreich gesehen hatte, und machten, daß man sie die Schinder nannte, denn als solche mußte man sie nennen und sie dafür halten, wo immer sie vorbeikamen, denn nach ihnen blieb nichts mehr, wie nach einem Feuer.

767. Item, sie stürmten die Stadt am 12. Tag des folgenden August und nahmen sie mit Gewalt, und es wurden einige festgenommen, denen man die Köpfe abschlug.

768. Item, Le Marché konnte nicht genommen werden, und es hielten sich wohl sechshundert Englische drinnen auf, die es sehr gut hielten, bis der König zum zweitenmal seit dem Einzug der Französischen nach Paris kam, und er zog durch das Tor von Saint-Antoine ein, am 9. Tag des September, am Tag nach Mariä Geburt; und am folgenden Donnerstag ging er nach Saint-Denis und ließ für seine Schwester, die Dame Marie de Poissy, eine Messe singen.

769. Item, am folgenden Sonntag lieferten die Englischen Le-Marché-de-Meaux aus, mit Sicherheit für Le-

ben und für Hab und Gut, und sie wurden zu Wasser nach Paris gebracht und waren dort zwei Tage auf dem Fluß, in Booten.

770. Item, am letzten Tag des September verließ der König Paris und ging nach Orléans, und am nächsten Tag, zwischen Donnerstag und Freitag, kamen die Englischen ungefähr um Mitternacht in die Stadt Notre-Dame-des-Champs und legten Feuer und nahmen Männer und Güter, soviel sie konnten.

771. Item, am 24. Tag des August wurde im Fluß Seine, ungefähr bei den Bernhardinern, ein Fisch gefangen, der vom Schwanz bis zum Kopf reichlich siebeneinhalb Fuß hatte, nach dem königlichen Maß vom Châtelet.

772. Item, zu dieser Zeit, besonders während der König in Paris war, wurden die Wölfe so wütig, das Fleisch von Mann, Frau und Kind zu fressen, daß sie in der letzten Septemberwoche vierzehn Personen umbrachten und fraßen, große wie kleine, zwischen Montmartre und dem Tor von Saint-Antoine, in den Weinbergen wie in den Gemüseäckern; und wenn sie auf eine Viehherde trafen, griffen sie den Hirten an und ließen die Tiere sein. Am Vorabend von Sankt Martin wurde ein sehr schrecklicher und fürchterlicher Wolf gejagt, von dem man sagte, er hätte ganz allein mehr von dem besagten Leid getan als alle die anderen; an diesem Tag wurde er gefangen und hatte überhaupt keinen Schwanz, und wurde deswegen Stutzschwanz genannt, und man sprach von ihm wie von einem Räuber im Wald oder einem grausamen Hauptmann, und man sagte zu den Leuten, die auf die Felder gingen: »Hütet euch vor Stutzschwanz.« An diesem Tag wurde er in einen Schubkarren getan, mit offenem Maul, und durch Paris geführt, und die Leute hörten auf, etwas zu machen, sei's Trinken, sei's Essen, oder was immer nötig war, um Stutzschwanz schauen zu gehen, und wahrlich nahmen die Wolfsfänger zehn Francs ein.

773. Item, in diesem Jahr gab es so viele Eicheln, daß man sie in der Kornhalle neben dem Hafer verkaufte, in ebenso großen Säcken wie Korn.

774. Item, am 16. Tag des Dezember kamen plötzlich die Wölfe und brachten vier Bewohnerinnen um, und am nächsten Freitag fielen sie siebzehn in der Umgebung von Paris an, von denen elf an den Bissen starben.

775. Und zu dieser Zeit verlangten diejenigen, die im Auftrag des Königs regierten, neue Steuern, denn sie ordneten an, daß man für jedes Hornvieh, wie Ochsen oder Kühe, das auf dem Markt verkauft würde, vier Pariser Sous bezahlte; für das Schwein acht Weißpfennige; für das Schaf oder Lamm vier Weißpfennige. Und zugleich ordneten sie eine sehr große und drückende Abgabe an, denn wer vorher vierzig Sous gezahlt hatte, der bezahlte sechs Livres, denn sie verdoppelte sich zweimal; und sobald sie kamen, um bezahlt zu werden, und man sie nicht bezahlte, hatte man alsobald Sergeanten zur Unterkunft, die das arme gemeine Volk sehr bedrückten, denn wenn sie in den Häusern waren, mußte man große Ausgaben für sie machen, denn das waren Diener des Teufels; sie taten noch mehr Übel, als man ihnen befahl.

[1440]

776. Item, in diesem Jahr, im Januar und Februar, gab es sehr viele Schweine, aber die falschen Regenten, als sie den großen Überfluß sahen, ließen das Salz derart teuer werden, daß der Scheffel Salz zweiundzwanzig Pariser Sous kostete, und trotzdem konnte man sich für sein Geld keins besorgen; und es gingen in Paris sehr viele Schweine verloren, aus Mangel an Salz, die man getötet

hatte, denn die Regenten wollten, daß man es nur pferde-
fuhrenweise herbeibrachte, um es besser nach ihrem Belieben zu verkaufen; und man sagte, es sei wahr, daß all
diese falsche Regierung nur aus der falschen Bosheit des
Abtes von Saint-Maur-des-Fossés* entstand.

777. Item, in diesem Jahr gab es so viele Maulwürfe,
daß alle Gärten von ihnen verwüstet wurden.

778. Item, in diesem Jahr waren die Schinder in Burgund, und in einen großen Hof in der Gegend brachten
sie alles Hornvieh, wie Kühe und Ochsen, welche auf den
Feldern arbeiteten, die sie finden konnten, abgesehen von
den Wolltieren und Schweinen und anderem Vieh, und
ließen sie alle Hungers sterben, weil sie zu viele waren,
um da drinnen zu fressen; und deswegen konnten die
Leute des Landes nicht so hohes Lösegeld zahlen, wie sie
von ihnen verlangten.

779. Item, in diesem Jahr waren die Schinder vor
Avranches und belagerten es, und ihr Befehlshaber war
der Konnetabel, Graf von Richemont; und es waren wohl
40 000 gegen 8000 Englische, und hoben die Belagerung
sehr ehrlos auf, ob sie wollten oder nicht.

780. Item, zu dieser Zeit gab es eine Meinungsver-
schiedenheit im Rat zwischen dem König und seinem
Sohn sowie einigen Herren von Frankreich, wie dem
Herzog von Anjou und dem Konnetabel, welche mit dem
König waren, und dem Herzog von Bourbon mit dem
Dauphin,* und einer großen Zahl, die man die schlimmsten Schurken nannte, die es auf der übrigen Welt gäbe,
und sie wurden die Schinder genannt und führten Krieg
gegen das arme Volk, so stark, daß man die guten Städte
nicht zu verlassen wagte, und wem immer sie begegneten,
den fragten sie: »Wer da!« Wenn er von ihrer Partei war,
dann beraubten sie ihn nur all dessen, was er hatte, und
wenn er von der anderen Partei war, dann wurde er getötet und ausgeraubt oder ins Gefängnis geführt, aus dem er

nie wieder herauskam, so sehr wurde er höllisch gefoltert und so hohes Lösegeld von ihm gefordert, daß er es niemals bezahlen konnte, und daran starb er in ihren Gefängnissen.

781. Item, sie aßen Fleisch in der Fastenzeit, Käse, Milch und Eier wie zu anderer Zeit. Und zu dieser Zeit besetzten sie Corbeil und Bois-de-Vincennes und Beauté.

782. Item, am ersten Sonntag im Mai im Jahr 1440 kam ungefähr ein Dutzend dieser Schinder nach Paris, und nach dem Mittagessen gingen sie auf die Insel von Notre-Dame zum Spiel mit anderen Leuten und betrachteten die Weißwäsche der Bürger von Paris, die man bleichte, und nahmen sie genau in Augenschein, und als es Abend wurde, taten sie so, als ob sie gingen, und versteckten sich an einem Ort, den sie ausgespäht hatten, und ungefähr um Mitternacht kamen sie auf besagte Insel und nahmen alle Leinentücher, ohne ein einziges aus Hanf zu nehmen, und verletzten die Wachen mit mehreren Wunden, und man sagte, daß sie wohl vierhundert Pariser Livres wert waren, und sie gingen geradewegs nach Corbeil davon; und ein alter Ritter namens Jean Foucault und der Hauptmann von Bois-de-Vincennes, die ihnen zu Hilfe kommen sollten, gingen fort, um in Corbeil die Beute zu teilen.

783. Item, in diesem Jahr 1440 gab es so viele Maikäfer und so reichlich, daß man sie noch nie in solchem Überfluß hatte kommen sehen, aber es war so sehr kalt in der ersten Juniwoche und so starker Wind und Regen, daß sie nicht lange dauerten.

784. Item, es gab überall so viele Maulwürfe, wie man nur je gesehen hatte, denn wahrlich zerstörten sie allen Samen, den man in die Erde tat; und so gab es damals so viele, daß kein Baum blieb, der Obst getragen hätte, noch Erbsen- oder Bohnenschoten.

785. Item, zu dieser Zeit gab es einen sehr grausamen

Krieg zwischen dem König und seinem Sohn, und es half der Herzog von Bourbon dem Sohn gegen den Vater, und hielt sich in befestigten Städten des Landes Bourbon, begleitet von haufenweise Bewaffneten, die sein ganzes Land zerstörten. Und anderseits war der König im Lande Berry, denn wahrlich ging man wohl zehn oder zwölf Meilen, ohne etwas zu trinken oder zu essen zu finden, noch Obst oder etwas anderes, und doch war es mitten im August, und sie töteten einander und schnitten einander die Kehlen durch, sei's Priester oder Kleriker oder Mönch, Nonne, Spielmann oder Herold, Frauen oder Kinder; kurz, weder Mann noch Frau wagte es, sich wegen irgend etwas, was man zu tun hatte, auf den Weg zu machen, und nahmen einander die Städte. Corbeil wurde im Namen des Herzogs von Bourbon genommen; Beauté und Bois waren auf Seiten des Königs. Und die von Corbeil machten einen Zug, um die Felder plündern zu gehen, und sobald sie sich ein wenig von Corbeil entfernt hatten, schlossen die von der Stadt die Tore, und ihr Hauptmann, den man Herrn Jean Foucault nannte, verschanzte sich in der Burg, er und solche, die geblieben waren, um die Stadt zu bewachen. Und sobald die von der Stadt sahen, daß er sich in der Burg einschloß, belagerten sie ihn; und als die sich so belagert sahen, da gingen sie aufs Ganze, denn sie hatten reichlich Kanonen und Geschütze, womit sie denen von der Stadt großen Schaden taten, so daß kein Mann aus der Stadt so kühn war, sich ihnen zu nähern. Zu dieser Zeit versöhnten sich der König und sein Sohn, und damit wurden alle Städte, welche der Herzog von Bourbon während des Krieges genommen hatte, dem König zurückgegeben, durch den Vertrag zwischen diesen Herren; und auf diese Weise wurde die Burg von Foucault befreit und von einem großen Haufen Schurken, die mit ihm waren. Und wurde besagter Frieden zwischen dem König und seinem Sohn überall in Paris ausgerufen, an Sankt Anna, dem 28. Tag des Juli, und überall in Paris machte man Feuer.

786. Und dies Jahr 1440 war sehr fruchtbar an allen Gütern, sehr gut und billig, denn man hatte so guten Weizen für sechzehn Pariser Sous wie im Jahr davor für sieben oder acht Pariser Sous; sehr gute Erbsen für sechs Weißpfennige, und einen so großen Markt an Obst, wie man nur wünschen konnte; denn man bekam das Hundert dicke Pfirsiche um zwei Pariser Heller, sehr dicke Birnen von Angoisse oder von Caillau-Pépin um vier Heller das Viertelhundert, das Hundert Pflaumen von Damas um sieben Heller, das Hundert sehr gute Nüsse um vier Tourische.

787. Item, zu dieser Zeit wurde die Stadt von den Englischen belagert, weshalb der König viele Bewaffnete sammeln ließ, wozu eine hohe Steuer erhoben werden mußte und größere Abgaben erhoben als je zuvor; denn für ein Ohmfaß Wein zahlte man an den Toren von Paris zwanzig Weißpfennige, das im Jahr zuvor nur acht Weißpfennige gekostet hatte.

788. Item, als die Bewaffneten gesammelt waren, machten sie sich auf den Weg nach Paris, um ihren Bedarf zu holen, und sie waren dort wohl vier oder fünf Tage; und sie brachen auf in die Dörfer der Umgebung von Paris und verwüsteten, soviel sie konnten, denn es war mitten in der Weinernte.

789. Item, zu dieser Zeit gab es große Neuigkeiten von der Jungfrau, die zuvor erwähnt wurde, welche in Rouen wegen ihrer Missetaten verbrannt ward; und es gab damals gar manche Leute, die sehr von ihr getäuscht worden waren, die glaubten fest, daß sie wegen ihrer Heiligkeit dem Feuer entgangen sei und man eine andere verbrannt habe; aber sie wurde ganz wirklich verbrannt, und alle ihre Asche wahrlich in den Fluß geworfen, wegen der Hexereien, die daraus entstehen könnten.

790. Item, zu dieser Zeit brachten die Bewaffneten eine mit, die in Orléans sehr ehrenvoll empfangen wurde, und als sie in der Nähe von Paris war, begann wieder der große Irrtum, fest zu glauben, sie sei die Jungfrau; und aus diesem Grunde ließen die Universität und das Parlement sie nach Paris kommen, ob sie wollte oder nicht, und sie wurde auf dem Marmorstein im großen Hof des Palais dem Volk gezeigt und dort vermahnt und nach ihrem Leben und ihrem ganzen Stand gefragt, und sie sagte, daß sie keine Jungfrau sei und daß sie mit einem Ritter verheiratet, von dem sie zwei Söhne hatte. Und dann sagte sie, sie habe etwas getan, weshalb sie zum Heiligen Vater gehen müßte, nämlich die Hand gegen Vater oder Mutter, Priester oder Kleriker gewalttätig erhoben, und um die Ehre zu wahren; denn, wie sie sagte, hatte sie ihre Mutter aus Versehen geschlagen, denn sie wollte eine andere treffen, was sie wohl vermieden hätte, wäre sie nicht in so großem Zorn gewesen, und hätte ihre Mutter sie nicht festgehalten, weil sie eine Gevatterin schlagen wollte. Und aus diesem Grunde mußte sie nach Rom gehen; und deswegen ging sie als Mann gekleidet, und ging als Söldner in den Krieg des Papst Eugen, und tat in besagtem Krieg zweimal Totschlag, und als sie in Paris war, zog sie in den Krieg zurück, war in der Garnison und ging fort.*

791. Item, am 9. Tag des Oktober, nämlich Sankt Dionysius, wurde in Notre-Dame von Paris der Bischof von Paris empfangen, der Erzbischof von Toulouse war, so wurde er Erzbischof und Bischof von Paris, und hieß Denis du Moulin.

792. Item, in diesem Monat wurde eine große Abgabe erhoben, um Harfleur zu entsetzen, das die Englischen belagerten, und es wurde eingesammelt, und danach taten die Französischen nichts Weiteres; und die von Harfleur, vom Hunger gezwungen, lieferten sich den Englischen aus, und doch waren es wohl zwanzigtausend Französi-

sche, wie man sagte, oder mehr, und die Englischen waren nicht mehr als achttausend, die immer mehr Land gewannen. Und tatsächlich schien es, daß die Herren Frankreichs immer vor ihnen flohen, besonders der König, der immer so viele Schurken mit sich hatte; denn die fremden Könige sagten zu den Kaufleuten aus dem Land Frankreich, wenn sie in deren Land kamen, daß der König von Frankreich der wahre Beschützer für die Schurken der Christenheit sei. Und gewiß logen sie keineswegs, denn so viele gab es in der Ile-de-France, daß sie ganz mit schlimmeren Leuten bevölkert war, als je die Sarazenen waren, wie es durch die großen ungeheuerlichen Sünden und die Tyrannei offenbar wurde, die sie dem armen Volk des ganzen Landes taten, wo der König sie hinführte, wie den neugeborenen Kindern, aber das war die größte Tyrannei, die man je gesehen hat, denn sie nahmen sie weg, sobald die Mutter sie geboren hatte, und hätten sie eher ohne Taufe sterben lassen, als daß sie sie ohne hohes Lösegeld Vater und Mutter wiedergegeben hätten.

793. Item, sie nahmen die kleinen Kinder, die sie auf den Wegen der Dörfer oder anderswo fanden, und schlossen sie in Mehlkästen ein, und dort starben sie an Hunger und anderem Ungemach, wenn sie nicht mit hohem Lösegeld ausgelöst wurden.

794. Item, wenn ein braver Mann eine junge Frau hatte und sie konnten ihn festnehmen, und er konnte das Lösegeld nicht bezahlen, das sie verlangten, quälten und tyrannisierten sie ihn sehr schwer; und einige legten sie in große Mehlkästen, und dann nahmen sie ihre Frauen und taten ihnen Gewalt auf dem Deckel des Mehlkastens an, wo der gute Mann drin war, und riefen: »Tölpel, obwohl du da bist, wird deine Frau jetzt hier beritten.« Und so taten sie, und wenn sie ihr übles Werk getan hatten, ließen sie den armen Mann da drinnen umkommen, wenn er das Lösegeld nicht bezahlte, das sie verlangten. Und doch

war kein König noch Fürst, der sich deswegen daran gemacht hätte, dem armen Volk irgendwie zu helfen, sondern sie sagten zu denen, die sich beschwerten: »Sie müssen leben; und wenn es die Englischen wären, würdet ihr nicht darüber sprechen; ihr habt zuviel Besitz.«

[1441]

795. Item, am Samstag, dem 14. Tag des Januar im Jahr 1441, zog der Herzog von Orléans in Paris ein, der für einen Zeitraum von fünfundzwanzig Jahren und mehr Gefangener der Englischen im Land England gewesen war.* Als er ungefähr acht Tage in Paris gewesen war, verließ er die Stadt, er und seine Frau,* die er mit sich gebracht hatte, und verließ Paris am Donnerstag, nachdem er nach Paris gekommen war, und ging sein Land Orléans zu besuchen. Und die von Paris gaben ihm zum Abschied schöne Geschenke, und er nahm sie gern, und wieder mußte man eine Abgabe machen, um ihm zu helfen, wovon der Klerus die Hälfte bezahlte, weil er bei seinem eigenen Glauben versprach, Frieden zwischen dem König von Frankreich und von England zu machen; deswegen war der Klerus eher geneigt, ihm mit besagter Abgabe zu helfen, denn durch den verfluchten Krieg ging alles verloren. Wahrlich hängte man einen Schurken, der die Gewohnheit hatte, wenn er ein kleines Kind sah, im Wickelzeug oder anders, es seiner Mutter wegzunehmen und warf es alsobald erbarmungslos ins Feuer, wenn man ihm nicht sofort Lösegeld gab, und so ließ er einige durch seine Grausamkeit sterben wie einst Herodes.

796. Item, in diesem Jahr 1441 wurde in einem Zeitraum von vier Monaten auf dem Friedhof der Innocents

niemand begraben, ob groß oder klein, und man machte dort keine Prozession oder Fürbitte für niemanden, und alles durch den Bischof, der damals dort war und der eine zu hohe Geldsumme dafür wollte, und die Kirche war zu arm. Und dieser Bischof hieß Magister Denis du Moulin, welcher Erzbischof von Toulouse, Patriarch von Antiochia, Bischof von Paris und im großen Rat des Königs Karl VI. (*sic*) war; und doch sagte man, daß er nicht zufrieden sei, und war doch ein alter Mann und wenig mitleidig mit irgend jemandem, wenn er nicht Geld oder ein wertvolles Geschenk bekam, und wahrlich sagte man, daß er mehr als fünfzig Prozesse im Parlement hatte, denn von ihm erreichte man nichts ohne Prozeß.

797. Item, er und seine sehr ungetreuen Kumpane erfanden eine sehr seltsame Handlungsweise, denn sie gingen überall in Paris umher, und wenn sie verschlossene Türen sahen, fragten sie die Nachbarn der Umgebung: »Warum sind diese Türen verschlossen?« – »Ach! Herr«, antworteten sie, »die Leute sind verstorben.« – »Und haben sie keine Erben, die hier wohnen könnten?« – »Ach! Herr, die wohnen woanders.« Und sie erreichten es mit ihren trügerischen Reden, zu erfahren, wo sie wohnten, und alsobald ließen sie sie vorladen, um über ihre Testamente Rechenschaft abzulegen, und wenn sie aufgrund irgendeines Zufalls nach langer Zeit, gesetzt, sie hatten ihr Testament wohl erfüllt und konnten das gut beweisen, es selbst nicht vorweisen konnten, entkamen sie nicht, und mochte es zehn oder zwölf Jahre alt sein, und wenn sie es beibrachten, kostete es sie durch geschickte Kautelen immer noch Geld.

798. Item, dies war ein sehr gutes Jahr, denn man hatte den Sester guten Weizens um sechzehn Pariser Sous; den Sester Nüsse für vierundzwanzig Pariser Sous, und man rief das überall in Paris aus; wie man auch die Kohlen auf drei Weißpfennige den Scheffel setzte, die Pinte Öl fünf

Weißpfennige, gute Maiäpfel für zwei Weißpfennige der Scheffel, die Pinte Wein zwei Heller, dicke Bohnen für zehn Heller, Erbsen für vier Weißpfennige, weiße Rüben für vier Heller der Scheffel. Aber die Englischen zogen oft bis zu den Toren von Paris, und doch gab es nur einen einzigen Hauptmann von England, namens Talbot, der gegen den König und seine Macht antrat und die Stellung hielt, und wahrlich schien es dem Anschein nach, daß sie zeigten, wie sehr sie ihn fürchteten, denn sie entfernten sich immer zwanzig oder dreißig Meilen von ihm, und er ritt kühner als sie überall durch Frankreich. Und so besteuerte der König sein Volk alle Jahre mindestens zweimal, um in den Kampf gegen Talbot zu ziehen, und doch machte man nichts damit; weshalb das Volk vom Dorf so beschwert war, daß es um Brot bitten mußte, vor allem die Landarbeiter, denn der Weizen, der sie als Saatkorn vier Francs den Sester gekostet hatte, war für sie nur sechzehn Pariser Sous oder höchstens zwanzig Sous wert, und der Hafer, der drei Francs gekostet hatte, brachte ihnen nur dreizehn Pariser Sous ein, und entsprechend alles Korn; und danach die Gebühren, die Abgaben und die Steuern, erbarmungslos; und was schlimmer ist, die Hauptleute machten eine Anordnung für die Bürger in der Umgebung von Paris, wo es eine Brücke zu passieren gab, wie Charenton, die Brücke von Saint-Cloud und andere Brücken, daß, wer immer sie passierte, die Passage bezahlen sollte, sei's zu Fuß oder zu Pferd; an der Brücke von Saint-Cloud mußte jeder, der dort hinaus- oder hineinging, und wenn er auch hundertmal am Tag hineinging, ebensoviele Doppelheller bezahlen, erbarmungslos, ein leerer oder beladener Karren sechs Doppelheller, ein Fuhrwagen zwölf Doppelheller.

799. Item, am 19. Tag des Mai, Sankt Iwo, ließ der König durch den Konnetabel Creil belagern, und er kam mit seinem Sohn dorthin.

800. Item, am Dienstag, dem 23. Tag des Mai, dem Vorabend von Christi Himmelfahrt, ließ man das Brot von zwei Doppelhellern bis zu zwei Parisern ausrufen, wobei das Weißbrot vierundzwanzig Unzen wog; das Brot von feinstem Weizen zu zwei Pariser Hellern wog fertig gebacken zweiunddreißig Unzen.

801. Item, am Tag Christi Himmelfahrt wurden überall in Paris vierhundert arme Arbeiter festgenommen, auf den Befehl eines wahrhaft grausamen Tyrannen, der damals Präsident war, namens Magister ***, um sie zur Armee vor Creil zu bringen; und die Sergeanten spähten an den Kirchentüren aus und legten sehr grobe Hand an sie und taten viel schlimmer, als man ihnen befohlen hatte, aber was schlimmer war, wer auch nur ein klein wenig darüber sprach, der wurde grob ins Gefängnis geworfen, und es kostete ihn viel. Aber als sie in den Händen dieser feindseligen Sergeanten waren, die aufbrechen mußten oder sollten, tröstete Unser Herr sie höchlich, denn ungefähr zwei Stunden nach dem Mittagessen kam ein Herold von seiten des Königs und des Konnetabel, mit klingendem Spiel, der Briefe an den Prévôt von Paris und den der Kaufleute brachte, welche mitteilten, daß die Stadt und die Burg Creil sich ergeben hatten, ebenso wie die Söldner, die drinnen waren, fortgegangen waren, frank und frei mit ihrem Gepäck, welche, wie man sagte, wohl fünfhundert Männer waren. Als die vorgenannten Arbeiter die Nachricht hörten, da waren sie sehr getröstet und die von Paris sehr froh, und machten ein großes Freudenfest; und man läutete deswegen von allen Kirchen von Paris sehr laut, und nach dem Abendessen machte man große Feuer, wie an Sankt Johann oder mehr, und tanzte überall in Paris, und die Kinder schrien sehr laut ›Weihnachten!‹

802. Item, am folgenden Donnerstag kam der Dauphin nach Paris und wohnte im Hôtel des Tournelles, ne-

ben dem Tor von Saint-Antoine, und blieb dort nur eine Nacht und zeigte sich gar nicht in Paris, und sein Vater, der König, kam auch nicht, deswegen erhob man die allerhöchste Steuer in Paris, im Verhältnis zur großen Armut an Geld und Verdienst, die damals herrschte, wie man sie seit fünfzig Jahren nicht gesehen hatte; denn erstens machte man sehr hohe Anleihen bei allen vom Parlement, vom Châtelet und den anderen Gerichtshöfen, unter der Androhung, all ihr Gut zu verlieren, und sie mußten sie bezahlen oder ins Gefängnis gebracht werden und Sergeanten in ihr Haus einquartiert haben, die alles verwüsteten, sowie sie da waren, denn sie machten sehr kränkende Verschwendung und andere üble Werke, mehr als man ihnen befahl.

803. Item, nach dieser Anleihe wurden andere große Abgaben erhoben, und das Volk glaubte, daß man von ihm nichts verlangte, aber danach begann das große Leid für das Volk wegen dieser Abgabe, denn keiner und keine entging ihr, und sehr drückend wurde sie erhoben, denn wer vorher nur zwanzig Sous gezahlt hatte, der zahlte vier Livres; der von vierzig Sous auf zehn Francs; der von zehn Francs auf vierzig Francs; und doch gab es überhaupt kein Erbarmen, denn wer sich weigerte, dessen Güter wurden mitten auf der Straße verkauft und sein Leib ins Gefängnis gebracht.

804. Item, wurde Pontoise belagert am Dienstag des Pfingstfestes, welches der 4. Tag des Juni im Jahr 1441 war, und am folgenden Samstag kam der König nach Paris wie ein fremder Mann, und sein Sohn, und sie wohnten in der Nähe der Burg Saint-Antoine, er und sein Sohn, als ob sie Angst hätten, man könnte ihnen irgendein Leid tun, wozu man weder fähig noch willens war. Und an Trinitatis schickte er ungefähr um fünf Uhr nach dem Mittagessen nach der Universität und forderte eine Geldhilfe von ihr, um seine Leute zu bezahlen; danach sprach er zu

den Bürgern, die er so drückend besteuert hatte, es war noch keinen Monat her, und forderte von ihnen, wie dem auch sein mochte, mit Gewalt oder anders, daß sie alsbald 20 000 Goldtaler für ihn aufbrächten.

805. Item, seit der König vor Pontoise war, gab es keinen Tag, da man in Paris keine Prozession gemacht hätte, die Universität, die Mönche oder die Sprengel.

806. Item, in der letzten Juliwoche kam der König nach Saint-Denis, und war dort ganze drei Wochen, er und der größte Teil seiner Leute; und dort hielt er alle Tage Rat und Verschwörung, einmal, die Belagerung aufzugeben, das andere Mal, alles Geld zu nehmen, das die Bruderschaften von Paris besaßen, und die falschen Ratgeber sagten, in Paris gebe es um die Hälfte zu viele Bruderschaften, und erreichten es durch ihre große Schlechtigkeit, daß der größte Teil der Bruderschaften um die Hälfte oder mehr verkleinert wurden; denn bei den meisten, wo man drei oder vier Messen hielt, zwei gesungene und zwei stille, hielt man nur noch eine stille, und wo es zwanzig oder dreißig Kerzen gegeben hatte, nur noch drei oder vier kleine Kerzen, ohne Fackeln noch Ehre Gottes. Und von allen Orten, wo der König und alle Großen überhaupt, die mit ihm waren, die Englischen wußten, flohen sie in eine andere Richtung, einmal nach Poissy, dann nach Maubuisson, dann nach L'Isle-Adam, dann nach Conflans, dann flohen sie zurück nach Saint-Denis; und sie hatten in ihrer Begleitung drei Französische gegen einen Englischen, welche Französischen alle Tage nur plünderten und raubten, alle Reben verwüsteten, alles Obst, ganz mit Obst beladene Bäume fällten, wenn man ihnen kein Lösegeld gab, und ziegelgedeckte Häuser niederrissen; kurz, aus allem wurde Lösegeld erpreßt, auf den Feldern und in der Stadt. Und doch wußten die Herren das wohl, aber sie waren alle ohne Mitleid, denn wenn man sich darüber beschwerte, sagten sie:

»Wenn es die Englischen wären, würdet ihr nicht soviel davon sprechen; sie müssen leben, wo sie auch sind.« So wurde dieser König Karl VII. beherrscht, sogar schlimmer, als ich sage, denn sie hielten ihn wie ein Kind unter Vormundschaft.

807. Item, waren sie immer noch vor Pontoise, als es an einem Donnerstag im September, an Sankt Kreuz, geschah, daß einige Französische vor die Burg Evreux gingen, und diese ergab sich mit nur wenig Blutvergießen, denn von der einen Seite und von der anderen gab es nur fünf Tote.

808. Item, am 19. Tag des folgenden September wurde Pontoise durch gewaltsamen Sturm genommen, und es wurden bei diesem Angriff ungefähr vierhundert Englische getötet, und von den Französischen ungefähr zehn oder elf.

809. Item, mehrere Englische wurden in Kellern und Gelassen und an anderen Orten umgebracht, wo sie versteckt gefunden wurden, und es wurden auch welche im Hôtel-Dieu gefunden, die ein böses Geschick erhielten.

810. Item, am 25. Tag des besagten September führten die Bewaffneten die Gefangenen, die sie nach der Einnahme von Pontoise nach Paris gebracht hatten, in ihre Festungen, sehr erbärmlich, denn sie führten sie zum Schmerzensbrot, je zu zweit mit sehr starken Halftern zusammengebunden, ganz so wie man Hunde zur Jagd führt, sie selbst auf großen Pferden, die sehr schnell liefen; und die Gefangenen waren ohne Kappen, alle barhaupt, jeder in einen armen Lumpen gekleidet, alle ohne Strümpfe und ohne Schuhe die meisten; kurz, man hatte ihnen alles bis auf die Unterhosen genommen. Und sie führten achtzig von ihnen vom Haus zum Hahnen und vom Haus zum Pfauen die Große Straße von Saint-Martin entlang; und alle, die kein Lösegeld bezahlen konnten, die führten sie über die Place de Grève zum Heuhafen

und banden ihnen erbarmungslos Hände und Füße wie den Hunden, und dort ertränkten sie sie, während alles Volk zuschaute; und da waren viele, die ertränkt wurden und in Festungen geführt, wie zuvor gesagt, denn unvergleichlich mehr Bewaffnete als diesseits der Brücken waren jenseits, und allerwege diesseits und jenseits, wo Gasthäuser waren, gab es haufenweise Gefangene, besonders dort, wo die Bewaffneten waren.

811. Item, an diesem 25. Tag kam der König nach Paris, ungefähr vier Stunden nach dem Mittagessen, und der Dauphin kam an diesem Tag keineswegs.

812. Item, der König ging wieder in sein Land Berry zurück, mit dem Zweck, daß man nicht eine Erleichterung der Steuerlast von ihm forderte, die Frankreich so auspreßte, und auch wegen einer großen Abgabe, welche die Regenten einnehmen wollten und auch einnahmen, sei es zu Recht oder Unrecht.

813. Item, als der König Paris verlassen hatte, ein wenig danach, am 15. Tag des Oktober im Jahr 1441, kam der Herzog von Orléans nach Paris, um einen Schnabel voll von der armen Stadt Paris zu nehmen, und dann kehrte er am 20. Tag des besagten Monats in sein Land zurück, ohne irgend etwas Gutes zu tun, weder für den Frieden noch für sonst irgend etwas.

814. Item, in dieser heiligen Zeit des Advent bekümmerte man die Universität derart, daß weder zu Weihnachten noch den Oktaven gepredigt wurde noch bis zum Maien.*

815. Item, danach hörte auch das Parlement auf, und bis zum 8. Tag der Fastenzeit verhandelten die vom Parlement keine einzige Sache.

816. Item, am vorletzten Tag des Januar verschied die Frau des Grafen von Richemont, Konnetabel von Frankreich, welche in erster Ehe mit dem Herzog Ludwig von Guyenne verheiratet war, Sohn des Königs Karl von Frankreich, des vierten seines Namens, und sie war die Tochter von Johann, Herzog von Burgund, Graf von Flandern und von mehreren weiteren Grafschaften und Herzogtümern; und sie verschied in der Rue de Jouy und wurde am 5. Tag des Februar in der Kirche Notre-Dame-du-Carme in Paris bestattet, und ihr Herz wurde gebracht nach Notre-Dame-de-Liesse oder -de-Liansse, wie man will.

817. Item, dieses Jahr war ein so großes Zwiebeljahr, daß ungefähr an Palmsonntag, der in diesem Jahr auf Mariä Verkündigung fiel, der große Scheffel aus Burgund nur sechs Pariser Heller wert war; und zu dieser Zeit kamen so viele Feigen nach Paris, daß das Pfund von den besten nur vier Pariser Heller kostete, und sehr gute Rosinen vier Pariser Heller, die schönsten dicken Bohnen zu zwölf Pariser Hellern, sehr gute Erbsen zu vier Weißpfennigen.

818. Item, im Monat April nach Ostern 1442 waren die Wasser so hoch, wie sie an Ostern gewesen waren, welches in diesem Jahr 1442 auf den 1. Tag des April fiel, so daß sie bis vor das Hôtel de Ville kamen, auf die Place de Grève und weiter, dann war die Seine schiffbar, aber bald darauf, Anfang Mai, kam sie wieder so groß wie zuvor, was für die Einkünfte aus den niedrig gelegenen Ländereien sehr übel war.

819. Item, zwischen dem Samstag und Sonntag vor Himmelfahrt, welches der 6. Tag des Mai war, wo man gewöhnlich nach Saint-Spire-de-Corbeil pilgert, begann ungefähr um neun Uhr nachts der größte Regen, den man seit Menschengedenken gesehen hatte, wie alt man auch sein mochte, denn von dieser Stunde bis Tagesanbruch hörte er nicht auf und fiel so im Überfluß, daß er an den breitesten Stellen der Großen Straßen von Paris in die Kirchen ging, in die Keller, über die Schwellen erhöhter Türen, und hob die Weinfässer bis zur Kellerdecke; und dabei donnerte und blitzte es so schrecklich, daß ganz Paris erschrocken war, und solche, die nach Saint-Spire gegangen waren, sagten uns, daß sie nichts gehört haben, weder vom Regen noch vom Donner.

820. Item, in dieser Woche, am 4. Tag, dem Freitag vor dem Samstag, an welchem jener schreckliche Regen fiel, wurden zwischen Villejuif und Paris mehr als vierhundert Raben gesehen, die einander mit Schnäbeln, Krallen und Flügeln so stark bekämpften, wie nur je Menschen in tödlicher Schlacht, und an besagtem Platz verbreiteten sie haufenweise ihr Blut und stießen so schreckliche Schreie aus, daß große Angst und Furcht solche hatten, die sie sahen und hörten.

821. Item, am 3. Tag des Juni im Jahr 1442 wurde die Kirche Saint-Antoine-le-Petit geweiht, vom ehrwürdigen Vater in Gott, Magister Denis du Moulin, damals Bischof von Paris, Erzbischof von Toulouse, Patriarch von Antiochia und Rat unseres Herrn König.

822. Item, in diesem Jahr war der schönste August und die schönste Weinlese, die man seit fünfzig Jahren gesehen hatte, und es gab soviel Wein, daß man ihn für zwei Pariser Heller oder zwei Tourische Heller die Pinte bekam, gesunden und sauberen; dicke Äpfel von Capendu, von Romieau für einen Doppelheller das Viertelhundert; dicke Birnen von Angoisse für zwei Doppelheller.

823. Item, am 11. Tag des Oktober, einem Donnerstag, wurde die Einsiedlerin namens Jeanne la Verrière* von Magister Denis du Moulin, damals Bischof von Paris, in eine ganz neue Hütte auf dem Friedhof der Innocents gebracht, und hielt eine sehr schöne Predigt vor ihr und vor einem sehr großen Haufen Volk, das da an diesem Tag war.

[1443]

824. Item, in diesem Jahr war der längste Winter, den ein lebender Mensch je gesehen hatte, denn es begann richtig am Vorabend von Sankt Nikolaus im Dezember zu frieren und hörte nicht auf bis ungefähr zum 15. Tag des April, welches der Montag der Karwoche war, und begann dann wieder Anfang Mai im Jahr 1443, und fror die ersten vierzehn Tage sehr stark, was den Reben sehr schadete und den Maikäfern ebenfalls.

825. Item, in diesem Jahr wurden Erbsen und dicke Bohnen, sehr schlecht zu kochen und ganz voll von Kornwürmern, sehr teuer, denn ein Scheffel gute Erbsen kostete sechs Pariser Sous und dicke Bohnen vier Pariser Sous oder mehr; und es geschah, weil der Sommer sehr heiß und ohne Regen war. Aber für alles Obst gab es einen sehr großen Markt, denn Ende August hatte man sehr schöne Äpfel von Capendu, das Viertelhundert um zwei Doppelheller; das Hundert Nüsse für zwei Pariser Heller und anderes Obst entsprechend; das Bündel gutes Holz acht Weißpfennige; das Hundert Buscheln für zwanzig Pariser Sous, aber Zwiebeln waren sehr teuer, denn sechs dicke Zwiebeln kosteten vier Pariser Heller.

826. Item, in diesem Jahr 1443 waren es wohl vier Monate und mehr, daß es nicht regnete, weder im Winter

noch im Sommer, weshalb die Weine von sehr schlechter Art wurden, denn bald neigten sie zur Säure und wurden rostig und von schlechtem Geschmack, und deswegen waren sie in diesem Jahr sehr billig.

827. Item, an Sankt Margarete, dem 20. Tag des Juli 1443, kam der Dauphin nach Paris, und für seine Ankunft machte man eine große Abgabe.

828. Item, in der 2. Augustwoche war besagter Dauphin vor Dieppe und hob mit Gewalt die Belagerung auf, welche die Englischen vor besagter Stadt lange Zeit gehalten hatten, und dort starben haufenweise Englische und gute Kaufleute.

829. Item, man soll über nichts urteilen, was in der Zukunft liegt, denn am 1. Tag des folgenden September, da geschah es einem Gefangenen von der Einnahme von Pontoise, der mehrfach zum Ertränken oder anderem schlimmem Tod verurteilt worden war, verkauft und zurückgekauft für immer höheres Lösegeld, und immer im Gefängnis von Saint-Martin-des-Champs in Eisen lag, der wurde am 1. Tag des September mit einer wohlgeborenen schönen jungen Frau verheiratet, und es gab ein schönes Fest; und guten Glaubens erwarteten sie alle nichts als den Tod, er und sein Geselle, der an diesem Tag auf Treu und Glauben freigelassen wurde. So öffnete Fortuna sich den beiden Männern, und deswegen soll niemand Unserem Herrn mißtrauen und in keinem Leid verzweifeln.

830. Item, Ende August kam der Dauphin nach Paris und war dort ungefähr drei Tage, und danach ging er nach Meaux, und dort blieb er einige Tage; und dort war er mehrere Tage, ohne je in die Kirche zu gehen, sondern ging alle Tage, zu jagen und andere Nichtigkeiten zu tun und Schlimmeres, und er hatte an die tausend Schurken dabei, welche die ganze Ile-de-France zerstörten; und dieser Dauphin gab ihnen für jede Kuh, die sie nahmen,

einen halben Taler, und auf jedes Pferd einen Taler, und wer zur Weinlese gehen wollte, mußte seinen Weinberg mit hohem Lösegeld auslösen. Und all dieses schmerzliche Unglück, das man solchermaßen durch den Dauphin und die falschen Ratgeber, Verräter gegen den König, erlitt, entstand nur, weil das arme Volk die hohen Abgaben und andere Steuern nicht bezahlen konnte, denen man es von Tag zu Tag unterwarf; und sie machten glauben, man mache sie, um vor Le Mans zu ziehen, andere sagten, vor Rouen, wieder andere, vor Mantes. Und so machten die falschen Regenten das Volk etwas glauben und hielten derart an ihren falschen Reden fest, daß das Volk über seinen Schaden ganz beruhigt war, in der Hoffnung, sie würden irgend etwas Gutes tun, aber die Hoffnung war nichtig, denn sie hielten das arme Volk so lange in dieser Hoffnung, bis der Winter anfing; dann wurde von den falschen Regenten gesagt, man könne bis zum nächsten Frühjahr nicht belagern, und daß der König viel zu tun habe, wo es sehr nötig sei, und daß sein Sohn ihm und seiner Gesellschaft eilig entgegenziehe. So brach der Dauphin am 13. Tag des Oktober im Jahr 1443 auf, als er seinen Teil von der Abgabe hatte, ohne irgend etwas Gutes zu tun, als das ganze Land…* und zu zerstören.

831. Item, zu dieser Zeit wurde alles Predigen verboten, von vor Mariä Himmelfahrt bis Mariä Empfängnis im Dezember.

[1444]

832. Zu dieser Zeit gab es in Paris keine Nachricht vom König noch von der Königin noch von irgendeinem Herrn von Frankreich, als ob sie zweihundert Meilen entfernt wären, aber die Regenten erhoben in ihrem Schatten

unablässig Steuern, indem sie sagten, wenn der König und seine Untertanen erst das Geld hätten, würden sie gehen, die ganze Normandie zu erobern, aber als die Steuer eingenommen war, kümmerten sie sich nicht darum, sondern spielten Würfel oder jagten oder tanzten, machten aber nie, wie es üblich gewesen war, weder Lanzenbrechen noch Turnier noch irgendeinen Waffengang, aus Angst vor Hieben; kurz, alle Herren von Frankreich waren zu Weibern geworden, denn kühn waren sie nur gegen arme Arbeiter und arme Händler, die ohne Waffen waren. Und als sie sahen, daß das arme Volk nichts mehr hatte, um die Abgaben zu bezahlen, ließen sie ausrufen, daß keine Münze mehr genommen werden solle, welche es auch sei, weder aus Burgund noch England noch Flandern noch aus einigen anderen Ländern, als solche, die um die Vorder- oder die Rückseite einen Rosenkranz hätte. Ach! das arme Volk hatte zu dieser Zeit nur solches Geld, das zu nehmen verboten wurde, wovon es so bedrückt wurde, daß man nur mit großem Jammer daran denken kann, denn das war eine der größten Abgaben, die seit langer Zeit gemacht wurden, denn man mußte das neue Geld nach ihrem Belieben kaufen, und niemand wagte, darüber zu sprechen. Und es geschah dies Ausrufen und diese Anordnung an Sankt Petri-Stuhl, welches ein Samstag war, weshalb die Leute, die zur Vergebung nach Saint-Denis gingen, schlimm gekränkt wurden und stark geschädigt, denn es gab nur wenig Leute, die aus der Normandie kamen, und von denen gab es diesmal viel Volk, welche anderes Geld als englisches, burgundisches, flämisches oder bretonisches hatten; deswegen wurden sie sehr bedrückt, weil sie überall, wo sie waren, ihr Geld wechseln mußten.

833. Item, zu dieser Zeit gab es in der Heiligen Kirche immer noch zwei Päpste, einer namens Eugen und der an-

dere Felix; jener Eugen hatte Frankreich auf seiner Seite, und der andere hatte Savoyen und einige Gegenden in der Umgebung seines Landes.

834. Item, in diesem Jahr gab es so viele Zwiebeln, daß man den Scheffel um zwei Doppelheller oder um zwei Heller hatte, so gute, wie man sie nur je gesehen hatte; und das schönste Bündel Lauch von den Hallen für einen Heller oder einen Tourischen, und wurden in der ganzen Fastenzeit nicht teurer; gute Erbsen für drei Weißpfennige, dicke Bohnen für drei Weißpfennige; guter Wein zwei Heller.

835. Item, in der Mitte der Fastenzeit, wenn man in der Heiligen Kirche das *Laetare Jerusalem* singt, bei der Messe, donnerte es so stark, wie man es seit fünfzig Jahren nicht gehört hatte, und es war unablässig zwischen drei und fünf Uhr und schlug in der Kirche Saint-Martin-des-Champs ein und zerstörte das Kreuz und den Wetterhahn und einen steinernen Apfel, der wohl ein Ohmfaß Wein wog, und zerbrach die Kirche an mehreren Stellen, so daß man sagte, sie würde nicht für weniger als dreihundert Goldtaler gut wiederhergestellt werden.

836. Item, zu dieser Zeit ging der Kanzler nach Tours, wo der König war, um den Frieden zwischen Frankreich und England auszuhandeln, aber als er mit dem König sprechen wollte, ergriff ihn plötzlich ein Übel, woran er rasch starb, was ein großer Schaden war, denn ein guter Weiser war er für das Königreich.

837. Item, wurde eine der demütigsten und die andächtigste Prozession gemacht, die man je in Paris gesehen hatte, denn der Bischof von Paris und der von Beauvais und zwei Äbte trugen den Leib Unseres Herrn von Saint-Jean-en-Grève auf den Schultern, und von dort gingen sie nach Billettes, um mit großer Ehrerbietung das Messer zu holen, mit dem der falsche Jude in das Fleisch Unseres Herrn gestochen hatte, und von dort wurden sie

mit dem heiligen Kreuz und zahllosen anderen Reliquien nach Sainte-Catherine-du-Val-des-Écoliers getragen; und es waren davor fünfhundert brennende Fackeln und an Volk wohl neun- oder zehntausend Personen, ohne die von der Kirche; und es gab nach diesen heiligen Reliquien das ganze Mysterienspiel vom Juden, der auf einen Karren gebunden war, wo Dornen waren, als ob man ihn zum Brennen führte, und nach ihm kam Justitia, und seine Frau und seine Kinder; und in den Straßen gab es zwei Gerüste mit sehr rührenden Mysterien, und die Straßen waren ausgekleidet wie an Fronleichnam. Und es wurde diese Prozession gemacht, weil man recht hoffte, Frieden zwischen dem König von Frankreich und von England zu haben, und es war am 15. Tag des Mai, am Freitag, im Jahr 1444.

838. Item, am 3. Tag des folgenden Juni war der 3. Tag des Pfingstfestes. Am Mittwoch der Vier Jahreszeiten wurde der Waffenstillstand zwischen dem König von Frankreich und von England ausgerufen, welcher am ersten Tag des Juni 1444 anfing, und auf See am 26. Tag besagten Monats, und er wurde in besagtem Monat überall in Frankreich bekanntgemacht, und in der Normandie und der Bretagne, und überall im Königreich Frankreich.

839. Item, in diesem Jahr war der Markt von Lendit, den es seit dem Jahr 1426 nicht mehr gegeben hatte, und er war in der Stadt* Saint-Denis; und ein großer Streit war zwischen dem Bischof von Paris und dem Abt von Saint-Denis wegen der Segnung, denn der Abt sagte, die Stadt sei ihm nach seinem Recht, und ihm komme die Segnung zu; der Bischof sagte, seit dreihundert Jahren hätten sie seine Vorgänger gemacht, die Bischöfe von Paris, und würde sie machen. Als der Abt das sah, ließ er ihm unter Androhung einer hohen Geldstrafe verbieten, besagte Segnung zu machen, und der Bischof ging an eine andere Seite des Marktes und ließ die Segnung durch einen Ma-

gister der Theologie machen, namens Magister Jean de l'Olive, gebürtig aus Paris.

840. Item, am 12. Tag des Juli wurde eine allgemeine Prozession gemacht, und wurde an diesem Tag der Leib des heiligen Bischofs Klodoald in die Stadt des Heiligen* zurückgetragen, aus der er wegen der Kriege fortgebracht worden war, wohl ungefähr sechzehn Jahre zuvor, und er wurde all diese Zeit in Saint-Syphorien hinter Saint-Denis-de-la-Châtre in einem Schrein gehütet, und die guten Leute kamen aus den Städten der Umgebung von Saint-Cloud in Prozession, ihn zu holen, und sangen das Lob Gottes.

841. Item, am 12. Tag des Juli im Jahr 1444 wurde das Tor von Saint-Martin geöffnet, das nicht mehr seit dem Monat August 1429 geöffnet worden war, als die Jungfrau vor Paris kam und man am Tag Unserer Lieben Frau im September zum ersten Mal das Fest des heiligen Lorenz im großen Hof von Saint-Martin feierte.

842. Item, Anfang Juli kam eine große Gesellschaft von Schurken und Mördern, die sich in den Dörfern der Umgebung von Paris einquartierten, und so wagte niemand, weiter als sechs oder ungefähr acht Meilen von Paris entfernt auf die Felder zu gehen, noch nach Paris zu gehen, noch wagte man, auf den Feldern zu ernten, was es auch sei, denn auf jeden Wagen, den sie nahmen, erhoben sie ein Lösegeld von acht bis zehn Francs; und wenn sie ein Tier nahmen, sei's Esel, Kuh oder Schwein, erhoben sie mehr Lösegeld, als es wert war; und niemand, welchen Standes er auch war, sei's Mönch, Priester, Geistlicher irgendeines Ordens, Nonne, Spielmann, Herold, Frau oder Kind, welchen Alters auch immer, niemand war seines Lebens sicher, wenn er aus Paris hinausging; aber wenn man ihm nicht das Leben nahm, wurde er bis auf die Haut ausgeraubt, alle ohne eine einzige Ausnahme, welchen Standes sie auch waren; und wenn man

sich bei den Regenten von Paris darüber beschwerte, antworteten sie: »Sie müssen leben; der König wird bald Abhilfe schaffen.« Und die Anführer dieser Gesellschaft waren Pierre Renault, Floques, Lestrac und einige andere, alles Glieder des Antichrist, denn alle waren Schurken und Mörder, Brandstifter, Frauenschänder, und ihre Gesellschaft.

843. Item, in diesem Jahr ging der König nach Lothringen und sein Sohn, der Dauphin, nach Deutschland, um Krieg gegen solche zu führen, die gar nichts von ihnen wollten, und sie nahmen die vorgenannten schlechten Leute mit sich, die so viel Übel taten, daß der König und seine Regenten unter Zwang waren, derart fraßen sie das Volk, daß keinerlei Güter zu ihm kommen konnten, wo er auch war; denn er verließ sein Königreich, das ganz mit Englischen vermischt war, die ihre Burgen versorgten und befestigten; und sie gingen, er und sein Sohn, in fremdes Land, wo sie nichts hatten, um das Geld des Königreichs auszugeben und zu verschwenden, und, meiner Treu, in zehn oder zwölf Jahren taten sie weder selbst noch durch andere irgend etwas für das Wohl des Königreichs, was sie nicht in drei oder vier Monaten hätten tun sollen.

844. Item, am 4. Tag des September hörten die Predigten auf, bis zum 13. Tag des März, welches der Sonntag von *Ramis Palmarum* war, und wurde in Saint-Magloire gemacht; der Grund dafür war, daß man eine große Abgabe machte, der man alle Mitglieder der Universität von Paris unterwerfen wollte. So ging der Rektor, um die Freiheiten und Freistätten besagter Universität zu verteidigen, mit den Wahlbeamten zu sprechen; doch gab es keinen unter den besagten Wahlbeamten, der dem Rektor die Hand gereicht hätte, weshalb die Predigten aufhörten.

845. Zu dieser Zeit wurde die Vorhaut Unseres Herrn* nach Paris gebracht, und solche, die sie brachten,

sagten, daß der König und der Dauphin und Karl von Anjou von unserem Heiligen Vater, dem Papst Eugen, Ablaßbriefe bekommen hätten, und daß alle, die einen von den Briefen nehmen würden, welche sie ausgeben würden, denen wäre in der Stunde des Todes alle Strafe und Schuld vergeben, wenn sie wirklich beichteten und bereuten; und sehr teuer kostete ein solcher Brief, denn die Reichen bezahlten vierzig Pariser Sous dafür, und die Mittleren zweiunddreißig oder zwanzig Pariser Sous, und die Armen entsprechend; und diese Briefe wurden auch nach Arbeitstagen berechnet, zwei Sous für den Tag, für die Reichen zwanzig oder dreißig Tage, für die weniger Reichen weniger; und sie sagten, daß der Bischof von Paris angeordnet hatte, in seiner Diözese so zu tun. Deswegen nahm das Volk aus Frömmigkeit mehr als fünfhundert von diesen Briefen, und auch für den Wiederaufbau der Kirche Notre-Dame-de-Coulombs, die durch die Kriege zerstört war. Und als sie die heilige Reliquie fortgetragen hatten, befahl der Bischof von Paris in allen Sprengeln von Paris, daß alle solchen, die besagte Briefe genommen hatten, sie ihm brächten, unter Androhung der Exkommunizierung, und einige von denen, die sie genommen hatten, aus Angst, unter ein solches Urteil zu fallen, brachten sie ihm aus Angst, in die Ungnade des Prälaten zu fallen, und auch in Verdammung statt Segnung; und als sie sie brachten, hing man sie an einem Haken in seiner Studierstube auf; und man machte zu diesem Zeitpunkt keine neuen, bis zu einem anderen Mal, wo man sie in Ruhe betrachten würde, und diejenigen, die sie gebracht hatten, konnten sie für dieses Mal nicht zurückbekommen, worüber sie sich sehr grämten.

846. Item, danach wurde der Schrein des heiligen Sebastian herbeigebracht, und er kam durch alle Sprengel wie der vorher, und alle, die sich in der Bruderschaft des besagten Heiligen befanden, zahlten jeder acht Heller.

847. Item, an Himmelfahrt, welcher Tag auf Sankt Johann fiel, und am nächsten Tag, fror es Eis, durch welchen Frost die Reben erfroren, deshalb verteuerte sich der Wein derart, daß der, den man vorher um zwei Heller abgab, alsobald auf sechs Pariser Heller gesetzt wurde.

848. Item, in dieser Woche wurde der Schrein des heiligen Quentin nach Paris gebracht und durch die Kirchen von Paris getragen, und die ihn begleiteten, ließen einen großen Waagebalken aufhängen, wie er bei der königlichen Waage ist, und dort ließen sich Männer und Frauen wiegen, und während sie auf der Waagschale waren, zog man sie, bis sie den Boden verloren, und während man das tat, rief man mehrere heilige Männer und Frauen auf sie herab, und danach kauften sie sich mit Korn oder Geld, oder womit sie wollten, zurück, und diese Ablaßsammler machten zu dieser Zeit in Paris einen sehr guten Schnitt.

849. Item, am Mittwoch des Pfingstfestes schlug der Blitz in die Kirche Notre-Dame-de-Liesse, etwa um sechs Uhr morgens, ein und tötete in der Kirche Notre-Dame vier Männer und beraubte wohl achtundzwanzig oder dreißig Personen ihrer Glieder und einige ihrer Vernunft, und hob die Fliesen vom Boden und Eisengitter.

850. Item, am 2. Tag des August wurde eine allgemeine Prozession der Sprengel nach Notre-Dame gemacht, und von Notre-Dame gingen sie nach Notre-Dame-des-Champs in großer Andacht, denn wahrlich hatte vor langer Zeit ein Mönch von Saint-Denis-en-France für die Zeit, da die Englischen das Königreich regierten, den Nagel und die Krone in Saint-Denis genommen, und zu dem Zweck, daß die Englischen sie besagter Abtei nicht wegnehmen und in ihr Land mitnehmen sollten, nahm besagter Mönch diese beiden kost-

baren Kleinode und trug sie in Ehren nach Bourges im Berry, wo damals der König von Frankreich war, Karl, der siebente dieses Namens. Und am ersten Tag des August wurden sie nach dem Willen des Königs und der Herren von königlichem Geblüt herbeigebracht, und durch die Forderung des Abtes von Saint-Denis-en-France, namens Gamaches mit Beinamen, nach Notre-Dame-des-Champs, und am 2. Tag des August 1444 *(sic)* wurden sie nach Saint-Magloire gebracht, von sehr ehrenvollen Prozessionen, mit großer Beleuchtung, und dort waren sie von diesem Tag bis zum nächsten Tag, welches Sankt Stephan-Auffindung war, der 3. Tag besagten Monats. Und an diesem Tag kam der Abt von Saint-Denis und das ganze Kloster nach Paris, alle im Ornat von Goldstoff oder Seide gekleidet, und mit ihnen alle Sprengel mit Fahnen und Kreuzen, und mit sehr großen Mengen brennender Fackeln kamen sie an diesem Tag nach Saint-Magloire; und dort wurde eine sehr feierliche Messe gesungen, und danach Abschied von dem Abt und seinem ganzen Kloster, welcher sie bis aus Paris hinaus begleitete und ganz geschmückt wie ein Abt, und sein ganzes Kloster im Ornat gekleidet, und mit diesen heiligen Reliquien ging soviel Volk von Paris, daß es kaum jemand geglaubt hätte, der es nicht gesehen hat.

851. Item, am Montag, dem 16. Tag des August, verschied in der Stadt Châlons die Frau des Dauphin von Frankreich, namens Margarete, Tochter des Königs von Schottland; und zu dieser Zeit wurde zum Kanzler von Frankreich der Bruder des Erzdiakons von Paris und Erzbischof von Reims gemacht, alle beide Kinder des verstorbenen Magister Jacques Jouvenel des Ursins.

852. Item, in der 2. Oktoberwoche, am Vorabend der Oktaven von Sankt Dionysius, wurde das Tor von Montmartre geöffnet, an einem Freitag.

853. Item, weder der König noch irgendwelche Her-

ren von Frankreich gingen oder kamen nach Paris, und all die Zeit machte man große Abgaben, ohne daß man irgendein Wohl für die Gemeinen tat; und immer noch strengten sich die Englischen an und versorgten ihre Festungen mit Lebensmitteln und machten weder Waffenstillstand noch Frieden, und es kümmerte den König nicht, wie alles ging, nur, von einem Land ins andere zu reiten, immer wohl begleitet von 20 000 oder mehr Schurken, die sein ganzes Land vernichteten.

854. Item, in diesem Jahr war die schrecklichste Blatternkrankheit, die man je gesehen hatte, von der Augustmitte bis nach Sankt Andreas, besonders bei kleinen Kindern, denn in der Stadt Paris hatte man während dieser Zeit mehr als sechstausend gesehen; und viele starben an dieser Krankheit, und starben, sobald sie von diesen verdammten Blattern geheilt waren, und waren auch recht viele Männer und Frauen jeden Alters krank, besonders in Paris.

855. Item, zu dieser Zeit kam ein junger Franziskaner nach Paris, der aus Troyes in der Champagne oder der Gegend dort stammte, ein kleiner Mann, sehr sanfter Blick, und hieß Jean Creté, ungefähr 21 Jahre alt, welcher für einen der besten Prediger gehalten wurde, die seit hundert Jahren in Paris gewesen waren; und wahrlich sah man nie jemanden, der wie er seine Predigt eher las als sprach, und es schien richtig, als ob er das ganze Alte Testament kannte und das Neue, und die ganze Légende dorée* und alle alten Bücher aller Völker der Welt, und niemals sah man, daß es ihm mißlungen wäre, auf seine Absicht zurückzukommen, und überall, wo er predigte, war die Kirche voll von Leuten.

856. Item, er verließ Paris ungefähr acht Tage vor Weihnachten und ging, um im Königreich England zu predigen.

[1446]

857. Item, am 24. Tag des Februar im Jahr 1446 wurde die Kirche der Innocents durch den ehrwürdigen Vater in Gott, den Bischof von Paris, namens Denis du Moulin, geweiht.

858. Item, am ersten Montag des folgenden März wurde der Waffenstillstand vom 1. Tag des April bis zum 1. Tag des April des folgenden Jahres erneuert, und er wurde an den Kreuzungen von Paris ausgerufen.

859. Item, an einem Dienstag, dem 12. Tag des April im Jahr 1446, in der Karwoche, zwischen Mitternacht und der Prima des Tages, fror es so stark, daß alle Reben ganz verloren waren und alle Nußbäume vom Frost verbrannt; und danach kamen so viele Maikäfer und Raupen und andere Arten von Gewürm, daß es dieses ganze Jahr in ganz Frankreich weder Wein noch Most noch Obst gab; und das war am 17. Mondtag des März, und Ostern war in diesem Jahr 1446 am 17. Tag des April.

860. Item, in diesem Jahr kam ein junger Mann,* der nur ungefähr zwanzig Jahre alt war und der alle sieben freien Künste kannte, nach dem Zeugnis aller Kleriker der Universität von Paris, und wußte auch alle Instrumente zu spielen, im Chor und frei zu singen, besser als irgendein anderer, zu malen und zu illuminieren, besser, als man es in Paris oder anderswo konnte.

861. Item, in Kriegsdingen gab es keinen Geschickteren, und er ging so wundervoll mit dem zweihändigen Schwert um, daß sich ihm keiner verglich, denn wenn er seinen Gegner sah, verfehlte er nicht, in einem einzigen Sprung zwanzig oder vierundzwanzig Schritt weit auf ihn zuzuspringen.

862. Item, er ist Magister der Künste,* Magister der Medizin, Doktor beider Rechte, Doktor der Theologie,

und wahrlich hat er mit uns im Kollegium Navarra disputiert, die wir mehr als fünfzig der vollkommensten Kleriker der Universität von Paris und mehr als dreitausend andere Kleriker waren, und hat auf alle Fragen, die man ihm stellte, so äußerst gut geantwortet, daß es ein Wunder zu glauben ist, wenn man es nicht gesehen hat.

863. Item, er spricht ein sehr feines Latein, Griechisch, Hebräisch, Chaldäisch und alle anderen Sprachen.

864. Item, er ist bewaffneter Ritter, und wahrlich, wenn ein Mensch hundert Jahre leben könnte, ohne zu trinken, ohne zu essen und ohne zu schlafen, hätte er nicht die Kenntnisse, die er alle auswendig wußte; und gewiß machte er uns allen große Furcht, denn er weiß mehr, als eine menschliche Natur wissen kann, denn er zitiert alle vier Doktoren der Heiligen Kirche;* kurz, für sein Wissen gibt es nichts Vergleichbares auf der Welt. Und wir haben es in der Schrift, daß der Antichrist durch Zufall von christlichem Vater und jüdischer Mutter, die Christin geworden ist, so daß sie jeder dafür hält, erzeugt werden wird, er wird durch den Teufel zur Zeit aller Kriege geboren werden, und alle jungen Leute werden verkleidet sein, Frauen wie Männer, aus Stolz wie aus Wollust, und es wird großer Haß gegen die großen Herren sein, weil sie sehr grausam gegen das geringe Volk sein werden.

865. Item, all sein Wissen wird vom Teufel sein, und er wird glauben, es sei aus seiner Natur, er wird Christ sein bis zum Alter von achtundzwanzig Jahren, und er wird in dieser Zeit die großen Herren aufsuchen, um sein großes Wissen zu zeigen und um großen Ruhm bei ihnen zu haben; mit achtundzwanzig Jahren wird er von Jerusalem kommen. Und wenn die ungläubigen Juden sein großes Wissen sehen werden, werden sie an ihn glauben und sagen, das wäre der Messias, der ihnen versprochen ist, und werden ihn als Gott anbeten. Dann wird er seine

Jünger in die Welt ausschicken, und Gog und Magog werden auf ihn folgen, und er wird dreieinhalb Jahre herrschen, mit zweiunddreißig Jahren werden die Teufel ihn forttragen. Und dann werden die Juden, die getäuscht sein werden, sich zum christlichen Glauben bekehren, und danach werden Enoch und Elias kommen, und danach wird alles christlich sein, und es wird dann das Evangelium des heiligen Johannes, der sagt: *Et fiet unum oville et unum pastor,** erfüllt sein, und das Blut derer, die er hat quälen lassen, weil sie nicht anbeten wollten, wird zu Gott um Rache schreien, und dann wird der heilige Michael kommen, der ihn hinabstürzen wird, ihn und alle seine Diener, in den tiefen Schacht der Hölle. So wie zuvor gesagt, sagen es die besagten Doktoren von besagtem Menschen, welcher von Spanien nach Frankreich gekommen ist, und wahrlich soll nach Daniel und der Apokalypse der Antichrist in Babylon in Chaldäa geboren werden.

866. Item, in diesem Jahr 1446 war der Monat Mai kalt und regnerisch, wie man es seit Menschengedenken nicht gesehen hatte, denn es gab keinen Tag, an dem es nicht gefroren oder geregnet hätte, und war vor Trinitatis, das auf den 12. Tag des Juni fiel, daß es wärmer wurde.

867. Item, in der Woche vor Himmelfahrt wurde überall in Paris ausgerufen, daß die Dirnen keine Silbergürtel tragen sollten, noch Federchen aus grauem Pelz an ihren Kleidern, noch kleines Grauwerk, und daß sie in den vorgeschriebenen Bordellen bleiben sollten, wie in der Zeit zuvor.*

868. Item, am Vorabend von Himmelfahrt wurde der Prévôt von Paris namens Ambroise de Loré, Baron von Ivry, bestattet, der das Gemeinwohl weniger liebte als irgendeiner, der seit vierzig Jahren vor ihm Prévôt war. Denn er hatte eine der Frauen, wie man sie überall in Paris sehen kann, die schönste und ehrbarste, und Tochter von Edelleuten sehr alten Adels; und doch war er so

prunksüchtig, daß man wahrlich sagte, er hätte drei oder vier Konkubinen, ganz aus dem gemeinen Volk, und unterstützte überall die liederlichen Weiber, von denen es durch seine Schwäche in Paris zu viele gab, und erwarb beim ganzen Volk einen sehr schlechten Ruf, denn man konnte kaum Recht gegen die liederlichen Frauen von Paris bekommen, so unterstützte er sie und ihre Kupplerinnen.

869. Item, nach seinem Hinscheiden, am 7. Tag des August, bestimmte man zum Prévôt von Paris Jean d'Estouteville, Ritter, Rat und Kämmerer unseres Herrn König, am besagten Tag 1446, als der Sonntag über B lief.*

870. Item, am 3. Tag des folgenden September wurde überall in Paris mit Trompeten ausgerufen, daß man alle Lebensmittel für die Feier von Mariä Geburt nach Pontoise tragen solle, welches Fest am folgenden Donnerstag war, aufgrund gewisser Vergebungen und Ablässe, die unser Herr König und der Herr Dauphin und der Herr von Burgund von seiten unseres Heiligen Vaters, des Papstes, erhalten hatten, nämlich für die Kirche Notre-Dame-de-Pontoise, die von den Kriegen sehr beschädigt war und von den langen Belagerungen, die mehrfach davor gewesen waren, von den Englischen wie von den Französischen.

871. Item, besagter Ablaß dauerte von zwölf Uhr nachts, am Vorabend von Mariä Geburt, bis Mitternacht des besagten Festes, was vierundzwanzig Stunden sind; und wurde volle Vergebung wie in Rom gemacht, aber die in Rom dauert länger, und man mußte wahrhaft reuig und bußfertig sein.

872. Item, in diesem Jahr 1446 war der Wein so teuer, daß man überhaupt keinen Wein bekam, der etwas wert gewesen wäre und weniger als zehn oder zwölf Pariser Heller die Pinte gekostet hätte; und er war so wenig Krätzer, daß der Sester mindestens sechzehn Weißpfennige

kostete, und so wenig Nüsse, daß das Hundert davon vier Weißpfennige kostete, das man im vorhergehenden Jahr um zwei Pariser Heller oder um zwei Tourische bekommen hatte.

873. Item, in diesem Jahr kamen zu Wasser oder mit Fuhren die dicksten Birnen von Angoisse nach Paris, von denen man das Viertelhundert um sechs Pariser Heller hatte oder um höchstens zwei Weißpfennige, und doch waren sie so guter Art, daß sie bis Mitte März nicht schlecht wurden. Und wahrlich waren solche Haufen davon in den Hallen von Paris, wie ich sie sonst von Kohlen am Kreuz auf der Place de Grève gesehen habe, nicht nur einer, sondern sechs oder sieben Haufen, ohne Wache, und ebensoviele Äpfel oder mehr wurden aus dem Land von Languedoc und aus der Normandie gebracht und aus mehreren anderen Gegenden.

[1447]

874. Item, in diesem Jahr wurde ein Sohn der Königin von Frankreich geboren,* am Tag der Unschuldigen Kinder, nach Weihnachten, welcher in diesem Jahr auf einen Mittwoch fiel; und er wurde in einer Burg namens Motils in der Tourraine geboren und wurde Karl, Herzog von Berry, genannt.

875. Item, in diesem Jahr war zweimal der große Ablaß am Mont-Saint-Michel, nämlich im Mai des Jahres 1446, am ... Tag und am ... Tag des folgenden September besagten Jahres.

876. Item, im Mai des Jahres 1447, am Sonntag, dem 18. Tag, dem Tag nach Sankt Johann-Porta-Latina.*

877. Item, am folgenden Sonntag, welcher der 14. Mai

1447 war, wurde von unserer Mutter, der Universität, eine Prozession nach Notre-Dame von Paris gemacht, womit man für den verstorbenen Papst Eugen betete, der am 3. Tag des Februar, Sankt Blasius, verschied.

878. Item, wurde nach ihm Papst Nikolaus eingesetzt, der fünfte dieses Namens,* und blieb immer noch der Papst Felix, Herzog von Savoyen,* bei seinem anfänglichen Willen, nämlich Papst sein zu wollen, ohne sich irgendwie etwas anderem als seinem Willen fügen zu wollen, und sagte, das heilige Konzil von Basel habe ihn gewählt, ohne daß er irgendwie darum gebeten hatte, und für den Papst hielt er sich.

879. Item, zu dieser Zeit war der Wein in Paris so teuer, und das arme Volk trank nur Kräuterbier oder Bochet* oder Bier oder Apfelwein oder Birnenmost oder ähnliche Getränke; und zu dieser Zeit, ungefähr Mitte Mai, kam soviel Wein in die Stadt Saint-Denis-en-France, für den Markt von Lendit, der im folgenden Monat sein sollte, der elftausend Ohmfässer und ungefähr siebenhundert Mud war, aus Burgund wie aus Frankreich. Und nach Lendit wurde soviel davon nach Paris gebracht, daß man so guten Wein um vier Doppelheller oder um sechs Heller bekam wie vorher um zwölf Doppelheller, und bald darauf bekam man sehr guten Wein um vier Heller die Pinte.

880. Item, im Monat September des Jahres 1447 verschied von dieser Welt der ehrwürdige Vater in Gott, der Herr Bischof von Paris, Patriarch von Antiochia, Erzbischof von Toulouse, namens Herr Denis du Moulin, und wurde in Notre-Dame von Paris bestattet.

881. Item, an Sankt Nikolaus im Dezember wurde durch Wahl Herr Guillaume Chartier zum Bischof von Paris gemacht, ein Mann von sehr gutem Ruf, und war Kanoniker von Notre-Dame von Paris.

882. Item, zu dieser Zeit wurde Magister Pierre Mariette geköpft, wegen des Streits, den er zwischen den Dauphin und den Herzog von Burgund gebracht hatte, durch seine große Schlechtigkeit und ungetreuen Verrat.

883. Item, am 12. Tag des April im Jahr 1448 wurde Bruder Jean Jamelin als Abt von Saint-Magloire bestätigt, welcher ganz in dieser Abtei aufgewachsen war, geboren in der Stadt Paris, und es salbte und segnete ihn der Bischof von Meaux, welcher Mönch von Saint-Magloire gewesen war, und war außerdem der Abt von Saint-Maur und Prior von Saint-Eloi vor dem Palais; und es waren bei der Segnung der Abt von Saint-Denis, der Abt von Saint-Germain-des-Prés, der Abt von Saint-Victor und der Abt von Sainte-Geneviève.

884. Item, in der letzten Aprilwoche kam ein Fräulein* nach Paris, von dem man sagte, daß es öffentlich die Geliebte des Königs von Frankreich sei, ohne Treue und Gesetz und Wahrheit gegenüber der guten Königin, die er geheiratet hatte, und es wurde offenbar, daß sie soviel Staat trieb wie eine Gräfin oder Herzogin, und ging und kam recht oft mit der guten Königin von Frankreich, ohne sich irgendwie ihrer Sünde zu schämen, wovon die Königin viel Leid im Herzen trug, aber leiden mußte sie es damals. Und der König, um seine große Sünde und Schande noch mehr zu zeigen und zu bekunden, und die ihre ebenfalls, schenkte ihr das Schloß von Beauté, das schönste und hübscheste und am besten gelegene Schloß in der ganzen Ile-de-France. Und sie nannte sich die schöne Agnes und ließ sich so nennen, und weil das Volk von Paris ihr nicht soviel Ehre erwies, wie ihr großer Stolz verlangte, den sie nicht verbergen konnte, sagte sie beim Abschied, das seien nur Bauerntölpel, und wenn sie

nicht geglaubt hätte, daß man ihr mehr Ehre erwiese als geschah, hätte sie nie einen Fuß hineingesetzt, was ein Schaden gewesen wäre, aber ein geringer. So ging die schöne Agnes fort, am 10. Tag des Mai, ihrer Sünde folgend wie zuvor. Ach! welch Jammer, wenn das Haupt des Königreichs seinem Volk so schlechtes Beispiel gibt, denn wenn sie es ebenso oder schlimmer machen, wagt er nicht, darüber zu sprechen, denn man sagt mit dem Sprichwort: »Wie der Herr, so's G'scherr«, wie wir eine Dame Königin von Babylon haben, namens Semiramis, die eine der neun Heldinnen war, welche ihren eigenen Sohn zu ihrem Liebhaber oder Hurer machte, und als sie sah, daß ihr Volk darüber murrte, ließ sie überall in ihrem Königreich öffentlich ausrufen, wer seine Mutter, seine Tochter oder seine Schwester nehmen wolle, zur Ehe oder in verrückter Liebe oder anders, daß sie ihrem ganzen Volk, wer immer es auch sei, die Freiheit und Macht dazu gebe, und befahl es. Daraus entstanden viele Übel in besagtem Königreich Chaldäa, und die Männer zwangen die Frauen, die Mädchen, die Nonnen, weshalb manch Totschlag geschah seit jenem Gesetz, das Semiramis machte, um ihre große Wollust zu bedecken; denn wenn ein großer Herr oder eine Dame öffentlich große Sünden tut, werden seine Ritter und sein Volk noch kühner im Sündigen.

884. Item, in diesem Jahr war so guter Markt an Brot und Wein, daß ein Arbeiter um zwei Tourische genug Brot hatte, um einen Tag lang davon zu leben; sehr guter Wein für jedermann zu zwei Pariser Heller die Pinte, weißer und roter; an Sankt Johann das Viertelhundert Eier für acht Pariser Heller; ein sehr großer Käse für sechs Heller; das Pfund gute Butter für acht Pariser Heller.

885. Item, an einem Sonntag, der über F läuft,* in diesem Jahr, an Sankt Magdalena, wurde der Bischof von Paris in der Abtei Saint-Victor geweiht und gesegnet, und an

diesem Tag wurde eine Prozession nach Saint-Germain-l'Auxerrois gemacht, und dort wurde angeordnet, daß man die Christen zurückkaufen sollte, die in den Händen des Sultans waren, welche man viele Martern leiden ließ; und am 2. oder 3. Tag danach brachen einige der Brüder von Saint-Mathurin und andere auf, um auf besagte fromme Reise zu gehen.

886. Item, am folgenden Sonntag, dem 4. Tag des August, wurde besagter Bischof in Notre-Dame von Paris empfangen, und er verließ Saint-Victor auf einem weißen Pferd und kam nach Sainte-Geneviève und wurde von dort mit viel Ehre nach Notre-Dame von Paris getragen.

887. Item, in diesem Jahr war der Fluß Seine so niedrig, daß man zu Allerheiligen von der Place Maubert geradewegs nach Notre-Dame von Paris ging, mit Hilfe von vier kleinen Steinen, Männer und Frauen und kleine Kinder, ohne nasse Füße zu bekommen, und vor den Augustinern bis zur Brücke von Saint-Michel an vier oder fünf Stellen auf diese Weise, um zum hinteren Tor des Palais des Königs zu kommen.

888. Item, in diesem Jahr wurde von vorgenanntem Bischof befohlen, das Fest der heiligen Dame Genoveva wie einen Sonntag zu feiern, und das Fest der heiligen Katharina, welche man vorher nach Brauch und Gewohnheit gefeiert hatte.

[1449]

889. Item, besagter Hochwürden von Paris hielt eine schöne Predigt bei den Innocents, am Gründonnerstag, und erteilte all jenen die Absolution, die in Ermanglung von Freunden oder Geld oder durch schlechte Sachwal-

ter in den Kirchen benannt und aus Nachlässigkeit oder anders binnen dreißig Tagen nach ihrem Tod exkommuniziert worden waren. Und zu dieser Zeit sah der gute und weise Mann die Register durch und erließ eine gute Verordnung gegen solche vom Kirchengericht, die einen Menschen so rasch exkommunizieren ließen, sei's zu Recht oder Unrecht; und am Sonntag, an dem man das *Misericordia Domini* spricht, ließ er die Vigilien lesen und am nächsten Tag die Fürbitte und eine sehr feierliche Messe in allen Sprengeln von Paris, und bei den Innocents zweimal die Prozession.

890. Item, zu dieser Zeit wurden Lumpen, Schurken und Mörder festgenommen, die durch Folter oder anders gestanden, daß sie Kinder entführt hatten, einem die Augen ausgerissen hatten, anderen die Beine abgeschnitten, anderen die Füße und genug andere und zu viele Übel. Und Weiber waren mit diesen Mördern, um die Väter und Mütter und Kinder besser zu täuschen, und sie blieben drei oder vier Tage in Häusern wohnen, und wenn sie ihre Möglichkeit sahen, mitten auf dem Markt, auf dem Land oder anderswo, entführten sie solcherart die Kinder und marterten sie, wie zuvor gesagt.

891. Zu dieser Zeit, Ende März 1449, wurden einige Lumpen festgenommen, die alle anderen beschuldigten. Und von diesen Lumpen wurden ein Mann und eine Frau gehängt, am Mittwoch, dem 23. Tag des April 1449, neben der Windmühle am Weg von Saint-Denis-en-France.

892. Item, einige der besagten Lumpen, die in Gesellschaft von den Vorgenannten waren, kamen ins Gefängnis, denn man sagte, sie hätten zum Spaß einen König und eine Königin gemacht, und gegen sie wurde bewiesen, daß sie kleinen Kindern – die sie in Dörfern und anderswo entführt hatten – die Beine abgeschnitten, die Augen ausgekratzt hatten und genug und zuviel solche Morde getan, dort in ihren Schlupfwinkeln, und es waren

sehr große Banden von solchen Schurken in Paris und anderswo.

893. Item, am 14. Tag des April wurden an einem Mittwoch Briefe veröffentlicht, daß der Papst Nikolaus friedlich Papst geblieben sei, im Einverständnis mit Felix, Herzog von Savoyen – der es doch durch Beschluß des Konzils war –, und dieser Felix war zum Kardinal und Legaten gemacht.

894. Item, am folgenden Donnerstag, dem 5. Tag besagten Monats, wurde wegen besagter Nachrichten ein großes Freudenfest in Paris gemacht, und man machte Feuer in den Straßen wie an Sankt Johann.

895. Item, am folgenden Freitag machte man eine allgemeine Prozession nach Saint-Victor-lès-Paris, und es waren wohl 10 000 Personen, und man machte nichts in Paris, nichts wie am Sonntag.

896. Item, zu dieser Zeit gab es einen so großen Markt an Eiern, daß man zu Himmelfahrt ein Viertelhundert für sechs Pariser Heller bekam; einen Käse für vier oder fünf Heller und guten Wein für zwei Doppelheller; und ein Brot, um einen Mann zu ernähren, für einen guten Doppelheller, von denen waren drei auch drei Pariser Heller wert; aber Birnen und Äpfel gab es keine in diesem Jahr; und waren auch die Maikäfer sehr mächtig, die viel Übel taten.

897. Item, in diesem Monat Mai wurde den Englischen Pont-de-l'Arche abgewonnen, und am Dienstag, dem 27. Tag des Mai, wurden allgemeine Prozessionen zum Palais und der Sainte-Chapelle gemacht, und dort wurde die kostbare Krone gezeigt, mit der Unser Herr gekrönt wurde, und das Lanzeneisen, und einer der Nägel, mit denen er durchbohrt wurde, und reichlich andere würdige Reliquien, die dem Volk von Paris seit der Einnahme von Pontoise nicht gezeigt wurden, welche im Jahr 1400 war.

898. Item, am 30. Tag des Mai war ein furchtbares Gewitter, ungefähr vier Stunden nach dem Mittagessen, das den ganzen Turm von den Augustinern abdeckte, von einer Seite zur anderen, und dicke Dachsparren zerbrach, den Arm eines Kruzifix auf dem Altar abbrach und große Teile des Kirchendachs zerstörte.

899. Item, zu dieser Zeit hatte man gutes Weizenkorn um acht Sous und weniger, und gutes Roggenkorn um fünfzehn oder sechzehn Weißpfennige, aber man verdiente wenig.

900. Item, in diesem Jahr, ungefähr an Sankt Johann, wurde Pont-de-l'Arche genommen, und ungefähr Mitte August wurde Mantes genommen, Vernon und mehrere Städte und Burgen in der Normandie, welche die Englischen gehalten hatten.

901. In diesem Jahr war der große Generalablaß in der Burg von Evreux, und dort kam der König von Frankreich hin, ohne daß er oder die Königin in die gute Stadt Paris gekommen wären.

902. Item, in diesem Jahr wurde eine recht fromme Prozession gemacht, am 13. Tag des Oktober, von Kindern, den vier Bettelorden und von allen Schulen von Paris, von Knaben und Mädchen, und es waren 12 500 Kinder oder mehr an der Zahl, und andere kamen über die Große Straße von Saint-Denis zu den Innocents. Und dort wurde eine Messe gesungen, und dort wurde unter vielen Ehren eins der heiligen Unschuldigen Kinder genommen und von zwei frommen Personen nach Notre-Dame von Paris getragen, und die Kinder dabei, alle Lichter oder Wachskerzen in der Hand tragend; und es wurde eine sehr schöne Predigt gehalten von einem Magister der Theologie, und auf dem Rückweg zu ihren Kirchen begannen sie das *Inviolata*, und sangen bis in die Kirche, und sangen dort einen Wechselgesang des oder der Heiligen der Kirche, und sprachen ein Gebet.

903. Item, am Sonntag, dem 19. Oktober 1449, zog der König in die Stadt Rouen ein, nach dem Willen des gemeinen Volkes und trotz der Englischen, und am folgenden Montag läutete man von allen Kirchen von Paris. Und am nächsten Tag machte man Feuer wegen der Freude über den Einzug in besagte Stadt, der ohne Blutvergießen geschah; und die Englischen verschanzten sich in der Burg, die sie hatten machen lassen, was ihnen wenig nützte, denn das gemeine Volk der Stadt liebte sie sehr wenig, weil sie ihm zuviel Schlimmes getan hatten, solange sie Herren waren.

904. Item, an Sankt Simon und Judas wurde die schönste Prozession nach Saint-Martin-des-Champs gemacht, die man seit hundert Jahren gesehen hatte, denn die von Notre-Dame, begleitet von der ganzen Universität und von allen Sprengeln, gingen, den kostbaren Leib Unseres Herrn in Saint-Jean-de-Grève zu holen, begleitet von wohl 50 000 Personen, vom Parlement wie auch andere; und alle Straßen, durch die sie kamen, waren mit Tüchern behängt wie zu Fronleichnam. Und es war in der großen Straße von Saint-Martin, ungefähr vor dem Maubuée-Brunnen, ein sehr schönes Gerüst, wo man eine sehr schöne Geschichte von Frieden und Krieg machte, die sehr lang zu erzählen wäre, weshalb man es sein läßt.

Anmerkungen

5 *[]*: Die Jahreseinteilung erfolgt nach moderner Art, d. h. das Jahr beginnt mit dem 1. Januar und nicht, wie im Originaltext, mit dem Osterfest.

mit Gips vermauert: Bei Ankunft feindlicher Armeen wurden die Stadttore vermauert.

Bischof von Lüttich: Johann von Bayern war Bischof von Lüttich (1390–1418). Er war Schwiegersohn des Herzogs von Burgund (Johann dem Unerschrockenen); gefürchtet wegen seiner Grausamkeit.

Prévôt: Den Prévôt gab es in Paris seit 1032. Er war der höchste Verantwortliche für Politik, Finanzen, Gerichtsbarkeit und Polizei, also eine Art Präfekt oder Stadtvogt. Daneben gab es in Paris den prévôt des marchands, den Vorsteher der Kaufmannschaft.

versprach ... bei seinem Herrn: Lüttich gehörte zum Heiligen Römischen Reich. Hier handelt es sich um Kaiser Sigismund.

6 *Ketten machen*: Diese Ketten versperrten nach altem Brauch während der Nacht die Straßen der Stadt. Für die Bürger galten sie als ein Symbol der städtischen Freiheit.

arbeiteten ... Tag und Nacht: Nach dem Brauch der Zeit war Arbeit an Sonn- und Feiertagen und in der Nacht verboten.

Herzog von Orléans ... Herzogs von Burgund: Der Hundertjährige Krieg begann mit dem Anspruch des englischen Königs Eduard III. aus dem Hause Anjou-Plantagenet, wegen seiner kapetingischen Mutter in der Thronfolge vor den entfernteren Valois zu stehen, aber der französische Prätendent berief sich auf das salische Recht, nach welchem keine Erbfolge über Frauen möglich war. So begann 1337 der Krieg zwischen England und Frankreich. Er dauerte nicht ununterbrochen, er dauerte aber auch länger. Die Ausgangslage 1405, da dieses Journal einsetzt: Der König von Frankreich heißt Karl VI. und ist geisteskrank. In Anbetracht der königlichen Regierungsunfähigkeit hat man zwei Reichsverweser eingesetzt: seine herzoglichen Onkel von Orléans und von Burgund. Aus dynastischen Gründen kommt es zu heftigen Machtkämpfen und zum Bürgerkrieg in Frankreich. Die Herzöge von Burgund, sehr reich, verbünden sich mit dem städtischen Patriziat und den Zünften; die Herzöge von Orléans, weniger reich, stehen in diesem Konflikt auf seiten des Adels. Wenn die Burgunder sich mit England verbünden, haben die anderen den Kronprinzen (später Karl V.) bei sich und können ihr Interesse mithin ›Frankreich‹ nennen. Die Vorstellungen vom jeweiligen Gegner äußern sich in seiner Bezeichnung: die Burgunder-Partei wird ›Cabochiens‹ geschimpft, nach dem Fleischermeister Caboche, der eine bürgerliche Verschwörung anführte. Umgekehrt spricht man von ›Armagnacs‹: Die ersten Soldaten des Herzogs von Orléans, die ihren Feinden und der Bevölkerung unangenehm auffielen, waren Söldner des Grafen von Armagnac, und nachdem ein Herzog von Orléans ermordet und der nächste nach der Schlacht von Azincourt (1415) für lange Zeit zum Gefangenen in London wurde, erschien der Graf von Armagnac als wesentlicher Anführer.

...an die vierzigtausend: In dieser verstümmelten Passage ist die Einnahme von Lüttich durch die Armee des Herzogs von Burgund gemeint. Die Stadt hatte sich gegen ihren Bischof (Johann von Bayern) erhoben.

Navarra, Ludwig etc.: Die hier erwähnten Fürsten sind Parteigänger des Herzogs von Orléans. Mit Navarra ist der künftige König von Navarra, Karl III., gemeint, mit Ludwig der Dauphin (Ludwig von Guyenne) oder der Herzog von Anjou (Ludwig II. von Anjou).

340

7 *die von der Zwölf*: Der Autor unterscheidet hier zwischen Sergeants à verge (dienten zur Aufrechterhaltung der Ordnung und der Ausführung der Justizentscheidungen in der Stadt Paris), den Sergeants à cheval (zuständig für die Bannmeile von Paris). Die Sergeants de la Douzaine (der Zwölf oder vom Dutzend) bildeten die Wachmannschaft des Prévôt von Paris.

›*Weihnachten*‹: Dazumals bei jeder Gelegenheit benutzter Ausruf der Freude.

die Königin und der Dauphin: Königin Isabella und der Dauphin (Kronprinz) Ludwig von Guyenne. Isabella, die 1385 Karl VI. heiratete, war 1389 zu ihrer Krönung zum ersten Mal in Paris.

Pierre de Candie: Franziskaner, Theologe an der Universität von Paris. Er wurde am 26. Juni 1409 vom Konzil zu Pisa zum Papst gewählt. Er nannte sich Alexander V. Das Konzil erhoffte sich durch diese Wahl die Abdankung der beiden anderen Päpste Gregor XII. und Benedikt XIII., was jedoch nicht geschah, so daß es drei Päpste gab. Alexander V. starb im Mai 1410.

8 *La Villette – Saint-Ladre*: Das Kloster von Saint-Lazare war ursprünglich für die Leprakranken eingerichtet, weshalb es sich außerhalb der Stadtmauern befand, in La Villette, in der nördlichen Bannmeile von Paris.

Jean de Montaigu: Gegen ihn, den königlichen Finanzverwalter konnte man nichts Verbrecherisches vorbringen, außer daß er sehr reich war und nicht der Partei der Burgunder angehörte. Seine Hinrichtung war ein großer politischer Fehler, da viele seiner einflußreichen Verwandten und politischen Freunde von der Orléans-Partei (sein Bruder war Erzbischof von Sens, sein Schwiegersohn Konnetabel von Frankreich) in Aufruhr gerieten.

Petit Châtelet: Eines der drei Stadtgefängnisse von Paris.

zu den Hallen geführt: Dort befand sich die Hinrichtungsstätte von Paris. Das hier geschilderte Vorspiel zur

Hinrichtung war als Entehrung gedacht, ebenso das Aufhängen des Leichnams an den Galgen, was sonst nur bei Nichtadligen praktiziert wurde.

Galgen von Paris: Der Galgen befand sich in Montfaucon bei Paris, ein viereckiges Gerüst mit zwei Rängen, an dessen Querbalken Ketten hingen, an denen man die Leichen aufhängte. Der Galgen von Paris war der größte des Königreiches, er konnte 50 bis 60 Leichen aufnehmen.

9 *der Herzog von Burgund und seine Brüder*: Der Autor beurteilt die Verwüstungen der Kriegsleute unterschiedlich und parteilich. Die Armee des Herzogs von Burgund (Johann der Unerschrockene) und seiner beiden Brüder Antoine, Herzog von Brabant, und Philipp, Graf von Nevers, bestand aus Söldnern von Flandern, Brabant und Lothringen. Sie verproviantierten sich bei ihren Anhängern, die ihnen Lebensmittel gaben oder verkauften (?). Die Armee Orléans-Berry bestand aus Söldnern der Bretagne und der Pyrenäen. Die Bretonen und Armagnacs, deren Sprache die Pariser nicht verstanden, waren in der Stadt Paris besonders gehaßt. Sie galten als Ausländer.

Befehlshaber über zehn: Die Bewachung der Stadt durch die Bürgermiliz war wie folgt organisiert: Der Dizenier befehligte zehn Männer, der Cinquantenier fünfzig, der Quartenier ein ganzes Stadtviertel. Der Prévôt hatte das Oberkommando über die gesamte Miliz, zu der nur Bürger (bourgeois) gehörten, eingeteilt zumeist nach Handwerken.

Morelet de Béthencourt: Er war Ritter des Herzogs von Burgund und von jenem beauftragt, die Versorgung von Paris mit Lebensmitteln zu organisieren.

Priester von den Mathurinern: Renaud de La Marche, Prior bei den Mathurinern, war ein bekannter Prediger seiner Zeit.

Kardinal von Bar: Ludwig von Bar, Bischof von Landres und Kardinal (1397–1430). Bruder des Herzogs

Eduard III. von Bar, der bei der Schlacht von Azincourt 1415 fiel.

jeder ein Band trug: Die Anhänger des Grafen von Armagnac, der zur Partei der Orléans gehörte, trugen, um sich zu kennzeichnen, ein weißes Band. Aus diesem Grund nennt sie auch der Autor im folgenden Text meist ›die von der Bande‹.

12 *falschen*: Diese und andere Reduplikationen (z. B. falscher Verräter) sind durchgängiges Stilmittel des Autors.

an den Daumen … an den Füßen: Arten der Tortur, wie sie die Söldner dieser Zeit anwandten, um die Ersparnisse der Bauern ausfindig zu machen.

Andreaskreuz: Dieses Kreuz gehörte zum Wappen des Herzogs von Burgund.

13 *Item*: lat., ebenso; Juristen und Theologen benutzten diesen Ausdruck, um den Übergang von einem Paragraphen oder einem Kapitel zum anderen anzuzeigen, ohne ihm einen besonderen Sinn zu geben. Der Autor benutzt ihn fortlaufend seit der Berichterstattung im Jahre 1413.

14 *und ihre Pferde mit Pfeilen*: Die Windmühle stand bei Saint-Lazare. Die Engländer, bewaffnet mit großen Kampfbogen, die den Franzosen unbekannt waren, töteten auch die Pferde der Feinde, was als nicht ritterlich galt.

15 *der Konnetabel*: Der Konnetabel war zu dieser Zeit der Oberbefehlshaber über das gesamte königliche Landheer und besaß die Gerichtsbarkeit über sämtliche Heeresangehörigen. Hier ist Charles d'Albret, ein Schwiegersohn der Montaigu gemeint, der seit 1403 Konnetabel von Frankreich war.

Erzbischof von Sens: Jean de Montaigu, Bruder des vorhergenannten Hingerichteten; ein sehr kriegerischer Prälat, der 1415 in der Schlacht von Azincourt fiel.

16 *zweitausend Löwen*: altes Goldstück, das nicht mehr im Umlauf war.

18 *Parlement*: Oberste Gerichtskörperschaft, die jedoch im Laufe der Jahrhunderte immer mehr politischen Einfluß gewann.

19 *sieben heiligen Leichen*: Gemeint sind die der Heiligen: Denis, Rustique, Eleuthère, Eustache, Pérégrin, Denis d'Athènes und Louis.

Oriflamme ... Nagel ... Krone: Die heilige Oriflamme (Banner der Abtei Saint-Denis) wurde 1382 zur Schlacht bei Roosebeke geschickt. Der heilige Nagel und die heilige Krone sollen, der Legende nach, von Karl dem Großen aus dem Morgenland geholt worden sein und von Karl dem Kahlen der Abtei geschenkt worden sein.

22 *Saint-Nicolas ... Saint-Laurent*: Pfarrgemeindemitglieder auf dem rechten Ufer der Seine.

23 *...* : Die fehlende Passage betrifft die Ankunft der Bewaffneten aus den obg. Städten in Dreux.

24 *gewannen*: Als Subjekt sind hier die Armagnacs gemeint.

25 *Notre-Dame-des-Champs gebracht*: Wahrscheinlich folgendermaßen zu lesen: denn er (der Vertrag von Auxerre) wurde (in das Archiv, zu den alten Akten) nach ... gebracht.

27 *Festung Saint-Antoine*: Die Bastille, und so heißt sie auch im weiteren Text, war ursprünglich Tor und Festung von Saint-Antoine.

Heaumerie: Rue de la Heaumerie.

31 *Saint-Pol*: Gemeint ist das Hôtel de Saint-Pol, die Residenz des Königs auf dem rechten Ufer der Seine.

32 *Denisot Caboche, Denisot de Saint-Yon*: Es muß eigentlich heißen: Simon Caboche und Denisot de Chaumont. Der erstgenannte gab dem Pariser Aufstand (Cabochiens) den Namen.

34 *Laternen anzünde*: Aus Gründen der Wachsamkeit

wurden in Kriegs- und Belagerungszeiten Laternen auf den Straßen von Paris angebracht.

37 *placebo*: lat., ich will gefallen; allgemein als Begriff für Schmeichelei, Schmeichler, Hofschranze gebraucht.

44 *Dame von Holland*: Margarete von Burgund, Schwester Herzogs Johann des Unerschrockenen und Gemahlin des Grafen Wilhelm IV. von Holland (Bruder des Bischofs von Lüttich) kam zu den Friedensverhandlungen, konnte jedoch nichts ausrichten.

guten Katholiken: Burgunder und Armagnacs waren in der Frage des Schismas geteilter Meinung. Eine Partei beschuldigte die andere der Ketzerei

Frieden ausrufen: Am 4. September 1414 wurde der Frieden geschlossen. Der König hatte nicht mehr die Mittel, um Krieg zu führen. Das Heer konnte nicht mehr verpflegt werden, und unter den Soldaten wütete die Ruhr. Außerdem fürchteten beide Parteien eine Landung der Engländer in Frankreich.

45 *Band ... der Statue von Saint-Eustache*: Der Autor drückt sich an dieser Stelle nicht genau aus, denn jemand reißt die weiße Bande ab, die die Armagnacs aus Spott an der Statue des hl. Andreas vor der Kirche Saint-Eustache angebracht haben. Dies war eine Provokation für die Burgunder-Partei, deren Schutzheiliger der hl. Andreas war, und das Abreißen eine Herausforderung für die Partei der Armagnacs.

Hand abgehackt: Im Strafvollzug des Mittelalters wurde immer das schuldige Glied abgehackt.

leidend waren: durch Hunger und die Ruhr.

Befleckung: Eigentlich péché (Sünde) im Originaltext. Der Autor stellt hier die Befleckung (Epidemie) als Strafe Gottes für die begangenen Sünden im Krieg (Belagerung von Soissons) dar.

46 *Ho*: Mit diesem Ausruf wurde der Kampf angehalten, bevor er begonnen hatte. Es ging nicht darum, daß der

Herzog von Berry Angst um seinen Vasallen hatte, sondern daß beide Herzöge wahrscheinlich jeglichen Affront nach dem eben geschlossenen und unsicheren Frieden vermeiden wollten.

verbannt waren: Es wurden die Frauen der Anführer des Aufstandes der Cabochiens verbannt.

47 *nach Orléans geführt werden*: Gewöhnlich wurden Frauen von leichtem Lebenswandel nach Orléans verbannt, wo es Umerziehungshäuser für sie gab. Die Verbannung nach Orléans bedeutete also eine Beleidigung für ehrbare Frauen.

Herzog von Alençon: Der Autor erwähnt dies besonders, weil es ungewöhnlich war. Es geschah zum ersten Mal, daß ein anderer als ein Bruder oder Sohn des Königs die Herzogswürde erhielt. Es scheint dem Autor zu mißfallen, der zu dieser Zeit Anhänger von Burgund ist, daß ein Parteigänger der Armagnacs so erhöht wurde.

Heirat auszuhandeln: Es ging um Isabella und den späteren Richard II.

48 *Vier Jahreszeiten*: Gemeint sind die vier Fastenzeiten (jeweils drei Tage) im Jahr. Hier handelt es sich um die Tage der Monatswende Februar/März.

50 *Herr von Charolais*: So lautete der Titel der burgundischen Erbprinzen. Hier handelt es sich um den künftigen Philipp den Guten.

51 *Herzog von Orléans*: Der französische Dichter, der 25 Jahre Gefangenschaft in London verbringen mußte.

52 *Temple*: das eigentliche Stadtgefängnis von Paris.

fremden Leuten: Für den Autor und die Pariser waren die Franzosen aus dem Süden Fremde, da sie die langue d'oc, also eine ihnen nicht verständliche Sprache sprachen. Gemeint sind die Armagnacs.

53 *Verräter Frankreichs*: So bezeichnet der Autor die Armagnacs, die nach seiner Meinung kein Interesse an einer

Verständigung zwischen Karl VI. und Johann dem Unerschrockenen, Herzog von Burgund, hatten.

zum einzigen: de facto zum Regenten.

Kaiser und König von Ungarn: Kaiser Sigismund aus dem Hause Luxemburg; er war mit dem französischen König Karl VI. verwandt. Man erhoffte vom Kaiser eine Vermittlung im Konflikt zwischen England und Frankreich.

54 *Paris so unterdrückten*: Komplott gegen die Armagnacs.

Nicolas d'Orgemont: Sohn des Kanzlers von Frankreich. Er durchlief eine steile Karriere in der Kirche, galt als sehr reich und hatte zu der 1412 gegen die Armagnacs eingesetzten Kommission gehört.

violetten Mantel: als Zeichen seines geistlichen Standes.

55 *Eisenketten … abgenommen*: Die Eisenketten in den Straßen von Paris waren der Stolz der Stadt. Sie ließ man wegbringen, wenn die Stadt bestraft wurde, man brachte sie in den Straßen wieder an, wenn es zur Aussöhnung kam.

56 *Fluß bade*: Vom Fluß aus hätte man Botschaften zum Herzog von Burgund schicken können.

57 *Stinkloch*: In der Nähe vor der Kirche Saint-Leufroy befand sich eine Kloake mit Schlachtabfällen.

Münzen … des Königs: Eine Maßnahme, die sich gegen den Herzog von Burgund richtete, obwohl es im 15. Jahrhundert sehr viele solcher Verbote gab, um das Münzmonopol des Königs zu festigen. Solche Verbote waren jedoch nur von kurzer Dauer.

58 *Dauphin … war*: Gemeint ist Johann, Herzog von Touraine, vierter Sohn von König Karl VI. Er kam aus Burgund und wollte nach Paris. Vier Monate nach Ludwig von Guyenne, seinem Bruder, starb er unterwegs in Compiègne. Es ging das Gerücht, daß beide Brüder vergiftet worden seien.

König Ludwig: Ludwig II. von Anjou, König von Neapel; seine Tochter wurde später Gemahlin von König Karl VII. von Frankreich.

Goldschäfchen: Goldmünze von 23 Karat, die, 1417 geprägt, 20 Sous wert war.

auf ihre Kosten reinigen zu lassen: Der Autor wird selbst davon betroffen worden sein, denn in seinen Notizen zum Jahr 1434 spricht er von seinem Haus.

59 *Unterhalt ... verringert*: Die Königin floh nach Vincennes, weil sie in Paris einen Aufstand befürchtete. Sie hatte sich mit Bernard VII., Grafen von Armagnac, entzweit, der einen Teil ihres Schatzes beanspruchte, um seine Söldner zu bezahlen.

61 *Salzabgabe gemacht*: Jeder Bürger mußte zu einem erhöhten Festpreis eine bestimmte Menge Salz kaufen. Gemeint ist also nicht die übliche gabelle (Salzsteuer).

Regenten von Paris: Aus Geldmangel konnten die Söldner nicht bezahlt werden, weshalb sie plündern durften.

62 *plötzlich ... vor Paris*: Der Herzog kam gar nicht ›plötzlich wie ein Wunder‹ an, sondern eine Verschwörung in Paris sollte ihm Einlaß verschaffen. Das Komplott wurde entdeckt, die Verschwörer bestraft. Davon berichtet der Autor nichts.

63 *Fleisch*: Hammel- und Schweinefleisch waren im Mittelalter am meisten gegessen und geschätzt, im Gegensatz zu Rindfleisch, das deshalb auch billiger war.

Geldsumme: Die Bürger einer Stadt im Mittelalter bezahlten den Belagerern lieber einen Friedensvertrag, als sich plündern zu lassen.

Chevreuse: Die Stadt wurde ohne Vertrag genommen.

64 *zum Papst gemacht*: Martin V. wurde am 11. November 1417 auf dem Konzil zu Konstanz zum Papst gewählt. Durch seine Separatkonkordate mit England, Frankreich und Deutschland endete das Große Schisma.

erwähnte der Rektor: Der Autor verdreht die Angelegenheit, um die Armagnacs als schlechte Christen hinzustellen. Es ging nicht um die Feier anläßlich der Wahl des Papstes, sondern der Rektor schlug vor, daß die Verleihung der Pfründe, vom Konzil den Bischöfen zugestanden, in den Händen des Papstes bleiben sollte. Der Regent von Paris unterstützte aber die Ansicht des Konzils.

Konnetabel: Bernard, Graf von Armagnac.

65 *sehr einfach*: ganz im Gegenteil, sehr feierlich.

Maientag: Gemeint ist der Vorabend zum 1. Mai.

Maien schneiden: Die männliche Jugend schmückte die Türen der Mädchen mit Maiengrün. Auch am königlichen Hof wurde dieser Brauch beachtet. Das Maiengrün holte man aus dem Bois de Boulogne, ein Wald, der zum königlichen Besitz gehörte.

67 *ihre Befehlshaber*: Es handelte sich um drei Befehlshaber: Villiers de L'Isle-Adam, Guy de Bar und Claude de Chastellux. Alle drei bereicherten sich sehr bei dieser Plünderung.

68 *Dauphin*: der spätere Karl VII.

Schlagt alles tot!: »Es lebe … der König von England!« Dieser Ruf dürfte wohl unwahrscheinlich sein, denn die Armagnacs kämpften gegen diesen.

None: Im Mittelalter verwendete man noch die Tageseinteilung der Kirche (Einteilung im Rhythmus von drei Stunden). Die None war drei Uhr nachmittags.

Andreaskreuz: Emblem der Burgunder.

70 *Bernard d'Armagnac*: Der Graf von Armagnac wurde vom 31. Mai bis 6. Juni im Chatelet gefangengehalten und am 12. Juni auf grausamste Weise hingerichtet.

wußte, wohin mit ihnen: In Paris gab es eigentlich nur zwei Gefängnisse, das Petit Chatelet und das Grand Chatelet, beide unterstanden dem Prévôt. Hinzukamen die beiden Festungen (der Temple und die Bastille) sowie die Kirchengefängnisse (Tiron, Saint-Martin-des-Champs).

71 *heiligen Andreas*: Schutzpatron des Herzogs von Burgund.

roten Rosen: Rot war die Farbe der Burgunder.

72 *Prima*: Nach der Tageseinteilung der Kirche im Mittelalter die Zeit von sechs bis neun Uhr morgens.

Kanzler oder der Konnetabel ... getötet: Hier weicht der Autor von anderen Quellen ab. Nach denen wurden beide auf der Straße in grausamster Weise niedergemetzelt und verstümmelt. Der Leichnam des Konnetabel soll drei Tage durch die Pariser Straßen geschleift worden sein. Der Autor scheint dies alles schamhaft zu verschweigen, wie es ihm überhaupt peinlich ist, wie der politische Gegner niedergemetzelt wurde. Der Herzog von Burgund soll empört gewesen sein, daß ein Prinz von Geblüt so behandelt worden war, daß er dadurch Lösegeld und einen Verhandlungspartner im Konnetabel verlor.

75 *demütigte*: Guillaume d'Auxerre war ein reicher Tuchhändler. Seine Töchter waren mit Männern verheiratet, die zur burgundischen Partei gehörten.

Lendit: Ort eines berühmten Jahrmarktes zwischen Saint-Denis und Paris, wo vor allem Waren aus Flandern und Brabant verkauft wurden. Dieser Markt fand wegen der Kriegsläufte nicht statt.

77 *Hauptmann von Paris*: Charles de Lens, Admiral von Frankreich, der auch das Amt des Hauptmannes von Paris wahrnahm.

78 *so sah die Münze aus*: Der Text enthielt eine Zeichnung der Münze, aber ihre Wiedergabe im Römischen Manuskript wurde von Herausgebern nicht der Reproduktion für wert befunden. Es ist kein erhaltenes derartiges Geldstück bekannt.

außerhalb von Frankreich: Der Autor übertreibt, denn Bernard VII. hatte sie erst in Vincennes, dann in Tours untergebracht und nicht außerhalb des Königreiches.

Jean Bertran: ein ehemaliger Fleischer.

83 *deswegen festgenommen*: Das war nur ein Vorwand.

In Wirklichkeit hatte er als Henker den Herzog von Burgund vertraulich angefaßt. Der Henker war bis in die Neuzeit hinein ein Paria, der ein ›unehrenhaftes Handwerk‹ betrieb und von dem man sich nicht berühren ließ. Außerdem hatte er den Herzog ›Gevatter‹ genannt.

dem neuen Henker: des Henkers ersten Gehilfen.

Pest: Es handelte sich wahrscheinlich um die Beulenpest, deren Ausbruch durch die Unterernährung begünstigt wurde.

85 *Wüster Boden*: Zum ersten Mal im Text überkommt den Autor Resignation und auch Zweifel am Herzog von Burgund. Der hier verwendete Begriff ›Terre Déserte‹ bedeutet ursprünglich ›Verfluchtes Land‹ und stammt aus der keltischen Literatur.

Herzog der Bretagne: Herzog Johann V. war mit der Tochter des französischen Königs Karl VI., Johanna von Frankreich, verheiratet und hatte seine Vermittlung in dem Konflikt zwischen dem Dauphin und dem Herzog von Burgund angeboten. Er hatte sich in der Auseinandersetzung zwischen England und Frankreich und zwischen den Armagnacs und Burgundern neutral verhalten.

im Einverständnis waren: Diese Vorwürfe gehören zur Propaganda der Burgunder. In Wirklichkeit hatten die Armagnacs immer gegen die Engländer gekämpft.

Vergiftung des Herzogs von Holland: Um den Tod der beiden Dauphins, Louis de Guyenne und Jean de Touraine, kursierten die verschiedensten Gerüchte. Der Graf (und nicht der Herzog, wie hier vermerkt) von Holland, Wilhelm IV., war mit einer burgundischen Prinzessin Marguerite verheiratet.

87 *Cimetière des Innocents ... Trinité*: die beiden Hauptfriedhöfe der Stadt.

Hôtel-Dieu: Haupthospital von Paris.

hunderttausend Personen: Diese Zahl dürfte etwas übertrieben sein. Paris hatte etwa 200 000 Einwohner.

93 *irgendeine Heirat*: Heinrich V. von England wollte Katharina von Frankreich, die Tochter Karls VI., heiraten, um seine Eroberungen zu legalisieren.

95 *Frieden geschlossen wurde*: Die Engländer waren nicht in diesem Vertrag einbegriffen.

96 *Lendit*: Gemeint ist die nördliche Straße zwischen Paris und Saint-Denis.

98 *Krieg Unseres Herrn*: Vergleich des Krieges mit dem Gewitter als Kampf Gottes mit dem Teufel.

England...: In dieser nicht erhaltenen Passage wurde vermutlich vom Mord an Johann dem Unerschrockenen, Herzog von Burgund, am 10. September berichtet.

102 *zu ihm gehört*: die Diener.

ihn rühmt: Anhänger des Grafen.

sein Band trägt: die einfachen Sympathisanten.

103 *Chlodwig*: Gemeint ist der Frankenkönig Chlodwig als Begründer der französischen Monarchie.

105 *Herzog von Burgund*: Philipp der Gute (1420 bis 1467).

englische König: Heinrich V. (1413–1422).

107 *Katharina*: Der Vertrag wurde am 21. Mai 1420 geschlossen und sah nicht nur die Heirat des englischen Königs mit dieser französischen Prinzessin vor, sondern auch die Erhebung des englischen Königs zum König von Frankreich, sobald Karl VI. gestorben war.

108 *Tochter Frankreichs*: die obg. Prinzessin Katharina.

109 *Lubre*: burgundisches Geldstück, das etwa dem Wert eines Weißpfennigs entsprach.

110 *des Königs*: Heinrich V.

der Rote Herzog: Ludwig der (Rot-) Bärtige, Herzog von Bayern-Ingolstadt, Bruder der Königin Isabella.

113 *armen Einwohner*: Die mittelalterliche Stadtbevölkerung teilte sich in Bürger (frz. bourgeois) und Nichtbürger bzw. Einwohner (frz. ménager); letztere genossen keine Stadtprivilegien.

114 *Vierte und Subsidien*: Der Vierte und die Maltôt (hier mit Subsidien übersetzt) waren indirekte Steuern auf bestimmte Waren.

115 *Schweine... sie fraßen*: Die Schweine der Abtei von Saint-Antoine genossen das Privileg, frei in den Straßen umherzulaufen.

Herzog von Ostet: Irrtum des Autors. Der dritte Bruder Heinrichs V., der Herzog von Gloucester, war nicht zu dieser Zeit in Paris und hat auch nicht an der Schlacht von Beaugé teilgenommen. Der Herzog von Clarence war der älteste Bruder.

118 *Quelle wie von Blut*: Welches auch immer die natürliche Ursache der Färbung des Wassers gewesen sein mochte, zu dieser Zeit hielt man es für ein Zeichen, das Katastrophen verhieß.

121 *die grausamsten Neigungen*: Er hatte zahlreiche Ämter inne, so war er u. a. auch eine Art Polizeichef.

123 *Waren so herabsetzten*: Es gab erhöhte Taxen auf Verkaufsgebühren.

124 *Heinrich*: der spätere Heinrich VI. (1422–1461).

125 *naturwidrigen bösen Todes*: Der Mensch im Mittelalter hatte keine Angst vor dem Tod, denn er gehörte zum Leben, wohl aber vor einem plötzlichen Tod ohne Beichte, ohne die Garantie für das ewige Leben.

130 *Bastard von Vaurus*: Nach anderen Textkopien handelt es sich hier um Denis de Vaurus, seinen Vetter oder Halbbruder.

Standarte: Wappenschilder u. ä. am Galgen aufzuhängen galt als besondere Entehrung.

Denis de Vaurus: Die Geschichte ist recht zweideutig. Hier wird die anglophile Version erzählt. Sie stellt den Bastard von Vaurus als einen Nero dar, der Vergnügen am Töten hatte. Andere Texte betonen die Ungesetzlichkeit dieser Exekution und lassen den Bastard von Vaurus sagen, daß er den Tod vorzieht, als seinen, dem Dauphin geleisteten Eid zu brechen und einen Eid auf den König von England zu schwören.

134 *heiligen Georg*: Schutzpatron der englischen Könige.

136 *König von England*: Über den Tod Heinrichs V. liefen zahlreiche Gerüchte um. Man vermutete auch Gift oder Geschlechtskrankheiten.

139 *der neue Bischof von Paris*: Jean de La Rochetaillée, vormals Patriarch von Konstantinopel.

trugen ihn: Gemeint ist das Bildnis des Königs.

140 *Quomodo ... populo*: Beginn der Klagelieder des Jeremias: ›Wie liegt die Stadt so wüst, die voll Volks war.‹

141 *Heinrich von Lancaster*: Heinrich VI. von England.

seinen Vater: Karl V. von Frankreich wurde 1364 gekrönt.

142 *riß man es ab*: auf Anordnung des Herzogs von Bedford.

143 *Karl*: Der zuvor als Dauphin bezeichnete König Karl VII. von Frankreich, was er bisher nur für die Armagnacs ist.

144 *Graf von Schottland*: James Stuart, Graf von Bucan, Sohn des Herzogs von Albany (Regent von Schottland) war Konnetabel von Frankreich geworden.

Ganelon: Verräter Rolands (vgl. ›La Chanson de Roland‹) in der Schlacht von Roncevalles.

145 *besagten Heiraten*: Es handelt sich um zwei Heiraten. Anna von Burgund heiratete den Herzog von Bedford; Arthur von Richemont (Bruder des Herzogs Johann V. der Bretagne) heiratete Margarete von Burgund (Witwe des Herzogs von Guyenne).

147 *mit Waffen getötet*: Es ist das erste Mal im Text, daß sich der Autor, der sonst nur auf seiten der burgundischen Partei stand, mit Bedauern und Trauer über den Tod der Armagnacs äußert.

149 *mit den Herren*: den Engländern und Burgundern.

152 *Königin von Frankreich*: Immer noch die Witwe Isabella von Bayern; sie lebte bis zu ihrem Tod 1435 im Hôtel Saint-Pol in Paris.

Übel und Leiden: In Wirklichkeit spielte die Königin keine politische Rolle mehr. Gegenteiliges wurde von den Burgundern behauptet.

157 *Geldes willen*: Gemeint ist der Sold.

159 *Herolde noch Spielleute*: Nach den Gesetzen des Krieges im Mittelalter waren Herolde und Spielleute geschützt.

ohne Reden und Gesten: Lebende Bilder sind gemeint.

162 *Land der Gräfin*: Jakobine von Bayern, Gräfin von Hennegau und Holland, war zunächst mit Johann von Touraine, dem damaligen Dauphin, verheiratet und wurde mithin Witwe. Darauf heiratete sie Johann von Burgund, den Herzog von Brabant. Diese Ehe wurde auf ihr Betreiben und mit päpstlicher Genehmigung aufgelöst, und im März 1423 heiratete sie den Herzog Humphrey von Gloucester, einen Bruder des englischen Königs Heinrich V. Daraufhin erhob dieser Gloucester im Namen seiner Gemahlin Ansprüche auf Hennegau und zog gegen den geschiedenen Herzog Johann ins Feld.

Totentanz am Cimetière des Innocents: Es handelt sich um die berühmte Totentanzdarstellung in Frankreich, ein Freskobild an einem der beiden großen Friedhöfe des damaligen Paris.

163 *Armagnac-Hôtel*: Der ehemalige Sitz des Konnetabel von Frankreich.

164 *Stange … sechs Klafter lang*: Klettermast, wie bei Dorffesten üblich, hier ca. zehn Meter lang.

166 *Bruder des Reichsverwesers*: Es ging immer noch um die Affäre der Jakobine von Bayern. Sie war vom Herzog von Burgund in Gent als Gefangene festgehalten worden und dann geflohen. Die von Gloucester nach Holland geschickten englischen Truppen wurden geschlagen.

168 *Jacques de Touraine*: Jacques Texier oder Textoris, eifriger Anhänger der Burgunder-Partei; später einer der Richter von Jeanne d'Arc.

172 *Insel von Notre-Dame*: Eine der drei Inseln, die heute die Île Saint-Louis bilden.

Ufer der Ulmen: Auf dem Ufer bei den Cölestinern, längs des Hôtel Saint-Pol. Sowohl Karl V. als auch Karl VI. hatten dort Bäume pflanzen lassen.

175 *Dimitte*: Beginn des Satzes aus dem Paternoster: ›Et dimitte nobis debita nostra, sicut et nos dimittimus debitoribus nostris.‹ (Und vergib uns unsere Schuld…)

Unter-Ägypten: Es handelt sich um die Roma oder Zigeuner. Im Mittelalter wurden sie allgemein Ägypter genannt, da man annahm, daß sie aus einer Gegend des Peloponnes stammten, das ›Klein-Ägypten‹ genannt wurde. Im folgenden Text wird ein ›schöner‹ Ursprungsmythos für ihr Nomadentum erzählt.

177 *verletzte Gesichter*: Der Autor meint vermutlich Tätowierungen.

178 *Belagerung von Montargis*: La Hire und der Bastard von Orléans führten die Hilfstruppen, die die Belagerung aufhoben.

Ballspiel: Das Ballspiel (jeu de paume) ist vor allem ein Spiel unter Männern, weil das Schleudern des Balles außerordentlich viel Kraft verlangt.

179 *Dando*: vermutlich eine Art Grippe.

Sauvage de Frémainville: Er war eine Art Raubritter und gehörte zuerst zur Partei der Burgunder, dann zu der der Armagnacs. Er war berühmt wegen gefährlicher Unternehmungen. So hatte er zum Beispiel im Dezember 1425 versucht, den Herzog von Bedford aufzulauern. Dieser verzieh ihm das nie und setzte alles daran, ihn zu fangen, was in L'Isle-Adam gelang.

182 *der Hauptmann*: John Talbot, Graf von Shrewsbury, hielt sich in Alençon auf.

183 *prächtigste Fest*: Der Anlaß war merkwürdigerweise die Ernennung von vier neuen Doktoren, zwei Franzosen und zwei Engländern.

185 *abgehängt*: Er war am 15. Dezember 1427 gehängt worden und wurde nun neun Monate später vom Galgen genommen.

186 *Begleitung von Bewaffneten*: unter Führung von John Falstaff und dem Prévôt von Paris.

187 *gegen zwei*: Es müßte heißen: vierzehn gegen drei. Fehler des Autors oder des Kopisten.

Herr von Bourbon: Charles de Bourbon, Graf von Clermont, ältester Sohn des Herzogs von Bourbon, der seit der Schlacht von Azincourt Gefangener in England war.

189 *Bruder Richard*: Bettelmönch und erfolgreicher Prediger. Er gehörte zur Partei der Armagnacs und wurde später Beichtvater der Jeanne d'Arc, die er auch auf ihrer Reise nach Reims begleitete.

190 *Totentanz*: das berühmte Fresko am Cimetière des Innocents, zwischen 1424 und 1425 gemalt.

Nurelis: Knöchelchen-Spiele

191 *Coronaym*: Vgl. Matthäus XI,2 und Lukas X,13: Veh tibi Corozaim, veh tibi Bethsaida, quia si in Tyro et Sidone factae essent virtutes quae factae sunt in vobis, olim in cilicio etcinere penitentiam egissent. (Unglück dir, Bethsaida, Unglück dir, Coronaim.)

Bruder Vinzenz: Der hl. Vinzenz Ferrer (1357–1429), bedeutender Dominikanerprediger, der den Untergang der Welt wortgewaltig verkündete. Während des Schismas Anhänger der Päpste von Avignon, wirkte während des Konzils von Konstanz erfolgreich für die Herstellung der kirchlichen Einheit.

Bruder Bernhard: Bernhardin von Siena (1388–1444), Franziskaner, gewaltiger Volksprediger. Thema seiner Predigten war weniger das Ende der Welt als vielmehr die Reform der Sitten und der Aufruf zur Buße.

192 *Alraunen*: Alraunwurzeln wurden magische Kräfte zugeschrieben, die zu Reichtum, Fruchtbarkeit usw. führten.

Jungfrau: Gemeint ist Jeanne d'Arc, die Jungfrau von Orléans.

193 *zahm wären*: Aus den ›Fioretti‹ des Franz von Assisi und soll ein Zeichen der Erwählung bedeuten.

In veritate apocryphum est: lat., In Wahrheit ist dies falsch.

Gewalt von Orléans: 8. Mai 1429.

englischen Hauptmann: Sir William Glasdale, Nachfolger des Grafen von Salesbury bei der Belagerung der Stadt.

194 *wie diese Figur*: Es handelt sich um Siamesische Zwillinge. Im verschollenen Originalmanuskript befand sich an dieser Stelle eine Zeichnung.

195 *Saint-Jean*: Es handelt sich nicht um die Kirche Saint-Jean-en-Grève, sondern um die von Saint-Eustache.

Vertrag: Wahrscheinlich der Vertrag von Ponceau 1418.

197 *Burg von Beauvais*: 22. August.

199 *Drehpfeil*: Der Vireton war ein spiralförmiger Pfeil, der sich während des Fluges drehte.

201 *Saint-Pol*: Das ehemalige Palais Karls VI., zu dieser Zeit bewohnt von Königin Isabella.

203 *Sluis*: Stadt in den Niederlanden.

nach Aragon: Isabella mußte in England zwischenlanden. Herzog Philipp von Burgund heiratete Isabella am 10. Januar 1430 in Brügge. Sie war die Mutter Karls des Kühnen von Burgund.

204 *miteinander verheiratet*: Es galt der mittelalterliche Brauch, wonach eine Frau einen Verurteilten vor der Hinrichtung retten konnte, sofern sie ihn heiraten wollte.

205 *Herrn von Saveuse*: Philippe de Saveuse gehörte zur anglo-burgundischen Partei.

210 *fünfzehntausend Pfund*: Genau 16192 Pfund.

213 *bretonisch sprechende Bretonin*: Anspielung auf die verschiedensprachigen Bretonen oder eine der im Text üblichen Reduplikationen.

216 *Monats ... geboren*: Anton von Burgund wurde am 30. September 1430 in Brüssel geboren, starb aber bereits ein Jahr nach seiner Geburt. Im Römischen und im Pariser Manuskript stehen Lücken für die Daten.

217 *Sold ... bezahlen*: Er erhob eine Steuer.

schlechte Werk: In der Karwoche durfte man sich nicht schlagen; dies wurde von Gott als schlechtes Werk angesehen.

219 *Predigt gehalten*: Im Römischen Manuskript heißt es 1418, im Pariser Manuskript 1318. Wenn Gilles der Augustiner Egidio Colonna ist, Augustinergeneral und Theologe, in Frankreich Gilles de Rome genannt, so starb dieser bereits 1316. Papst Urban IV. führte Fronleichnam im letzten Jahr seines Pontifikats, 1264, ein.

1430 verschied: Irrtum des Autors oder Fehler des Kopisten. Martin V. starb im Februar 1431.

221 *die Ermahnung*: letzte Möglichkeit des Delinquenten, von den Irrtümern Abstand zu nehmen.

Männerkleidung gekleidet: Es galt für die Kirche als Häresie, wenn jemand die Kleidung des anderen Geschlechts anlegte.

siebzehn Jahre alt: 1431 war sie neunzehn Jahre alt.

224 *Worte ihres Mundes*: steht hier bewußt als Gegensatz zu: von Herzen.

La Hire: hat auch die Bedeutung von ›Wut‹.

225 *Inquisitor des Glaubens war*: Der Dominikaner Jean Graverent war Parteigänger der Engländer.

226 *Pieronne*: Gemeint ist Pierronne die Bretonin, die im September 1430 hingerichtet wurde, weil sie an die Mission der Jeanne d'Arc glaubte.

Catherine de la Rochelle: Sie soll Jeanne d'Arc im Dezember 1430 getroffen haben. Jeanne hatte bezeugt, daß es sich bei ihr um eine Abenteurerin handelte und nicht um eine Seherin. Aufgebracht, zeugte Catherine de la Rochelle gegen Jeanne d'Arc, als sie Anfang 1431 in Paris festgesetzt wurde. Sie wurde Anfang Juli freigelassen und schloß sich den Armagnacs an.

227 *Guillaume le Berger*: Genannt ›le Petit Berger‹ war ein ›schwachsinniger Visionär‹, den der Erzbischof von Reims ›als Ersatz‹ für Jeanne d'Arc an die Spitze der königlichen Truppen stellte, um deren Moral zu stärken. Im August 1431 von den Engländern gefangengenommen, wurde er wahrscheinlich Ende 1431 in der Seine ertränkt.

228 *Roivolle*: Kuhweizen.

Heinrich: Heinrich VI. von England.

229 *waren drinnen*: Dem Brauch gemäß empfing die Stadt eigentlich den König außerhalb des Tores.

Kanzler: Ludwig von Luxemburg, Bischof von Thérouanne, für die Engländer Kanzler von Frankreich.

240 *eine große Sache ist*: So will der Autor die Niederlage erklären. Jede Seite war aber mit 10 000 bis 11 000 Soldaten etwa gleich stark.

241 *Äbtissin von Saint-Antoine*: Emmerance de Calonne, Äbtissin des Zisterzienserklosters Saint-Antoine-des-Champs war Sympathisantin der Armagnacs.

242 *zu verraten*: Das Kloster lag günstig, um das Tor zu öffnen.

sie sollten: Die Armagnacs…

Herrn von Massy: Mit diesem Namen ist allem Anschein nach Aymar de Mouchy gemeint, der wohl als ein Anhänger der Burgunder galt, in Wirklichkeit jedoch Raubritter war und im Süden von Paris sein Unwesen trieb.

243 *vom Volk sehr geliebt*: Herzogin Anna, Schwester Philipps des Guten und Gemahlin des Herzogs von Bedford, setzte sich sehr für die anglo-burgundische Allianz ein, spendete aber viel Almosen und unterstützte Arme und Kranke, weswegen sie vom Volk sehr geliebt wurde.

245 *Nichte des Kanzlers von Frankreich*: Der Herzog von Bedford heiratete die siebzehnjährige »muntere, schöne und anmutige« Jacquette de Luxembourg. Es war eine geschickte Zweckheirat, denn die Staaten von Luxemburg waren von großer strategischer Bedeutung.

246 *Bischof von Reims*: Er votierte immer für eine Verständigung mit Burgund. Deshalb war er wohl auch recht zurückhaltend in der Affäre um Jeanne d'Arc.

247 *das im Jahr 1348*: Anspielung auf die Schwarze Pest, die 1348 ein Drittel der europäischen Bevölkerung dahinraffte.

248 *... quam facit*: lat., Er öffnete und grub einen See, und er fiel in den Graben, den er geschaffen (Psalm VII,16).

256 *nicht aus einer Ehe*: Philipp der Gute von Burgund hatte acht uneheliche Söhne und sieben uneheliche Töchter.

258 *Neuigkeiten*: Diese Verhandlungen liefen letztlich darauf hinaus, daß Philipp der Gute Karl VII. als König anerkannte und Burgunder und Armagnacs ein Bündnis gegen England schlossen.

261 *Schweineschmalz ... der Schoppen*: Das Schmalz war zähflüssig und wurde in Schoppen verkauft.
Beauté: Das Schloß dieses Dorfes schenkte Karl VII. Agnes Sorel, vielleicht des Namens (Schönheit) wegen.

264 *Sonntag über G*: Es war bereits erwähnt, daß der Autor sich in der Zeiteinteilung nach dem Osterfest richtete. Man war also hier in der ersten Woche 1436, einem Schaltjahr, d. h. es umfaßte 52 Wochen und 2 Tage. Es endete, im Gegensatz zu den normalen Jahren (die beginnen und enden mit demselben Tag), mit dem Tag der Woche, der dem folgt, mit dem er begonnen hat. Der Sonntagsbuchstabe (der den Tag anzeigt, auf den ein Sonntag fällt), hier G, gestattet zu wissen, welches der erste Sonntag des Januar ist. Der 1. Januar ist A, der 2. ist B, usw. G entspricht also dem

7. Januar. Ein Jahr G will sagen, daß der 1. Sonntag jenes Jahres der 7. Januar ist. Damit läßt sich auch leicht das Datum von Ostern erschließen: 7. April + 1 Tag, wegen der Einschaltung eines Tages im Februar für das Schaltjahr (Ostern ist also am 8. April). Diese Art der Errechnung war gebräuchlich bei der Kirche, für welche die Bestimmung des Osterdatums sehr wichtig war, da es die Daten der beweglichen Feste des Kirchenjahres bestimmte.

265 *Le Vavasseur*: Dieser reiche Bäcker und Müller war ein erfolgreicher Kornspekulant während der Versorgungsschwierigkeiten. In seine Machenschaften hatte er noch zahlreiche andere Personen verstrickt. Er wurde 1420 zu einer hohen Geldstrafe verurteilt.

268 *verlacht wie sie*: Zum Beispiel mit dem Ruf: ›Auf den Schwanz und auf den Fuchs!‹, in Anspielung auf das Fuchsschwanzwappen Heinrichs V. und Heinrichs VI.

270 *... sempiternum*: lat., Ihr sollt diesem Tag haben zum Gedächtnis und sollt ihn feiern dem Herrn zum Fest, ihr und alle eure Nachkommen zur ewigen Weise (2. Mose, XII,14).

272 *wenn nicht ...*: Lücke im Manuskript.

288 *um sie anzuordnen*: Sie wurde vor der Überführung nach Poissy einbalsamiert.

... Tante eines Königs: Tochter Karls VI., Schwester Karls VII., Tante des englischen Königs Heinrich VI.

Äbtissin ... von Poissy: Sie war nicht Äbtissin des Klosters von Saint-Louis-de-Poissy, sondern seit frühester Jugend in diesem Kloster, das sie auch nicht hat verlassen wollen, um Eduard von Bar zu heiraten.

289 *die stärksten und jüngsten*: Es handelte sich um die Beulenpest. Andere Quellen sprechen von 50000 Toten, was ein Viertel der Bevölkerung von Paris war.

290 *Katzenplatz*: Dieser Platz diente damals als Markt der Wandertrödler.

Grafen von Warwick: Nachfolger des Herzogs von Bedford, jedoch kam die Regentschaft nicht mehr in Frage, da Heinrich VI. großjährig war.

291 *Grausamkeit des Erzbischofs*: Ludwig von Luxemburg, für die Engländer Kanzler von Frankreich, Bischof von Thérouanne, seit 1436 Erzbischof von Rouen.

297 *Abtes von Saint-Maur-des-Fossés*: Er war mitverantwortlich für die Steuern, was ihn beim Volk unbeliebt machte.

mit dem Dauphin: Karl von Bourbon war ein Anführer einer Verschwörung von Unzufriedenen, die als Praguerie bekannt ist. Er war im Einverständnis mit dem Dauphin, dem späteren Ludwig XI.

301 *... und ging fort*: Diese Frau, Claude des Armoises, war eine Abenteurerin, die einen lothringischen Ritter heiratete, von dem sie zwei Söhne hatte. Sie führte ein sehr bewegtes Leben. 1436 anerkannte die Familie der Jeanne d'Arc sie als ihre Tochter, und die Bürger von Orléans empfingen sie 1439 sehr feierlich. Der König ließ ihr aber den Prozeß machen. Sie wurde 1456 rehabilitiert. Zwischen 1436 und 1439 lebte sie in Metz und Köln unter der Protektion des Grafen von Würtemberg. Sie hatte große Schwierigkeiten mit der Kölner Inquisition, die sie der Hexerei bezichtigte.

303 *im Land England gewesen war*: Karl von Orléans hatte schließlich die 400 000 Taler Lösegeld aufgebracht.

seine Frau: Maria von Clèves, Nichte Philipps des Guten, war seine dritte Frau. Diese Heirat 1440 brachte die Versöhnung zwischen dem Haus Orléans und Burgund.

310 *noch bis zum Maien*: Verbunden mit einem Vorlesungsstreik, um Steuerprivilegien zu verteidigen.

313 *Jeanne La Verrière*: Auf dem Cimetière des Innocents gab es seit Beginn des 15. Jahrhunderts Einsiedlerinnen. Sie lebten von königlichen Almosen (8 Livres im Jahr) oder von der öffentlichen Barmherzigkeit. Man unterschied freiwillige Einsiedlerinnen, zu

denen Jeanne La Verrière gehörte, und von der Justiz dazu verurteilte.

315 *das ganze Land ...*: Lücke im Manuskript.

318 *in der Stadt*: sonst außerhalb der Stadtmauern.

319 *Stadt der Heiligen*: Dieser Heilige heißt französisch Saint-Cloud.

320 *Vorhaut Unseres Herrn*: Im Mittelalter auch unter dem Namen ›Silber-Kleinod‹ bekannte Reliquie; im Besitz der Abtei von Coulombs in der Diözese von Chartres; besonders von schwangeren Frauen verehrt.

324 *Légende dorée*: Berühmte Sammlung von Heiligen-Viten von Jacques de Voragine, geschrieben in der zweiten Hälfte des 13. Jahrhunderts.

325 *ein junger Mann*: Fernando de Cordoba (1420 bis 1456), spanischer Kleriker.

Magister der Künste: Nach dem Studium an der Fakultät der Künste spezialisierte sich der Student im Mittelalter in einer der vier Wissenschaftsdisziplinen (Medizin, Theologie, Zivilrecht, Kanonisches Recht). Es kam wohl vor, die Fachgebiete Zivil- und Kanonisches Recht oder Theologie mit Kanonischem Recht zu verbinden, doch alle vier zusammen schien unvorstellbar.

326 *Doktoren der Heiligen Kirche*: Schwer zu entscheiden, wen der Autor mit den vier Doktoren meint: die vier Evangelisten oder die Kirchenväter.

327 *... unum pastor*: lat., Er wird sein eine Schafherde und ein Hirte (Johannes X,16).

wie in der Zeit zuvor: Seit der Herrschaft des hl. Ludwig (1226–1270) waren die Freudenmädchen in Bordellen kaserniert und unter Kontrolle. Es war ihnen verboten, prächtige Gewänder, Pelze oder Schmuck zu tragen. Die ›wilde‹ Prostitution, wie sie sich in den vom Autor geschilderten Kriegsläuften entwickelt hatte, wurde also wieder verboten.

328 *über B lief*: Der Buchstabe des Sonntags von 1446 ist

also B: Das Jahr hatte also mit einem Dienstag begonnen (Montag A, Dienstag B usw.).

329 ein Sohn ... geboren: Karl von Frankreich, am 28. Dezember 1446 geboren, Bruder Ludwigs XI., als Apanage erhielt er den Berry.

Sankt Johann-Porta-Latina: Der Satz ist unvollständig.

330 der fünfte dieses Namens: Nikolaus V. wurde am 6. März 1447 zum Papst gewählt.

Herzog von Savoyen: Aymé VIII. von Savoyen wurde 1437 unter dem Namen Felix V. als Papst gewählt und von Savoyen und einigen süddeutschen Fürsten anerkannt.

Bochet: eine Art Cidre.

331 ein Fräulein: Gemeint ist Agnes Sorel, die schönste Frau des Jahrhunderts, die Mätresse des Königs.

332 über F läuft: Der erste Tag des Jahres war ein Samstag.

Nachwort

Ein anonymes Tagebuch

I. Einer der beiden Ursprünge des Tagebuchs – aller diaristischen Literatur – ist zweifellos das Haus- und Wirtschaftsbuch, die Chronik, in der verzeichnet wird, was im privaten Bereich der Familie und des von deren Dasein meist noch nicht abgetrennten Geschäfts an Denkwürdigem, Lehrreichem und Erinnerungswürdigem sich zugetragen hat, vielleicht sogar einschließlich der Einnahmen wie der Ausgaben, der Schäden, der Schulden, der Gewinne.

Der andere nicht minder deutliche Ursprung ist dann der der Beichte, des Geständnisses wie der Rechtfertigung, und findet daher in Ländern protestantischen Glaubens, wo der institutionalisierte Beichtzwang fortgefallen ist, eine weite Verbreitung – bis hin in die großen Lebensbeichten, die wir als Autobiographien kennen. Die allmähliche Aushöhlung der Glaubenswelt, fortschreitende Säkularisation hat dann auch in katholischen Ländern das konfessionsartige Tagebuch nach und nach zu einer fast selbstverständlichen Erscheinung werden lassen. Wichtig ist, daß wir es, wie in der autobiographischen Literatur überhaupt, zum einen mit einer wesentlich introspektiven wie zum anderen mit einer sozusagen außengerichteten, einer eher kontemplativen wie einer auf die weltliche Wirklichkeit, die vita activa, gerichteten Tagebuchliteratur zu tun haben. Es ist leicht festzustellen, welchem Typus von diaristischer Literatur das Tagebuch des anonymen Pariser Bürgers zuzuordnen ist.

Wer aber schreibt hier? Der Mann, der zwischen 1405 und 1449 seine Notizen macht, war aller Wahrscheinlichkeit nach ein Kleriker, und das nicht nur etwa deshalb, weil er schreiben konnte. Unter den Aufzeichnungen des Jahres 1445 ist von einem sehr jungen Spanier die Rede, der als Magister Artium und als Mediziner auftritt, als Doktor beider Rechte und der Theologie, der in sämtlichen alten Sprachen bewandert ist, ein Ritter zudem, der ein tüchtiger Kriegsmann zu sein scheint und mit den Klerikern der Universität von Paris wie anderen Geistlichen zu disputieren weiß und dabei Furcht verbreitet, weil er doch mehr weiß, als die menschliche Natur zu wissen gestattet, so daß er dem Verfasser der Notizen wie den anderen Geistlichen als der vorausgesagte Antichrist erscheint. Hier jedenfalls wird der Bürger von Paris einmal in seiner, in einer Funktion greifbar.

Was aber hält er fest, der sich hier mit den anderen Klerikern von Paris zusammen nennt? Er hat sehr viel zu notieren, denn es ist keine Zeit, die im Buch der Geschichte nur leere Blätter hinterläßt, es ist die Zeit des Hundertjährigen Krieges, und das heißt nicht allein der Kämpfe mit den englischen Truppen, sondern auch der innerfranzösischen Wirren unter der Herrschaft des geisteskranken Königs Karl VI. und seines Sohnes, Karl VII., wie der jeweiligen Regenten und der dazugehörigen Parteien. Er berichtet von Feldzügen, Gefechten und Überfällen, den Nöten der Belagerung, von Haß und Leidenschaft, Mord, Blut, Verrat, Plünderungen und allen möglichen Greueltaten, von Hungersnöten, Seuchen und Teuerungen im Gefolge der niemals abreißenden Wirren, von Unglück und (weniger) von Glück, nicht aber von inneren Leiden und Anfechtungen.

1418 heißt es im Zusammenhang mit einem vermeintlichen nächtlichen Überfall, als nun die Leute, einem blinden Alarm folgend, umsonst zusammengelaufen: ›Da erhob sich die Göttin der Zwietracht, die im Turme des Schlechten Rates wohnte, und weckte rasende Wut und Gier und Empörung und Rache, und sie griffen zu den

Waffen und vertrieben Vernunft, Gerechtigkeit, Gedenken Gottes und Mäßigung, sehr schändlicherweise. Und als Wut und Gier das gemeine Volk auf ihrer Seite sahen, erhitzten sie es mehr und mehr, und kamen zum Palais des Königs. Da warf ihnen Wut, die rasende, ihren lodernden Samen ins Hirn; da wurden sie maßlos entflammt und zerbrachen Tore und Gitter und stürmten die Kerker des besagten Palais um Mitternacht, zu sehr erstaunlicher Stunde für jemand, der überrascht wird; und Gier, die ihr Hauptmann war und die Fahne vorantrug, die mit sich führte den Verrat und die Rache, sie riefen laut: ,Schlagt sie tot, schlagt sie tot, die falschen Verräter von Armagnac! Gott werde ich leugnen, wenn einer von ihnen auf seinen Füßen entflieht diese Nacht.' Entfesselung, die rasende, und Mord nun und Totschlag erschlugen und schlachteten, töteten, mordeten alles, was sie fanden im Kerker, ohne Erbarmen, zu Recht oder Unrecht, mit Grund oder ohne; und die Gier hatte den Gürtel geschnallt, mit ihr die Tochter Räuberei und der Sohn namens Diebstahl, die nahmen ihnen, sobald sie tot oder vorher, alles an ihnen, und wollte Gier es nicht leiden, daß man ihnen die Hosen ließ, waren sie mindest vier Heller wert, und war dies eine sehr große Grausamkeit und christliche Unmenschlichkeit, von andern zu schweigen.‹

Die allegorischen Elemente der Darstellung verleihen dem Vorgang etwas Exemplarisches; die Menschen werden hier zu Sklaven ihrer blinden Wut und sind nicht mehr in der Lage, vernünftig zu entscheiden und zu handeln; mit der Vernunft ist ihnen alle Menschlichkeit abhanden gekommen. Sie tun nun mit den wehrlosen Opfern, wie man bei Gelegenheit auch wieder mit ihnen verfahren wird. In der Bartholomäusnacht wie in der Französischen Revolution werden Szenen von ähnlicher Art sich wiederholen.

1420, es geht auf den Winter zu, wird das Brot ums Doppelte teurer, so daß es niemand mehr kaufen kann, ›wenn er nicht vor Tagesanbruch zu den Bäckern ging, den Meistern und Gesellen Pinten und Schoppen zu geben, um welches zu bekommen. Und doch gab es zu dieser Zeit keinen Wein, der nicht mindestens zwölf Heller die Pinte gekostet hätte; aber man beklagte sich nicht darüber, wenn man ihn bekommen konnte, denn wenn man ungefähr um acht Uhr kam, gab es schon ein solches Gedränge an den Türen der Bäcker, daß niemand es glauben würde, der es nicht gesehen hat.‹

Man sieht, daß der Verfasser nicht, wie wir heute meinen, wenn wir Tagebücher lesen, von sich, seinen Erfahrungen und Leiden, Überlegungen und Ansichten berichtet, sondern festhält, was er erblickt, was man ihm zuträgt, was um ihn herum geschieht und was oft genug nicht einmal ihn selber betrifft, so daß er gleichsam stellvertretend für die leidenden Menschen zu notieren scheint. Es entsteht somit eine Chronik, die man der florentinischen des wenig jüngeren Luca Landucci an die Seite stellen kann und deren Inhalt vor allem das Unheil, die Grausamkeit, die Unbeständigkeit der Welt ist, der Wahn der Menschen wie die Laune der Fortuna. Als sich zu Unrecht Verfolgte nach einem Willkürakt des Herzogs von Guyenne vor der drohenden Gefahr zu verbergen trachten, bemerkt der Chronist weiter: ›Aber in dieser Stunde war Fortuna ihnen so ungünstig, daß sie, wenn sie gefunden worden wären, von Edlen und von Gemeinen, alle zerstückelt worden wären, und doch wußte man nicht warum, außer daß man sagte, sie wären zu gierig gewesen. Da sieht man, wie wenig Sicherheit überall herrscht, denn noch den Tag zuvor hätten sie, wenn sie wollten, die ganze Stadt Paris auf einem Platz versammeln können.‹

Zu den Verheerungen, welche die plündernden Truppen anrichten, fügt die Natur das ihre hinzu. 1423 berichtet der Chronist des Unheils: ›Item, in diesem Jahr waren alle Feigenbäume, der Rosmarin, die Spaliertrauben des Marais und große Teile der Weinberge ganz erfroren, und Nußbäume, von besagtem Frost, besonders alles, was über der Erde war, und ungefähr Mitte Mai begannen sie auszuschlagen.‹

Die Menschen sind den Grausamkeiten des Krieges ebenso ausgesetzt wie der Unbarmherzigkeit der Natur. Vom Sankt Lorenz-Tag 1419 wird berichtet: Da ›donnerte und blitzte es so schrecklich und so lange, wie man es seit Menschengedenken nicht gesehen hatte, und regnete entsprechend, denn dies Gewitter dauerte vier Stunden ohne Unterbrechung. Und so fürchteten die Leute den Krieg Unseres Herrn wie den des Feindes.‹

Unwetter und Frost, Mißernten und Krankheiten sind, wie die Unbarmherzigkeit der Menschen, die unkorrigierbare Willkür der Großen, Heimsuchungen Gottes oder boshafte Launen der Fortuna, die er offenbar gewähren läßt und gegen die das Volk sich nicht schützen, die es nur hinzunehmen lernen kann. Zuweilen taucht ein leidenschaftlicher Prediger auf, der die Gläubigen um sich schart und sie abzieht von ihrem sündigen Treiben, von Spielsucht und Putzsucht, aber diese Art von Einkehr und Reue, die an das spätere Auftreten von Savonarola in Florenz erinnern könnte, hält niemals lange vor – dabei ist die Welt voll von Unheil verkündenden Zeichen. Der Verfasser der Chronik vermerkt 1428, daß in der Chanvrerie hinter Saint-Jean ein Kalb zur Welt gekommen, ›das zwei Köpfe hatte, acht Füße und zwei Schwänze; und in der folgenden Woche wurde in Saint-Eustache ein Ferkel geboren, das zwei Köpfe hatte, aber es hatte nur vier Füße.‹

Es gibt aber noch weitere wunderbare Zeichen. So berichtet der anonyme Verfasser von etwas, was er nur vernommen hat, daß es nämlich eine Jungfrau gab ›am Ufer der Loire, die sich Prophetin nannte und sagte: ‚Diese und jene Sache wird wahrhaft geschehen.' Und war ganz gegen den Reichsverweser von Frankreich und seine Helfer. Und man sagte, daß sie trotz all derer, die Orléans belagerten, mit einem großen Haufen Armagnacs und einer großen Menge Lebensmittel in die Stadt eingezogen war, ohne daß die von der Armee sich regten; und doch sahen sie sie auf die Entfernung von ein oder zwei Pfeilschüssen vorbeiziehen, und sie hatten einen solchen Bedarf an Lebensmitteln, daß ein Mann zum Abendessen wohl um drei Weißpfennige Brot aß. Und einige andere Sachen von ihr erzählten solche, die mehr die Armagnacs als die Burgunder oder den Reichsverweser liebten; sie behaupteten, daß sie, als sie noch klein war, die Lämmer hütete, und daß die Vögel der Wälder und Felder kamen, wenn sie nach ihnen rief, und aus ihrem Schoß fraßen, als ob sie zahm wären. In veritate apocryphum est.‹

Nachdem hin und wieder von den Taten der legendären Jungfrau die Rede gewesen, von den von ihr befohlenen Angriffen und Gefechten, berichtet der Kleriker von Paris zwei Jahre später von ihrer Gefangennahme und dem Verhör, dem sie in Rouen unterzogen wurde. Er tut dies ohne weitere Anteilnahme und hat denn auch nur wenig Gutes von ihr zu melden: ›(. . .) an mehreren Orten ließ sie Männer und Frauen töten, sowohl in der Schlacht als auch aus willkürlicher Rache, denn wer den Befehlen, die sie gab, nicht gehorchte, den ließ sie alsobald sterben, erbarmungslos, wenn sie ihn haben konnte, und sagte und bestätigte, daß sie nie nichts tat, was nicht Befehl Gottes war, den er ihr oft durch den Erzengel Michael, die heilige Katharina und die heilige Margarete gab, und nicht wie Unser Herr es zu Moses am Berg Sinai tat, sondern richtig sagten sie ihr geheime künftige Dinge, und daß sie ihr alles befohlen hatten und befahlen, was sie tat, wegen ihrer Kleidung und anderem.‹ So wird sie nun, wie es scheint zur Genugtuung des Chronisten, all der Irrtümer und Ketzereien überführt, ›und solche wurden ihr vor allem Volk erklärt, wovon sie vielen großen Schrecken hatten, als sie die großen Irrtümer erzählen hörten, die sie gegen unseren Glauben gehabt hatte und noch immer hatte, denn wie sehr man ihr auch ihre großen Übeltaten und Irrtümer bewies, war sie doch nicht erschrocken oder erstaunt, sondern antwortete kühn auf die Artikel, die man ihr vorlegte, als wäre sie vom höllischen Feind erfüllt; und das schien wohl so zu sein, denn sie sah die Kleriker der Universität von Paris, welche sie ganz demütig baten, sie möge bereuen und diesen üblen Irrtum widerrufen, und daß ihr durch Reue alles vergeben würde, oder wenn nicht, würde sie vor allem Volk verbrannt werden und ihre Seele in den Grund der Hölle verdammt, und wurde ihr die Anordnung und der Ort gezeigt, wo das Feuer sein sollte, um sie bald zu verbrennen, wenn sie nicht widerrufen würde.‹

Die einen halten sie nun für eine Märtyrerin, andere beklagen, daß man sie überhaupt so lange beschützt, also: hatte gewähren lassen; der Kleriker wieder, der hier berichtet, scheint noch mit seinem Urteil zurückzuhalten, und doch klingt es wie Genugtuung, wenn er schließlich bemerkt: ›So sprach das Volk, aber was Schlechtes oder Gutes sie getan haben möchte, an jenem Tag wurde sie verbrannt.‹

Die Welt ist nun einmal voll von Schrecken und Verhängnis, Sonderbarkeiten, Wirrsal und diabolischen Versuchungen. Die hält der anonyme Schreiber meist kommentarlos fest.

II. Er schreibt weitgehend unter Verzicht auf Reflexion und Kommentar und legt eine von Begebenheit zu Begebenheit allein durch Andersartigkeit oder durch bloße

Anhäufung nur andeutungsweise sich gliedernde, dem Lauf der Jahre genau folgende, also unordentlich geordnete Chronik vor, ohne Selbstbetrachtung, ohne das eigene Urteil mehr als andeutungsweise sichtbar werden zu lassen, also ganz unspekulativ und gewissermaßen naiv; eine gewisse Formlosigkeit scheint er nicht zu scheuen oder nicht zu bemerken; wir wissen auch nicht, ob und in welcher Weise er vielleicht bei der Niederschrift seiner Notizen an eine Nachwelt überhaupt gedacht hat.

Die Journal-Eintragungen erfolgen auch nicht ganz regelmäßig, es gibt im Text längere Pausen und so etwas wie Rückblicke über größere Zeiträume, über mehrere Monate sogar, auch sie bezeugen den chronikalischen Charakter des sogenannten ›Journals‹.

Der Verfasser registriert, wie es scheint, mit großer Nüchternheit und Gelassenheit, wiewohl gewiß nicht völlig teilnahmslos; er wendet sich hier an den Herrn, dort erkennt er das Walten der Fortuna, Skrupel in die göttliche Gerechtigkeit freilich kommen nicht auf: Auch die Fortuna folgt nämlich den Winken des göttlichen Willens, und zumindest entspricht ihrem launischen Wirken die immer erneuerte Sündhaftigkeit des Menschen. Auch sie handelt nicht aus eigener Machtvollkommenheit. ›So wirkte Fortuna ganz willkürlich in diesem Königreich, und es gab keinen Edlen oder anderen, der wußte, was am besten wäre: die Großen haßten einander, die Mittleren wurden von Abgaben gedrückt, und die ganz Armen fanden keinen Verdienst‹, heißt es in den Aufzeichnungen für 1413, aber was hier als Eigenmächtigkeit der Fortuna anzuklingen scheint, wird an anderer Stelle wieder korrigiert.

Charakteristisch ist auch die Iuxtaposition der Notizen, die scheinbar beliebige Gleichordnung der Dinge und Begebenheiten der unterschiedlichsten Art: unmittelbar nachdem er den Tod des Dauphin, dann auch den

des Königs verzeichnet hat, ist von den Lebensmittel-
preisen und von der Wirkung der politischen Situation
auf das Verhalten der Menschen die Rede: ›Item, zu jener
Zeit bekam man gesunden und sauberen Wein um einen
Heller die Pinte, aber hohe Abgaben jedes Jahr; und niemand wagte, vom Herzog von Burgund zu sprechen,
denn das bedeutete die Gefahr, das Leben oder Hab und
Gut zu verlieren oder verbannt zu werden.‹

Feierliche höfische Einzüge, festliche Spiele, kirch-
liche Prozessionen, Freudenfeuer, Heiraten, Hinrichtun-
gen, Steuern und Geldentwertung, Überfälle, Wetter-
stürze, Überschwemmungen, Frostschäden und Weinlese,
das hat hier alles gleichzeitig Platz und scheint von gleicher Wichtigkeit zu sein. Gleichbleibend sind Ungerech-
tigkeit, Wehrlosigkeit und Elend, die Willkür der Ge-
walthaber: ›Aber Gott, der die verborgensten Dinge
weiß, blickte voll Erbarmen auf sein Volk und weckte
Fortuna, die wie betäubt aufsprang, ihren Gürtel
schnallte und einige von Paris ermutigte (. . .)‹, die sich
dann mit denen von Burgund zusammentun, um die Stadt
von der unerträglich gewordenen Herrschaft zu befreien.
Diejenigen, die sie innegehabt, hatten eben nicht verstanden, die Gunst der Fortuna zu nutzen, die nun dafür mit
den Burgundern ist und ›mit allen Waffen und Gemeinden von Paris, und ließ jenen die Türen einbrechen und
ihre Schätze nehmen und plündern, und drehte ihr Rad so
rasch, sich an ihrer Undankbarkeit zu rächen, weil sie sich
nicht um den Frieden gesorgt hatten; und sehr glücklich
war, wer sich im Keller oder Gelaß oder sonstwo verbergen konnte.‹ Zu Hunderten liegen nach den Kämpfen die
Toten in den Straßen, ausgeraubt bis auf die Kleider, ›und
lagen wie die Schweine in Haufen mitten im Schlamm,
daß es sehr zum Erbarmen war, denn in dieser Woche gab
es wenige Tage, an denen es nicht stark geregnet hätte‹,
und es regnet so stark in dieser Nacht, daß, wie es heißt,

die Leichen ›überhaupt nicht stanken, sondern ihre Wunden vom Regen gewaschen wurden, so daß am Morgen weder geronnenes Blut noch Schmutz auf ihren Wunden war.‹

Auch bei diesen Szenen hat man wiederum den Eindruck, daß der Verfasser des Journals selbst gesehen hat, wovon er berichtet, so genau und drastisch sind die Einzelheiten geschildert.

Die Grausamkeit ist nicht allein eine Eigentümlichkeit der gefürchteten Armagnacs, die wiederholt als ›schlimmer als die Sarazenen‹ bezeichnet werden, die Grausamkeit ist allgemein, so daß der Chronist schließlich in eine fromme Wehklage ausbricht: ›Item, wieviele Orte blieben verlassen, Städte, Burgen, Kirchen, Abteien und andere, ach! ach! wie viele Waisenkinder man auf christlicher Erde finden kann, und wieviele arme Frauen, Witwen und im Jammer durch solchen Totschlag. Ach! wenn ein jeder von uns diesen Schmerzens-Altar betrachten würde, der uns zukam oder bevorsteht, welch großer Schmerz und welch großer Haß würde unsere Herzen und Leiber durchdringen, und welch großen Wunsch hätten wir, gerächt zu sein, und alles, weil wir keinen Blick auf die Zeit haben, die kommt, welche sehr bedenklich ist, im Hinblick auf grausamen Tod durch göttliche Rache für die Freude, die wir am Schaden der anderen haben, und an der Zerstörung, daß man uns alle als Totschläger verurteilen könnte, sagt man doch, der gute Wille sei als Tat einzuschätzen.‹ So wird denn auch der böse Wille zur Tat, und der Verfasser des ›Journals‹ scheint auf eine allgemeine Mitschuld hinzuweisen, von der er sich selbst nicht ausnehmen will.

Als ob nicht ausreicht, was die Menschen einander antun, spart die Natur denn ihrerseits nicht mit Heimsuchungen der verschiedensten Art; notfalls erinnert ein starker Frost im April, dem aller Wein, Gemüse und Obst zum Opfer fällt, oder ein gewaltiger Sturm, der Bäume entwurzelt und Häuser zum Einsturz bringt, an den Unbestand der irdischen Dinge. Doch wiederholt sich der Chronist nicht allein, weil sich das Unheil, die Bedrückung, die Bedrohungen wiederholen, es geschieht ihm auch einmal, daß er bereits Erwähntes abermals anführt. Die Wiederholung liegt aber gewissermaßen in der Sache – und man bemerkt sie kaum. Die Plünderungen wiederholen sich, die Brandschatzungen, die Morde; nicht einmal die Kirchen sind sicher, ob Engländer oder Franzosen, Burgunder oder Armagnacs, sie alle sind wie reißende Wölfe, so daß der betroffene Zeitgenosse bald keine Hoffnung mehr findet im wechselvollen und endlosen Streit der Mächtigen: ›Aber wenn Gott sich nicht erbarmt, ist ganz Frankreich in großer Gefahr, verloren zu sein, denn von allen Seiten vernichtet man seine Güter und tötet seine Männer und legt Feuer, und ist kein Fremder und kein Einheimischer, der nicht sagen würde: Dimitte, aber es geht immer weiter vom Schlimmen zum Schlimmeren, wie man sieht.‹

Das Volk ist des Mordens längst schon satt, die Menschen sehnen sich nach Frieden, aber die großen Herren, welche die wahre Last der Heerzüge nicht zu tragen brauchen und eher im ritterlichen Kampfe verletzt oder getötet werden, als daß man sie erschlägt, foltert, verstümmelt oder erhängt, wollen sich nicht über einen Frieden verständigen. Indes erleiden die Leute Raub und Brandschatzung, die unreife Ernte wird auf dem Halm vernichtet, damit sie nicht nach der Reife dem Gegner in die Hände fällt – oder auch aus bloßer Grausamkeit; Vorräte werden fortgeführt, weil doch der Krieg den Krieg ernährt, doch was man nicht mitnehmen kann, wird dann einfach in Brand gesteckt, die Scheuer und das Anwesen dazu. Wer sich dabei zu wehren versucht, verbrennt zusammen mit seinen Vorräten.

Auch der König versagt, und unwillig notiert der ›Bürger von Paris‹: ›Item, der König verließ Paris am 3. Tag des Dezember im Jahr 1437, ohne bis dahin irgend etwas Gutes für die Stadt Paris getan zu haben, und es schien, als ob er nur gekommen wäre, um die Stadt zu sehen, und wahrlich kostete seine Einnahme von Montereau und sein Besuch die Stadt Paris 60000 Francs, woher man sie auch genommen hatte.‹

So kommt auch der Herzog von Orléans nur nach Paris, ›um einen Schnabel voll von der armen Stadt Paris zu nehmen, und dann kehrte er am 20. Tag des besagten Monats (i.e.: Oktober 1441) in sein Land zurück, ohne irgend etwas Gutes zu tun, weder für den Frieden, noch sonst irgend etwas.‹

Die anarchisch-willkürlichen Zustände im Umkreis der immer wieder belagerten Stadt Paris, wo niemand mehr seines Lebens sicher ist, wo man die Felder nicht bestellen, den Wein nicht ernten, das Vieh nicht weiden lassen kann, sind offenbar nicht schlimm genug, denn die Gouverneure oder der Regent in Paris lassen sich davon nicht rühren. Oft scheint es sie kaum zu interessieren, ob gegnerische oder eigene Truppen die Verwüstungen anrichten: ›Sie müssen leben; der König wird bald Abhilfe schaffen‹, lautet die beschwichtigende Antwort an die, welche sie um Schutz angehen. Die Herren sehen zu, das Volk blutet und trägt die eigentliche Last. Das aber zeigt der Chronist sehr deutlich, und diese Deutlichkeit ist bereits eine, wenngleich vorsichtige Stellungnahme.

III. Gelegentlich spricht er die Kritik an den Herrschenden auch unumwunden aus. 1441 heißt es: ›Und von allen Orten, wo der König und alle Großen überhaupt, die mit ihm waren, die Englischen wußten, flohen sie in eine andere Richtung, einmal nach Poissy, dann nach Maubisson, dann nach L'Isle-Adam, dann nach Conflans, dann flohen sie zurück nach Saint-Denis; und hatten in ihrer Begleitung drei Französische gegen einen Englischen, welche Französischen alle Tage nur plünderten und raubten, alle Reben verwüsteten, alles Obst, ganz mit Obst beladene Bäume fällten, wenn man ihnen kein Lösegeld gab, und ziegelgedeckte Häuser niederrissen; kurz, aus allem wurde Lösegeld erpreßt, auf den Feldern und in der Stadt. Und doch wußten die Herren das wohl, aber sie waren alle ohne Mitleid, denn wenn man sich darüber beschwerte, sagten sie: ›Wenn es die Englischen wären, würdet ihr nicht so viel davon sprechen; sie müssen leben, wo sie auch sind.‹ So wurde dieser König Karl VII. beherrscht, sogar schlimmer als ich sage, denn sie hielten ihn wie ein Kind unter Vormundschaft.‹

Geld und Naturalien, Naturalien und Geld, das fordert man vom Volk, Bauern und Bürgern, fast, als wollte man den Krieg damit am Leben halten. 1444 resümiert der Verfasser des Journals die Lage wie folgt: ›Zu dieser Zeit gab es in Paris keine Nachricht vom König noch von der Königin noch von irgendeinem Herrn von Frankreich, als ob sie 200 Meilen entfernt wären, aber die Regenten machten in ihrem Schatten unablässig Steuern, indem sie sagten, wenn der König und seine Untertanen erst das Geld hätten, würden sie gehen, die ganze Normandie zu erobern, aber als die Steuer eingenommen war, kümmerten sie sich nicht darum, sondern spielten Würfel oder jagten oder tanzten, machten aber nie, wie es üblich gewesen war, weder Lanzenbrechen noch Turnier noch irgendeinen Waffengang, aus Angst vor Hieben; kurz, alle Herren von Frankreich waren zu Weibern geworden, denn kühn waren sie nur gegen arme Arbeiter und arme Händler, die ohne Waffen waren.‹ Das Volk wird hintergangen und mit falschen Versprechungen hingehalten, das Volk ist ohnmächtig, Ohnmacht fördert die Geduld. Alle Mühsal endet in neuer Zerstörung, und niemand wagt, dagegen aufzubegehren, ja auch nur ein kritisches Wort zu äußern.

Schließlich tragen sie noch in anderen Ländern Händel aus: so begab sich der König nach Lothringen und der Dauphin nach Deutschland, ›um Krieg gegen solche zu führen, die gar nichts von ihnen wollten, und nahmen die vorgenannten schlechten Leute mit sich, die so viel Übel taten, daß der König und seine Regenten unter Zwang waren, derart fraßen sie das Volk, daß keinerlei Güter zu ihm kommen konnten, wo er auch war; denn er verließ sein Königreich (. . .); und sie gingen, er und sein Sohn, in fremdes Land, wo sie nichts hatten, um das Geld seines Königreichs auszugeben und zu verschwenden, und, meiner Treu, in zehn oder zwölf Jahren taten sie weder selbst noch durch andere irgend etwas für das Wohl des Königreichs, was sie nicht in drei oder vier Monaten hätten tun sollen.‹ Nach Jahrzehnten von Krieg, Verwüstung und Elend scheint nun auch der meist so nüchterne Chronist ungeduldig geworden zu sein, er kann kein Ende absehen und weiß genau, wer für das alles verantwortlich ist. Krieg und Unterdrückung sind gleichsam der Naturzustand der Gesellschaft.

Die Natur selbst aber ist nicht gütiger: 1442, am Wochenende vor Himmelfahrt, ›begann ungefähr um neun Uhr nachts der größte Regen, den man seit Menschengedenken gesehen hatte, wie alt man auch sein mochte, von dieser Stunde bis Tagesanbruch hörte es nicht auf und fiel so im Überfluß, daß er an den breitesten Stellen der Großen Straßen von Paris in die Kirchen ging, in die Keller, über die Schwellen erhöhter Türen, und hob die Weinfässer bis zur Kellerdecke; und dabei donnerte und blitzte es so schrecklich, daß ganz Paris erschrocken war (. . .)‹ Offenbar wenig später erst erfährt der Chronist, was sich zuvor ereignet hatte und von ihm gewiß als ein böses Omen nachgetragen wird, daß nämlich

Hunderte von Raben sich in der Luft erbitterte Kämpfe geliefert hatten, so daß das Blut sich auf der Erde verbreitete.

Doch vermerkt er, wie zum Trost, daß in diesem Jahr auch der schönste August und die schönste Weinlese gewesen, die man seit fünfzig Jahren gehabt hatte – doch kann man sich schon denken, wer am meisten davon profitieren wird.

In all diesem Elend, diesen Schrecken gibt es nichts Beständiges, nicht einmal das Unheil als solches scheint beständig zu sein, so daß es zuweilen so etwas wie Hoffnung geben kann. Daher vermerkt der Chronist, der sich selbst ein wenig dabei zu wundern scheint: ›Item, man soll über nichts urteilen, was in der Zukunft liegt, denn am 1. Tag des folgenden September, da geschah es einem Gefangenen von der Einnahme von Pontoise, der mehrfach zum Ertränken oder anderem schlimmem Tod verurteilt worden war, verkauft und zurückgekauft für immer höheres Lösegeld, und immer im Gefängnis von Saint-Martin-des-Champs in Eisen lag, der wurde am 1. Tag des September mit einer wohlgeborenen schönen jungen Frau verheiratet, und es gab ein schönes Fest; und guten Glaubens erwarteten sie alle nichts als den Tod, er und sein Geselle, der an diesem Tag auf Treu und Glauben freigelassen wurde. So öffnete Fortuna sich den beiden Männern, und deswegen soll niemand Unserem Herrn mißtrauen, und in keinem Leid verzweifeln.‹

In der Tat bleibt kein anderer Halt, kein anderes Vertrauen als im Glauben an die Güte Gottes, die sich zuweilen doch zu zeigen scheint, und die Hilfe der Fortuna, die sich seinen Weisungen fügt. Auf feste Ordnung läßt sich allerdings nicht bauen; Gerechtigkeit scheint es nicht mehr zu geben, hingegen zeigt sich unverhüllt die Sittenlosigkeit des Herrschers, der wenig für sein Volk, sehr viel jedoch für seine Mätressen tut. 1448 berichtet der Verfasser des Journals vom Besuch, den die schöne Agnes Sorel der Stadt Paris abstattete, jene Frau, ›von der man sagte, daß sie öffentlich die Geliebte des Königs von Frankreich sei, ohne Treue und Gesetz und Wahrheit gegenüber der guten Königin, die er geheiratet hatte, und wurde offenbar, daß sie soviel Staat trieb wie eine Gräfin oder Herzogin, und ging und kam recht oft mit der guten Königin von Frankreich, ohne sich irgendwie ihrer Sünde zu schämen, wovon die Königin viel Leid im Herzen trug, aber leiden mußte sie es damals.‹

Hier schließt der Chronist denn auch einmal eine verallgemeinernde Maxime an und beschwert sich über die offenkundige Sittenlosigkeit derer, die doch vor Gott Verantwortung tragen für ihr Volk: ›Ach! welch Jammer, wenn das Haupt des Königreichs seinem Volk so schlechtes Beispiel gibt, denn wenn sie es ebenso oder schlimmer machen, wagt er nicht, darüber zu sprechen (. . .)‹ Wo ein großer Herr in Sünden lebt, da werden seine Ritter und sein Volk noch unverfrorener sich der Sünde überlassen, folgert er.

So unvermittelt, wie es eingesetzt, so unvermittelt endet auch das große Journal, ohne daß wir etwas über die Ursache erfahren. Auch über seine Absichen, seine Motive, seine vielleicht erhofften Leser läßt uns der zurückhaltende Verfasser dieser chronikalischen Notizen im unklaren. Nicht einmal in der Rolle des Zeugen will er sich zeigen, denn fast völlig fehlt das ›ich habe gesehen, beobachtet, bemerkt, festgestellt, in Erfahrung gebracht‹ etc. – er bleibt anonym auch in dem Sinne, daß er noch darüber hinaus, daß wir seinen Namen, seinen Stand, seine Intentionen nicht kennen, auch als derjenige, welcher aufzeichnet, was er hat wahrnehmen können oder das, was man ihm zugetragen hat, auch ohne eigenen Gestus und sozusagen ohne Physiognomie bleibt.

Man möchte das Entsprechende auch von dieser Prosa sagen, die beinahe so eintönig ist wie die sich wiederholenden Begebenheiten, oft formelhaft, alles andere als geschmeidig oder elegant, syntaktisch vielmehr unbeholfen und schwerfällig, nur an wenigen Stellen einen Anflug von rhetorischem Glanz gewinnt (die dann viel eher überraschend und befremdend wirken wie eine unerwartete Anstrengung). Aber in seiner Trockenheit, seiner Direktheit, seiner Unverblümtheit, im beinahe unbefangenen Festhalten all der Greuel und Grausamkeiten ist dieses mehr als fünfhundert Jahre alte Zeugnis von eindrucksvoller, wiewohl durchaus ›roh‹ zu nennender Kraft.

Regen, Stürme, Kälte, Dürre, Frost, Fluten, Mißernten, Verheerungen, Steuern, Geldentwertung, Seuchen, Feuer, Folter, Erpressung, Überfälle, Strafgerichte, natürliche Abnormitäten, Hochzeiten, Hofhaltung und Tod der Großen, Absonderlichkeiten auch in der Welt der Menschen, das alles zusammen macht den Inhalt dieser großen und bedeutenden Chronik aus, dazu noch die religiösen Feste: Kirchen werden geweiht, Reliquien dem Blick der Gläubigen vorgeführt, Ablässe werden gewährt, Dankgottesdienste abgehalten, Prozessionen veranstaltet, nur vom Leben in den Schänken, auf den Straßen, den Jahrmärkten erfahren wir nichts, so wenig wie von Bänkelsängern und Schaustellern und Gauklern. Alles, was hier festgehalten wird, scheint sich wie auf einer einzigen Ebene zu begeben, als vermöchte der Blick des schreibenden Zeitgenossen, der doch so genau die Schwächen und die Hartherzigkeit der Großen erkannt hat, der nach einer ›vernünftigen‹ Politik sich sehnt, der, die dem Volk endlich den ersehnten Frieden beschert und einen mäßigen Wohlstand dazu, die Vorgänge gar nicht mehr nach ihrer Bedeutung, ihrem Gewicht und ihrer Wirkung zu sondern. Der Bürger von Paris ist illusionslos, nüchtern und besonnen, er besitzt Sinn für die reale Situation und zeigt zuweilen in der Erwähnung bestimmter hoher Herrschaften ein wenig Ironie, aber mehr noch, so scheint es hin und wieder, verhaltene, resignierende Bitterkeit.

Ralph-Rainer Wuthenow